21世纪法学系列教材教学案例

房绍坤　郭明瑞 总主编

刑法学总论案例教程

（第二版）

主编　黄伟明

撰稿人　黄伟明　毛海利　李涛
陆诗忠　杨利君

北京大学出版社
PEKING UNIVERSITY PRESS

图书在版编目(CIP)数据

刑法学总论案例教程/黄伟明主编.—2版.—北京:北京大学出版社,2010.8

(21世纪法学系列教材教学案例)

ISBN 978-7-301-17655-9

Ⅰ.①刑… Ⅱ.①黄… Ⅲ.①刑法-案例-中国-高等学校-教材 Ⅳ.①D924.05

中国版本图书馆CIP数据核字(2010)第161276号

书　　名:刑法学总论案例教程(第二版)
著作责任者:黄伟明　主编
责 任 编 辑:邓丽华
标 准 书 号:ISBN 978-7-301-17655-9/D·2663
出 版 发 行:北京大学出版社
地　　址:北京市海淀区成府路205号　100871
网　　址:http://www.pup.cn
电　　话:邮购部62752015　发行部62750672　编辑部62752027
　　　　　出版部62754962
电 子 邮 箱:law@pup.pku.edu.cn
印　刷　者:北京宏伟双华印刷有限公司
经　销　者:新华书店
　　　　　730毫米×980毫米　16开本　25.5印张　405千字
　　　　　2004年3月第1版
　　　　　2010年8月第2版　2010年8月第1次印刷
定　　价:39.00元

总　　序

法学是一门实用性很强的社会科学，法学教育应当紧密联系立法与司法实践，以培养学生分析和解决实际问题的能力。为实现这一目标，传统的法学教学方法、教学内容必须进行改革。目前，各高等法律院校广泛采用的案例教学法，就是众多法学教育改革措施中最为重要的一项。案例教学法的实施，促进了法学教学水平的提高，增强了学生的实践能力，是值得推广和倡导的一种教学方法。为配合案例教学的开展，我们在北京大学出版社的大力支持下，主编了"21 世纪法学系列教材教学案例"，并于 2003 年陆续出版。本套教材具有如下特点：

第一，体系新颖。本套案例教材以法学的基本理论为线索，就每个具体理论问题设案情简介、思考方向、法律规定、学理分析、自测案例五个部分，这一体例可以充分地体现实践、法律、理论的有机结合。

第二，内容简洁。本套案例教材力求以简洁的语言阐述问题，解析实例，说明法理，使学生能够一目了然。

第三，紧密结合法律规定。为避免案例教材脱离法律规定的现象，本套案例教材特别强调现行法的规定，并通过实例的解析帮助学生理解法律的规定，以增强学生掌握和运用法律的能力。

第四，具有启发性。本套案例教材在每个具体问题的设计上都包括有思考方向及自测案例，其目的就是给学生以充分的思考空间，启发学生运用理论与法律分析和解决实践问题。

为了适应新形势下法学案例教学的需要，配合北京大学出版社"21 世纪法学系列教材"的应用，体现法学教学改革的研究成果，我们对"21 世纪法学系列教材教学案例"进行了全面修订，使教材和案例相辅相成。本套丛书的修订版仍由房绍坤教授、郭明瑞教授担任总主编，同时约请具有丰富教学经验和较高理论水平的学者担任各分册的主编。由于我们编写案例教材的经验不足，加之司法实践经验的缺乏，书中不妥之处在所难免。我们真诚希望广大读者批评指正，使本套案例教材能够更好地适用法学教学的需要。

房绍坤　郭明瑞

2010 年 3 月

目　录

第一章　刑法概说

第一节　刑法的概念与分类

从一般意义上讲,刑法是规定犯罪与刑罚的法律规范的总称。尽管存在"犯罪法"与"刑法"称谓上的差别,但它们在本质上并无不同。① 但是,西方许多国家实行刑事法律后果的双轨制,即除刑罚外,还设有保安处分制度。保安处分与刑罚的区别是:刑罚是以责任为基础并针对已然行为的;保安处分是以已然行为为基础而针对行为人未来的危险性的②。这就对刑法的传统概念提出了挑战。保安处分是犯罪所引起的后果或为预防实施犯罪而采取的一定保护或监护措施,而不全是作为犯罪后果而采取的刑罚。所以,在德国刑法理论中,就有了这样的表述:"刑法规定了什么样的违反社会秩序的行为是犯罪,以及作为犯罪的法律后果——刑罚。刑法还对犯罪规定了矫正与保安处分和其他的处分(充公、没收和使之不能使用)。"③总之,在保安处分出现后,刑法的表述已经不再是用犯罪和刑罚就可以代表的。但是,在一般意义上,传统的对普通刑法的表述仍然具有重要的意义。因为刑罚仍然是社会控制的主要手段,保安处分仍然具有补充性质。

刑法按不同标准可以分为:狭义刑法与广义刑法;形式刑法与实质刑法;刑事刑法与行政刑法;普通刑法与特别刑法。

---

① 刘艳红主编:《刑法学总论》(第二版),北京大学出版社 2006 年版,第 5 页。该书是本案例教程的配套教材。

② 参见李海东:《刑法原理入门(犯罪论基础)》,法律出版社 1998 年版,第 1 页。

③ 〔德〕汉斯·海因里希·耶塞克、托马斯·魏根特:《德国刑法教科书》(总论),徐久生译,中国法制出版社 2001 年版,第 12 页。

案例

（一）简要案情

张某，女，30岁，2003年9月21日因琐事与邻居李某发生口角，进而发生抓扯。抓扯中，张某将李某面部抓出两条划伤。试问：张某的行为属于一般民间纠纷，还是可以应用刑法来处理的事件？

（二）思考方向

首先要明确刑法的概念，准确理解刑法的应用范围。其次，结合刑法的具体规定，判断张某的行为性质，确定是否可以应用刑法来处理本案。

（三）法律规定

《中华人民共和国刑法》第13条 一切危害国家主权、领土完整和安全，分裂国家、颠覆人民民主专政的政权和推翻社会主义制度，破坏社会秩序和经济秩序，侵犯国有财产或者劳动群众集体所有的财产，侵犯公民私人所有的财产，侵犯公民的人身权利、民主权利和其他权利，以及其他危害社会的行为，依照法律应当受刑罚处罚的，都是犯罪，但是情节显著轻微危害不大的，不认为是犯罪。

《中华人民共和国刑法》第234条 故意伤害他人身体的，处3年以下有期徒刑、拘役或者管制。

犯前款罪，致人重伤的，处3年以上10年以下有期徒刑；致人死亡或者以特别残忍手段致人重伤造成严重残疾的，处10年以上有期徒刑、无期徒刑或者死刑。本法另有规定的，依照规定。

最高人民法院、最高人民检察院、公安部、司法部《人体轻伤鉴定标准（试行）》第15条 面部损伤后留有明显瘢痕，单条长3厘米或者累计长度达4厘米；单块面积2平方厘米或者累计达3平方厘米；影响面容的色素改变6平方厘米。

（四）学理分析

刑法是规定什么是犯罪以及犯罪后应当承担什么刑事责任的法律规范。只有构成犯罪的行为才可以依照刑法的规定定罪量刑。但是，刑法与其他法律的界线并非十分明显和容易区分。在具体案件的判断上，我们既要结合相关的法律规定，又要对刑法的内涵有深刻的理解。本案张某将邻居李某面部抓伤，首先要分析其行为是否符合刑法关于故意伤害罪的规定。我国《刑法》第234条规定："故意伤害他人身体的……"。张某的行为从形式上符合该条的规定。但是，由于伤害的情形多种多样，而根据我国刑法关于犯罪的定义所表达的精神，并不是所有的伤害行为都可以认定为犯罪，都可以应用刑法来处理。为此，最高人民法院、最高人民检察院、公安部、司法部联合发布了《人体轻伤鉴定标准（试行）》，根据该标准，只有达到轻伤以上才可以认定故意伤害罪。因此，在本案的判断中，我们要以该标准为尺度作出基本判断，即如果张某对李某的面部伤害达到了规定标准以上，我们就可以以故意伤害罪定罪量刑。如果没有达到轻伤的程度，就应当作为一般民间纠纷来处理。

（五）自测案例

钱某，男，40岁，经营一家电器制造厂。为了扩大生产规模，钱某以开发新产品的名义从银行贷款30万元。后因产品滞销无法还贷。

试问：钱某的行为是否可以作为犯罪处理？

第二节　刑法的性质与机能

刑法作为国家的基本法律，是通过国家强制力即刑罚处罚犯罪人以保障国家、社会及个人合法权益的法律，它在整个法律体系中具有如下性质：（1）刑法是公法；（2）刑法是实体法；（3）刑法是强行法；（4）刑法是国内法；（5）刑法是司法法。[①] 刑法的机能是指刑法作为一个体系所具有的作用

---

① 参见刘艳红主编：《刑法学总论》（第二版），北京大学出版社2006年版，第6—7页。

与功效。“现代刑法的思想体系，由刑法谦抑的基本理念出发，而发展出三项具体的刑法准则，即罪刑法定主义、法益保障主义与责任主义，配合这三项刑法准则产生了刑法的三个基本机能，即保障机能、保护机能、规制机能。”①人权保障机能就是刑法通过限制国家刑罚权的发动以保障公民活动自由不受国家侵犯。法益保护机能是指刑法具有保护法益不受犯罪行为侵害的机能。行为规制机能是指刑法具有规制公民行动自由的机能。但是，刑法的上述机能并不是协同发展、并驾齐驱的。人权保障机能的发挥是通过限制国家刑罚权来实现的，而限制国家刑罚权就必然限制国家对犯罪的追诉，就会妨碍对法益的保护；反之，强调对法益保护机能的发挥，就不能限制国家刑罚权的应用，就可能因此侵犯公民活动的自由，因而侵犯人权。所以，如何协调人权保障与法益保护的关系是世界范围内刑法学的重要课题。

案例

（一）简要案情

2001年10月18日，上海市金山区居民肖永灵将两封装有虚假炭疽杆菌的邮件分别投寄到上海市有关部门及新闻媒介。2001年12月，上海市第二中级人民法院根据我国《刑法》第114条以危险方法危害公共安全罪判处被告人肖永灵有期徒刑4年。

试从刑法机能的角度分析本案的认定。

（二）思考方向

首先要明确刑法的人权保障机能与法益保护机能的含义和关系。其次，结合刑法的具体规定，判断肖永灵的行为是否符合刑法规定因而构成犯罪。最后，根据对刑法机能的理解，对本案作出认定。

① 参见刘艳红主编：《刑法学总论》（第二版），北京大学出版社2006年版，第8页。

（三）法律规定

《中华人民共和国刑法》第13条　一切危害国家主权、领土完整和安全，分裂国家、颠覆人民民主专政的政权和推翻社会主义制度，破坏社会秩序和经济秩序，侵犯国有财产或者劳动群众集体所有的财产，侵犯公民私人所有的财产，侵犯公民的人身权利、民主权利和其他权利，以及其他危害社会的行为，依照法律应当受刑罚处罚的，都是犯罪，但是情节显著轻微危害不大的，不认为是犯罪。

《中华人民共和国刑法》第114条　放火、决水、爆炸以及投放毒害性、放射性、传染病病原体等物质或者以其他危险方法危害公共安全，尚未造成严重后果的，处3年以上10年以下有期徒刑。

《中华人民共和国刑法》第291条之一　投放虚假的爆炸性、毒害性、放射性、传染病病原体等物质，或者编造爆炸威胁、生化威胁、放射威胁等恐怖信息，或者明知是编造的恐怖信息而故意传播，严重扰乱社会秩序的，处5年以下有期徒刑、拘役或者管制；造成严重后果的，处5年以上有期徒刑。（《刑法》修正案（三）增加，2001年12月29日起施行。）

（四）学理分析

刑法以法律规范的形式规定了什么是犯罪以及犯罪后应当承担什么样的刑事责任，因而首先体现了刑法的行为规制机能，即从反社会行为中抽出一部分危害严重的作为，法律上规定为犯罪。公民可以通过刑法的规定，了解何种行为是犯罪，何种行为会受到刑罚惩罚，从而规制自己的行为，不去实施犯罪。刑法通过规定犯罪类型，表明了国家保护的利益，也为国家惩罚犯罪提供了前提。这是刑法的法益保护机能。当然，刑法明确规定了犯罪种类，对国家的刑罚权发动也会产生制约。如果公民实施的行为没有被刑法规定为犯罪，国家就不能依据刑法对公民定罪量刑。这就是刑法的人权保障机能。随着现代罪刑法定思想的传播和法定化，国家在认定犯罪时，更应该注重刑法的人权保障机能。当出现了某种法律没有规定，又对社会产生了一定危害的行为时，应当尊重法律的规定，不宜将该行为认定为犯罪。本案行为人实施的行为是将两封装有虚假炭疽杆菌的邮件分别投寄到上海市有关部门及新闻媒介，被法院认定为以危险方法危害公共安全罪。根据我国《刑法》第 114 条的规定,“放火、决水、爆炸以及投放毒害性、放射性、传染病病原体等物质或者以其他危险方法危害公共安全,尚未造成严重后果的”,构成相应的危害公共安全的犯罪。尽管该条文规定的是危险犯,构成犯罪不需要实际发生危害后果,但仍然要求行为已经导致了发生严重后果的危险状态。如果行为根本不能导致发生严重后果的危险,则犯罪不成立。从本案的案情来看,行为人邮寄虚假炭疽邮件的行为会引起一定的范围的恐慌气氛,但因其邮寄物本身的性质,决定了其行为根本不可能起到实质的毒害作用。对于上述情况,行为人是明知的,不存在行为人误以为会发生危害,而实际不会发生危害的错误,因此表明行为人主观上没有威胁公共安全的故意,客观上实施的行为也不足以危害公共安全,适用我国《刑法》第 114 条定罪量刑是不正确的。从行为时的刑法规定来看,尚未有关于邮寄虚假炭疽邮件的犯罪描述。2001 年 12 月 29 日起施行的我国《刑法》修正案(三)才增加了“投放虚假的爆炸性、毒害性、放射性、传染病病原体等物质”的行为规定。这也从另一个侧面印证了邮寄虚假炭疽邮件的行为定性在当时尚属法律空白。当然,即使是在刑法明文规定后,我们认定邮寄虚假炭疽邮件的行为是否构成犯罪,仍然要结合其行为产生的具体社会影响,而不能一律都认定为犯罪。

(五) 自测案例

2005 年 9 月 15 日,36 岁的家庭主妇张某在家中利用计算机通过 ADSL 拨号上网,以 E 话通的方式用视频与多人同时进行裸聊时,被北京市公安局治安支队民警与某分局科技通信处民警抓获。张某对传播淫秽物品的违法事实供认不讳。很快,案件被移送到检察机关。①

运用刑法机能理论分析对张某是否应作为犯罪处理。

① 《网上裸聊案撤诉:法无明文规定不为罪》,http://review. jcrb. com/200801/ca669623. htm。

第二章　刑法的基本原则

第一节　罪刑法定原则

罪刑法定原则是近代刑法的基本原则。它是在反对封建特权和司法擅断的斗争中,由资产阶级思想家提出并逐渐完善,最终形成的一项法律原则。我国《刑法》在1979年颁布时未明文规定该原则,相反却在其第79条规定了有罪类推制度。1997年修订的《刑法》从完善我国刑事法治、保障人权的需要出发,明文规定了罪刑法定原则,并废止类推,成为刑法修订和我国刑法发展的一个重要标志。

案例一

(一)简要案情

某市北大街供暖区内13栋宿舍楼的居民总反映温度达不到采暖标准。经查明,原来是市政工程公司偷换了供热站的供热管道,为某4栋宿舍楼窃热。了解情况后,北大街供热站立即报案。在接受公安机关传讯时,市政公司有关人员承认了他们擅自接通供热站上下主管道窃热的事实。然而,公安机关在审查后却认为,市政公司的做法虽属盗窃行为,但由于我国《刑法》中对盗窃罪没有规定单位犯罪条款,所以决定依法不予立案。

试问:本案公安机关是否应该立案?如果立案,是否违反罪刑法定原则?①

---

① 刘艳红主编:《刑法学总论》(第二版),北京大学出版社2006年版,第27页。

（二）思考方向

公安机关立案的条件是什么？罪刑法定原则与立案的关系是什么？

（三）法律规定

《中华人民共和国刑事诉讼法》第86条 人民法院、人民检察院或者公安机关对于报案、控告、举报和自首的材料，应当按照管辖范围，迅速进行审查，认为有犯罪事实需要追究刑事责任的时候，应当立案；认为没有犯罪事实，或者犯罪事实显著轻微，不需要追究刑事责任的时候，不予立案，并且将不立案的原因通知控告人。控告人如果不服，可以申请复议。

《中华人民共和国刑法》第3条 法律明文规定为犯罪行为的，依照法律定罪处刑；法律没有明文规定为犯罪行为的，不得定罪处刑。

《中华人民共和国刑法》第30条 公司、企业、事业单位、机关、团体实施的危害社会的行为，法律规定为单位犯罪的，应当负刑事责任。

《中华人民共和国刑法》第31条 单位犯罪的，对单位判处罚金，并对其直接负责的主管人员和其他直接责任人员判处刑罚。

本法分则和其他法律另有规定的，依照规定。

《中华人民共和国刑法》第264条 盗窃公私财物，数额较大或者多次盗窃的，处3年以下有期徒刑、拘役或者管制，并处或者单处罚金；数额巨大或者有其他严重情节的，处3年以上10年以下有期徒刑，并处罚金；数额特别巨大或者有其他特别严重情节的，处10年以上有期徒刑或者无期徒刑，并处罚金或者没收财产；有下列情形之一的，处无期徒刑或者死刑，并处没收财产：

（一）盗窃金融机构，数额特别巨大的；

（二）盗窃珍贵文物，情节严重的。

（四）学理分析

根据我国《刑事诉讼法》第86条的相关规定，公安机关立案的基本条件是：符合管辖范围的规定；认为有犯罪事实，需要进行刑事追究。公安机关判断是否存在犯罪事实，是否需要进行刑事追究的唯一依据是我国《刑法》

条文的规定。根据案情反映的情况来看，是“市政工程公司偷换了供热站的供热管道，为某4栋宿舍楼窃热”。公安机关能否立案，关键是要分析“市政工程公司窃热”的行为是否符合我国《刑法》规定的犯罪行为。因为市政工程公司是非自然人的单位，因此本案的核心点是单位犯罪问题。根据我国《刑法》第30条关于单位犯罪的规定，市政工程公司属于《刑法》明文规定的单位范畴，具有单位犯罪的主体资格。但本条同时强调“法律规定为单位犯罪的，应当负刑事责任”。也就是说，单位犯罪作为刑法规定的特例，不仅要求其主体身份的特殊性，同时要求构成犯罪、需要追究刑事责任的行为的特殊性。这一特殊性的具体体现就是必须有法律的明文规定。这就意味着在我国《刑法》分则条文规定的犯罪中，如果没有明文规定单位可以构成该罪，或者明确规定追究单位的刑事责任，就不能认定单位可以构成该罪。具体在本案中，“市政工程公司窃热”的行为单纯从行为性质的角度看，符合盗窃罪的构成要件，即秘密窃取他人具有一定经济价值的财产。但是，我国《刑法》第264条虽然明确规定了盗窃罪的定罪和量刑，却并没有规定“单位盗窃……”、“单位犯该罪……”的内容。这也就是说《刑法》分则并不认为单位可以构成盗窃罪，当然就不存在追究单位盗窃行为的刑事责任的问题。根据我国《刑法》第3条的明确规定：“法律明文规定为犯罪行为的，依照法律定罪处刑；法律没有明文规定为犯罪行为的，不得定罪处刑。”在我国《刑法》分则没有明确规定为犯罪的情况下，当然不能作为犯罪处理。根据罪刑法定原则的精神要求，即使实施了有一定社会危害性的行为，如果法律没有明文规定为犯罪，也不能追究。所以，公安机关决定不立案的做法是正确的。根据我国《刑事诉讼法》的规定，公安机关可以不予立案，并且将不立案的原因通知控告人。控告人如果不服，可以申请复议。

案例二

（一）简要案情

被告人张某，女，某证券营业部任专职投资分析师。2000年1月1日通过公开招聘，出任A投资公司投资经理部项目负责人。

A投资公司是将公司的资金转入个人账户,利用个人账户进行股票买卖的。张某接任后,以个人名义下单,经过半年操作,使A投资公司投入股市的资本得到很大增值。按7月10日的收盘价计算,公司所持股票的市值加上获利后已被抽走的资金,总资本已经多出约三百万元。A投资公司负责人口头承诺,盈利后,按盈利额的20%提成,但公司迟迟没有兑现。张某对此不满,于2000年7月10日晚在家中与丈夫高某合谋,让高某于次日早晨将公司的多种股票按最低价卖出。次日9时18分至40分,高某在营业部的大户室,采用自助委托方式,以跌停板价和近跌停板价将公司所拥有的5只股票卖出,按7月10日收盘价计算,市值22949121.80元,实际成交价21037791.30元,差价为1911330.46元。

2001年3月,检察机关以破坏生产经营罪提起公诉,请求法院追究二被告人的刑事责任;A投资公司则提起附带民事诉讼,请求法院责令被告人赔偿经济损失。6月22日,某区法院作出一审判决,以破坏生产经营罪分别判处张某、高某有期徒刑7年和5年,共同赔偿A投资公司经济损失人民币1911330.46元。

(二) 思考方向

我国《刑法》将罪刑法定作为一项刑法基本原则加以确定,其意义何在?如何理解"法律明文规定"的含义?本案中被告人的行为是否属于法律明文规定的犯罪行为?

(三) 法律规定

《中华人民共和国刑法》第3条 法律明文规定为犯罪行为的,依照法律定罪处刑;法律没有明文规定为犯罪行为的,不得定罪处刑。

《中华人民共和国刑法》第276条 由于泄愤报复或者其他个人目的,毁坏机器设备、残害耕畜或者以其他方法破坏生产经营的,处3年以下有期徒刑、拘役或者管制;情节严重的,处3年以上7年以下有期徒刑。

（四）学理分析

本案分析应当分三个层次：第一层次，首先对罪刑法定原则的立法意义加以分析认识；第二层次，正确理解“法律明文规定”的含义；第三层次，结合我国《刑法》分则的规定，认定本案的性质。

“罪刑法定主义的两个基本要求，一是刑法的法定化、实定化，一是条文的明确化。前者要求刑法中的犯罪与刑罚，必须用条文规定，必须作实体的规定；后者要求条文的规定，必须意思确切，文字清晰，不容稍有混淆。”[①]由此确立了罪刑法定主义的基本内涵。从罪刑法定主义的产生看，其带有明确的反封建专制和罪刑擅断的色彩，因此，理解罪刑法定必须从反对罪刑擅断的角度进行。为贯彻罪刑的法定化、明确化，罪刑法定主义产生了以下派生原则：第一，禁止类推和扩大解释；第二，禁止适用习惯法；第三，禁止溯及既往；第四，禁止法外施刑和不定期刑。由此可见，罪刑法定原则在刑法中的确立，就是为了最大程度地限制司法机关在具体案件的法律适用中随意解释，出入人罪。而我国《刑法》通过修订明确规定了该原则，也表明我国刑法的功能从完全的专政工具向个人权利保障的倾斜，从而实现刑法既保障无辜的人不受非法追究，又保障对有罪的人依法追究。因此，罪刑法定原则是公民个人在刑事追诉中保障合法权利的基本原则。

对于如何理解“法律明文规定”并没有固定的标准，具有一定的伸缩性。但是，在理解罪刑法定基本意义的基础上，我们倾向于作有利于被告人的解释，即在法律明确以列举方式规定犯罪行为的情况下，该列举行为没有包括被告人的行为的，不应当作为犯罪处理；当法律规定概括性行为时，以最接近条文表述的、该字词的最日常含义来理解。有学者认为，运用列举和概括两种方法来共同表述概念的，概括的方法所表述的概念的外延应与列举方法所表述的概念的外延是在同一个层级上的同类延续。现代汉语语言的正确表达，应当符合这一逻辑，否则，所表述的内容就无法被人理解。具体到我国《刑法》第276条，“毁坏机器设备、残害耕畜或者以其他方法破坏生产经营”，这一表述也必然要符合这一逻辑。在这一表述中，对破坏生产经营的方法既有列举又有概括，其中“毁坏机器设备、残害耕畜”是列举，“以其他

---

① 甘雨沛、何鹏：《外国刑法学》（上册），北京大学出版社1984年版，第216页。

方法破坏生产经营”是概括，是对无法穷尽的更多“方法”的概括。按照现代汉语语言学的原理要求，之所以既用列举又用概括的方法来表述，就是要使概括的表述方法与列举的表述方法具有可比性，即用列举来为概括提供参照。而“低价抛售他人股票”与“毁坏机器设备”、“残害耕畜”不具有可比性。

对于本案的具体定性，需要结合相关的分则条文与罪刑法定原则来进行。将本案性质认定为破坏生产经营罪存在以下问题：第一，A 公司的股票买卖行为是否属于生产经营？在案件发生时期，我国的股票市场还处于不稳定的摸索运行时期，股票市场实际上处于实验阶段。对于机关、企业、单位能否在股票市场上进行“生产经营”虽然没有明确的概念，但是，同时期是不允许以机关、企业或单位名义进行股票买卖的。本案中，A 公司也正是将资金打入个人账户，以个人名义进行的股票买卖，所以，从法律的角度上讲，这不是“生产经营”活动。第二，退一步讲，即使将该行为认定为“经营”活动，那么，到底是 A 公司的经营活动还是被告人张某个人的经营活动？事实上，A 公司除了投入资金外，并不参与股票的交易活动。股票的买卖完全是被告人个人决定和操作的，加之没有证据显示 A 公司对其投入资金有何预期，因此，股票的买卖更应当被视为被告人的个人行为。第三，再退一步，权将其认为是 A 公司的“生产经营”，那么，它是否属于我国《刑法》第 276 条所规定的犯罪所破坏的对象呢？从我国《刑法》条文规定来看，所规定的生产经营是指利用机器设备、耕畜进行的生产经营，或者说是利用一定物质条件进行的物质财富的创造性生产经营。此类生产经营与在股票市场上的投资获利行为有巨大差别，将两者简单归为一类是不合适的。第四，将该案认定为破坏生产经营犯罪还存在一些重大问题，例如数额的认定问题。因为破坏生产经营罪属于侵犯财产罪的一种，在定罪量刑时必须考虑数额，数额的大小不仅直接决定了刑罚的轻重，而且直接决定是否构成犯罪。而股票的价值计算本身具有多重因素，在没有实际完成股票的交易之前，任何的盈亏预计都只能是预期，而不可能是实际价值。那么，本案中以当日收盘价计算所谓的“损失”数额未免牵强。另外，投资股票本身就是风险投资，将尚未取得的利益计算为应收利益是不合适的。事实上，即使认为上述计算是合理的，也不能认为被告人构成了犯罪，反而可能得出相反的结论——被告人不仅不构成犯罪，反而应当表彰，因为根据上述计算方法，A 公司在扣除所投资金外，通过股票投资尚有盈利一百多万元。

综上所述，被告人的行为没有触犯我国《刑法》的明文规定，根据罪刑法定原则，应当宣告被告人无罪。如果认为这种出于个人泄愤的目的，故意抛售股票，减少他人收入的行为应当制裁，也应当通过适当的法律途径作出明确的补充规定或司法解释。

（五）自测案例

足球裁判甲收受A球队钱款，在全国比赛中故意偏袒A球队，致使其获胜。

试用罪刑法定原则分析足球裁判甲的行为是否构成犯罪？

案例三

（一）简要案情

许霆，男，1983年2月7日出生，汉族，出生地山西省襄汾县，文化程度高中。

2006年4月21日晚21时许，被告人许霆到广州市天河区黄埔大道西平云路163号的广州市商业银行自动柜员机取款，同行的郭安山（已判刑）在附近等候。许霆持自己不具备透支功能、余额为176.97元的银行卡准备取款100元。当晚21时56分，许霆在自动柜员机上无意中输入取款1000元的指令，柜员机随即出钞1000元。许霆经查询，发现其银行卡中仍有170余元，意识到银行自动柜员机出现异常，能够超出账户余额取款且不能如实扣账。许霆于是在21时57分至22时19分、23时13分至19分、次日零时26分至1时06分三个时间段内，持银行卡在该自动柜员机指令取款170次，共计取款17.4万元。许霆告知郭安山该台自动柜员机出现异常后，郭安山亦采用同样手段取款1.9万元。同月24日下午，许霆携款逃匿。广州市商业银行发现被告人许霆账户交易异常后，经多方联系许霆及其亲属，要求退还款项未果，于2006年4月30日向公安机关报案。公安机关立案后，将许霆列为犯罪嫌疑人上网追逃。2007年5月22日，许霆在陕西省宝鸡市被抓获归案。案发后,许霆及其亲属曾多次与银行及公安机关联系,表示愿意退赔银行损失,但同时要求不追究许霆的刑事责任。许霆至今未退还赃款。

另查明,2006 年 4 月 21 日 17 时许,运营商广州某公司对涉案的自动柜员机进行系统升级。4 月 22 日、23 日是双休日。4 月 24 日(星期一)上午,广州市商业银行对全行离行式自动柜员机进行例行检查时,发现该机出现异常,即通知运营商一起到现场开机查验。经核查,发现该自动柜员机在系统升级后出现异常,1000 元以下(不含 1000 元)取款交易正常;1000 元以上的取款交易,每取款 1000 元按 1 元形成交易报文向银行主机报送,即持卡人输入取款 1000 元的指令,自动柜员机出钞 1000 元,但持卡人账户实际扣款 1 元。①

试用罪刑法定原则来评价许霆的行为是否构成犯罪?

(二) 思考方向

首先,应当从客观层面对许霆的行为进行抽象描述和总结,以利于分析其行为的法律性质;其次,将许霆的行为与我国现行《刑法》规定的相近行为进行分析比较,判断许霆的行为是否符合我国《刑法》条文的规定;最后,根据罪刑法定原则,对本案作出定性。

(三) 法律规定

《中华人民共和国刑法》第 3 条 法律明文规定为犯罪行为的,依照法律定罪处刑;法律没有明文规定为犯罪行为的,不得定罪处刑。

《中华人民共和国刑法》第 196 条 有下列情形之一,进行信用卡诈骗活动,数额较大的,处 5 年以下有期徒刑或者拘役,并处 2 万元以上 20 万元以下罚金;数额巨大或者有其他严重情节的,处 5 年以上 10 年以下有期徒刑,并处 5 万元以上 50 万元以下罚金;数额特别巨大或者有其他特别严重情节的,处 10 年以上有期徒刑或者无期徒刑,并处 5 万元以上 50 万元以下罚

---

① 以上案情摘自(2008)穗中法刑二重字第 2 号刑事判决书。

金或者没收财产:

（一）使用伪造的信用卡的;

（二）使用作废的信用卡的;

（三）冒用他人信用卡的;

（四）恶意透支的。

前款所称恶意透支,是指持卡人以非法占有为目的,超过规定限额或者规定期限透支,并且经发卡银行催收后仍不归还的行为。

盗窃信用卡并使用的,依照本法第264条的规定定罪处罚。

《中华人民共和国刑法》第264条 盗窃公私财物,数额较大或者多次盗窃的,处3年以下有期徒刑、拘役或者管制,并处或者单处罚金;数额巨大或者有其他严重情节的,处3年以上10年以下有期徒刑,并处罚金;数额特别巨大或者有其他特别严重情节的,处10年以上有期徒刑或者无期徒刑,并处罚金或者没收财产;有下列情形之一的,处无期徒刑或者死刑,并处没收财产:

（一）盗窃金融机构,数额特别巨大的;

（二）盗窃珍贵文物,情节严重的。

《中华人民共和国刑法》第266条 诈骗公私财物,数额较大的,处3年以下有期徒刑、拘役或者管制,并处或者单处罚金;数额巨大或者有其他严重情节的,处3年以上10年以下有期徒刑,并处罚金;数额特别巨大或者有其他特别严重情节的,处10年以上有期徒刑或者无期徒刑,并处罚金或者没收财产。本法另有规定的,依照规定。

《中华人民共和国刑法》第270条 将代为保管的他人财物非法占为己有,数额较大,拒不退还的,处2年以下有期徒刑、拘役或者罚金;数额巨大或者有其他严重情节的,处2年以上5年以下有期徒刑,并处罚金。

将他人的遗忘物或者埋藏物非法占为己有,数额较大,拒不交出的,依照前款的规定处罚。

本条罪,告诉的才处理。

（四）学理分析

本案是在信用卡使用过程中发生的事件。如果从分析行为性质所需的主观方面和客观方面分析,我们可以对事实进行如下总结:行为人许霆,男,

23岁(行为时年龄)。行为人使用自己的银行卡取款,在发现自动柜员机出现异常后,又连续取款170次,取款17.4万元。而其卡内原有余额仅176.97元。行为人随后携款逃匿,后被公安机关抓获。

许霆的行为是在使用信用卡的过程中发生的,因此,我们首先分析许霆的行为是否符合信用卡诈骗罪的构成。由于许霆使用的是自己的信用卡,而不是使用伪造的信用卡、作废的信用卡,也不是冒用他人信用卡。许霆取出17.4万元也不是超过规定限额或者规定期限的透支。所以,他的行为不符合信用卡诈骗罪明文规定的四种行为方式的任何一种,因而不构成信用卡诈骗罪。

那么,许霆的行为是否属于盗窃罪呢?尽管法院已经以盗窃罪对许霆作出判决,但是,许霆的行为性质并不是毫无争议的。否定的观点认为,许霆使用本人的实名银行卡到有监控系统的自动取款机上取款,输入的是自己的密码,因此取款行为是公开的,不符合盗窃罪所要求的秘密特征。肯定的观点认为,盗窃罪的"秘密"具有主观性,是指行为人主观上自以为财产所有人或占有人不知晓,因此即使在客观上财产所有人或占有人知晓也符合盗窃罪的秘密特征。同时,盗窃罪的"秘密"具有相对性,是指行为时财产所有人或占有人不知晓,即使财产所有人或占有人事后知晓也应当认为符合盗窃罪的秘密特征。根据这一解释,即使许霆使用本人实名的银行卡取款,事后银行能够追查到许霆,只要在许霆取款当时银行不知晓,就应当认为是秘密窃取。总之,许霆的行为是利用自动取款机的故障在银行当时不知晓的情况下恶意取款,其行为完全符合盗窃罪的特征。① 这就是关于许霆是否构成盗窃罪的争论焦点。

根据我国《刑法》条文的规定,盗窃罪是指"盗窃公私财物,数额较大或者多次盗窃的"。根据犯罪构成的要求,盗窃罪需要具备主观上对财物的"非法占有"目的,客观上具有"秘密窃取"的行为。由于许霆在支取了17.4万元后逃匿,我们可以认为其具有占有的目的。但是,决定许霆案是否构成犯罪的关键并非取决于其主观心理。仅有主观上非法占有的心理,而没有客观上的行为,是不能认定为犯罪的。因此,分析本案的关键仍然是许霆的行为。否则,将捡到的钱拿回家不还给失主也是具有非法占有的目的,但这种行为显然不可能构成盗窃罪。那么,什么是盗窃呢?根据《现代汉语词

---

① 陈兴良:《许霆案法理分析》,http://www.mykh.net/bbs/viewthread.php?page%3D1%20target=_blank&tid=178564。

典》，盗窃是指“用不合法的手段秘密地取得”①。我们需要从两个方面来分析许霆的行为：第一，其行为是否是“不合法”；第二，其行为是否是“秘密”。首先，许霆使用自己的信用卡提款的行为并没有出现“不合法”的表现。由案情可知，许霆除了无意中输入了错误的取款金额外，一切都是按照正常取款操作程序进行的，其使用信用卡的程序完全合法。许霆对于款项的取得是否属于“秘密”呢？这是一个非常容易回答的常识性问题。通过自动柜员机取款虽然是私密性的行为，但是，没有人认为用自动柜员机取款是秘密的行为。许霆使用信用卡取钱的行为和别人使用信用卡取钱的行为并没有什么不同，因此，也不是秘密的行为。通过上述分析，结论就是：许霆的取款行为是合法的，公开的，他同任何一个普通取款人一样，在取款的操作过程中没有实施任何违法行为。至此，问题其实也明了了。许霆的取款操作行为是合法的。许霆完成了其取款的程序操作后，只有等待自动柜员机根据程序的设计完成付款。而许霆对自动柜员机的支付程序没有也无法进行干涉。至此，争论的焦点转为：当自动柜员机因程序错误多支付了钱，许霆该不该拿走，拿走的行为如何认定？我们可以将该问题总结为：许霆使用合法的信用卡，进行了合法的取款操作，因自动柜员机的错误，多支付了货币。许霆将多支付的货币拿走，其实质是将多支付的货币拿走，而不是秘密窃取了货币。因此，其行为不符合盗窃罪的构成特征。

那么，许霆的行为是否构成诈骗罪呢？诈骗罪是指以非法占有为目的，用虚构事实或者隐瞒真相的方法，骗取公私财物，数额较大的行为。② 许霆在取款过程中，除了无意中输错了取款金额外，并没有其他非常规的行为。而错误输入取款金额并不是虚构事实或者隐瞒真相的诈骗手段。事实上，并不是因为许霆错误输入取款金额导致了自动柜员机的程序错误，而是银行在设置方面预先就出现了错误设定。所以，不是许霆的行为导致了自动柜员机多支付的结果，而是许霆的行为符合了银行支付的条件。许霆获得的钱财不是诈骗获得的。

---

① 中国社会科学院语言研究所词典编辑室编：《现代汉语词典》，商务印书馆 2000 年版，第 258 页。

② 高铭暄、马克昌主编：《刑法学》（第三版），北京大学出版社、高等教育出版社 2007 年版，第 572 页。

可见,许霆得到17.4万元并不是其盗窃或者诈骗的结果。如果银行不出现程序设定上的错误,不论许霆怀着什么样的想法,也不论其如何错误地输入取款金额,他都不会获得超过其信用卡余额的款项。那么,如何评价许霆占有银行多支付款项的性质呢?其行为是否符合侵占罪的构成呢?侵占罪构成的前提条件是占有“代为保管的他人财物”或“他人的遗忘物或者埋藏物”。许霆不是通过“盗窃”或者“诈骗”获得的银行多支付的款项,但他也没有合法理由占有该款项。因此,可以认为许霆对银行多支付的款项仅有代为保管的权利。那么,当许霆携款逃匿后,是否可以认为他有了非法占有的目的,并且因此可以推断其构成侵占罪呢?这需要分两个阶段分析。首先,许霆携款逃匿,又没有其他合法解释,可以认定其主观上具有非法占有的目的。但是,要构成侵占罪还必须具备“拒不退还”或者“拒不交出”的行为。结合具体的条文规定,“本条罪,告诉的才处理”,则侵占罪的构成需要财物的所有人主张权利和提出告诉。但银行“多方联系许霆及家属,要求退还款项未果”,便向公安机关报案,而没有向人民法院提出诉讼主张。这就意味着权利人未进行告诉,而检察机关是不能对侵占罪提起公诉的,因而本案不能以侵占罪追究刑事责任。

综上所述,许霆的行为非常特殊,以致我国现行《刑法》没有一个条文可以明确适用。根据罪刑法定原则,对于法律没有明文规定的行为不能定罪量刑,即使该行为具有一定的社会危害性。

(五)自测案例

某甲因妻子住院需缴押金,便到医院附近的自动柜员机准备取款。当他准备插卡时,发现自动柜员机中已经插有一张银行卡,并且尚未退出程序。某甲于是直接输入取款金额5000元,自动柜员机吐出5000元人民币。某甲将钱与银行卡一并拿走。回到家后,甲感觉自己行为不妥,于是主动到银行说明情况。经过银行联系,某甲将银行卡和5000元钱还给失主。

试分析某甲行为的性质。

第二节 平等适用刑法原则

追求平等是人们自古的愿望。早在我国古代,就提出了“王子犯法,与庶民同罪”。公元前407年,魏国李悝制定的《法经》,被认为是法家所提倡的“法治”思想的体现。其中,对奴隶主特权的限制就十分突出。《法经》正律中规定了“杀人者诛”,但没有为奴隶主特权阶层规定任何的免责或减轻理由,这就剥夺了奴隶主以往享有的任意杀戮奴隶和平民的特权。特别是在杂律中还明文规定了“太子博戏则笞,笞不止则特笞,不止则更立”,就是说,太子犯了错,也要被施以笞刑,一次没有改过,第二次要加重惩罚,还不改过,就要废掉他另立别人了。这样的规定,不仅打破了奴隶制“刑不上大夫”的礼制原则和传统,而且公开提出了“王子犯法与庶民同罪”的思想,成为后世人们追求法律面前人人平等的口号。资产阶级也提出了人是生而平等的,反对封建的特权。1789年法国的《人权宣言》就规定了:“法律对于所有的人,无论是施行保护或处罚都是一样的。在法律面前,所有的公民都是平等的。”作为一项法律原则,宪法和其他法律都有关于平等的原则规定。作为刑法的一项原则,其基本含义表现为两个方面:一方面,对任何人,只要没有违反刑法,没有构成犯罪,都平等地受到刑法的保护;另一方面,对具体的个人来讲,只要违反刑法,构成犯罪,就应当平等地适用刑法,依法追究刑事责任。当然,该原则并不否定因犯罪人或被害人特定的个人情况而在立法上、司法上允许定罪量刑有所区别。如对累犯从重处罚,对未成年人从轻处罚等。

案例

(一) 简要案情

被告人成克杰,原系第九届全国人民代表大会常务委员会副委员长,曾任中共广西壮族自治区委员会副书记、广西壮族自治区人民政府主席。因涉嫌犯受贿罪,于2000年4月25日被逮捕。

1994年初至1998年间,成克杰多次接受他人请托,在工程招标、贷款发放、干部任命中为他人牟取非法利益,非法收受人民币近三千万元及价值人民币数十万元的美元、港币和其他财物。

北京市第一中级人民法院认为,被告人成克杰身为国家工作人员,利用担任中共广西壮族自治区委员会副书记、广西壮族自治区人民政府主席的职务便利，接受他人请托，为他人谋取利益，非法收受财物，其行为已构成受贿罪。被告人成克杰的受贿数额特别巨大，其作为高级领导干部，所犯罪行严重破坏了国家机关正常工作秩序，侵害了国家工作人员职务的廉洁性，败坏了国家工作人员的声誉，犯罪情节特别严重，依法应予严惩。虽然成克杰受贿的赃款已被追缴，但不足以据此对其从轻处罚。据此，根据被告人成克杰犯罪的事实、犯罪的性质、情节和对于社会的危害程度，依照《中华人民共和国刑法》第 385 条第 1 款、第 386 条、第 383 条第 1 款第(一)项、第 2 款、第 57 条第 1 款的规定，判决如下：被告人成克杰犯受贿罪，判处死刑，剥夺政治权利终身，并处没收个人全部财产。

（二）思考方向

适用刑法平等就意味着对于任何人犯罪，都应当平等适用刑法定罪量刑，不允许任何人有特权。在上述成克杰受贿案中，是否体现了适用刑法平等原则？

（三）法律规定

《中华人民共和国刑法》第 4 条 对任何人犯罪，在适用法律上一律平等。不允许任何人有超越法律的特权。

《中华人民共和国刑法》第 385 条 国家工作人员利用职务上的便利，索取他人财物的，或者非法收受他人财物，为他人谋取利益的，是受贿罪。

《中华人民共和国刑法》第 386 条 对犯受贿罪的，根据受贿所得数额及情节，依照本法第三百八十三条的规定处罚。索贿的从重处罚。

《中华人民共和国刑法》第 383 条 对犯贪污罪的，根据情节轻重，分别依照下列规定处罚：

（一）个人贪污数额在 10 万元以上的，处 10 年以上有期徒刑或者无期徒刑，可以并处没收财产；情节特别严重的，处死刑，并处没收财产。

……

(四)学理分析

我国《宪法》第33条第2款规定:“中华人民共和国公民在法律面前一律平等。”适用刑法平等原则是法律面前人人平等的宪法原则在刑法中的体现。现行《刑法》规定的适用刑法平等原则与宪法规定的法律面前人人平等原则是否同一或者仅仅是一种转述呢?我们认为,两者还是应当有区别的。第一,两者的适用范围是不同的。宪法原则是总的法律原则,适用于所有的法律部门。而刑法原则只适用于刑法领域。第二,两者适用的对象不同。宪法原则适用于宪法调整范围内的一切对象。而刑法原则适用的是依据刑法需要追究刑事责任的犯罪嫌疑人和被告人。第三,表达的法律含义不同。宪法原则表达的法律面前人人平等,是指在我国适用的所有法律。而刑法原则表达的法律的含义仅指刑事法律。第四,两者的指导意义不同。宪法原则的指导意义是抽象性的原则指导。而刑法原则是具体针对定罪量刑的指导,更加具体。

根据该原则,任何人,只要没有违反刑法,没有构成犯罪,都应当平等地受到刑法的保护;任何人,只要违反刑法,构成犯罪,都要追究法律责任,不允许任何人有超越法律的特权。对于一切犯罪人,不论其社会地位高低,不论其种族、出身,在定罪和量刑上都要依照法律的规定。本案的被告人成克杰原系第九届全国人民代表大会常务委员会副委员长,曾任中共广西壮族自治区委员会副书记、广西壮族自治区人民政府主席。他虽然身为高级领导干部,却没有严格履行自己的职责,辜负了党和人民的重托,利用手中掌握的权力为个人谋取私利,走上了犯罪道路。对于成克杰案件,司法机关在适用法律上体现了平等原则,没有因为他是高级领导干部姑息他的犯罪行为。首先,在定罪上平等。对成克杰的犯罪行为是依照有关法律规定的程序进行的审理,根据充分的证据认定其犯有受贿罪,例如,成克杰利用职权为他人在工程项目和资金借贷上谋取利益,收受他人巨额现金;在人事任用上违反原则,收受他人财物,为他人谋取官职。完全符合我国《刑法》规定的受贿罪的犯罪构成。其次,对成克杰的量刑也充分体现了适用刑法平等的原则。成克杰利用职务便利,单独或与李平共同为请托单位或个人谋取利益,收受贿赂款、物合计人民币41090373元,数额特别巨大。其犯罪行为情节特别恶劣,影响极坏。根据我国《刑法》分则的规定,应当适用最高刑。人民法院根据事实和法律，最终作出了判处其死刑，剥夺政治权利终身，并处没收个人全部财产的判决，做到了适用刑法上的平等，没有因为成克杰是党的高级领导干部而适用较轻的刑罚。他是新中国成立以来因为受贿罪而被判处死刑的最高级别的领导干部。

（五）自测案例

禹作敏等8人非法管制、非法拘禁、窝藏、妨害公务、行贿案。

被告人：禹作敏，男，原系天津市静海县大邱庄企业集团总公司董事长（其他被告人略）。禹作敏指使他人对刘某的亲属进行监视、非法限制人身自由；组织他人关押干部学校的师生，非法剥夺他人人身自由；指使他人窝藏将危某殴打致死的刘云章等4名犯罪分子；下令扣留勘查犯罪现场的公安干警，并组织指挥他人以暴力阻碍公安、检察干警搜捕罪犯的公务活动；为获取国家重要机密，与他人合谋向国家工作人员行贿。法院认定其构成非法管制、非法拘禁、窝藏、妨害公务、行贿罪。禹作敏在非法拘禁、窝藏、妨害公务中均起了组织、指挥作用，是主犯，判处禹作敏非法管制罪，处有期徒刑3年；非法拘禁罪处有期徒刑3年；窝藏罪处有期徒刑6年；妨害公务罪处有期徒刑3年；行贿罪处有期徒刑10年，剥夺政治权利2年；数罪并罚决定执行有期徒刑20年，剥夺政治权利2年。

被告人曾是名扬一时的名人，通过分析该案，进一步理解适用刑法平等原则。

第三节　罪刑相适应原则

罪刑相适应的思想在我国古代就已经存在，"以眼还眼，以牙还牙"就是古代罪刑相适应思想的写照，其产生是基于因果报应观念。"无论在奴隶制社会或封建制社会，也无论是成文法出现之前或之后，任何国家都从不对各种轻重不同的犯罪千篇一律地适用相同的刑罚，而总是有所区别的。这种区别就是罪刑相适应思想的一种反映。"①但是，这种对不同犯罪处以不同刑罚的标准往往是奴隶主或封建主主观支配的结果，在实质上并不均衡。现

① 张明楷：《刑法学》（上），法律出版社1997年版，第49—50页。

代意义上的罪刑相适应思想是资产阶级启蒙思想家倡导的结果。孟德斯鸠指出:"惩罚应有程度之分,按罪大小,定惩罚轻重。"①贝卡利亚也系统地阐述了罪刑相适应的思想。他说:"如果说,对于无穷无尽、暗淡模糊的人类行为组合可以应用几何学的话,那么也很需要有一个相应的、由最强到最弱的刑罚阶梯。"②

罪刑相适应思想在资产阶级的立法中也得到了体现。1793 年《法国宪法》所附的《人权宣言》第 15 条规定:"刑罚应与犯法行为相适应,并应有益于社会。"1810 年《法国刑法典》采用了相对确定的法定刑方式体现了罪刑相适应的思想,并成为资本主义国家刑法的蓝本。我国 1979 年《刑法》虽然没有明文规定罪刑相适应原则,但是,其对罪刑关系的设置基本上遵循了罪刑均衡的原则。其后,单行条例和补充规定对罪刑关系所作出的调整,也是根据新形势的变化,以罪刑均衡原则为指导的。我国 1997 年修订后的《刑法》明文规定了罪刑均衡原则,学者在表述上,有的称罪刑均衡原则,有的称罪刑相适应原则或罪责刑相适应原则。

传统的罪刑相适应原则,以报应意义的刑罚观为基础,机械地强调刑罚与已然之罪、犯罪客观行为或犯罪客观危害相适应。从 19 世纪末开始,随着刑事人类学派和刑事社会学派的崛起,传统的罪刑相适应原则受到了有力的挑战。最为突出的表现,是行为人中心论和人身危险性论的出现、保安处分和不定期刑制度的推行,使传统的罪刑相适应原则在刑事立法上受到削弱和排挤,但实际上并未动摇其作为刑法基本原则的地位。

案例一

(一)简要案情

被告人李某,现年 41 岁,系某省某市某村农民。自 1999 年 11 月至 2001 年 7 月,李某先后组织 11 名女青年在自己经营的德旺酒店内进行

---

① 〔法〕孟德斯鸠:《波斯人信札》,罗大冈译,商务印书馆 1962 年版,第 141 页。

② 〔意〕贝卡利亚:《论犯罪与刑罚》,黄风译,中国大百科全书出版社 1993 年版,第 66 页。

卖淫活动,并已组织了83人次,以每人每月1200—2000元的价格包给外地一些发廊、酒吧等场所卖淫。2003年9月28日,某省某市中级人民法院召开公判大会,对李某以组织卖淫罪宣判并执行死刑。

试问:我国《刑法》第358条对组织卖淫罪设立了死刑,法院宣判执行李某死刑,是否违背了罪刑相适应原则?①

(二)思考方向

罪刑相适应原则要求做到对犯罪分子所处刑罚应当与其所犯罪行基本适应。那么,刑罚与罪行的适应与否应当如何判断?是否有统一的标准?本案中,李某犯组织卖淫罪,而根据我国《刑法》条文的规定,组织卖淫罪可以判处死刑,对李某判处死刑是否符合罪刑相适应原则?

(三)法律规定

《中华人民共和国刑法》第48条 死刑只适用于罪行极其严重的犯罪分子。对于应当判处死刑的犯罪分子,如果不是必须立即执行的,可以判处死刑同时宣告缓期2年执行。

死刑除依法由最高人民法院判决的以外,都应当报请最高人民法院核准。死刑缓期执行的,可以由高级人民法院判决或者核准。

《中华人民共和国刑法》第358条 组织他人卖淫或者强迫他人卖淫的,处5年以上10年以下有期徒刑,并处罚金;有下列情形之一的,处10年以上有期徒刑或者无期徒刑,并处罚金或者没收财产:

(一)组织他人卖淫,情节严重的;

(二)强迫不满14周岁的幼女卖淫的;

(三)强迫多人卖淫或者多次强迫他人卖淫的;

(四)强奸后迫使卖淫的;

(五)造成被强迫卖淫的人重伤、死亡或者其他严重后果的。

---

① 刘艳红主编:《刑法学总论》(第二版),北京大学出版社2006年版,第27页。

有前款所列情形之一，情节特别严重的，处无期徒刑或者死刑，并处没收财产。

协助组织他人卖淫的，处5年以下有期徒刑，并处罚金；情节严重的，处5年以上10年以下有期徒刑，并处罚金。

（四）学理分析

罪刑相适应并没有统一的标准，具体到个案则更是难以统一。但是，对严重的犯罪处以重刑，对轻微的犯罪处以较轻刑罚是一个基本准则。就本案而言，因为涉及死刑问题，所以在判断罪刑是否相适应上具有其特殊性。首先从刑罚角度来看，死刑是刑罚中的极刑，并不是可以随意适用的。根据我国刑法的规定，死刑只适用于罪行极其严重的犯罪分子。这就意味着死刑的判处，既要求犯罪分子所犯的罪行种类在所有犯罪中应当是最严重的一类，同时要求犯罪分子犯罪的具体情节在本罪中属于极其严重的。如果所犯的罪行不属于最严重的类型，或者属于最严重的类型，但情节不属于极其严重，都不能随意适用死刑。其次，具体到本案，根据案情来看，李某组织11名女青年在自己经营的酒店内卖淫，还组织83人次给外地发廊、酒吧卖淫，已经构成了组织卖淫罪。认定李某构成组织卖淫罪是正确的。根据《刑法》第358条的规定，组织他人卖淫的，可以处5年以上10年以下有期徒刑，情节严重或者后果严重的，可以处10年以上有期徒刑或无期徒刑。具有特别严重情节的，最高可以判处死刑。在法律明确规定的严重情节中，除第一项为组织他人卖淫，情节严重外，其他四项都要求具有“强迫”行为。从案情的描述来看，仅描述了李某有组织卖淫的行为，没有描述其有强迫卖淫的行为，因此，在量刑时仅能参照“组织他人卖淫，情节严重”来量刑。构成本罪，只有在行为具备法律明确规定的严重情形之一，并且情节特别严重，而且在判处无期徒刑还不足以惩罚其犯罪的情况下才可以考虑判处死刑。而基于案情的描述，李某充其量仅能符合情节严重的情形，而不符合情节特别严重的规定，根本不能适用死刑条款，在10年以上有期徒刑或无期徒刑中选择才符合罪刑相适应原则。

案例二

(一) 简要案情

广东省云浮市云山县某镇委书记强行奸污了一个17岁的临时工女孩,使她怀孕。一审法院认定镇委书记犯强奸罪,然后在判决理由上说,属于情节特别严重,判处有期徒刑3年,缓刑4年。①

(二) 思考方向

本案在定罪量刑上是否适当?是否符合罪刑相适应原则?

(三) 法律规定

《中华人民共和国刑法》第5条 刑罚的轻重,应当与犯罪分子所犯罪行和承担的刑事责任相适应。

《中华人民共和国刑法》第236条 以暴力、胁迫或者其他手段强奸妇女的,处3年以上10年以下有期徒刑。

奸淫不满14周岁幼女的,以强奸论,从重处罚。

强奸妇女、奸淫幼女,有下列情形之一的,处10年以上有期徒刑、无期徒刑或者死刑:

(一) 强奸妇女、奸淫幼女情节恶劣的;

(二) 强奸妇女、奸淫幼女多人的;

(三) 在公共场所当众强奸妇女的;

(四) 2人以上轮奸的;

(五) 致使被害人重伤、死亡或者造成其他严重后果的。

(四) 学理分析

在刑法理论上,如何理解罪刑相适应存在不同的标准。西方刑事古典

---

① 王仲兴讲演:《罪刑法定原则在我国刑事法律中的命运》,录音整理:李秋,http://zfr.scnu.edu.cn/jxjl/xslw/09.htm。

学派主张以行为的危害为标准,主张刑罚与犯罪行为相适应;而刑事人类学派与刑事社会学派强调刑罚与犯罪人的人身危险性相适应。在我国,一向主张主客观相结合的定罪原则,即以犯罪的社会危害性为基础,同时适当考虑行为人的人身危险性。所谓社会危害性,就是刑法以行为危害性大小和行为方式所规定的罪名和刑罚;所谓人身危险性,就是行为人的犯罪动机、手段、一贯表现以及其基本情况,犯罪实行中的情况和犯罪后的认罪态度等。①

通过对本案的综合分析,可以看出,本案的一审判决严重违背了罪刑相适应的原则。因为本案中的犯罪人某镇委书记强行奸污了一个 17 岁的临时工女孩,构成了我国《刑法》第 236 条规定的强奸罪。根据我国《刑法》第 236 条的规定,构成本罪的最低刑罚是 3 年,如果存在其他严重情节,判刑应当更高,甚至可以判处到死刑。本案的被害人是 17 岁的女孩,属于未成年人,并且因强奸而导致怀孕,因此可以认定为情节特别严重。但是,一审法院在作出上述认定后,却作出了判处有期徒刑 3 年,缓刑 4 年的判决,违背了刑法的罪刑相适应原则,属于量刑畸轻。在本案中,不存在任何法定和酌定的从轻理由,只有从重的理由,因此,量刑不能适用缓刑。所以,一审的判决是不适当的。

（五）自测案例

2001 年 5 月 2 日零时许,董某因琐事与宋某在舞厅外发生争吵并相互厮打,被在场人劝开后,董宋二人又在舞厅旁边的灯具门市门外继续拉扯,董某用人行道上的地砖向宋的头部连续打击致宋倒地后,逃离现场,宋某被他人送往医院抢救无效死亡。经法医鉴定,宋某因钝器打击头部造成闭合性颅脑损伤,导致呼吸心跳中枢衰竭而死亡。法院以故意杀人罪判处董某死刑,剥夺政治权利终身。

分析该案判决是否符合罪刑相适应原则。

---

① 参见杨春洗、杨敦先:《中国刑法论》(第二版),北京大学出版社 1998 年版,第 28 页。

案例三

（一）简要案情

被告人：马金荣，女，58岁，河南省唐河县人，农民。

被告人之子石玉祥曾因故意伤害罪被判有期徒刑10年。1995年被释放后，恶习不改，经常打骂邻众，打骂父母，虐待儿子。尤其恶劣的是，1995年4月的一天，石玉祥将其养女（17岁）强奸。数日后，被告人将该养女送到外地躲避。石玉祥恼羞成怒，经常持械责骂父母，家人无奈到派出所报案，要求惩处。石玉祥更加猖狂，1995年7月15日，石玉祥持镢头到父母处大骂，并准备伤害被告人及他人。被告人令两个儿子将石玉祥捆绑后，自己斥骂石玉祥，石不但不听，反而大声辱骂，被告人见其恶性难改，用镢头砍其右臂关节处和左膝关节处。当晚8时许，石玉祥因创伤性、失血性休克死亡。被告人到派出所自首。

1996年2月，经人民法院审判委员会研究决定，以故意伤害罪，判处被告人马金荣有期徒刑3年，缓刑5年。①

（二）思考方向

罪刑相适应就是要做到所认定的罪名与所适用的刑罚在轻重程度上相适应。这种罪刑相适应，既包括在立法上对重罪规定重刑，对轻罪规定轻刑，也包括在司法适用中对所认定的罪名适用刑法规定的适当的刑罚。上述案例在量刑上是否适当？是否做到了罪刑相适应？

（三）法律规定

《中华人民共和国刑法》第5条　刑罚的轻重，应当与犯罪分子所犯罪行和承担的刑事责任相适应。

---

① 最高人民法院、中国应用法学研究所：《人民法院案例选》1998年第一辑（总第23辑），中国法制出版社1998年版，第13—14页。

《中华人民共和国刑法》第 63 条　犯罪分子具有本法规定的减轻处罚情节的，应当在法定刑以下判处刑罚。

犯罪分子虽然不具有本法规定的减轻处罚情节，但是根据案件的特殊情况，经最高人民法院核准，也可以在法定刑以下判处刑罚。

1979 年《中华人民共和国刑法》第 59 条　犯罪分子具有本法规定的减轻处罚情节的，应当在法定刑以下判处刑罚。

犯罪分子虽然不具有本法规定的减轻处罚情节，如果根据案件的具体情况，判处法定刑的最低刑还是过重的，经人民法院审判委员会决定，也可以在法定刑以下判处刑罚。

《中华人民共和国刑法》第 67 条　犯罪以后自动投案，如实供述自己的罪行的，是自首。对于自首的犯罪分子，可以从轻或者减轻处罚。其中，犯罪较轻的，可以免除处罚。

《中华人民共和国刑法》第 234 条　故意伤害他人身体的，处 3 年以下有期徒刑、拘役或者管制。

犯前款罪，致人重伤的，处 3 年以上 10 年以下有期徒刑；致人死亡或者以特别残忍手段致人重伤造成严重残疾的，处 10 年以上有期徒刑、无期徒刑或者死刑。本法另有规定的，依照规定。

（四）学理分析

本案的定性是准确的，量刑是适当的。本案发生于 1997 年《刑法》修订之前，但是其量刑充分反映了罪刑相适应的思想。根据《刑法》明文规定的罪刑相适应原则，对犯罪分子量刑时，应当考虑犯罪分子所犯罪行和应当承担的刑事责任。这说明我国刑法在罪刑相适应上，采取了报应主义和功利主义兼顾的态度。报应主义刑罚观认为，刑罚是对犯罪的报应，“机械地强调刑罚与已然之罪、犯罪客观行为或曰犯罪客观危害相适应”。[①] 功利主义刑罚观则注重刑罚对犯罪人再犯可能性的遏制，主张刑罚与犯罪人的人身危险性相适应。迄今为止，在刑罚的应用上，不论是报应主义还是功利主义都无法绝对占统治地位，二者都存在各自的优势和难以避免的缺陷，因此，在刑法实践中，兼顾二者的情况较为普遍。我国刑法在对犯罪人量刑时，正

---

① 赵秉志：《新刑法教程》，中国人民大学出版社 1997 年版，第 58 页。

是同时兼顾报应与功利。对于本案的量刑,从报应主义角度看,被告人故意伤害他人,并造成他人失血而死亡,从客观行为及结果来看,不能说不严重,因此,从报应主义的罪刑相适应角度,应当判处较高的刑罚。从《刑法》分则条文的规定看,故意伤害,致人死亡或者以特别残忍手段致人重伤造成严重残疾的,处10年以上有期徒刑、无期徒刑或者死刑。该量刑标准显然是以报应主义为基础建立的。因此,当犯罪人的行为符合条文规定时,首先考虑的量刑是与犯罪行为及其危害结果相适应。但是,由于犯罪是人的行为,所以,不考虑犯罪人的主观意图,单纯以客观行为和结果量刑是不全面的。从本案的案件情况看,可以从以下几个方面分析犯罪人的人身危险性:第一,被害人的情况;第二,行为时的情境;第三,犯罪人行为时的意图;第四,犯罪人的行为方式;第五,犯罪人犯罪后的表现;第六,犯罪人的再犯可能预测。从被害人的情况看,该人可谓恶习不改、作恶多端。被害人石玉祥刑满释放,不仅不思悔改,反而强奸养女,打骂邻里甚至父母。其家人无奈请求派出所惩处,反而促使其气焰更为嚣张,竟持械欲伤害母亲和兄弟,不值得同情。所以,对其被害,群众联名上书认为是除了一害。被告人在实施伤害行为时,是处于激愤状态。当时被害人虽已被捆绑,但仍然辱骂父母,没有一丝悔改,作为母亲的被告人伤心和愤怒之极,出于无奈,想把他弄残,不让他干坏事,所以,才有选择地用镢头将被害人胳膊和腿关节击伤。在被害人死亡后,被告人主动投案自首。因此,可以认为被告人的再犯可能性是极低的。如果从人身危险性来衡量刑罚量的话,应当适用较低的刑罚。对于这种情况,我国1997年修订前的《刑法》第59条和修订后的《刑法》第63条都有相应的规定,即如果根据案件的具体情况,判处法定刑的最低刑还是过重的,也可以在法定刑以下判处刑罚。本案发生在《刑法》修订前,根据法律的规定,经人民法院审判委员会决定,在法定最低刑以下适用了刑罚,是完全合理合法的。如果适用修订后的《刑法》,类似的情况则需要经最高人民法院核准。

(五)自测案例

被告人蒋某某,男,39岁,农民。

被告人承包本村鱼塘以来,经常发现有人偷鱼。某日夜,被告人伺机抓获偷鱼贼,发现了来偷鱼的村民刘某、徐某(37岁),当即大喊"来人",刘某逃走，徐某被抓。被告人抽下徐的腰带抽打徐某，并要扭送徐某到村里，徐不从，二人扭打，被告人多次拳击徐的面部、胸部。在扭打中，徐滚入河中。被告人看不到徐在何处，气呼呼回去说“他泅水逃掉了”。后发现徐溺水死亡。某市人民法院认定被告人蒋某某构成过失致人死亡罪，判处其有期徒刑5年。

试分析本案量刑是否符合罪刑相适应原则。

第三章　刑法的适用范围

第一节　刑法的空间效力

一、刑法空间效力概述

刑法的空间效力，是指刑法在什么地域和对什么人具有效力，它由对地域的效力和对人的效力两部分内容所组成。概观各国刑法规定，解决刑法空间效力问题所采取的原则主要有：属地原则；属人原则；保护原则；普遍管辖原则。

案例

（一）简要案情

勒内，男，26岁，法国籍留美学生。某日，勒内在美国一所大学舞厅，因与一中国留学生争夺舞伴，心怀不满，持刀将中国学生腹部刺伤，造成该中国学生肝破裂死亡。

（二）思考方向

首先，根据刑法规定的管辖权内容，判断是否可以依据我国刑法进行刑事管辖。其次，全面理解刑事管辖权适用的冲突和选择。

（三）法律规定

《中华人民共和国刑法》第6条　凡在中华人民共和国领域内犯罪的，除法律有特别规定的以外，都适用本法。

凡在中华人民共和国船舶或者航空器内犯罪的,也适用本法。

犯罪的行为或者结果有一项发生在中华人民共和国领域内的,就认为是在中华人民共和国领域内犯罪。

《中华人民共和国刑法》第 8 条 外国人在中华人民共和国领域外对中华人民共和国国家或者公民犯罪,而按本法规定的最低刑为 3 年以上有期徒刑的,可以适用本法,但是按照犯罪地的法律不受处罚的除外。

《中华人民共和国刑法》第 234 条 故意伤害他人身体的,处 3 年以下有期徒刑、拘役或者管制。

犯前款罪,致人重伤的,处 3 年以上 10 年以下有期徒刑;致人死亡或者以特别残忍手段致人重伤造成严重残疾的,处 10 年以上有期徒刑、无期徒刑或者死刑。本法另有规定的,依照规定。

(四)学理分析

本案的行为人具有法国国籍,行为地和结果地在美国,因此,不能适用属人管辖原则和属地原则的规定确立中国的刑事管辖权。但是本案的被害人是中国学生,因此,可以根据保护原则主张我国的刑事管辖权。根据我国《刑法》第 8 条的规定,外国人在中华人民共和国领域外对中华人民共和国国家或者公民犯罪,而按本法规定的最低刑为 3 年以上有期徒刑的,可以适用本法,但是按照犯罪地的法律不受处罚的除外。从本案案情来看,被害人是中国公民,行为人的行为即是对中国公民的犯罪。根据其行为性质分析,符合我国《刑法》分则规定的故意伤害(致人死亡)罪,量刑应该在 10 年以上有期徒刑。而且,这种行为在美国或者法国也都被认为是犯罪,所以,我国有理由主张刑事管辖权。但是,根据属地原则,只要犯罪发生在该国领域内,都适用该国刑法。本案发生在美国领域内,因此,美国对其有刑事管辖权。根据属人原则,只要是该国公民,不论其在哪国领域内犯罪,都适用其本国刑法。本案犯罪人是法国国籍,法国对其也有刑事管辖权。由此可以看出,一起刑事案件往往产生非单一的刑事管辖,因此,在实践中,需要通过其他途径来最终确定刑事案件的管辖权。

(五)自测案例

被告人奥格雷,男,33 岁,前苏联雅库特共和国雅库茨克市民航局联合飞机中队副驾驶员。1985 年 12 月 19 日，被告人在执行民航任务时，持刀威胁机长，迫使飞机改变航线，后降落在我国黑龙江省农田中。①

根据刑法空间适用的原理，分析案件的空间适用。

二、我国刑法空间效力的规定

我国刑法的空间效力规定涉及属地管辖、属人管辖、保护管辖和普遍管辖的规定。

案例一

（一）简要案情

麦克唐纳，男，47 岁，美籍教师，在我国某大学任教期间，搜集我国政治、经济、军事情报，并窃取大量机密文件。被公安机关抓获，其对罪行供认不讳。

（二）思考方向

根据我国刑法的有关规定，对于在我国境内犯罪的外国人，我国可以行使刑事管辖权。上述案例在适用我国刑法时应当如何掌握？

（三）法律规定

《中华人民共和国刑法》第 6 条 凡在中华人民共和国领域内犯罪的，除法律有特别规定的以外，都适用本法。

凡在中华人民共和国船舶或者航空器内犯罪的，也适用本法。

犯罪的行为或者结果有一项发生在中华人民共和国领域内的，就认为是在中华人民共和国领域内犯罪。

《中华人民共和国刑法》第 11 条 享有外交特权和豁免权的外国人的

① 参见周振想：《中国新刑法释论与罪案》（上），中国方正出版社 1997 年版，第 83 页。

刑事责任，通过外交途径解决。

《中华人民共和国刑法》第111条　为境外的机构、组织、人员窃取、刺探、收买、非法提供国家秘密或者情报的，处5年以上10年以下有期徒刑；情节特别严重的，处10年以上有期徒刑或者无期徒刑；情节较轻的，处5年以下有期徒刑、拘役、管制或者剥夺政治权利。

（四）学理分析

本案犯罪人在中华人民共和国境内搜集我国政治、经济、军事情报，并窃取大量机密文件，属于犯罪行为发生在中华人民共和国领域内，因此，首先考虑根据属地管辖原则适用我国《刑法》。但是，本案的犯罪人是美国公民，需要考虑是否有不适用我国刑法的特别情况存在。根据法律规定，只有享有外交特权和豁免权的外国人的刑事责任才可以通过外交途径解决，不适用我国《刑法》。本案犯罪人是在中国某大学任教，并非享有外交特权和豁免权的外交人员，因此，不能得到司法豁免。所以，对该案应当适用我国《刑法》。

案例二

（一）简要案情

被告人张子强，香港居民。1991年到1997年间，被告人伙同他人从广东汕尾、海陆丰等地非法购买炸药、雷管、枪支弹药偷运到香港。1996年5月和1997年9月，被告人伙同他人在香港绑架数名人质，勒索巨额赎金。

（二）思考方向

如何确定本案的管辖？本案是否属于刑法特别规定的，不适用我国《刑法》的情况？适用我国《刑法》是否符合法律规定？

（三）法律规定

《中华人民共和国刑法》第6条　凡在中华人民共和国领域内犯罪的，

除法律有特别规定的以外，都适用本法。

凡在中华人民共和国船舶或者航空器内犯罪的，也适用本法。

犯罪的行为或者结果有一项发生在中华人民共和国领域内的，就认为是在中华人民共和国领域内犯罪。

《中华人民共和国刑法》第125条 非法制造、买卖、运输、邮寄、储存枪支、弹药、爆炸物的，处3年以上10年以下有期徒刑；情节严重的，处10年以上有期徒刑、无期徒刑或者死刑。

《中华人民共和国刑法》第239条 以勒索财物为目的绑架他人的，或者绑架他人作为人质的，处10年以上有期徒刑或者无期徒刑，并处罚金或者没收财产；致使被绑架人死亡或者杀害被绑架人的，处死刑，并处没收财产。

（四）学理分析

本案是一起香港居民跨内地和香港进行犯罪的案件。在案件的管辖上，存在许多特殊的地方。我国自1997年7月1日对香港恢复行使主权，但是，根据“一国两制”的设想，按照我国《香港特别行政区基本法》的有关规定，在香港设立直辖于中央政府的特别行政区，同时保持香港原有的制度和生活方式不变。也就是说在国际上，香港不再是独立的主体，而是中华人民共和国的一部分，中华人民共和国中央人民政府对香港享有主权。但是，香港现行的政治、经济制度和生活方式不变，其中，包括香港可以继续适用原有的大部分法律。这样，就在较大程度上保留了香港独立的司法管辖权。所以，根据我国《刑法》的相关规定，对香港居民在香港的刑事犯罪不适用我国《刑法》。本案被告人是香港居民，并且其绑架犯罪发生在香港，是可以由香港司法部门行使管辖权的，但是，由于本案是跨两地的团伙犯罪，张子强等人曾从内地非法购买炸药、雷管、枪支弹药偷运到香港，内地可以适用“行为地主义”对其犯罪行为进行管辖。对于本案的刑事管辖，香港特区保安局局长叶刘淑仪表示，内地司法机关依法对张子强犯罪集团人员进行审判，无损香港的司法管辖权。她说，这些居民因为触犯内地法律而在内地受审、判刑，这与香港人在其他司法管辖区被判刑没有什么区别。香港一向尊重其他司法管辖区独立的司法管辖权，所以，不会干涉内地或者其他地方的司法程序。她强调，内地根据《刑法》对张子强等人作出裁决，绝对没有侵犯香港特别行政区的司法管辖权，也无损香港司法制度，人们不应该对香港司法独立产生疑虑。[①] 因此，从学理来讲，该案无论由香港特别行政区的司法部门管辖，还是内地司法部门管辖，不论是适用香港特别行政区的法律，还是内地法律，都是合法的。

(五) 自测案例

被告人R.巴托，男，30岁，外国人。1993年9月25日下午，被告人在中国银行上海分行市中支行，用变造的印度护照和澳大利亚西太平洋银行旅行支票计8000澳元，采取签署上述印度护照上那西·库玛姓名的手法，骗兑得美金3242元(折合人民币1.88万元)、人民币外汇兑换券1.12万余元。同年9月30日上午，被告人至和平饭店外币兑换处，仍采用上述方法，骗兑得人民币外汇兑换券7421.92元。[②]

对本案被告人是否可以适用我国刑法?

案例三

(一) 简要案情

被告人陈某于1996年7月3日与某市建筑公司签订劳动合同，成为该公司承建的科威特"228项目"工地员工。在科威特工作期间，陈某先期任工段负责人，后从事一般管理工作。因对科方提供的工作条件、生活待遇等不满，陈某多次纠集、煽动工人在工地、中国驻科威特大使馆、公司食堂等地闹事，其行为给某市建筑公司造成严重的经济损失。我国一审法院宣判被告人陈某构成聚众扰乱社会秩序罪，判处有期徒刑2年。[③]

试问：我国法院对陈某是否有刑事管辖权?

---

① 《法制日报》1998年11月13日。

② 参见周振想：《中国新刑法释论与罪案》(上)，中国方正出版社1997年版，第57—58页。

③ 刘艳红主编：《刑法学总论》(第二版)，北京大学出版社2006年版，第38页。

（二）思考方向

确立刑事管辖权，首先要明确刑事管辖的原则，再根据刑法的规定确定是否有管辖权。

（三）法律规定

《中华人民共和国刑法》第6条 凡在中华人民共和国领域内犯罪的，除法律有特别规定的以外，都适用本法。……

《中华人民共和国刑法》第7条 中华人民共和国公民在中华人民共和国领域外犯本法规定之罪的，适用本法，但是按本法规定的最高刑为3年以下有期徒刑的，可以不予追究。

中华人民共和国国家工作人员和军人在中华人民共和国领域外犯本法规定之罪的，适用本法。

《中华人民共和国刑法》第63条 犯罪分子具有本法规定的减轻处罚情节的，应当在法定刑以下判处刑罚。

犯罪分子虽然不具有本法规定的减轻处罚情节，但是根据案件的特殊情况，经最高人民法院核准，也可以在法定刑以下判处刑罚。

《中华人民共和国刑法》第290条 聚众扰乱社会秩序，情节严重，致使工作、生产、营业和教学、科研无法进行，造成严重损失的，对首要分子，处3年以上7年以下有期徒刑；对其他积极参加的，处3年以下有期徒刑、拘役、管制或者剥夺政治权利。

（四）学理分析

根据案情，本案发生在中国境外的科威特，因此，在刑事管辖上不能依据我国《刑法》第6条的规定适用属地管辖，但可以根据属人管辖原则对其进行管辖。根据我国《刑法》第7条规定，凡是中华人民共和国公民在中华人民共和国领域外犯本法规定之罪的，都可以适用我国《刑法》。这是一种属人管辖权的主张。属人管辖的规定意味着中国的司法机关对于中国公民享有法律上的管辖权。但是，对于中国公民在中华人民共和国境外的犯罪，在管辖问题上会发生犯罪地国家的属地管辖权与我国的属人管辖权的冲突，因此，我国《刑法》关于属人管辖权的规定应当被理解为管辖权的法律依据，而不能被理解为管辖权的排他性规定。适用刑法上的属人管辖权需要符合三个方面的要求：第一，行为人必须是中华人民共和国公民；第二，其所实施的行为按照我国《刑法》的规定构成犯罪；第三，根据我国《刑法》的规定有追究的必要。在第三方面，《刑法》第7条有较为灵活的规定。对于非国家工作人员和军人的公民在境外犯罪，如果按本法规定的最高刑为3年以下有期徒刑的，可以不予追究。也就是说，虽然我国刑法原则上主张属人管辖权，但如果非国家工作人员和军人的行为人的犯罪行为比较轻微，所处法定刑最高不超过3年有期徒刑时，我国可以放弃对犯罪的追究。

具体结合本案分析，被告人陈某在科威特工作期间，多次纠集、煽动工人在工地、中国驻科威特大使馆、公司食堂等地闹事，给其所属的建筑公司造成严重的经济损失，其行为符合我国《刑法》第290条规定的聚众扰乱社会秩序罪，具备了适用我国刑法进行管辖的基本前提。如果认定被告人犯有聚众扰乱社会秩序罪，则根据我国《刑法》分则的规定，犯该罪的，对首要分子可以处3年以上7年以下有期徒刑。因此，可以根据我国《刑法》第7条的规定，对本案根据我国《刑法》的规定进行处罚。本案案情中描述：我国一审法院宣判被告人陈某构成聚众扰乱社会秩序罪，判处有期徒刑2年。如果案情如此，则本案有两点需要作特别的解释：第一，我国《刑法》第290条规定的构成聚众扰乱社会秩序罪，对首要分子的量刑期间为3年以上7年以下，对其他积极参加的，量刑是3年以下有期徒刑、拘役、管制或者剥夺政治权利。本案的被告人陈某显然不是积极参加者，而是首要分子，因此，对其量刑应当在法定量刑幅度内，一般不能低于3年有期徒刑。除非有其他特殊情节，才可以在法定刑量刑幅度以下量刑。第二，如果被告人是因为具备了法定的减轻情节而在法定刑幅度以下量刑，判处其2年有期徒刑的话，也不影响根据我国《刑法》第7条行使管辖权。首先，因为本条规定"按本法规定的最高刑为3年以下有期徒刑的，可以不予追究"，不是强制性的规定，不代表所犯罪行的法定刑低于3年有期徒刑就一概不追究，而是"可以"不予追究，追究了也不违背法律。其次，是否追究是以法定最高刑为基准，而不是以最终确定刑为基准。本案中法定刑的幅度是3年以上7年以下，一审判决的刑期是2年，适用中国刑法进行管辖符合刑法的规定。

案例四

（一）简要案情

被告人王某，男，27岁，中国籍，农民。1998年2月，被告人与他人合伙到俄罗斯做生意，因受骗而造成损失。被告人即与他人合谋，在当地采取用木棍击打、用尖刀刺等方法，拦截行人劫取财物，共抢得钱款等物品价值人民币3万余元，回国后被抓获。

（二）思考方向

本案被告人的行为应当如何适用法律？在考虑适用法律的过程中应当注意什么问题？

（三）法律规定

《中华人民共和国刑法》第7条 中华人民共和国公民在中华人民共和国领域外犯本法规定之罪的，适用本法，但是按本法规定的最高刑为3年以下有期徒刑的，可以不予追究。

中华人民共和国国家工作人员和军人在中华人民共和国领域外犯本法规定之罪的，适用本法。

《中华人民共和国刑法》第10条 凡在中华人民共和国领域外犯罪，依照本法应当负刑事责任的，虽然经过外国审判，仍然可以依照本法追究，但是在外国已经受过刑罚处罚的，可以免除或者减轻处罚。

《中华人民共和国刑法》第263条 以暴力、胁迫或者其他方法抢劫公私财物的，处3年以上10年以下有期徒刑，并处罚金；有下列情形之一的，处10年以上有期徒刑、无期徒刑或者死刑，并处罚金或者没收财产：

……（一至八项，略）

（四）学理分析

本案涉及的是中国公民在中华人民共和国领域外犯罪的管辖问题。根据案件的具体情况，本案可以适用我国《刑法》，理由如下：第一，被告人王某是中国公民，根据我国《刑法》第 7 条的规定，对中国公民在中华人民共和国领域外的犯罪，应当适用我国刑法。第二，被告人的行为根据我国刑法构成了抢劫犯罪。被告人伙同他人使用木棍、尖刀等凶器拦截行人，劫取财物，符合抢劫罪的构成。第三，根据被告人的犯罪事实和情节，属于应当判处 3 年以上有期徒刑的犯罪。因为构成抢劫罪的一般量刑幅度就在 3 年以上 10 年以下，所以，本案被告人的量刑不可能在 3 年以下，应当适用我国刑法。

在分析此类法律适用中，应当注意四个问题：第一，属人管辖权行使的唯一依据就是行为人的国籍，而不论犯罪行为的发生地和犯罪行为所侵害的利益。因此，该管辖权是一种选择性的行使而不是绝对地、排他地行使。第二，正确理解"按本法规定的最高刑为 3 年以下有期徒刑的"含义。此处法律规定的刑期幅度是法定刑的可能幅度，而不是宣告刑的确定刑期，即不论该行为最终会被宣告什么刑罚，只要根据该犯罪行为的情节，按照相应的法律规定，属于量刑在 3 年以上有期徒刑的，就可以适用我国刑法。第三，对于法定最高刑为 3 年以下有期徒刑的犯罪行为，"可以不予追究"，并不意味着绝对不追究，而是要考虑实际案情，在一般情况下不追究。因此，如果对于我国公民在境外实施了犯罪行为，而该犯罪的法定最高刑为 3 年以下有期徒刑的，我国对其进行追究，也是符合法律规定的。第四，有条件追究的规定只适用于中华人民共和国普通公民，对中华人民共和国国家工作人员和军人在中华人民共和国领域外犯本法规定之罪的，在追究刑事责任，适用我国刑法上没有任何限制。

（五）自测案例

被告人李学沛，男，26 岁，工人。

被告人王文勇，男，24 岁，工人。

李、王被告均系我国公民。1982 年 10 月，该二人受雇在美国轮船上工作。同月 24 日，轮船停泊于巴西某港口后，二人在轮船上酗酒闹事，不仅不听从船长及其他工作人员的劝阻，反而公然杀死制止他们的中国公民张世良。杀人后又抢劫了一些其他船员的财物，然后逃到巴西某市藏身，并策划叛逃第三国。后被巴西警方抓获。[1]

（1）如何确定该案的刑事管辖？

（2）该案是否可以适用我国刑法？依据是什么？

案例五

（一）简要案情

我国公民某甲，系我国某远洋运输公司一远洋货轮上的船员。1981年11月1日该轮船停泊于南美某国一港口内。当日傍晚，某甲酒后与同船船员某乙发生口角，用水果刀将某乙刺成重伤，经抢救无效死亡。某甲的行为被当地法院认定为伤害致死罪，判处有期徒刑5年，在当地监狱执行。某甲在该国服刑3年6个月后被遣送回国，到达中国后被逮捕、起诉。某市人民法院以故意伤害罪判处某甲有期徒刑6年。[2]

（二）思考方向

本案被告人的行为应当如何适用法律？在考虑适用法律的过程中应当注意什么问题？

（三）法律规定

《中华人民共和国刑法》第7条 中华人民共和国公民在中华人民共和国领域外犯本法规定之罪的，适用本法，但是按本法规定的最高刑为3年以下有期徒刑的，可以不予追究。

中华人民共和国国家工作人员和军人在中华人民共和国领域外犯本法规定之罪的，适用本法。

《中华人民共和国刑法》第10条 凡在中华人民共和国领域外犯罪，依

① 阮齐林：《刑法总则案例教程》，中国政法大学出版社1999年版，第46页。

② 陈兴良、曲新久：《案例刑法教程》，中国政法大学出版社1995年版，第20页。

照本法应当负刑事责任的,虽然经过外国审判,仍然可以依照本法追究,但是在外国已经受过刑罚处罚的,可以免除或者减轻处罚。

《中华人民共和国刑法》第234条 故意伤害他人身体的,处3年以下有期徒刑、拘役或者管制。

犯前款罪,致人重伤的,处3年以上10年以下有期徒刑;致人死亡或者以特别残忍手段致人重伤造成严重残疾的,处10年以上有期徒刑、无期徒刑或者死刑。本法另有规定的,依照规定。

1979年《中华人民共和国刑法》第134条 故意伤害他人身体的,处3年以下有期徒刑或者拘役。

犯前款罪,致人重伤的,处3年以上7年以下有期徒刑;致人死亡的,处7年以上有期徒刑或者无期徒刑。本法另有规定的,按照规定。

(四)学理分析

在分析本案之前,应当注意首先注意两个问题:一是该案发生在1981年,适用行为时法律,即1979年《刑法》;二是在刑事管辖分析时,无法分析船舶停泊地南美某国的刑事管辖规定。

根据案情分析,本案是发生在我国所属的轮船上,根据我国刑法的规定,应当按照属地管辖原则由我国司法机关审理此案,适用我国《刑法》。除此以外,由于该案的犯罪人是中国人,所以,根据属人管辖的规定,我国也可以行使刑事管辖权。但是,实际上,由于轮船停泊于外国港口,并且该国已经行使了刑事管辖权,犯罪人也在该外国服刑,所以,我国的刑事管辖权在当时并没有得到实现。那么,罪犯的所属国如何对待外国的刑事判决呢?一般存在三种做法①:第一,根据"一事不再理"的原则,认为外国法院的刑事判决可以作为阻止重新起诉的"充分理由",因此不得不承认外国法院的既判力。第二,从维护本国刑事管辖主权出发,不承认外国的既判力。第三,主张对已受过外国法院审判和处罚的本国罪犯进行再次审理时,把外国法院的判决和处罚作为减轻或免除处罚的一个重要因素来考虑,也就是在法律上否认外国法院的既判力,而在事实上加以承认。我国采取的是第三

① 参见高铭暄:《刑法学原理》(第一卷),中国人民大学出版社1993年版,第294页。

种做法,并在《刑法》中明文规定。所以当本案的犯罪人在服刑后被遣送回国后,仍然需要接受我国法律的审判,以维护我国的司法主权。根据行为时法律规定,故意伤害致人死亡的,应当处 7 年以上有期徒刑或者无期徒刑。本案犯罪人被判处 6 年有期徒刑,就是考虑到了他在国外已经受过刑事处罚,因而减轻了处罚的结果。

(五) 自测案例

中国公民李某,男,30 岁,受雇于某公司在中东某国搞工程。其间,因盗窃被当地司法机关判刑 3 年,刑满后回国。我国某法院以盗窃罪判处其有期徒刑 1 年,缓刑 2 年。

根据相关法律规定,分析该案的法律适用。

案例六

(一) 简要案情

塞义德,男,40 岁,中东某国人。经查,塞义德长期以来不仅以金钱资助我国境内少数民族分裂分子,而且还在境外设立基地,组织和培训分裂势力,并参与组织和策划了在我国境内进行的爆炸和暗杀事件,造成人员和财产的重大损失。

(二) 思考方向

对于外国人在我国境外的犯罪行为,我国如何实施刑事管辖?对本案的行为人,我国能否实施刑事管辖,依据是什么?

(三) 法律规定

《中华人民共和国刑法》第 8 条 外国人在中华人民共和国领域外对中华人民共和国国家或者公民犯罪,而按本法规定的最低刑为 3 年以上有期徒刑的,可以适用本法,但是按照犯罪地的法律不受处罚的除外。

《中华人民共和国刑法》第 10 条 凡在中华人民共和国领域外犯罪,依照本法应当负刑事责任的，虽然经过外国审判，仍然可以依照本法追究，但是在外国已经受过刑罚处罚的，可以免除或者减轻处罚。

《中华人民共和国刑法》第103条　组织、策划、实施分裂国家、破坏国家统一的，对首要分子或者罪行重大的，处无期徒刑或者10年以上有期徒刑；对积极参加的，处3年以上10年以下有期徒刑；对其他参加的，处3年以下有期徒刑、拘役、管制或者剥夺政治权利。

煽动分裂国家、破坏国家统一的，处5年以下有期徒刑、拘役、管制或者剥夺政治权利；首要分子或者罪行重大的，处5年以上有期徒刑。

（四）学理分析

对本案的行为人塞义德可以适用我国刑法。根据我国《刑法》第8条保护管辖的规定，外国人在中华人民共和国领域外对中华人民共和国国家或者公民犯罪，可以适用我国《刑法》。塞义德虽然身为外国人，而且也是在国外进行活动，但是，他的行为直接威胁了中华人民共和国的国家利益，并造成了我国公民的人身和财产损失，只有适用我国刑法，才能很好地保护我国国家和公民的利益。

在处理类似案件时，需要考虑两个问题：一是要考虑行为人的行为在该外国是否被认为是犯罪。由于各国文化和法律的差异性，同样的行为在不同的国家看来，其性质也可能不同。有的国家认为是犯罪，有的国家不认为是犯罪，因此，在适用保护管辖时，要注意这个问题。二是对行使管辖的实际困难要有充分认识。由于保护管辖是对境外的外国人的行为实施的管辖，因此，如何使行为人归案存在现实困难。通常情况下，只有在行为人途经或到达我国境内时，才有可能对其进行逮捕和审判，而不能以行使保护管辖为由到他国境内实施抓捕。

（五）自测案例

1993年，被告人岩本雄静在日本国结识了中国公民葛红霞。1997年8月，二人在上海市相遇，商量如葛欲偷渡去日本国，岩本雄静可提供变造的护照及机票，并陪同葛一起至日本国。葛同意，并商定事成之后给付费用日币200万元。同年9月6日，被告人岩本雄静在上海市将一本有日本国有效签证、贴有葛红霞照片但署名“万美君”的中华人民共和国护照及上海至东京的飞机票交葛红霞。次日，葛红霞持该变造的护照，由被告人岩本雄静陪同，从上海虹桥国际机场非法出境，偷渡至日本国。事成后，被告人岩本雄静如数收到葛红霞给予的日币 200 万元，折合人民币 136891 元，并收回该护照。

1998 年六七月间，被告人岩本雄静在日本国结识了中国公民徐禹骅。1998 年 10 月，被告人岩本雄静在日本国接受徐禹骅委托，为徐妻潘华办理变造护照偷渡至日本国。同年 10 月 5 日，被告人岩本雄静在上海市将一本有日本国有效签证、贴有潘华照片但署名为"曲萍"的中华人民共和国护照及上海至东京的飞机票交潘华。次日，潘华持该变造的护照，由被告人岩本雄静陪同，从上海虹桥国际机场非法出境，偷渡至日本国。事后，被告人岩本雄静收到徐禹骅给予的日币 170 万元，折合人民币 104960.55 元，并收回该护照。

此外，被告人岩本雄静于 1999 年 1 月 19 日、2 月 14 日，在日本国分别向中国公民吴敏明、徐禹骅提供了变造的中华人民共和国护照，又为吴、徐分别代买了东京至上海的飞机票，并收取费用各 10 万日元，折合人民币共计 14491.8 元。

上海市第二中级人民法院认为，被告人岩本雄静在中华人民共和国领域内，分别向中国公民葛红霞、潘华提供变造的中华人民共和国护照，其行为构成了提供变造的出入境证件罪，依法应予处罚。被告人岩本雄静在向葛红霞、潘华提供变造护照的同时，虽还向葛、潘分别提供了飞机票，并陪同出境，但这些行为尚不属策划、联络、安排等组织他人偷越国境的行为。故公诉机关指控被告人岩本雄静犯组织他人偷越国境罪的罪名不当。被告人岩本雄静在日本国分别向中国公民吴敏明、徐禹骅提供变造的中华人民共和国护照并代购飞机票的行为，亦构成提供变造的出入境证件罪。鉴于被告人岩本雄静系日本国公民，其在中华人民共和国领域外对中华人民共和国国家的犯罪，按照我国《刑法》规定，此项犯罪的最低刑在有期徒刑 3 年以下，故依法不适用我国《刑法》，对被告人岩本雄静的辩解及其辩护人的辩护意见予以采纳。①

根据我国刑法规定，分析本案管辖的合理性。

---

① 《岩本雄静组织他人偷越国境案》，http://www.fsou.com/html//text/fnl/1174534/117453450_1.html。

案例七

（一）简要案情

被告人甲，男，45 岁，泰国籍，某贩毒集团重要成员，负责向北美地区的毒品买卖，是国际刑警组织通缉的要犯。该犯于 2000 年 3 月，利用伪造的护照进入中国境内，准备转道去加拿大。我国公安部门根据掌握的情报，将其抓获，并对其进行起诉。

（二）思考方向

如何认定被告人的行为？我国司法机关对其行使刑事管辖的依据是什么？

（三）法律规定

《中华人民共和国刑法》第 9 条　对于中华人民共和国缔结或者参加的国际条约所规定的罪行，中华人民共和国在所承担条约义务的范围内行使刑事管辖权的，适用本法。

（四）学理分析

我国司法机关可以对本案被告人实施管辖，其根据是普遍管辖的规定。普遍管辖是根据国际条约规定的义务来行使的，在适用时，所追究的犯罪行为并不发生在本国领域内，犯罪人也不具有本国国籍，其犯罪性质往往并不具体针对管辖国的国家和公民利益，而是危害不特定的多数的国家和公民利益，所以，承担条约义务的国家都可以在抓捕到犯罪人后实施审判。本案的管辖正是符合了这种情况。被告人是泰国国籍，我国不能行使属人管辖；其犯罪行为不发生在我国境内，我国无法实施属地管辖；其犯罪行为也不是针对我国的国家利益和公民利益，所以也不能按照保护管辖审判本案，只有在这种情况下，普遍管辖才能被适用。贩毒是国际上严厉打击的犯罪，仅靠一国打击贩毒活动往往难以取得好的效果，只有加强国际合作才能有效打击贩毒。我国对该种犯罪的罪犯行使管辖是正当的。

（五）自测案例

某甲，外国籍，某国民族分裂分子，曾因制造恐怖爆炸事件被该国通缉。在潜逃到我国境内隐藏3个月后，被我国警方抓获。

根据普遍管辖的规定，分析该案的刑事管辖。

第二节　刑法的时间效力

刑法的时间效力，是指刑法生效和失效的时间以及刑法对它生效以前发生的行为是否具有溯及既往的效力。

案例一

（一）简要案情

被告人赵某，男，20岁。1996年至1997年间，被告人采用购买零配件自己组装的方式，生产冒牌的电视机，然后对外销售，共获利近5万元。1997年6月，人民法院以投机倒把罪判处其有期徒刑1年6个月。

（二）思考方向

时间效力是适用具体条文时必须首先解决的问题，通过上述案例分析本案在时间效力上的刑法适用。

（三）法律规定

《中华人民共和国刑法》第452条　本法自1997年10月1日起施行。

1979年《中华人民共和国刑法》第117条　违反金融、金银、工商管理法规，投机倒把，情节严重的，处3年以下有期徒刑或者拘役，可以并处、单处罚金或者没收财产。

（四）学理分析

投机倒把罪是1979年《刑法》规定的一个罪名，1997年《刑法》修订时取消了该罪名。本案发生在1979年《刑法》生效期间，而修订刑法明文规定于1997年10月1日生效，所以，对该案适用1979年《刑法》是正确的。根据1979年《刑法》第117条的规定，对投机倒把罪的处刑在3年以下，法院判处被告人有期徒刑1年6个月也是适当的。

（五）自测案例

盗窃犯张某，1998年2月多次盗窃作案，盗得财物价值3万余元，应当如何适用刑法？

案例二

（一）简要案情

陈某，男，26岁，某公司电脑程序员。1996年10月，陈某因待遇问题与公司领导发生矛盾进而提出辞职。为报复公司，陈某利用技术编制了一套程序，并设定当其名字从公司的工资表格中被删除后一周，该程序将自动删除整个公司的操作系统。当陈某的名字被删除后，程序运行，造成该公司大量资料丢失，对公司工作造成巨大影响。

（二）思考方向

本案中，陈某的行为属于什么性质？对陈某的行为能否追究刑事责任？根据刑法的时间效力规定应当如何适用法律？

（三）法律规定

《中华人民共和国刑法》第12条 中华人民共和国成立以后本法施行以前的行为，如果当时的法律不认为是犯罪的，适用当时的法律；如果当时的法律认为是犯罪的，依照本法总则第四章第八节的规定应当追诉的，按照当时的法律追究刑事责任,但是如果本法不认为是犯罪或者处刑较轻的,适用本法。

本法施行以前,依照当时的法律已经作出的生效判决,继续有效。

《中华人民共和国刑法》第286条 违反国家规定,对计算机信息系统功能进行删除、修改、增加、干扰,造成计算机信息系统不能正常运行,后果严重的,处5年以下有期徒刑或者拘役;后果特别严重的,处5年以上有期徒刑。

违反国家规定,对计算机信息系统中存储、处理或者传输的数据和应用程序进行删除、修改、增加的操作,后果严重的,依照前款的规定处罚。

故意制作、传播计算机病毒等破坏性程序,影响计算机系统正常运行,后果严重的,依照第1款的规定处罚。

(四) 学理分析

根据现有的理论分析,陈某的行为属于破坏计算机信息系统的行为。因为陈某是电脑程序员,对计算机的运行原理非常了解,并且是在报复心理的支配下,自己设计了一个删除程序,从其主观心态来看,是明知自己行为将产生的后果,并且故意追求这种结果发生的。从后果上看,也给公司造成了一定的损失。但是,由于其行为发生时,我国《刑法》尚未修订,应当适用1979年《刑法》,而1979年《刑法》并没有关于计算机犯罪的相关规定。虽然根据1997年修订的《刑法》,该行为是构成犯罪的,但是,根据《刑法》第12条的规定,如果当时的法律不认为是犯罪的,应当适用当时的法律,所以,对陈某不能追究刑事责任。

(五) 自测案例

某单位1979年6月清仓盘点,发现大量物品有账无物,怀疑保管员监守自盗。1979年9月,检察机关开始调查,直至1980年2月移送法院。

人民法院审理此案,应当如何适用法律?

案例三

（一）简要案情

被告人刘某，男，36岁。刘某在1997年前后，多次进入单位办公室盗窃，共窃得财物价值5万余元。1998年5月，某市中级人民法院受理了该案。

（二）思考方向

刑法的溯及力问题解决的是对具体案件的法律适用。上述案例行为发生在刑法修订之前，案件审理在修订刑法生效之后，应当如何适用法律？

（三）法律规定

《中华人民共和国刑法》第12条　中华人民共和国成立以后本法施行以前的行为，如果当时的法律不认为是犯罪的，适用当时的法律；如果当时的法律认为是犯罪的，依照本法总则第四章第八节的规定应当追诉的，按照当时的法律追究刑事责任，但是如果本法不认为是犯罪或者处刑较轻的，适用本法。

本法施行以前，依照当时的法律已经作出的生效判决，继续有效。

《中华人民共和国刑法》第264条　盗窃公私财物，数额较大或者多次盗窃的，处3年以下有期徒刑、拘役或者管制，并处或者单处罚金；数额巨大或者有其他严重情节的，处3年以上10年以下有期徒刑，并处罚金；数额特别巨大或者有其他特别严重情节，处10年以上有期徒刑或者无期徒刑，并处罚金或者没收财产；有下列情形之一的，处无期徒刑或者死刑，并处没收财产：

（一）盗窃金融机构，数额特别巨大的；

（二）盗窃珍贵文物，情节严重的。

1997年11月4日发布，1998年3月17日实施的最高人民法院《关于审理盗窃案件具体应用法律若干问题的解释》第3条　盗窃公私财物“数额较大”、“数额巨大”、“数额特别巨大”的标准如下：

（一）个人盗窃公私财物价值人民币500元至2000元以上的，为“数额较大”。

（二）个人盗窃公私财物价值人民币5000元至2万元以上的，为“数额巨大”。

（三）个人盗窃公私财物价值人民币3万元至10万元以上的，为“数额特别巨大”。

各省、自治区、直辖市高级人民法院可根据本地区经济发展状况，并考虑社会治安状况，在前款规定的数额幅度内，分别确定本地区执行的“数额较大”、“数额巨大”、“数额特别巨大”的标准。

1979年《中华人民共和国刑法》第151条 盗窃、诈骗、抢夺公私财物数额较大的，处5年以下有期徒刑、拘役或者管制。

1979年《中华人民共和国刑法》第152条 惯窃、惯骗或者盗窃、诈骗、抢夺公私财物数额巨大的，处5年以上10年以下有期徒刑；情节特别严重的，处10年以上有期徒刑或者无期徒刑，可以并处没收财产。

1982年3月8日发布，4月1日生效的全国人大常委会《关于严惩严重破坏经济的罪犯的决定》第1条 （一）对刑法第118条走私、套汇、投机倒把牟取暴利罪，第152条盗窃罪，第171条贩毒罪，第173条盗运珍贵文物出口罪，其处刑分别补充或者修改为：情节特别严重的，处10年以上有期徒刑、无期徒刑或者死刑，可以并处没收财产。

（四）学理分析

本案涉及的是盗窃犯罪。被告人的盗窃行为发生在我国修订刑法生效以前，而对本案的起诉和审判是在修订刑法生效后，因此，如何适用法律需要进行认真的分析。根据我国《刑法》关于时间效力的规定，对于犯罪行为原则上采取适用行为时法律的做法，因此，对于大多数犯罪应当首先选择行为时法律加以适用。但是，我国刑法并不是采取绝对“从旧”原则，而是采取“从旧兼从轻”原则，因此，还需要比较对某一确定的犯罪行为适用行为时法律和适用新法在定罪量刑上的差异。如果对其适用旧法后的定性或量刑重于适用新法的定性和量刑，则不能适用行为时法律，而要适用新法。具体存在两种情形：一是在定性上的影响。如果行为时法律认为该行为是犯罪，而新法不认为是犯罪的，适用新法，宣告其不构成犯罪。如我国 1979 年《刑法》规定的投机倒把罪在修订刑法中被取消，如果是修订刑法生效之前发生的投机倒把行为在修订刑法生效时尚未判决或判决尚未生效，则应根据《刑法》第 12 条规定宣告不构成犯罪。二是在量刑上的影响。当行为时法律和新的法律都认为该行为是犯罪，并且需要进行追究时，需要根据量刑的轻重来选择适用的法律。本案中，对于盗窃罪，我国 1997 年修订前和修订后的《刑法》都认为是犯罪，而且，发生在修订刑法生效前的犯罪行为没有过追诉期，应当予以追究。但是，修订前后的《刑法》对盗窃罪的量刑规定却存在较大的差异。根据最高人民法院对盗窃罪数额的司法解释，盗窃数额 3 万元以上即为数额特别巨大，而对于数额特别巨大的盗窃罪的量刑，根据不同的法律，其结果是较为悬殊的。根据行为时法律，即我国 1979 年《刑法》及全国人大常委会《关于严惩严重破坏经济的罪犯的决定》的规定，本案的行为是可以适用死刑的。但是，根据新法，如果不具备法律规定的特殊条件，单纯数额特别巨大的盗窃是不能适用死刑的。可见，适用行为时法律的量刑明显重于适用新法的量刑，所以不能适用行为时法律，而应当适用新法。

（五）自测案例

李某因琐事与张某产生矛盾，蓄意伤害张某。1997 年 11 月造成张某重伤，1998 年初被抓获。

根据刑法在时间适用上的规定，分析本案的刑法适用。

第四章　犯 罪 概 述

第一节　犯 罪 概 念

犯罪概念有形式与实质之分。形式的犯罪概念从犯罪的法律形式特征着手给犯罪下定义，将犯罪定义为违反刑事法律并且应当受到刑罚处罚的行为。与之相反的是实质的犯罪概念。我国刑法中的犯罪概念受原苏联刑法的影响，采用了混合犯罪概念的立法。

案例一

（一）简要案情

被告人田某系转业军人。田某因不满其父将所有住房等遗产留给其兄，自转业后便长期居住在其兄家中不肯搬出。后田某之嫂向镇所在法庭提出民事诉讼，法庭受理，并派工作人员杨某、罗某向田某送达传票。田某拒收。杨某与罗某遂商量签字后留置送达。当杨某在传票上签字时，田某说："你把它拿走，别放在我家！"说着抓住杨某的手臂。杨某极力挣脱，田某又抓住杨外面穿的开衫羊毛衫，在场人劝解，杨某将田某的眼镜抓脱。田某在慌乱中又去抓杨某的领口，被他人掰开解脱。在抓扯中，杨某的毛衣腋下线缝有多处撕裂，下衣兜线缝有少许撕裂，左颈部有两处指甲划伤。数天后，法院以妨害公务罪决定将田某拘捕。

试问：田某的行为是否符合我国《刑法》第 13 条关于犯罪概念的规定？为什么？

（二）思考方向

犯罪概念是对犯罪行为的抽象总结，描述了犯罪行为的本质内容。认定某一行为是否构成犯罪，不仅要分析该行为是否符合刑法分则描述的犯罪形态，还要求该行为符合犯罪概念的基本要求。

（三）法律规定

《中华人民共和国刑法》第13条　一切危害国家主权、领土完整和安全，分裂国家、颠覆人民民主专政的政权和推翻社会主义制度，破坏社会秩序和经济秩序，侵犯国有财产或者劳动群众集体所有的财产，侵犯公民私人所有的财产，侵犯公民的人身权利、民主权利和其他权利，以及其他危害社会的行为，依照法律应当受刑罚处罚的，都是犯罪，但是情节显著轻微危害不大的，不认为是犯罪。

《中华人民共和国刑法》第277条　以暴力、威胁方法阻碍国家机关工作人员依法执行职务的，处3年以下有期徒刑、拘役、管制或者罚金。

以暴力、威胁方法阻碍全国人民代表大会和地方各级人民代表大会代表依法执行代表职务的，依照前款的规定处罚。

在自然灾害和突发事件中，以暴力、威胁方法阻碍红十字会工作人员依法履行职责的，依照第1款的规定处罚。

故意阻碍国家安全机关、公安机关依法执行国家安全工作任务，未使用暴力、威胁方法，造成严重后果的，依照第1款的规定处罚。

（四）学理分析

被告人田某在法院送达传票时，不仅拒收，而且在法院工作人员留置送达时撕扯工作人员，将一人毛衣腋下线缝多处撕裂，下衣兜线缝少许撕裂，左颈部用指甲划伤，其行为妨碍了法院的公务行为。但田某是否构成妨碍公务罪，还需要根据《刑法》分则的具体规定和《刑法》总则的原则性规定来具体分析。首先，根据我国《刑法》第277条的规定，以暴力、威胁方法阻碍国家机关工作人员依法执行职务的，构成妨碍公务罪。根据本案案情，被告人田某实施了一定的暴力行为，妨碍了法院工作人员执行公务，从形式上看，似乎符合妨碍公务罪的行为构成。但是，任何犯罪并不是符合了分则的构成就一定成立犯罪。我国《刑法》总则中的犯罪概念对认定犯罪具有全面指导意义。所以，判断本案还需要根据刑法总则的犯罪概念进行全面分析和判断。我国《刑法》第13条对犯罪概念的规定分为三个部分：第一部分详细列举了《刑法》所保护的各种利益，只有侵害了上述的利益，才可能构成犯罪，没有侵害上述利益，就会被认为没有社会危害；第二部分则规定“依照法律应当受刑罚处罚的”才作为犯罪处理，也就是说，即使侵犯了第一部分所描述的利益，但如果没有刑法的明文规定，也就是分则的规定，也不能作为犯罪处理；第三部分是“但书”的规定，即在符合上述两个部分的要求后，如果行为属于“情节显著轻微危害不大的”，仍然不应当认为是犯罪。犯罪概念的“但书”规定，表达了刑法的谦抑原则。因此，认定犯罪应当有所节制。根据上述理解，本案中，被告人田某虽然实施了一定的行为，对法院的公务造成了一定的妨碍，但从《刑法》分则的角度理解，其行为尚不能被理解为达到了构成犯罪的“暴力”行为，而仅是轻微的暴力行为。对于此种轻微的暴力行为，应当结合《刑法》第13条的规定，不作为犯罪处理。

案例二

（一）简要案情

被告人钱某，男，20岁，1998年3月，在公共汽车上盗窃他人钱款500元，被当场抓获。

（二）思考方向

我国刑法规定的犯罪不仅具有质的要求，即具有社会危害性，而且还有一定的量的要求，即需要具备情节或后果上的一定要求。通过上述案例，分析对本案被告人能否以盗窃罪定罪量刑？如何来分析本案的定性？

（三）法律规定

《中华人民共和国刑法》第13条　一切危害国家主权、领土完整和安全，分裂国家、颠覆人民民主专政的政权和推翻社会主义制度，破坏社会秩序和经济秩序，侵犯国有财产或者劳动群众集体所有的财产，侵犯公民私人所有的财产，侵犯公民的人身权利、民主权利和其他权利，以及其他危害社会的行为，依照法律应当受刑罚处罚的，都是犯罪，但是情节显著轻微危害不大的，不认为是犯罪。

《中华人民共和国刑法》第264条 盗窃公私财物，数额较大或者多次盗窃的，处3年以下有期徒刑、拘役或者管制，并处或者单处罚金；数额巨大或者有其他严重情节的，处3年以上10年以下有期徒刑，并处罚金；数额特别巨大或者有其他特别严重情节，处10年以上有期徒刑或者无期徒刑，并处罚金或者没收财产；有下列情形之一的，处无期徒刑或者死刑，并处没收财产：

（一）盗窃金融机构，数额特别巨大的；

（二）盗窃珍贵文物，情节严重的。

1997年11月4日发布，1998年3月17日实施的《最高人民法院关于审理盗窃案件具体应用法律若干问题的解释》第3条 盗窃公私财物“数额较大”、“数额巨大”、“数额特别巨大”的标准如下：

（一）个人盗窃公私财物价值人民币500元至2000元以上的，为“数额较大”。

（二）个人盗窃公私财物价值人民币5000元至2万元以上的，为“数额巨大”。

（三）个人盗窃公私财物价值人民币3万元至10万元以上的，为“数额特别巨大”。

各省、自治区、直辖市高级人民法院可根据本地区经济发展状况，并考虑社会治安状况，在前款规定的数额幅度内，分别确定本地区执行的“数额较大”、“数额巨大”、“数额特别巨大”的标准。

（四）学理分析

本案被告人在公共汽车上窃取他人钱款，其性质是盗窃，这是毫无疑问的。但是，是否能够就此认定被告人构成盗窃罪呢？答案是否定的。根据我国《刑法》第234条的规定，盗窃公私财物，数额较大的，即构成盗窃罪。但是，刑法条文并没有明确规定数额较大的标准，因此，在实践中需要根据司法解释来操作。根据最高人民法院的有关解释，构成盗窃罪的“数额较大”的起点为人民币 500 元，也就是说，被告人盗窃的数额刚刚达到司法解释的底线。在这种情况下，似乎单凭《刑法》分则的规定和司法解释并不能彻底解决定性的问题，因此，有必要在犯罪定义的层次上进一步作出分析和判断。根据对犯罪定义的不同规定方式，我们可以对认定犯罪的价值取向作出判断。通常，以形式定义方式规定犯罪定义的，在认定某一行为是否构成犯罪时，较注重行为与法律规定的形式符合性，符合法律规定的，就认为是犯罪。而以实质定义方式规定犯罪定义的，在认定犯罪时，较注重行为在实质上对社会的危害，而对形式上的符合性要求较宽松。我国采取的是形式定义和实质定义相结合的方式规定犯罪的定义，表明我国在犯罪认定上的折衷立场，既坚持行为在形式上的符合性，又考虑行为在实质上的危害性。当行为仅在形式上符合法律规定，但情节显著轻微危害不大的，将不认为是犯罪。所以，犯罪定义的规定对具体犯罪行为的认定具有一定的制约作用。具体到本案，被告人的行为从形式上符合了盗窃罪的法律规定，认定其构成盗窃犯罪也是可以的。但是，如果被告人该盗窃行为没有其他严重情节，也没有造成严重后果，也可以根据《刑法》第 13 条规定不作为犯罪处理。

（五）自测案例

张某，男，18 岁，在斗殴中将同学打成轻伤。

从犯罪定义角度分析本案的定性。

第二节　犯罪的基本特征

犯罪的基本特征是指犯罪行为区别于非犯罪行为的基本要素。我国刑法理论一般认为，犯罪的基本特征包括三方面：社会危害性；刑事违法性；应受刑事处罚性。犯罪的三个基本特征是紧密联系，不可分割的。严重的社会危害性是后两个特征的基础，缺乏这一基础，刑事违法性和应受惩罚性便不存在。没有刑事违法性，严重的社会危害性就失去了准绳。没有应受刑事惩罚性，前两个特征就失去了最终归宿。在认定犯罪行为时，必须确定该行为具备了犯罪的三个基本特征，否则，不能构成犯罪。

案例一

（一）简要案情

某甲于夏天某日在沿湖滨江大道上散步，见江中有数个小男孩正在游泳玩耍。突然，一男孩乙沉入江中，另外几个男孩见状，便大声呼喊：“救命啊！救命啊！”甲听见喊声便驻足观望。其中一个小男孩见甲停下，遂对着甲大声喊道：“叔叔，有人落水了，快救命！”甲虽会游泳，但是并不想下水救人，便对江中的小男孩回话：“对不起，我不会游泳，不能帮你们救人。”随后便离开了现场。等到管理江滩的救生员赶到救起乙后，乙已死亡。

试问：甲见死不救的行为是否构成社会危害性严重的犯罪行为？如何理解社会危害性与刑事违法性之间的关系？①

（二）思考方向

社会危害性和刑事违法性是犯罪的两个重要特征，也是判断行为是否构成犯罪的两个重要环节。在理论表述上，社会危害性与刑事违法性有各自独立的内容，但是判断某一行为是否构成犯罪时，必须要求同时具备社会危害性与刑事违法性的特征。本案首先要分析是否具有社会危害性，然后分析是否具有刑事违法性，再根据二者的关系对本案性质作出认定。

（三）法律规定

《中华人民共和国刑法》第13条 一切危害国家主权、领土完整和安全，分裂国家、颠覆人民民主专政的政权和推翻社会主义制度，破坏社会秩序和经济秩序，侵犯国有财产或者劳动群众集体所有的财产，侵犯公民私人所有的财产，侵犯公民的人身权利、民主权利和其他权利，以及其他危害社会的行为，依照法律应当受刑罚处罚的，都是犯罪，但是情节显著轻微危害

① 刘艳红主编：《刑法学总论》（第二版），北京大学出版社2006年版，第48页。

不大的，不认为是犯罪。

《中华人民共和国刑法》第14条 明知自己的行为会发生危害社会的结果，并且希望或者放任这种结果发生，因而构成犯罪的，是故意犯罪。

故意犯罪，应当负刑事责任。

《中华人民共和国刑法》第15条 应当预见自己的行为可能发生危害社会的结果，因为疏忽大意而没有预见，或者已经预见而轻信能够避免，以致发生这种结果的，是过失犯罪。

过失犯罪，法律有规定的才负刑事责任。

《中华人民共和国刑法》第232条 故意杀人的，处死刑、无期徒刑或者10年以上有期徒刑；情节较轻的，处3年以上10年以下有期徒刑。

《中华人民共和国刑法》第233条 过失致人死亡的，处3年以上7年以下有期徒刑；情节较轻的，处3年以下有期徒刑。

本法另有规定的，依照规定。

《中华人民共和国刑法》第234条 故意伤害他人身体的，处3年以下有期徒刑、拘役或者管制。

犯前款罪，致人重伤的，处3年以上10年以下有期徒刑；致人死亡或者以特别残忍手段致人重伤造成严重残疾的，处10年以上有期徒刑、无期徒刑或者死刑。本法另有规定的，依照规定。

（四）学理分析

"社会危害性就是指行为对法益的侵害或者威胁"。[①] 行为是否具有社会危害性是该行为能否构成犯罪的首要条件，也是犯罪行为与其他违法行为的本质区别。对社会危害性的判断首先要看行为是否具有客观的损害，其次要评价这种损害是否与社会利益相冲突。只有与社会利益相冲突的损害才可以被认为是具有了社会危害性。有时对社会危害性的判断还需要考虑人身危险性和对社会造成的客观损害的统一。对本案的分析首先要进行社会危害性的判断。对行为进行社会危害性的判断需要通过两个环节：第一是客观损害的判断；第二是对客观损害的社会评价。从本案案情来看，某甲在看到他人落水，并且在有人向其求救的情况下，虽然自己会游泳，却不

---

① 张明楷：《法益初论》，中国政法大学出版社2000年版，"序言"第4页。

想去救人而离开现场，结果致使落水者因得不到及时救助而死亡。从一般因果关系的角度，我们可以认为某甲的不作为行为是造成落水者死亡的原因，因为有落水者死亡的后果，客观来讲具有了严重的损害。其次，从社会利益的角度评价，某甲的不作为行为是应该受到谴责的，造成的落水者死亡的后果也是与社会利益相背的，所以说某甲的行为具有了严重的社会危害性。但是，社会危害性仅仅是犯罪的一个特征，具有了社会危害性，仅仅为某一行为构成犯罪提供了基本的理由。行为构成犯罪还需要具备其他特征。就本案而言，在行为具备了社会危害性之后，还需要进行刑事违法性的判断。刑事违法性的判断就是行为与《刑法》分则规范符合性的判断。也就是说，我们需要在《刑法》分则中找到相应的条文来评价相应的行为。如果某一行为没有相应的刑法条文规范，我们就认为该行为不具有刑事违法性。当某一行为被认为具有社会危害性，而不具有刑事违法性时，根据罪刑法定原则是不能被认为构成犯罪的。因为，社会危害性是对行为实施后即时发生的社会效果的评价，是现实的。而刑事违法性是对行为与先前规范的符合性判断，是滞后的。对行为的现实评价和立法时设定的先前评价往往是不一致的，这是法律滞后性的表现。如果遵循罪刑法定原则，法律不应该惩罚其没有明文规定的行为，只能惩罚法律明文规定的行为。具体结合本案，因为本案的后果是致人死亡，可能适用的刑法罪名（条文）包括：故意杀人罪（第 232 条）、过失致人死亡罪（第 233 条）、故意伤害（致人死亡）罪（第 234 条）。从行为人的主观心态来看，某甲是在他人落水求救，自己会游泳的情况下不实施救助，其对落水者的死亡具有明知的主观意识。某甲不予救助，离开现场，无明确迹象表明其对落水者死亡结果的发生是希望，但起码是一种放任的心态。从主观类型上判断，某甲实施的是故意的行为。那么显然，某甲不可能构成故意伤害（致人死亡）罪和过失类犯罪，而只可能构成故意杀人罪。由于我国《刑法》关于故意杀人罪的条文规定相当简单，没有列举和描述什么是故意杀人行为，所以，我们需要对刑法规范进行更加详细的分析，以判断本案是否具有刑事违法性。从本案的案情描述我们已经了解，本案的行为性质是不作为，因此，我们讨论的实质是某甲是否构成不作为杀人罪的问题。从刑法理论上看，故意杀人罪可以由作为构成，也可能由不作为构成，但是《刑法》总则没有规定不作为犯罪的总则性标准，《刑法》分则也没有明确的各罪标准，因此判断是否构成不作为犯罪的标准很混乱。鉴于本案分析的重点是社会危害性与刑事违法性的关系,对于不作为犯罪的问题我们不作更多的讨论,仅扼要阐明观点。根据不作为犯罪的原理,是否具有作为义务将决定该不作为是否构成犯罪。从目前的理论和实践做法来看,本案属于"见危不救",某甲的不作为行为可以受到道德谴责,但不具有不作为犯罪要求的作为义务,不符合刑法规范,也就是说不具有刑事违法性。在这种情况下,社会危害性的特征受制于刑事违法性的特征,因此,某甲的不作为不能作为犯罪处理。

案例二

(一) 简要案情

钱某,男,17 岁,系某中学学生。

1998 年 12 月,钱某从家中偷拿存折一张(金额 800 元)并将款取出花用,其母钱亚某因找不到该存折而于 1999 年 1 月 29 日在家称:次日要赴银行查询该存折。钱某害怕其母到银行查询而暴露其偷拿存折行为,遂于当晚服灭鼠药自杀,未果。后犯罪嫌疑人钱某又产生在自家食物中投入氧化乐果致家人中毒,以促其母赶回家中而不查询该存折的念头。遂于 1999 年 1 月 30 日上午,将家中农药 40% 氧化乐果一匙用水稀释后倒入饭锅。用餐时,其祖母范某某、弟钱某某感觉饭有异味,犯罪嫌疑人钱某即主动重新做饭,当范某某、钱某某出现中毒症状后,犯罪嫌疑人钱某积极采取措施送治,经医院诊治范某某、钱某某未发生伤亡之后果。

(二) 思考方向

在我国刑法理论和实践中,犯罪的三个特征从根本上制约着对具体犯罪行为的认定。通过上述案例,掌握犯罪的三个特征是如何影响定罪的。

(三) 法律规定

《中华人民共和国刑法》第 13 条 一切危害国家主权、领土完整和安全,分裂国家、颠覆人民民主专政的政权和推翻社会主义制度,破坏社会秩序和经济秩序,侵犯国有财产或者劳动群众集体所有的财产,侵犯公民私人所有的财产,侵犯公民的人身权利、民主权利和其他权利,以及其他危害社会的行为,依照法律应当受刑罚处罚的,都是犯罪,但是情节显著轻微危害不大的,不认为是犯罪。

《中华人民共和国刑法》第 232 条 故意杀人的,处死刑、无期徒刑或者10 年以上有期徒刑;情节较轻的,处 3 年以上 10 年以下有期徒刑。

《中华人民共和国刑法》第 234 条 故意伤害他人身体的,处 3 年以下有期徒刑、拘役或者管制。

犯前款罪,致人重伤的,处 3 年以上 10 年以下有期徒刑;致人死亡或者以特别残忍手段致人重伤造成严重残疾的,处 10 年以上有期徒刑、无期徒刑或者死刑。本法另有规定的,依照规定。

(四) 学理分析

钱某想利用家中出事,使其母亲不能去银行查询,从而掩盖其生活中擅取存款花用的过错,遂在其家中食物内掺入稀释农药的行为,从表面特征来看,可能与投毒罪、(间接)故意杀人罪或故意伤害罪的行为相符。但是,如果从犯罪的三特征来分析,则可以得出其行为不构成犯罪的结论。犯罪的第一个特征是严重的社会危害性。“犯罪的严重的社会危害性特征,可以分解为犯罪行为的侵害性以及与社会主体意志(即统治意志)的不相容性”。[①]因此,首先需要分析本案是否具备了行为的侵害性。结合行为人的主客观特征,可以看出,行为人在主观上并不是为了制造严重的社会危害,而是为了在家中制造事端,以阻止其母亲去银行查询;在行为方式上也不可能并且实际上并未产生严重的社会危害,行为人将氧化乐果一匙用水稀释后倒入饭锅,使农药毒性减小。用餐时,其祖母范某某、弟钱某某感觉饭有异味,行为人钱某即主动重新做饭,当范某某、钱某某出现中毒症状后,钱某积极采取措施送治。其行为属于“情节显著轻微,危害不大的”行为,可以认为其行为不具有严重的社会危害性。从违法性角度分析,则要考察行为人的行为是否符合特定罪行为构成。行为人无非法剥夺他人生命的犯罪目的,不符

① 杨春洗、杨敦先:《中国刑法论》(第二版),北京大学出版社 1998 年版,第 48 页。

合直接故意杀人犯罪未遂的构成要件;本案在客观上亦无其他致人伤害或死亡的结果发生,故不构成间接故意杀人或伤害犯罪;在自己家中食物里掺入农药之行为未危及公共安全,按照罪刑法定原则,其行为又不符合其他犯罪构成要件,故犯罪嫌疑人钱某在家中食物内下毒,虽显属错误,但尚未触犯刑法,不构成犯罪。既然不具有严重的社会危害性,也不具备刑事违法性,则应受刑罚处罚性也无从谈起。所以,本案行为人的行为不能作为犯罪来处理。

(五)自测案例

甲是北京的出租车司机,某日在长安街上行驶,因与他人擦碰发生口角,甲下车后谩骂对方,并打了对方两个耳光,造成群众围观,交通堵塞,并被在场的外国旅游者拍照。

根据犯罪的三个特征分析甲的行为能否认定为犯罪。

第五章 犯罪构成

第一节 犯罪构成概述

犯罪构成是刑法所规定的,决定某一具体行为的社会危害性及其程度,而为该行为构成犯罪所必须具备的一切主观要件和客观要件的有机统一。我国刑法规定的犯罪一般都具备犯罪客体、犯罪客观方面、犯罪主体和犯罪主观方面四个基本构成要件。

案例

(一) 简要案情

被告人赵某,男,24岁,工人。被告人与被害人因谈论过去赌博胜负而发生争吵,并进而厮打,被告人将被害人按倒在电石灰渣旁,骑在被害人身上,用电石灰渣抹进被害人眼睛里,后被人拉开。经医院鉴定,被害人双眼被大量灰渣烧伤,后经多方治疗无效,造成被害人双目失明。

(二) 思考方向

在具体案件中,相关的事实情节是复杂多样的,但是,在探讨是否构成犯罪时,并不需要对全部事实和情节作出分析,只有法律规定的属于构成要件的事实和情节才需要进行分析和把握。通过对本案的分析,把握犯罪构成的要件。

(三) 法律规定

《中华人民共和国刑法》第234条 故意伤害他人身体的,处3年以下有期徒刑、拘役或者管制。

犯前款罪,致人重伤的,处3年以上10年以下有期徒刑;致人死亡或者以特别残忍手段致人重伤造成严重残疾的,处10年以上有期徒刑、无期徒刑或者死刑。本法另有规定的,依照规定。

(四)学理分析

犯罪构成的概念并非刑法明确规定的概念。即使对于犯罪构成的必备要件也并非明确规定于刑法之中,但是,我国《刑法》总则和分则条文对犯罪的规定却都是以犯罪构成为中心进行描述的。犯罪构成须具备四个要件:犯罪客体;犯罪客观方面;犯罪主体;犯罪主观方面。第一个要件是犯罪客体,是指我国刑法所保护的、而为犯罪所侵害的社会主义社会关系。我国刑法条文明确规定了十大种类犯罪客体,一般情况下,可以据此确定具体犯罪的客体。在本案中,由于行为人故意造成他人双目失明,是对他人健康权的侵害,在犯罪客体上,属于《刑法》分则第四章规定的侵害公民人身权利犯罪,其直接客体就是他人健康权。第二个要件是犯罪的客观方面,是指刑法所规定的、构成犯罪在客观上必须具备的危害社会的行为和由这种行为所引起的危害社会的结果以及行为和结果之间的因果关系。在本案中,犯罪人实施的行为有争吵、厮打、将被害人按倒、将灰渣抹入被害人眼睛等,其后果包括被害人受到辱骂而愤怒、在厮打中皮肉伤痛、眼睛被灰渣烧伤、住院造成经济损失、亲属的痛苦等等。其中,属于犯罪构成研究的行为就是直接造成被害人受伤的行为,即被告人将灰渣抹入被害人眼睛的行为,属于犯罪构成研究的结果也是由该加害行为导致的后果,即被害人眼睛被烧伤,并最终双目失明,而且可以肯定被害人双目失明是由被告人的行为直接导致的。因此,本案的客观方面要件就是被告人将灰渣抹入被害人眼睛,造成被害人双目失明。第三个要件是犯罪主体,是指实施了犯罪行为,依法应当承担刑事责任的人。在本案中,被告人年龄24岁,达到法定刑事责任年龄。虽然没有特别强调其精神状况,但是综合考虑,其身份为工人,有正常的职业,可以认定其精神状况正常,具有刑事责任能力,可以承担刑事责任。由于本案所涉罪名不要求特殊身份主体,所以,不必考虑特殊身份问题。第四个要件是犯罪主观方面,是指犯罪主体对自己实施的危害社会行为及其结果所持的心理态度,包括故意和过失。对本案主观方面的考察,就是要认定行为人对自己的行为所持的心理态度。从被告人的心理和生理状况来看，他对自己的行为——用灰渣抹入他人眼睛——的性质应该是清楚的，对可能产生的后果——造成他人眼睛受伤、失明——也是应当了解的，但他实施了该行为，因此，在主观上应当认定是故意的。通过构成要件的分析，最终我们可以确定被告人的行为构成故意伤害罪。

（五）自测案例

被告人刘某，男，20岁，农民。某日晚10点，刘某携带一把从邻居家偷来的菜刀，在麦田旁的小路上劫持了一个过路的人，抢得自行车一辆、手表一块、现金30元、提包一个（内有旧衣服两件）。

用犯罪构成要件原理分析，哪些是构成要件要素。

第二节　犯罪构成要件体系

犯罪构成要件体系是指犯罪构成的诸要素按照一定的顺序和层次排列组成的有机整体。我国刑法学界传统的乃至目前仍占据统治地位的观点是四要件说。此外，还有五要件说、三要件说、二要件说。有学者认为，法益就是法律保护的客体，同时，也是犯罪侵犯的客体，而法益并不是犯罪构成要件的内容，它是犯罪概念的内容。在我国刑法中，与法益相对应的概念是社会危害性，社会危害性就是指行为对法益的侵害或者威胁，就是违法性的实质。因此，犯罪客体的内容——法益——实际上就是犯罪概念中社会危害性的内容，而犯罪概念就是反映犯罪本质的思维形式，因此，犯罪客体是犯罪本质中研究的内容，而不是犯罪构成的要件。[①] 也有学者认为，犯罪客体不是犯罪构成的共同要件。犯罪的客观方面、犯罪主体、主观方面是犯罪构成的共同要件。根据犯罪构成不同的性质和特点，犯罪构成分为：基本的犯罪构成与修正的犯罪构成；开放的犯罪构成与封闭的犯罪构成；叙述的犯罪构成与空白的犯罪构成。[②]

---

①　张明楷：《法益初论》，中国政法大学出版社2000年版，“序言”第4页。

②　刘艳红主编：《刑法学总论》（第二版），北京大学出版社2006年版，第54—62页。

案例

（一）简要案情

安徽省某县某村村民甲男，经人介绍与附近女青年乙恋爱，并于1998年1月22日结婚。新婚之夜，当甲男提出与乙女发生性关系时，遭到乙女的拒绝，并叫他“慢慢相处，不要急”。1998年1月29日，甲男被当地检察机关逮捕，原因是新娘乙告他强奸。

试问：本案中甲的行为如果不构成犯罪，是否是因为缺少刑法保护的法益（即我国刑法理论通说中的犯罪客体）？①

（二）思考方向

首先需要判断甲男的行为是否构成犯罪。其次要分析法益（犯罪客体）对构成犯罪的影响。

（三）法律规定

《中华人民共和国刑法》第13条 一切危害国家主权、领土完整和安全，分裂国家、颠覆人民民主专政的政权和推翻社会主义制度，破坏社会秩序和经济秩序，侵犯国有财产或者劳动群众集体所有的财产，侵犯公民私人所有的财产，侵犯公民的人身权利、民主权利和其他权利，以及其他危害社会的行为，依照法律应当受刑罚处罚的，都是犯罪，但是情节显著轻微危害不大的，不认为是犯罪。

《中华人民共和国刑法》第236条 以暴力、胁迫或者其他手段强奸妇女的，处3年以上10年以下有期徒刑。

奸淫不满14周岁的幼女的，以强奸论，从重处罚。

强奸妇女、奸淫幼女，有下列情形之一的，处10年以上有期徒刑、无期徒刑或者死刑：

---

① 刘艳红主编：《刑法学总论》（第二版），北京大学出版社2006年版，第63页。

（一）强奸妇女、奸淫幼女情节恶劣的；
（二）强奸妇女、奸淫幼女多人的；
（三）在公共场所当众强奸妇女的；
（四）二人以上轮奸的；
（五）致使被害人重伤、死亡或者造成其他严重后果的。

（四）学理分析

由于甲男被控犯实施强奸罪，所以，本案分析的重点是判断甲男的行为是否构成强奸罪。强奸罪构成的条件是：在保护的法益方面（通说的客体方面），是妇女的性自主权；在行为方面，需要具备以暴力、胁迫或者其他手段强奸妇女的行为；主观方面必须是故意；主体方面要求达到刑事责任年龄，具有刑事责任能力。首先从法益方面分析。强奸罪侵害的法益是妇女的性自主权，具体来说，当妇女的性自主权被犯罪行为侵害时，基于刑法的保护需要，该妇女的性自主权就成为了法律保护的利益。并不是说在任何时候，只要存在妇女的性自主权，该权利都是法律保护的客体。基于上述的理解，本案中，甲男在新婚之夜向新娘乙女提出发生性关系遭到拒绝，表明乙女基于自己的意愿，不同意发生性关系，行使了性的自主权。鉴于甲男除了口头的意思表示外并没有进一步的行为，并没有造成侵害乙女性自主权的事实，因此，在本案中并不存在法益的被侵害。根据犯罪构成的原理，本案缺乏刑法保护的法益，当然不构成犯罪。

就本案的定性分析而言，因为缺乏法益而不构成犯罪仅是思路之一。事实上，从行为构成的角度分析，同样可以得出本案行为不构成犯罪的结论。因为根据我国《刑法》分则条文的规定，构成强奸罪的基本行为是“以暴力、胁迫或者其他手段”强行与妇女发生性关系的行为。而本案中，甲男并没有实施法律明文规定的任何一种手段，也没有与乙女发生性关系，也就是说甲男并没有实施刑法意义上的“行为”，当然也就不可能构成犯罪。此外，从另外一个角度分析，本案还有一个重要的争论点，即丈夫是否可以对妻子犯强奸罪？现行刑法理论通说认为，丈夫不可能对妻子犯强奸罪。所以，即使甲男强行与乙女发生了性关系，也不能以犯罪处理，此种情形也可以解释为不存在刑法保护的法益。

第六章　危害行为

第一节　危害行为的概念

危害行为是指人在意志的支配下实施的危害社会的身体动静。危害行为分为作为和不作为。

案例一

(一) 简要案情

被告人:胡爱斌,男,34岁,湖南邵阳市人,农民。

1997年3月,被告人胡爱斌从外地打工回来,发现与其同居的韦某某已和他人结婚,了解到是被害人何红光(个体运输户)母亲做的媒。胡爱斌欲找何的母亲问清缘由,但未找到。同年4月3日下午,胡爱斌以要何红光帮他运输生猪为名将何骗至邵阳市大祥区城南乡祭旗坡,然后和一哑巴(姓名不详)等人将何挟持到大祥区雨溪乡翁家村哑巴家。次日,胡爱斌和哑巴等人将何红光带至邵阳市精神病医院附近一公用电话亭,令何打电话回家叫其母亲来。何红光打电话到邻居家请他们转告,但其母亲没有按时赶来。胡爱斌再次强迫何红光打电话。何在电话里说了一句"我被胡爱斌骗了",胡爱斌马上将电话挂断,扼住何的脖子对何进行殴打,并继续将何先后挟持到胡爱斌的一叔和姨夫家,限制其人身自由。直到4月5日上午,何红光趁胡爱斌瞌睡之机逃走。①

---

① 最高人民法院、中国应用法学研究所《人民法院案例选》1999年第二辑(总第28辑),中国法制出版社1999年版,第14页。

（二）思考方向

犯罪必须表现为一定的行为，而作为是行为的重要方式之一。所谓作为，就是行为人以积极的动作，实施危害社会的行为。绝大多数犯罪行为都是以作为方式实施的。刑法在规定不同的犯罪时，往往对行为方式进行比较明确的规定。通过对上述案例的分析，认识具体案件中的行为特性。

（三）法律规定

《中华人民共和国刑法》第238条　非法拘禁他人或者以其他方法非法剥夺他人人身自由的，处3年以下有期徒刑、拘役、管制或者剥夺政治权利。具有殴打、侮辱情节的，从重处罚。

犯前款罪，致人重伤的，处3年以上10年以下有期徒刑；致人死亡的，处10年以上有期徒刑。使用暴力致人伤残、死亡的，依照本法第234条、第232条的规定定罪处罚。

为索取债务非法扣押、拘禁他人的，依照前两款规定处罚。

国家机关工作人员利用职权犯前3款罪的，依照前3款的规定从重处罚。

1979年《中华人民共和国刑法》第143条　严禁非法拘禁他人，或者以其他方法非法剥夺他人人身自由。违者处3年以下有期徒刑、拘役或者剥夺政治权利。具有殴打、侮辱情节的，从重处罚。

犯前款罪，致人重伤的，处3年以上10年以下有期徒刑；致人死亡的，处7年以上有期徒刑。

1991年8月4日全国人民代表大会常务委员会《关于严惩拐卖、绑架妇女、儿童的犯罪分子的决定》

二、以出卖为目的，使用暴力、胁迫或者麻醉方法绑架妇女、儿童的，处10年以上有期徒刑或无期徒刑，并处1万元以下罚金或者没收财产；情节特别严重，处死刑，并处没收财产。

以出卖或者勒索财物为目的，偷盗婴幼儿的，依照本条第1款的规定处罚。

以勒索财物为目的绑架他人的，依照本条第1款的规定处罚。

《中华人民共和国刑法》第239条　以勒索财物为目的绑架他人的，或者绑架他人作为人质的，处10年以上有期徒刑或无期徒刑，并处罚金或者没收财产；致使被绑架人死亡或者杀害被绑架人的，处死刑，并处没收财产。

（四）学理分析

本案在定性上存在两种分歧意见：一种意见认为构成绑架罪，另一种意见认为构成非法拘禁罪。定性的差异，实质上反映了对本案行为的不同理解。所谓绑架罪，是指以勒索财物为目的绑架他人，或者绑架他人作为人质的行为。而非法拘禁罪是指以拘留、禁闭或者其他强制方法，非法剥夺他人人身自由的行为。绑架罪和非法拘禁罪在行为方式上具有许多相似的地方：都是以作为方式实施；都侵犯了他人的自由权；都采取了某种强制方式剥夺他人的自由。本案被告人以作为方式实施的危害行为特征是十分明显的。他利用谎言将被害人骗出，然后将被害人强行带到他处并限制其自由。表明被告人是有计划、有预谋地积极实施了危害社会的行为。在被告人强迫被害人打电话时，由于被害人说“我被胡爱斌骗了”，胡爱斌就将电话挂断，扼住何的脖子对何进行殴打，进而将何转移到另外的地点，继续限制其人身自由，属于情节恶劣。

关于本案的定性，不仅涉及具体的行为构成，而且涉及新旧《刑法》的适用。由于本案发生在我国1997年修订的《刑法》生效之前，所以，原则上首先适用1979年《刑法》。虽然1979年《刑法》没有关于绑架罪的规定，但是，1991年8月4日全国人民代表大会常务委员会《关于严惩拐卖、绑架妇女、儿童的犯罪分子的决定》中增加了绑架罪的规定，所以，不论认定绑架罪还是认定非法拘禁罪似乎都是符合法律规定的。然而，全国人大常委会的补充规定中确定的绑架罪的行为构成仅限于以勒索财物为目的绑架他人的，没有绑架他人作为人质的行为规定，如果将本案行为认定为绑架罪，实际上必须适用1997年修订的《刑法》，根据“从旧兼从轻”原则，对本案只能适用1979年《刑法》（包括全国人大常委会的决定）认定行为人构成非法拘禁罪。

（五）自测案例

被告人朱某及朱某之子，均为个体户。1998年1月6日，某市居民因购买朱某经营的新春熟食店的盐水鹅、爪、翅等熟食后，有106人发生食物中毒，陆续去医院就诊，其中有4人住院治疗；1月7日，因购买新春熟食店的盐水鹅、爪、翅等熟食食用后，有16人发生食物中毒，陆续送医院就诊，其中有6人住院治疗。市防疫站于1月7日上午接到医院报告后即要求新春熟食店停业。被告人朱某将此事告诉了在城西经营另一家熟食店（即春富店）的儿子，其子认为春富店没有问题，并与朱某商量后，于当日下午2时许，将新春熟食店的部分熟食拿到春富店继续销售，导致1月7日下午至8日上午，居民购买春富熟食店的熟食后共有104人发生中毒，并陆续去医院就诊，其中有6人住院治疗。卫生防疫部门证实，此次事故是由于食用溶藻性弧菌所污染的食品而引起的。①

从行为的角度，分析本案的行为性质。

案例二

（一）简要案情

被告人：李淑杰，女，25岁，河北省青龙满族自治县人。

1996年春，被告人李淑杰带子与农民娄国庆结婚。同年冬，李淑杰与同村村民高某通奸被娄发觉，夫妻经常吵架。1997年5月16日下午，李淑杰到高某家帮忙割麦子，娄得知后找到李，二人发生争吵，并厮打在一起。被人拉开后，娄、李二人回家。当日傍晚，娄谎称服了农药吓唬李。17日上午，二人再次争吵，李要走，娄说："我喝农药了。"李说："喝药了你怎么不去医院？"李出走，娄在后面跟随。行至村西时，娄曾倒在路边，李为将娄甩掉，说："你再跟着，我踢死你。"娄继续跟随。后来，李甩掉娄返回家中取衣物，嗅到了农药味，发现屋内地上放着农药瓶。但她仍置之不理，并与高某一起离家出走。途中，李对高说："你庆哥（指娄国庆）喝药了"。5月18日上午，村民发现娄国庆死在外面，经法医鉴定，娄国庆为氧化乐果中毒死亡。②

---

① 刘家琛：《刑法新罪与疑难案例评析》，中国民主法制出版社1999年版，第170—171页。

② 最高人民法院、中国应用法学研究所：《人民法院案例选》1999年第二辑（总第28辑），中国法制出版社1999年版，第9—10页。

（二）思考方向

不作为是犯罪行为的一种，是指行为人有义务并且能够实行某种行为，消极地不去履行这种义务，因而造成严重的危害后果的行为。在不作为犯罪的构成中，行为人的义务是至关重要的。一般认为，这种义务的根据有：(1) 法律规定的义务；(2) 职务或者业务上要求履行的义务；(3) 由行为人已经实施的行为所产生的责任。通过上述案例，分析不作为犯罪的具体构成。

（三）法律规定

《中华人民共和国刑法》第 3 条 法律明文规定为犯罪行为的，依照法律定罪处刑；法律没有明文规定为犯罪行为的，不得定罪处刑。

《中华人民共和国刑法》第 13 条 一切危害国家主权、领土完整和安全，分裂国家、颠覆人民民主专政的政权和推翻社会主义制度，破坏社会秩序和经济秩序，侵犯国有财产或者劳动群众集体所有的财产，侵犯公民私人所有的财产，侵犯公民的人身权利、民主权利和其他权利，以及其他危害社会的行为，依照法律应当受刑罚处罚的，都是犯罪，但是情节显著轻微危害不大的，不认为是犯罪。

《中华人民共和国刑法》第 232 条 故意杀人的，处死刑、无期徒刑或者 10 年以上有期徒刑；情节较轻的，处 3 年以上 10 年以下有期徒刑。

《中华人民共和国刑法》第 261 条 对于年老、年幼、患病或者其他没有独立生活能力的人，负有扶养义务而拒绝扶养，情节恶劣的，处 5 年以下有期徒刑、拘役或者管制。

1979 年《中华人民共和国刑法》第 132 条 故意杀人的，处死刑、无期徒刑或者 10 年以上有期徒刑；情节较轻的，处 3 年以上 10 年以下有期徒刑。

（四）学理分析

在本案的定性上，存在着三种意见。第一种意见认为，被告人的行为不构成犯罪。理由是：被告人的行为情节显著轻微，危害不大，不应当认定为犯罪；娄国庆之死是自己服农药的结果，与李淑杰出走不具有刑法上的因果关系；娄国庆服毒，虽与李淑杰同他人通奸有一定关系，但无内在的、必然的联系。第二种意见认为,被告人李淑杰构成遗弃罪。理由是:李淑杰与娄国庆是夫妻,按照我国《婚姻法》规定,有"互相扶养的义务";李淑杰与情夫出走,对服农药中毒的丈夫弃之不理,在客观上属遗弃行为;娄国庆口服农药后,尾随李淑杰的途中已出现中毒征兆,事实上其生活已不能自理,应认定为丧失了独立生活能力。而此时李淑杰置夫妻关系不顾,不履行法定的救助义务,失去抢救时机,以致造成娄国庆中毒死亡的后果,李淑杰行为应属情节恶劣;李淑杰出走途中,告知情夫说娄国庆已"喝药",说明其主观上是故意的遗弃。第三种意见认为,被告人李淑杰行为构成(间接)故意杀人罪。理由是:被告人李淑杰与娄国庆是夫妻,有互相扶助的义务。被害人娄国庆因被告人李淑杰要与情夫出走而一气之下喝了剧毒农药,被告人李淑杰在明知被害人已服毒的情况下,对防止娄的死亡负有特定的救助义务,且有能力履行义务,但她却置这种义务于不顾,对娄的死亡放任不管,是一种消极不作为表现出来的非法剥夺他人生命的行为。从主观方面讲,被告人李淑杰具有非法剥夺他人生命的间接故意。所以,被告人应当负杀人罪的刑事责任。

不论是认为不构成犯罪的观点,还是构成遗弃罪或构成杀人罪的观点,其关键都是对本案的行为是否符合不作为犯罪的构成条件作出认定。在认定不作为犯罪时,需要具备三个条件:第一,行为人负有实施某种行为的特定义务;第二,行为人有可能履行这种特定的义务;第三,行为人不履行特定义务而引起危害社会的结果。其中,行为人负有实施某种行为的特定义务对是否构成犯罪、构成何种罪具有重要意义。对于本案类型的行为定性,在学理上和司法实践中仍然存在着重大分歧。有的认为构成犯罪,如本案就是被法院认定为故意杀人罪,判处有期徒刑4年。而近期发生的一起丈夫漠视妻子自杀的行为却被法院以无罪宣告(见以下案例三的自测案例)。在刑法理论上,认为该类型行为构成犯罪的理由也不相同。多数学者认为,该类型行为之所以构成不作为犯罪,是因为根据我国婚姻法的规定,夫妻之间具有互相扶助的法定义务,"是基于家庭这个特定社会环境、夫妻这种特定的社会关系以及社会公德和社会公共秩序的要求而产生的"。[①] 有学者则不同

---

① 参见中国高级法官培训中心、中国人民大学法学院:《中国审判案例要览》(1996年刑事审判卷),中国人民大学出版社1997年版,第36页。

意这种解释，认为“如果这种观点成立，那就意味着基于社会公德的要求或者其他特定法律义务之外的所谓环境、秩序等等要求都可以成为不作为犯罪之义务的来源，这样在法理上不作为犯罪之作为义务来源的学说将被推翻，法律义务与道德义务的区分将变得没有意义；在司法实践中构成不作为犯罪的行为范围将大大膨胀”。① 并进而提出，该类行为之所以构成不作为犯罪，首先是基于被告人的先行行为，而使被害人的生命处于十分严重的现实危险中，所以被告人才有了救助的义务。其次，是基于法律的规定，即婚姻法规定的夫妻的“扶养”义务。当夫妻一方处于危难之中，另一方有义务救助。

然而，关于不作为犯罪的作为义务问题，始终是刑法上的难题。从司法实践的走向来看，对于与本案类似的案件，在早期被作为不作为犯罪认定是较为普遍的，但是，近期发生的案件中法院的无罪判决，似乎表明了司法机关在此问题上的审慎态度。因此，对于不作为犯罪的构成问题，在理论上也应采取科学、审慎的态度，不能盲目扩大定罪的范围，对作为义务的描述应当明确。

案例三

（一）简要案情

青年工人曹某（男）和同车间工人邬某（女）恋爱数年，曾多次发生性关系并导致女方怀孕流产。二人共用一个存折在银行储蓄，并积极进行结婚准备。后来曹某见异思迁，终止与邬某的恋爱关系。某日公休，邬某去曹家要存折取出属于自己份额的钱，在路过医药商店的时候，她顺便买了一小瓶敌敌畏，放进手提包内。到曹家后，恰逢曹某一人在家。邬某说明来意，要曹某将存折给她，曹某拒绝，二人抓扯一阵。邬先倒在床上痛哭，然后说：“我不但要存折，还要手表，你给不给？不给我就死在你家！”边说边取出敌敌畏。曹某见状说：“这可不是我要你喝毒药的啊。”邬某一气之下将敌敌畏喝下，并走到房门口喊：“救命！”

① 赵秉志：《中国刑法案例与学理研究》（总则篇 上），法律出版社 2001 年版，第 341 页。

邻居都没有听到。她就走到屋里面，仰面倒在地上。曹家附近有个大医院，距曹家不足十分钟路程，但是曹某既不向邻居呼救，也不立即送邬某到医院，而是将家门反锁，径直往工厂找他母亲。进厂后他还和遇到的同事打招呼，但没有提及此事。此时，他母亲刚下班，正在浴室洗澡，于是他在外面等母亲出来。大约半小时后，他母亲出来，他才将邬某服毒的事告诉他母亲。当他母亲带着别的人赶往家里相救时，邬某已经死亡了。后来法院以故意杀人罪判决曹某有期徒刑4年。①

试问：法院的判决是否正确？请运用有关理论进行说明。

（二）思考方向

故意杀人罪是否可以由不作为方式构成？构成犯罪的不作为杀人的义务内容是什么？

（三）法律规定

《中华人民共和国刑法》第232条 故意杀人的，处死刑、无期徒刑或者10年以上有期徒刑；情节较轻的，处3年以上10年以下有期徒刑。

《中华人民共和国刑法》第261条 对于年老、年幼、患病或者其他没有独立生活能力的人，负有扶养义务而拒绝扶养，情节恶劣的，处5年以下有期徒刑、拘役或者管制。

（四）学理分析

故意杀人罪是最常见的罪名之一。刑法分则对故意杀人罪采用了简单罪状的规定方式，但故意杀人的方法和手段是多种多样的，以不作为形式实施的故意杀人罪也是客观存在的。构成不作为的故意杀人罪，需要满足的基本条件是：行为人具有防止他人死亡的义务。从刑法理论上看，构成不作为犯罪的义务来源包括：法律明文规定的义务；职务或者业务所要求的义务；先行行为引起的义务。可见，构成不作为的故意杀人罪，其义务来源不

① 刘艳红主编：《刑法学总论》（第二版），北京大学出版社2006年版，第86页。

仅限于法律的义务，但是这并不意味着不作为犯罪的认定可以任意扩大。义务的有无是认定是否构成不作为犯罪的基础，决定是否构成犯罪还必须依据犯罪认定的一般原理。鉴于理论上在不作为犯罪构成中义务范围的广泛性和法律规定的非确定性，在认定不作为犯罪时需要格外慎重。

就本案而言，曹某是否构成不作为的故意杀人罪，首先要分析的是曹某是否具有作为的义务。从案情来看，先有邬某遭到曹某拒绝而喝药的行为，后有曹某反锁房门，将邬某锁在家中，长时间寻找、等候其母亲，致使邬某得不到救治死亡的后果。所以，对于曹某行为的分析也应当分为两个阶段。第一阶段，从邬某到曹家向曹某索要存折、手表，遭到拒绝，到喝下自己带的敌敌畏为止；第二阶段，从邬某倒在地上开始，曹某将家门反锁，寻找其母亲，一直到与其母亲返回家中为止。而对曹某行为的分析也应当分为两个阶段。在第一个阶段，虽然邬某喝药的行为与曹某有关系，但邬某喝药并非在曹某的强迫、胁迫之下，因此，曹某对邬某喝药的行为不具有任何法律责任。尽管邬某喝药时对曹某说了要“死在他家”的话，而且也是当着曹某的面喝下毒药，但此时的曹某不具有任何义务去阻止邬某喝药。当然，如果邬某喝药后马上死亡，也没有充分理由追究曹某的责任。但本案的特殊性在于邬某喝药后，曹某有了后续的一系列行为：锁上房门，到工厂寻找他的母亲，在母亲洗澡时一直等候，然后才告知母亲邬某喝药。如果说邬某喝药后，曹某并没有法律上的义务去救助邬某，但是基于事件发生的特定背景——邬某因曹某见异思迁，索要自己的物品遭到拒绝；事件发生的特定地点——曹某家中；事件发生的特殊情境——只有邬某与曹某两人，而且邬某是当着曹某的面喝下毒药，曹某就有了特定的义务，这种义务可以认为是其见异思迁和拒绝返还邬某财物的先行行为产生的义务。在这种特定的情境下，虽然喝药是邬某的行为，但是曹某因为先前的行为，产生了救助邬某的义务。曹某在可能实施救助的情况下，不仅不实施救助，反而反锁自家房门，将已经喝药倒在地上的邬某锁在家中，实际上不仅阻止了邬某的自救，也阻止了他人进入其家中救助邬某，因此，是典型的实施了不作为的行为达到了剥夺他人生命的目的，应当以犯罪论处。

本案的特点是：曹某并非简单的不作为，而是在邬某自己喝药之后，采取了阻止、拖延的做法，将不作为的心态作了全面的展露，因而不同于其他类型的不作为行为。对曹某追究故意杀人罪的刑事责任是正确的。当然，由于不作为形式的故意杀人罪毕竟不同于作为形式的故意杀人罪，在量刑时应该不同于作为形式的故意杀人罪。

（五）自测案例①

据《重庆晨报》报道，夫妻吵架后妻子跳水自杀身亡，近在咫尺的丈夫却没有救助。冷酷丈夫是否犯罪？这一离奇案件引起重庆市万州区市民的关注。近日，经过检察机关起诉、抗诉，重庆市第二中级人民法院作出终审判决：丈夫无罪。

根据法院调查，事情发生在2002年7月17日。这天，家住万州区孙家乡大河村的李银建因家庭琐事与妻子发生争吵。争吵之后，气头上的妻子肖世花坚决提出离婚。到了乡政府后，由于小孩的抚养问题没有协商好，离婚手续未能办理。当天下午6时许，在二人回家的路上，肖世花突然跳入水塘中。"你老婆跳水了，救人，快回来救人。"一旁的村民何裕坤见状，立即喊李银建。"她自己跳的，我又没掀她。"李银建说完，继续往家走。听到呼救后，村民周书坪赶来，同何裕坤一起用竹竿将肖世花捞上来，但肖世花已经死亡。

2002年7月30日，李银建因涉嫌故意杀人罪被刑事拘留，同年8月19日被依法逮捕。随后，万州区检察院以李银建涉嫌故意杀人罪提起公诉。检方认为，李银建对肖世花自杀负有特定的法律救助义务，肖世花的死是李银建不救助的行为直接导致的。一审法院认为检方提出的观点无据可证，宣告李银建无罪。

万州区检察院不服，向重庆市第二中级人民法院提起抗诉。第二中级人民法院在审理后认为：现行刑法中，没有夫妻之间相互救助的明文规定，而刑法又明确规定了"法律无明文规定不为罪"的罪刑法定原则。法庭依据法律认定李银建无罪，但在长达7页的判决书上，法庭给予李银建道德上的谴责。

试用刑法上的不作为犯罪理论对本案作出分析。

---

① 《如此丈夫见死不救》，http://www.zjol.com.cn/gb/node2/node802/node1155/node172933/node172948/userobject15ai1788788.html。

第二节　危害行为的对象

危害行为的对象，是指《刑法》分则条文规定的犯罪行为所作用的客观存在的具体人或者具体物。危害行为的对象和犯罪侵害的法益是两个既有联系又有区别的概念。

案例

（一）简要案情

被告人王德义，男，40 岁，青岛动物园职工。

被告人王德义因对领导不满，向动物饲料中投放毒药，毒杀两只马来熊、五只黇鹿和一只金钱豹。2002 年 3 月 2 日，青岛市南区人民法院公开审理了此案。①

（二）思考方向

犯罪行为往往表现为对一定对象的侵害，但是，不同的危害行为的对象可能反映的侵害法益是相同的，而相同的危害行为的对象可能反映不同的侵害法益。所以，需要对侵害法益和危害行为的对象进行仔细的区分和辨别。通过上述案例，分析法益和犯罪行为的对象的关系。

（三）法律规定

《中华人民共和国刑法》第 275 条　故意毁坏公私财物，数额较大或者有其他严重情节的，处 3 年以下有期徒刑、拘役或者管制；数额巨大或者有其他严重情节的，处 3 年以上 10 年以下有期徒刑。

《中华人民共和国刑法》第 276 条　由于泄愤报复或者其他个人目的，毁坏机器设备、残害耕畜或者以其他方法破坏生产经营的，处 3 年以下有期

① 资料来源：《青岛新闻网——生活导报》2002 年 3 月 30 日。

徒刑、拘役或者管制;情节严重的,处 3 年以上 7 年以下有期徒刑。

《中华人民共和国刑法》第 341 条 非法猎捕、杀害国家重点保护的珍贵、濒危野生动物的,或者非法收购、运输、出售国家重点保护的珍贵、濒危野生动物及其制品的,处 5 年以下有期徒刑或者拘役,并处罚金;情节严重的,处 5 年以上 10 年以下有期徒刑,并处罚金;情节特别严重的,处 10 年以上有期徒刑,并处罚金或者没收财产。

(四) 学理分析

本案被告人王德义毒死了动物园里饲养的马来熊、金钱豹等动物,事实是清楚的,但是如何定性却有分歧。关于本案的定性,公诉人员认为构成"非法杀害野生动物罪",认为是否是"野生动物"应该从物种的角度界定,而不应该以饲养方式来界定。而辩护律师则提出,动物园饲养的动物已不是野生状态,不应该算野生动物,王德义的行为应属于"破坏生产经营"或"毁坏公共财物"。之所以会产生定性的分歧,就是因为通过危害行为的对象来分析法益时产生了不同的认识。在本案中,被告人的犯罪行为所直接侵害的是动物园饲养的动物,所以危害行为的对象是动物园的动物。那么,动物园的动物所反映的法益是什么呢?如果将这些动物看作野生动物,那么,就可以认为被告人侵害的法益是国家对野生动物的保护,可以认定为非法杀害野生动物罪。如果认为动物园饲养的动物不是野生动物,那么,就不能构成非法杀害野生动物罪,但是,可以将动物园饲养的动物作为动物园的财产,因此,可以认定被告人构成故意毁坏公私财物罪。如果将饲养动物看作动物园的经营活动的话,也可以认定被告人构成破坏生产经营罪。可见,同一危害行为对象,可以反映不同的社会关系,因而体现着不同的法益。

(五) 自测案例

被告人章某,男,19 岁,农民。章某在一个月时间内,盗窃变电所仓库内的电缆线两捆,并盗割输电线路上的电缆数千米,然后卖到废品收购站,获利数百元。

根据法益和危害行为的对象的关系原理,分析本案的性质。

第三节 危害行为的结果

危害行为的结果即危害结果。关于危害结果的概念,我国刑法学界存在多种观点。本书认为,危害行为的结果具有客观具体性、实在性和因果性。危害结果分为构成要件结果和非构成要件结果;实害结果与危险结果;物质性结果与非物质性结果;直接结果与间接结果。①

案例一

(一) 简要案情

被告人梁某某,男,48岁,某厂副总工程师。

被告人梁某某因为对职务安排不满,产生谋害厂长之念。某日,被告人从本厂拣了一块废弃的有毒镀铬废渣,磨成粉末掺入被害人常吃的药物胶囊中,同时,被告人还多次向被害人的水杯中滴入数量不等的硫酸溶液,致使被害人出现呕吐、胃痛等症状,经医院诊断为胃黏膜脱垂并糜烂。

(二) 思考方向

根据我国刑法的规定,多数故意犯罪的构成要求一定的危害结果发生,特定的结果的发生与否可能影响到罪与非罪的判定或犯罪既遂和未遂的判断。通过上述案例,具体掌握危害结果在犯罪构成中的作用。

(三) 法律规定

《中华人民共和国刑法》第232条 故意杀人的,处死刑、无期徒刑或者10年以上有期徒刑;情节较轻的,处3年以上10年以下有期徒刑。

① 参见刘艳红主编:《刑法学总论》(第二版),北京大学出版社2006年版,第76页。

《中华人民共和国刑法》第234条　故意伤害他人身体的，处3年以下有期徒刑、拘役或者管制。

犯前款罪，致人重伤的，处3年以上10年以下有期徒刑；致人死亡或者以特别残忍手段致人重伤造成严重残疾的，处10年以上有期徒刑、无期徒刑或者死刑。本法另有规定的，依照规定。

（四）学理分析

在本案中，被告人的行为是比较明确的，他将有毒镀铬废渣磨成粉末掺入被害人的药物胶囊中，并多次向被害人的水杯中滴入数量不等的硫酸溶液。在主观上也具有明确的目的性，即要谋害厂长，也发生了一定的物质性损害结果：致使被害人出现呕吐、胃痛等症状，经医院诊断为胃黏膜脱垂并糜烂。那么，本案的结果对行为的定性有什么影响呢？首先，从本案的结果性质看，被害人仅仅是胃部受到损害，并没有死亡，可以说被告人危害行为造成的危害结果是他人受到伤害，但这并不意味本案行为的性质就是伤害。因为故意伤害罪是指以伤害他人的故意，实施了伤害他人的行为，并产生了他人被伤害的结果。而本案的被告人是非常了解镀铬废渣的有毒性的，人长期服用是会造成死亡的后果的。但是他为了报复，不仅将有毒的物质磨成粉末掺入被害人常吃的药物胶囊中，还多次向被害人的水杯中滴入数量不等的硫酸溶液，企图达到缓慢剥夺他人生命的目的。至于被害人没有死亡，而只是出现呕吐、胃痛等症状，根本原因不是被告人的行为不会导致人的死亡，而是被害人及时发觉症状导致被告人行为暴露。所以，不能根据被害人受到伤害的结果而认定被告人的行为是伤害，而应当根据主客观情况，综合认定。根据刑法理论，以故意杀人的目的，实施故意杀人行为，造成他人死亡的，构成故意杀人罪；如果没有造成他人的死亡，则可以构成故意杀人罪的未遂。所以，本案虽然是产生了致他人伤害的后果，但是，在行为定性上仍然是故意杀人罪。

（五）自测案例

2001年12月10日晚，民工张杰窜至阳平镇桑园村王磊磊家行窃时，被酒后回家的王磊磊和郭鹏飞二人发现。二人遂将窃贼堵在家里，并大呼捉贼。谢高峰闻讯赶来，进门后用手电照住张的脸，见其一手拿手电，一手拿菜刀正向郭、王二人跟前走,谢就上前用手电灯照张的头上砸了一下,打倒后三人便扑上去夺其菜刀。谢将刀夺下后,向张连砍数刀,郭二人则拳打脚踢。此时张猛推开谢夺门而逃。在追赶中,谢又持刀从背后砍了张数刀,张跑了几十米后摔倒在地。接到报警后公安机关将张送往医院,经抢救无效死亡。鉴定结论为张杰系全身多处锐器砍伤致失血性休克死亡。

分析本案的结果对定性的影响。

案例二

(一) 简要案情

被告人:张海春,男,汉族,35岁,工人。

1994年11月17日,被告人张海春在上班时私自为他人焊东西,当班电工王菊香对张进行劝阻,张不听,王菊香即拉掉电焊机的电源开关,两人发生争执。张海春朝王菊香的左眼猛击一拳,王菊香也随手操起一节槽钢打张海春,张海春用右手抵挡被打中。被人拉开后,当天张海春即到本公司职工医院求诊。此前,1991年1月19日,张海春曾因骑摩托车与汽车相撞造成右胳膊骨折,此次张海春去医院检查,医生问他是否曾受过伤,张海春隐瞒了1991年因车祸骨折的事实,并虚构了王菊香殴打他的情节,诱使医生误将旧伤诊断为新伤,给他出具了骨折的检查报告,并将其右胳膊用石膏固定。随后,张海春将1991年受伤时拍的X光片,剪掉片头的时间,冒充新的X光片,连同检查报告一起交公安机关,经法医鉴定,其"右胳膊骨折"为轻伤。据此,张海春于1995年2月6日向法院提起自诉,要求追究王菊香的刑事责任,并赔偿损失。经审理,法院认为张海春提供的鉴定虚假,张海春不得不撤回自诉。[①]

① 最高人民法院、中国应用法学研究所:《人民法院案例选》1998年第一辑(总第23辑),中国法制出版社1998年版,第17—18页。

（二）思考方向

根据我国刑法理论，对刑法意义上的危害结果有广义和狭义之分。广义的危害结果是指由被告人的危害行为所引起的一切对社会的损害，它包括危害行为的直接结果和间接结果，属于构成要件的结果和不属于构成要件的结果。狭义的危害结果是指作为犯罪构成要件的结果，通常就是对直接客体所造成的损害。① 对于某些犯罪的构成，在法律上并不对犯罪结果有任何要求。这类犯罪，有的是犯罪行为本身已经完全能充分反映该种犯罪的严重社会危害性，不需要以产生现实危害结果为构成要件，有的是不能给犯罪客体造成物质性损害，只要行为实施就可以构成犯罪既遂。通过上述案例，分析危害结果对犯罪的影响。

（三）法律规定

1979 年《中华人民共和国刑法》第 138 条 严禁用任何方法、手段诬告干部、群众。凡捏造事实诬告陷害他人（包括犯人）的，参照所诬陷的罪行的性质、情节、后果和量刑标准给予刑事处分。国家工作人员犯诬陷罪的，从重处罚。

不是有意诬陷，而是错告，或者检举失实的，不适用前款规定。

《中华人民共和国刑法》第 243 条 捏造事实诬告陷害他人，意图使他人受刑事追究，情节严重的，处 3 年以下有期徒刑、拘役或者管制；造成严重后果的，处 3 年以上 10 年以下有期徒刑。

国家机关工作人员犯前款罪的，从重处罚。

不是有意诬陷，而是错告，或者检举失实的，不适用前两款的规定。

（四）学理分析

本案被告人的行为构成了诬告陷害罪。所谓诬告陷害罪，是指故意捏造犯罪事实，并向司法机关进行虚假告发，意图使他人受到刑事追究的行为。本案被告人张海春隐瞒了 1991 年因车祸骨折的事实，并虚构了王菊香殴打他的情节，诱使医生误将旧伤诊断为新伤，给他出具了骨折的检查报

① 参见赵秉志：《新刑法教程》，中国人民大学出版社 1997 年版，第 162 页。

告。之后,被告人又假造X光片(将1991年受伤时拍的X光片,剪掉片头的时间,冒充新的X光片),骗得公安机关出具了"轻伤"的法医鉴定,于1995年2月6日向法院提起自诉,要求追究王菊香的刑事责任,完全符合了诬告陷害罪的犯罪构成。本案的特殊之处,就在于结果与犯罪构成关系的特殊性上。在刑法理论上,诬告陷害罪属于较为典型的"行为犯","只要行为人实施了捏造犯罪事实向有关机关告发的行为,就构成本罪的既遂。至于告发后的结果如何,可在量刑时给予考虑"。① 所以,尽管诬告陷害的行为会产生一系列不特定的结果:无辜的被害人被司法机关侦查、调查时受到的身心伤害;司法机关为此付出的人力、物力损失;被害人一旦被认定犯罪所遭受的刑罚的痛苦,等等。但是,在认定是否构成该罪时,并不对该行为产生的后果作特殊要求,只要行为人实施了相应的捏造犯罪事实并虚假告发的行为,就构成了本罪。从广义的危害结果理解,被告人的行为对被害人的人身权利和司法机关的正常工作秩序都造成了危害,是有犯罪结果的,但这种结果往往是无形的、难以把握的,因此难以在犯罪构成中加以规定。

(五)自测案例

王某是铁路机务段工人,因对领导不满,蓄意制造事故。某日,王某将一道钉插入钢轨接缝处,意图致使某次列车出轨,但道钉被列车撞飞,未造成事故。

试分析本案结果与犯罪构成的关系,并确定本案的性质。

第四节 危害行为与危害结果之间的因果关系

刑法中危害行为和危害结果之间的因果关系,是指危害行为与危害结果之间所存在的引起与被引起的关系。大陆法系存在条件说、原因说、相当因果关系说。我国刑法理论则认为因果关系存在客观性、相对性、时间序列性、复杂性、不排除偶然性。

① 赵秉志:《新刑法教程》,中国人民大学出版社1997年版,第593页。

案例一

(一) 简要案情

韩某,男,某公司职员。

韩某私自购买了一个摄像探头和视频线,并请人安装在公司二楼的女厕所房顶。之后,他就在自己办公桌上偷窥并摄录女同事如厕的全过程。韩某所在公司的同事蒋某发现刘使用的摄像机里有一盘录像带,出于好奇便回放给公司员工观看,谁知镜头画面竟然是本公司某女员工上厕所解手的过程,导致该女员工自杀身亡。

(二) 思考方向

在发生一定的危害结果时,分析危害行为与危害结果的因果关系是判断该行为是否构成犯罪的前提。如果要认定某行为构成犯罪,必须存在该危害行为与危害结果的因果关系。如果不能证明该行为与危害结果具有因果关系,就不能认定该行为构成犯罪。通过上述案例,分析因果关系在犯罪构成中的应用。

(三) 法律规定

《中华人民共和国刑法》第 232 条　故意杀人的,处死刑、无期徒刑或者 10 年以上有期徒刑;情节较轻的,处 3 年以上 10 年以下有期徒刑。

《中华人民共和国刑法》第 284 条　非法使用窃听、窃照专用器材,造成严重后果的,处 2 年以下有期徒刑、拘役或者管制。

(四) 学理分析

从本案的案情看,先是存在着韩某私自安装摄像头和偷录女同事如厕的行为,后来,因为韩某偷录的录像带被同事看到,导致被偷录的女同事自杀的后果。那么,韩某的行为与女同事死亡的后果之间是否存在刑法上的因果关系呢? 回答了这个问题,才能进一步确定韩某行为的性质。根据我国刑法理论的一般认识，韩某私自安装摄像头及偷录的行为与女同事的死亡不具有刑法上的因果联系，韩某不应该对女同事死亡负刑事责任。因为对他人的死亡负刑事责任，即构成杀人罪，在行为表现上可以由作为和不作为两种方式构成。具体联系本案的案情，首先，女同事的死亡，不是韩某的行为积极追求导致的结果，韩某没有杀人的故意，也没有实施可以直接导致他人死亡的行为。其次，韩某也不符合不作为方式犯罪的条件，对于女同事的自杀，韩某没有特定的防止他人死亡的义务，所以也不是以不作为方式构成的杀人罪。对于女同事的死亡，韩某不应当承担杀人罪的刑事责任。

韩某不承担杀人罪的刑事责任，并不意味着他可以不承担任何刑事责任。根据我国刑法的规定，韩某构成非法使用窃听、窃照专用器材罪。

所谓非法使用窃听、窃照专用器材罪，是指非法使用窃听、窃照专用器材，造成严重后果的行为。本罪侵犯的客体是国家对窃听、窃照专用器材的使用管理制度。国家为了维护正常的社会公共生活秩序，对用于侦查工作的窃听、窃照专用器材的使用作了严格的限制。但在现实生活中，一些人出于政治、经济和其他目的，非法使用窃听、窃照专用器材，窃取政治、经济秘密和个人隐私，扰乱了正常的生产和生活秩序，有的造成严重后果，必须予以刑事处罚。本罪在客观方面表现为非法使用窃听、窃照专用器材，造成严重后果的行为。“窃听”是指使用技术器材、设备，对窃照对象的谈话或者通话进行偷听活动。“窃照”是指使用技术器材、设备，对窃听对象的活动或者形象进行秘密摄录、拍照的活动。“非法使用”是指违反国家规定使用窃听、窃照专用器材，包括无权使用的人使用和有权的人违反规定使用。“造成严重后果”是构成本罪的必备要件之一，主要是指由于非法使用窃听、窃照专用器材，造成他人自杀、精神失常；引起杀人、伤害等犯罪发生；使被窃听、窃照单位的情报、信息泄露，造成重大经济损失，等等。本罪的主观方面由故意构成。在司法实践中，行为人实施窃听、窃照行为一般是出于某种非法目的，也有的出于好奇。不论出于何种动机、目的，都不影响本罪的成立。在本案中，韩某购买摄像探头和视频线，安装在公司二楼的女厕所房顶，然后偷窥并摄录女同事如厕的全过程，其行为属于非法使用摄像设备进行非法的“窃照”。而导致一女员工自杀身亡是其行为的严重后果，这种后果虽然不是刑法意义上的因果关系的后果，但是，是作为该罪构成条件的一种间接后果由法律加以规定的，从这个意义上看，该后果对罪与非罪的认定仍然具有重要意义。

（五）自测案例

宋某，女，37岁。2005年某日，宋去买苹果，因为专拣好的而与售货员张某争吵。宋用极其下流的语言当众辱骂张某，并向张脸上吐唾沫，引起多人围观。张某进里屋后，宋仍叫骂。张某哭了一会儿后，喝敌敌畏死亡。

张某的死亡与宋某的行为之间是否存在因果关系？

案例二

（一）简要案情

2002年3月30日上午7时许，灵宝市大王镇67岁的老汉王某来到同村的苏某家中，向苏索要1994年所欠的借款2000元钱，二人因言语不和而争吵。在撕扯中，王某用头在苏某家院墙及房门上自碰，并声称要死在苏家。苏某见状，并没有加以制止，而是独自出了家门。后苏某家人回来见状让王某躺下休息。王某的儿子得知情况后即赶到苏家，将其父搀扶着回到了家，同时叫来本村诊所医生为其治疗。因病情严重，当天下午，王某被送至灵宝市人民医院，经抢救无效，于3月31日死亡。

法院审理认为：苏某在王某向其讨债过程中，应预知王某用头碰墙壁的自伤行为会发生死亡的严重后果，而以不作为的方式放任王某死亡结果的发生，苏某的行为已构成故意杀人罪（间接），判处有期徒刑4年。而王某在本案发生中亦有过错，故在民事赔偿部分依法判令苏某承担民事赔偿责任的60%，即20810.53元。

（二）思考方向

不作为犯罪是否也存在因果关系？在刑法理论上，存在不同的学说。否定说认为，不作为是人的消极静止的行为，对外界事物不起任何变更作用，所以不作为犯罪中不存在因果关系问题。“准因果关系说”认为，不作为犯罪在客观事实上不存在因果关系，但在法律上将不作为看做引起危害结果的原因，与作为犯罪同等看待，是法律拟制的因果关系。肯定说则认为，不作为的危害行为与危害结果的因果关系是客观存在的，并非法律拟制。不作为的犯罪人应该阻止而没有阻止事物向危险方向发展，从而引起危害结果的发生。① 只要承认不作为是行为，就必须承认行为与结果的因果关系。目前，多数学者倾向于认为不作为犯罪存在因果关系，“在不作为犯罪中，危害行为是以不作为形式表现出来的，它虽然不是主动地促使危害结果发生的原因，却是使防止危害结果发生的措施失败的原因”。② 这是一种特殊的因果关系。通过对上述案例的分析，具体认识不作为犯罪的因果关系。

（三）法律规定

《中华人民共和国刑法》第232条 故意杀人的，处死刑、无期徒刑或者10年以上有期徒刑；情节较轻的，处3年以上10年以下有期徒刑。

《中华人民共和国刑法》第14条 明知自己的行为会发生危害社会的结果，并且希望或者放任这种结果发生，因而构成犯罪的，是故意犯罪。

故意犯罪，应当负刑事责任。

（四）学理分析

在不作为犯罪的因果关系分析中，必须把握该因果关系的特殊性，即必须以行为人负有某种特定义务为前提。在本案中，被告人对王某的死亡是负有特定义务的。因为王某是到被告人苏某家讨要借款，苏某理应偿还借

---

① 参见王作富、黄京平：《刑法》，中国人民大学出版社1999年版，第62页。

② 杨春洗、杨敦先：《中国刑法论》（第二版），北京大学出版社1998年版，第86—87页。

款，或者在不能偿还时尽量求得宽限。但是二人却因言语不和而争吵并撕扯，不能不说苏某是负有责任的。当王某用头在苏某家院墙及房门上自碰，并声称要死在苏家时，苏某就应当意识到这是与自己的先前行为密切相关的，他应当对由自己的行为带来的后果负责。但是，苏某看到王某撞墙不仅没有加以制止，反而独自出了家门。对于王某的死亡，从因果关系角度，可以认为是与苏某的不作为具有因果关系的。因为不作为犯罪的因果关系特殊性，在于行为人有作为的义务去防止某种危害结果发生，如果行为人不去积极作为，没有防止危害结果发生，就被认为是导致结果发生的原因。本案被告人苏某因为不还借款，并且与债权人争吵、厮打，促使债权人王某想在苏某家撞墙自杀，此时，苏某就产生了因自己的先前行为而产生的作为义务，他有义务去阻止王某自杀并尽抢救义务。由于他的放任不管，并离开家，致使王某没有得到及时救助，所以，王某的死亡与苏某的不救助是具有因果关系的。

案例三

（一）简要案情

被告人张某（男，22岁，工人），与受害人刘某素有怨仇。2009年1月5日，张某因为工作上的事情，受到刘某当众批评。张某更是怀恨在心，他决定报复刘某。当天下班，在职工洗澡的时候，张某找到刘某，故意骂了刘某。刘某不甘示弱，也回骂张某。在互相辱骂的过程中，张某推了刘某一把，由于地滑，刘某倒在地上，头部受到撞击，右边颅内出血，顿时昏迷。送到医院后，医生赵某为了降低颅内血压，决定做开颅手术。但医生在开颅的时候却错开了左边颅骨。最后，刘某终因颅内血压过高死亡。

试问：张某的行为和刘某的死亡有因果关系吗？张某应当承担什么样的责任？

（二）思考方向

首先要用条件因果关系判断导致刘某死亡的原因，然后判断张某的行为与刘某死亡之间存在什么样的关系，再利用刑法因果关系的理论分析张某的行为与刘某死亡之间是否具有刑法上的因果关系，并进一步确定刑事责任问题。

（三）法律规定

《中华人民共和国刑法》第232条 故意杀人的，处死刑、无期徒刑或者10年以上有期徒刑；情节较轻的，处3年以上10年以下有期徒刑。

《中华人民共和国刑法》第233条 过失致人死亡的，处3年以上7年以下有期徒刑；情节较轻的，处3年以下有期徒刑。

本法另有规定的，依照规定。

《中华人民共和国刑法》第234条 故意伤害他人身体的，处3年以下有期徒刑、拘役或者管制。

犯前款罪，致人重伤的，处3年以上10年以下有期徒刑；致人死亡或者以特别残忍手段致人重伤造成严重残疾的，处10年以上有期徒刑、无期徒刑或者死刑。本法另有规定的，依照规定。

《中华人民共和国刑法》第235条 过失伤害他人致人重伤的，处3年以下有期徒刑或者拘役。本法另有规定的，依照规定。

（四）学理分析

刑法上的因果关系判断，就是要解决行为人的行为与危害结果之间的因果关系。这是判断行为人是否承担刑事责任的前提。刑法上的因果关系以事实上的因果关系为基础，但不是单纯的事实上的因果关系判断，而是一种法律因果关系。本案的结果是刘某死亡。导致刘某死亡的起因是张某挑衅，推刘某致其滑倒，头部受到撞击昏迷，送到医院后医生手术部位错误，没有及时降低颅压，最终导致刘某死亡。从事实因果关系的角度分析，如果没有张某的挑衅和推倒刘某的行为，就不会有刘某受伤、送医院等一系列后果，就不会出现刘某因颅压过高死亡的后果。但是，并不能因此就得出张某的行为与刘某的死亡具有因果关系的结论。张某的行为导致的直接结果是刘某头部受伤昏迷。如果从医学上能够判断刘某即使及时手术也仍然会死亡的话，我们便可以将刘某的死亡归结于张某的行为，也就可以判定张某行为与刘某死亡具有刑法上的因果关系。但是，刘某在被张某推倒受伤后被送到了医院，医生针对刘某颅压高的情况进行了手术，如果手术顺利，刘某就不会因为颅压过高死亡。然而医生手术发生错误，没有及时降低刘某的颅压，才导致了刘某因颅压过高死亡。因此，刘某死亡的原因应当归结于医生的错误手术延误了治疗。这样，张某行为与刘某死亡结果之间的关系被切断，张某不应对刘某的死亡承担刑事责任。但由于张某以报复为目的，首先对刘某挑衅，并推刘某致其倒地，直接造成了刘某颅脑损伤昏迷，张某行为与刘某受伤昏迷的结果之间具有刑法上的因果关系，张某应当对刘某受伤的结果承担故意伤害的刑事责任。

（五）自测案例

被告人：彭某，男，31岁，农民。

被告人彭某因向贺某索要借款发生矛盾，某年12月的一天下午，见贺家只有其3岁的儿子在家，遂产生抛弃小孩的念头。彭将小孩带到一片密林中，拿出一个小圆镜给小孩玩，自己独自离开。小孩在林中冻饿52小时，后被砍柴人发现，经抢救无效死亡。

分析本案的因果关系。

第五节　危害行为的附随情状

危害行为的附随情状是指危害行为的时间、地点和方法。在绝大多数犯罪中，犯罪的时间、地点或方法对定罪并不产生影响，但是，某些特殊犯罪由法律明确规定了构成犯罪所需要的特定的时间、地点或者方法，缺乏这些要件，犯罪就不能成立。所以，犯罪的时间、地点和方法就成为犯罪客观方面的选择要件，即对大多数犯罪不是构成要件，但对特殊的犯罪是犯罪构成的必要要件。

案例一

（一）简要案情

被告人:伍某,男,36岁。

被告人:谭某,男,35岁。

二被告人均为万安水库渔场职工。以被告人为首的4人与万安水库管理所签订了捕捞鲜鱼的合同,由伍、谭任捕捞组负责人,在正常捕鱼作业无法获利、工资无着落的情况下,伍、谭二人商定使用炸鱼的方法捕鱼。谭买回炸药、雷管、导火线等物,伍用这些原料自制炸弹32枚,在水库内使用23枚,炸得鲜鱼3400余斤,获利近万元。

（二）思考方向

对绝大多数犯罪来说,在犯罪客观方面主要考察行为本身的性质,行为发生的时间、地点或方式并不影响定性。但是,某些犯罪就其行为的孤立性质来看,无法确认其真实性质,而必须通过行为发生的时间、地点或方式来加以确认。上述案例就充分体现了犯罪客观方面的选择性要件在犯罪构成中的作用。

（三）法律规定

《中华人民共和国刑法》第340条 违反保护水产资源法规,在禁渔区、禁渔期或者使用禁用的工具、方法捕捞水产品,情节严重的,处3年以下有期徒刑、拘役、管制或者罚金。

（四）学理分析

我国《刑法》在破坏环境资源保护罪一节中,规定了几类犯罪(第340条、第341条、第343条),该类罪在构成条件上具有特殊性,即有时间、地点或者方式上的构成要求。本案就是其中的一种类型,其性质属于非法捕捞水产品罪。该罪构成的特殊性在于,就捕捞水产品的行为本身而言,本来被告人与水库是签有合同的,是享有捕捞权的,其捕捞行为应当是合法的。但是,被告人享有的捕捞权却不是绝对的,而是在法定范围内,使用合法的方式进行捕捞的权利。当被告人为了自己的利益,使用了非法的手段(用炸药炸鱼)进行捕捞时,就触犯了刑法的规定,构成了犯罪。所以,在该罪的构成中,如果没有用炸药炸鱼这一特殊条件,则不构成犯罪。此时,行为的方式就成为了影响罪与非罪的重要内容。该类罪之所以在构成上具有如此的要求,是因为从社会生活的角度来讲,对该类性质的一般行为,如捕捞、狩猎、采矿等是不可能禁止的,但是,这些行为在进行的同时又存在着保护资源和开发利用的矛盾,为了兼顾二者利益,既要开发利用,又要保护资源,就需要对正常的行为予以许可,而对破坏性开发予以禁止,这就要求刑法在规制这些行为时予以明确限制,即允许在合法的时间、地点和使用合法的方式进行的捕捞、狩猎、采矿,同时,坚决打击违反规定,在法定禁止的时间、地点和使用禁止的方式进行的捕捞、狩猎和采矿,以保护生产活动正常进行。

需要注意的是,我国《刑法》第 340 条规定的违反保护水产资源法规,"在禁渔区、禁渔期或者使用禁用的工具、方法捕捞水产品",和《刑法》第 341 条第 2 款规定的违反狩猎法规,"在禁猎区、禁猎期或者使用禁用的工具、方法进行狩猎"的规定,其列举的构成条件是选择性的,即只要行为人的行为符合其中的一项,就构成犯罪,而不是全部都要具备。

(五) 自测案例

被告人孙某,男,40 岁,农民。2002 年 6 月 20 日,孙某在某国家自然保护区中偷捕野鸭。为了方便,被告人孙某使用掺有毒药的食物沿河滩布撒,结果不仅造成大量野鸭被药杀,还造成当地环境被毒化,危及了其他野生动物的生存。

根据犯罪构成原理,分析本案的构成特点。

案例二

(一) 简要案情

李某,男,上海石化总厂技术员。

被告人李某因女友潘某向其提出终止恋爱关系而对潘怀恨在心,蓄意报复。某日,李将潘约出,在潘拒绝继续保持恋爱关系后,将携带的200毫升浓度为90%的硫酸泼到潘的面部等处,致使潘某面部、颈部、躯干、四肢等被严重灼伤。在潘某哀求时,李某不但不救,还阻止潘自己用水冲洗,在将潘某独自锁在房间后,李到派出所自首,但没有告诉潘某需要救治,致使潘某失去急救时机,伤势更加严重。

上海市中级人民法院认为,被告人李某因恋爱不成,竟用浓硫酸毁人容貌,致人重伤,其行为构成故意伤害罪,且犯罪情节恶劣,手段残忍,后果极为严重。李某作案后虽然能投案自首,但其罪行特别严重,依法仍应予以严惩。故依法判处李某死刑,剥夺政治权利终身。

(二)思考方向

行为的方式不同,往往对定罪和量刑产生重大影响。但是,在犯罪构成客观方面的讨论中,仅讨论犯罪客观方面的选择性要件对定罪的影响,并且是对罪与非罪的影响。行为方式对量刑的影响在任何犯罪中都可能存在,不具有构成的特殊性。通过上述案例分析,理解行为方式的作用,明确本案中的行为方式对定罪和量刑的影响。

(三)法律规定

《中华人民共和国刑法》第234条 故意伤害他人身体的,处3年以下有期徒刑、拘役或者管制。

犯前款罪,致人重伤的,处3年以上10年以下有期徒刑;致人死亡或者以特别残忍手段致人重伤造成严重残疾的,处10年以上有期徒刑、无期徒刑或者死刑。本法另有规定的,依照规定。

《中华人民共和国刑法》第95条 本法所称重伤,是指下列情形之一的伤害:

(一)使人肢体残废或者毁人容貌的;

(二)使人丧失听觉、视觉或者其他器官机能的;

(三)其他对于人身健康有重大伤害的。

（四）学理分析

本案的被告人李某因恋爱不成，用浓硫酸毁人容貌，致人重伤，其行为构成故意伤害罪，在定性上是不存在疑问的。在我国《刑法》的规定中，仅以简明方式规定了“故意伤害他人身体的”构成故意伤害罪，并没有规定在什么时间、什么地点，使用何种方式伤害他人才构成伤害罪。所以，在伤害罪的犯罪构成中，时间、地点和行为方式对定性并不产生影响，不论行为人在什么时间、什么地点，使用什么方式，只要故意造成了他人伤害的后果，就构成了故意伤害罪。就本案而言，并不在于被告人用浓硫酸泼人而构成故意伤害罪，而是因为被告人故意造成了他人伤害的后果。即使被告人不用浓硫酸，而是使用其他方式，也不会影响本案的定性。所以，在本案中，使用浓硫酸泼人的方式在定性中并不需要特别考虑。因此，本案并不是通过犯罪客观方面的可选择要件来影响定性的。

然而对某些犯罪而言，犯罪的时间、地点、方法等因素虽不影响犯罪的成立，但会对量刑产生影响。有学者以杀人罪为例认为，“战时社会治安状况不好与正常时期相比，公共场合、要害部门内、单位内与偏僻地区相比，肢解、碎尸、活埋、活活打死等方法与一刀杀死、一枪打死的方法相比，前者的社会危害性显然大于后者，因而对适用刑罚的轻重也应有一定的影响”。[①] 但是，此时行为方式对量刑的影响并不是十分显著的，真正影响量刑的实际上是行为所产生的危害结果。

（五）自测案例

被告人赵某某、刘某某多次在火车上、旅店中，利用在饮料中掺安眠药请他人喝的方法，使他人睡眠，乘机将他人物品拿走。

试分析被告人的行为方式对定罪的影响。

---

① 赵秉志：《中国刑法案例与学理研究》（总则篇 上），法律出版社2001年版，第389页。

第七章　行为主体

第一节　自然人行为主体

自然人行为主体，就是达到刑事责任年龄、具备刑事责任能力、实施了严重危害社会行为的人。刑事责任能力，是指行为人构成犯罪和承担刑事责任所必须具备的刑法意义上辨认和控制自己行为的能力。与刑事责任能力有关的因素包括：刑事责任年龄、精神障碍、生理缺陷。行为人主体的特殊身份对定罪和量刑也会产生影响。

案例一

（一）简要案情

钱某，男，14 岁。

孙某，男，13 岁。

钱某与孙某在放牛时，看到被害人（女，10 岁）也在山上放牛，便将其骗到山上一荔枝园里，进行了奸淫。钱某得知被害人的妹妹（8 岁）一人在家，便到其家开门进入卧室，用小刀割断其裤带欲奸淫，因其被惊醒，钱某逃离现场。

（二）思考方向

在实施相同行为的情况下，根据法律的规定，犯罪主体的年龄不同，将影响犯罪的成立。对于绝大多数犯罪来说，需要达到一定的法定年龄才可以追究刑事责任。对于特定的犯罪来说，追究刑事责任要求必须达到一定的最低年龄。这种法律的规定是绝对的，不允许变通的。通过分析上述的案例,可以具体领会主体年龄对犯罪的影响。

(三) 法律规定

《中华人民共和国刑法》第17条　已满16周岁的人犯罪,应当负刑事责任。

已满14周岁不满16周岁的人,犯故意杀人、故意伤害致人重伤或者死亡、强奸、抢劫、贩卖毒品、放火、爆炸、投毒罪的,应当负刑事责任。

已满14周岁不满18周岁的人犯罪,应当从轻或者减轻处罚。

因不满16周岁不予刑事处罚的,责令他的家长或者监护人加以管教;在必要的时候,也可以由政府收容教养。

《中华人民共和国刑法》第236条　以暴力、胁迫或者其他手段强奸妇女的,处3年以上10年以下有期徒刑。

奸淫不满14周岁的幼女的,以强奸论,从重处罚。

强奸妇女、奸淫幼女,有下列情形之一的,处10年以上有期徒刑、无期徒刑或者死刑:

(一) 强奸妇女、奸淫幼女情节恶劣的;

(二) 强奸妇女、奸淫幼女多人的;

(三) 在公共场所当众强奸妇女的;

(四) 2人以上轮奸的;

(五) 致使被害人重伤、死亡或者造成其他严重后果的。

最高人民法院《关于执行〈中华人民共和国刑法〉确定罪名的规定》(1997年12月9日最高人民法院审判委员会第951次会议通过):第236条第1款　强奸罪;**第2款**　奸淫幼女罪。

最高人民法院、最高人民检察院《关于执行〈中华人民共和国刑法〉确定罪名的补充规定》(最高人民法院审判委员会第1193次会议、最高人民检察院第九届检察委员会第100次会议通过。自2002年3月26日起施行。):第236条　强奸罪(取消奸淫幼女罪罪名)。

(四) 学理分析

从本案的行为性质看,两名被告人共同奸淫了一名10岁的幼女,实施了危害社会的行为,如果暂不考虑主体因素的制约,仅从行为特征认定,其行为构成了犯罪。被告人钱某还企图奸淫另一名8岁的幼女,因被害人被惊醒而没有得逞,其行为仍可以构成犯罪的未遂。但是,由于我国刑法对主体的刑事责任年龄有明确的规定,所以,在对未成年人的行为进行犯罪认定时,单纯考虑行为因素是不够的,必须考虑主体年龄对犯罪定性的影响。根据我国刑法的规定,不满14周岁的人,对所实施的所有行为不负刑事责任;年满16周岁的人犯罪,对自己的行为应当负刑事责任;年满14周岁不满16周岁的人,只对故意杀人、故意伤害致人重伤或者死亡、强奸、抢劫、贩卖毒品、放火、爆炸、投毒罪负刑事责任。可见,根据法律的规定,本案的行为人孙某因为年龄不满14周岁,因此不能对其行为追究刑事责任。而本案的另一行为人钱某因为年满14周岁,所以,如果他的行为性质符合法律特别要求的范围,就可以追究其刑事责任。从案件的具体情况分析,根据我国《刑法》第236条的规定,钱某的行为符合第236条第2款的规定,但是,在确定罪名上,根据不同时期的司法解释所确定的罪名有所不同。根据1997年12月9日最高人民法院审判委员会第951次会议通过的《关于执行〈中华人民共和国刑法〉确定罪名的规定》,明确将《刑法》第236条第1款确定为强奸罪,而将第2款确定为奸淫幼女罪。相应的刑法理论对强奸罪和奸淫幼女罪的构成差别也有明确的区分,所以,根据该规定,应当认定钱某的行为性质为奸淫幼女。但奸淫幼女罪的罪名没有被明确规定在年满14周岁不满16周岁的未成年人应当承担刑事责任的范围内,法律明确规定的罪名是强奸罪,所以,能否认定钱某构成犯罪并承担刑事责任就存在着分歧。在这个问题上,持否定意见的人认为,最高人民法院的规定将《刑法》第236条区分为强奸罪和奸淫幼女罪两个罪名,而《刑法》第17条明确规定,年满14周岁不满16周岁的未成年人应当承担刑事责任的范围中只有强奸罪,并没有奸淫幼女罪。根据罪刑法定原则,就不能对年满14周岁不满16周岁的未成年人奸淫幼女的行为追究刑事责任。而持肯定意见的人认为,强奸罪应当包括强奸妇女罪和奸淫幼女罪,两者是同源同法条。完全可以将两者概括为强奸罪一个罪名,之所以分解为强奸罪和奸淫幼女罪,是为了突出奸淫幼女案件的特殊性,但这两种行为本源上是相同的。另外,从犯罪性质的比较上看,奸淫幼女的犯罪情节比普通强奸罪更严重,如果年满14周岁不满16周岁的未成年人对强奸罪应当承担刑事责任,那么对比强奸罪更严重的奸淫幼女罪更应当承担刑事责任。

2002年3月26日，由最高人民法院审判委员会第1193次会议、最高人民检察院第九届检察委员会第100次会议通过的《关于执行〈中华人民共和国刑法〉确定罪名的补充规定》对《刑法》第236条的罪名进行了修改，只确定了强奸罪一个罪名，取消了奸淫幼女罪罪名。这一规定，结束了长期存在的争执，根据这一新的规定，对本案的钱某就可以确定为强奸罪，并且根据《刑法》第17条追究其刑事责任。

（五）自测案例

被告人刘某，男，16岁，学生。

被告人刘某某日晚在铁路边和同学玩耍时，突然提出放石头到铁轨上，看火车会怎么样。于是搬来几块较大的石头放在铁轨上。因当时没有火车经过，刘某就回家了。第二天，造成经过的火车出轨。

分析是否应当追究刘某的刑事责任。

案例二

（一）简要案情

赵某，15周岁，使用暴力手段将一名6岁儿童绑架后，故意杀害，然后打电话给儿童的父亲，让其交5万元赎回儿童。

（二）思考方向

我国刑法虽然明确规定了对已满14周岁不满16周岁的人进行刑事追究的范围，但是，这个范围在实践中仍然存在诸多问题。其中，如何理解《刑法》第17条规定的犯罪行为种类关系到罪与非罪的认定。上述案例在定性上，就存在着争议。那么，本案的行为人是否应当承担刑事责任呢？

（三）法律规定

《中华人民共和国刑法》第17条　已满16周岁的人犯罪，应当负刑事责任。

已满14周岁不满16周岁的人,犯故意杀人、故意伤害致人重伤或者死亡、强奸、抢劫、贩卖毒品、放火、爆炸、投毒罪的,应当负刑事责任。

已满14周岁不满18周岁的人犯罪,应当从轻或者减轻处罚。

因不满16周岁不予刑事处罚的,责令他的家长或者监护人加以管教;在必要的时候,也可以由政府收容教养。

全国人民代表大会常务委员会法制工作委员会《关于已满十四周岁不满十六周岁的人承担刑事责任范围问题的答复意见》(法工委复字[2002]12号)

最高人民检察院:

关于你单位4月8日来函收悉,经研究,现答复如下:

刑法第十七条第二款规定的八种犯罪,是指具体犯罪行为而不是具体罪名。对于刑法第十七条中规定的"犯故意杀人、故意伤害致人重伤或者死亡",是指只要故意实施了杀人、伤害行为并且造成了致人重伤、死亡后果的,都应负刑事责任。而不是指只有犯故意杀人罪、故意伤害罪的,才负刑事责任,绑架撕票的,不负刑事责任。对司法实践中出现的已满十四周岁不满十六周岁的人绑架人质后杀害被绑架人、拐卖妇女、儿童而故意造成被拐卖妇女、儿童重伤或死亡的行为,依据刑法是应当追究其刑事责任的。

全国人大常委会法制工作委员会

2002年7月24日

《中华人民共和国刑法》第232条 故意杀人的,处死刑、无期徒刑或者10年以上有期徒刑;情节较轻的,处3年以上10年以下有期徒刑。

《中华人民共和国刑法》第239条 以勒索财物为目的绑架他人的,或者绑架他人作为人质的,处10年以上有期徒刑或者无期徒刑,并处罚金或者没收财产;致使被绑架人死亡或者故意杀害被绑架人的,处死刑,并处没收财产。

(四)学理分析

本案的案情是十分简单的,之所以在定性上会产生分歧,是因为在行为的定性和罪名的确定上出现了不同的理解。在本案中，首先需要确定行为人的行为在刑法上的性质，其次，需要对《刑法》第 17 条第 2 款的规定作出解释并加以适用。关于本案行为的性质，根据《刑法》第 239 条的规定，行为人属于为勒索财物而绑架他人，虽然行为人将被绑架人杀害，如果需要确定罪名的话，仍然要认定为绑架罪而不是杀人罪。如果本案的行为人实施的是绑架行为，是否可以根据《刑法》第 17 条规定追究刑事责任呢？这就涉及这样的问题：已满 14 周岁不满 16 周岁的人除了对《刑法》第 232 条、第 234 条规定的故意杀人罪、故意伤害罪负刑事责任外，对其他条款中有故意杀人、故意伤害等相应后果的犯罪是不是也要负刑事责任。有学者认为，《刑法》第 17 条没有规定绑架罪，而《刑法》第 239 条也没有以杀人罪认定的行为构成，所以，已满 14 周岁不满 16 周岁的人杀害被绑架人的，应当认定绑架，不是杀人，不能适用《刑法》第 17 条的规定。也有学者认为，已满 14 周岁不满 16 周岁的人杀害被绑架人的，虽然不能根据《刑法》第 17 条规定追究绑架罪的刑事责任，但是，对其杀害行为可以作为杀人罪认定，因此可以追究其刑事责任。由于理论上的分歧，致使类似案件的定性产生困难。为了解决这个问题，全国人民代表大会常务委员会法制工作委员会于 2002 年作出答复意见，指出《刑法》第 17 条第 2 款规定的八种犯罪，是指具体犯罪行为而不是具体罪名。对于《刑法》第 17 条中规定的“犯故意杀人、故意伤害致人重伤或者死亡”，是指只要故意实施了杀人、伤害行为并且造成了致人重伤、死亡后果的，都应负刑事责任。而不是指只有犯故意杀人罪、故意伤害罪的，才负刑事责任。对于绑架撕票的，依据刑法应当追究刑事责任。全国人大常委会法制工作委员会的答复，解决了实践中的分歧，为认定该类犯罪提供了法律依据。同时，也为理解《刑法》第 17 条规定提供了依据。

（五）自测案例

刘某，男，15 岁，在伙同其父实施拐卖儿童时，因被拐卖儿童哭闹而将该儿童打成重伤。试根据犯罪主体的相关理论，分析其行为的性质。

案例三

(一) 简要案情

某甲,男,1985 年 4 月 12 日出生,于 1999 年 4 月 12 日晚和五六个同学一起在餐馆聚餐以庆祝其 14 岁生日。某甲因为高兴而喝了不少啤酒,聚餐于晚上 9:30 左右结束,同学看到某甲醉醺醺的,便问他需不需要送他回家,某甲说:"没关系,喝这么点酒,我没事,我可以自己回家。"说完就离开同学摇摇晃晃地走了。在快到家的路上,他看到一个大约 14 岁左右的小女孩一个人在马路上走,借着酒意,顿起歹心,将小女孩拖到马路一旁,强行对其进行奸淫。由于小女孩一直叫喊,某甲便一直用手捂着小女孩的嘴鼻,直到小女孩停止叫喊。某甲在奸淫完毕后便回家了,当时已是晚上 10:40 左右。某甲在床上睡了一会就酒醒了,突然意识到自己可能杀了人,匆匆看了一下时间(凌晨 1:30 左右),便跑往出事地点。他看到小女孩还躺在那,以为小女孩已经死亡了,担心被人发现,便将小女孩拖到一偏僻处埋了。但其实小女孩当时还没死,而是由于后来被埋在地下窒息而死的。

试问:如何认定行为人的刑事责任年龄?本案中,某甲是否对小女孩的死亡承担故意杀人罪的责任?具体理由是什么?①

(二) 思考方向

首先,根据刑法关于刑事责任年龄的规定,确定行为人应当依照哪个年龄段的规定承担刑事责任。其次,根据故意杀人罪的行为构成,判断行为人实施的行为是否是故意杀人的行为。

(三) 法律规定

《中华人民共和国刑法》第 17 条 已满 16 周岁的人犯罪,应当负刑事

① 刘艳红主编:《刑法学总论》(第二版),北京大学出版社 2006 年版,第 110 页。

责任。

已满14周岁不满16周岁的人，犯故意杀人、故意伤害致人重伤或者死亡、强奸、抢劫、贩卖毒品、放火、爆炸、投毒罪的，应当负刑事责任。

已满14周岁不满18周岁的人犯罪，应当从轻或者减轻处罚。

因不满16周岁不予刑事处罚的，责令他的家长或者监护人加以管教；在必要的时候，也可以由政府收容教养。

《中华人民共和国刑法》第236条　以暴力、胁迫或者其他手段强奸妇女的，处3年以上10年以下有期徒刑。

奸淫不满14周岁的幼女的，以强奸论，从重处罚。

强奸妇女、奸淫幼女，有下列情形之一的，处10年以上有期徒刑、无期徒刑或者死刑：

（一）强奸妇女、奸淫幼女情节恶劣的；

（二）强奸妇女、奸淫幼女多人的；

（三）在公共场所当众强奸妇女的；

（四）2人以上轮奸的；

（五）致使被害人重伤、死亡或者造成其他严重后果的。

（四）学理分析

刑事责任年龄是我国刑法规定的行为人对自己实施的刑法禁止的危害行为承担刑事责任必须达到的年龄。根据刑法理论对刑事责任年龄认定的标准，行为人自14周岁生日的第二天（准确的时间点是生日当天24时后）起才可以被认为年满14周岁，才可以承担相应的刑事责任。本案行为人某甲实施行为时是在过14周岁生日的当天晚上，因此不属于年满14周岁，不能承担刑事责任。从某甲实施的行为属性来看，某甲强行奸淫一个14岁左右的女孩，在强奸的过程中，由于女孩的呼喊，某甲用手捂着小女孩的嘴鼻，致其昏迷，上述行为都属于强奸行为。后来，某甲发生了认识错误，以为小女孩已经死亡了，担心被人发现，便将小女孩拖到一偏僻处埋掉，结果导致小女孩窒息而死。从主观方面看，某甲并没有故意杀害小女孩的主观心态，虽然客观上造成了小女孩窒息死亡，也不能认为某甲是故意杀人的行为。所以，不能要求某甲承担故意杀人罪的刑事责任。

案例四

（一）简要案情

被告人张某曾在部队服役3年，后来想与一战友的妹妹结婚，但被拒绝，于是一直怀恨在心，决定杀害战友全家。某日晚拿着铁棒乘着出租车到达战友家后，强迫出租车司机一同进入战友家。此后不仅将战友一家四口人与出租车司机杀死杀伤，而且将听到呼救声而赶到的另外父女二人杀死。法医鉴定被告人患有精神分裂症，没有辨认与控制能力，但法院根据被告人行为当时的病情、犯罪前的生活状况、实施犯罪行为的动机与样态等，认定其具有辨认与控制行为的能力。

试问：哪些精神障碍属于能够影响刑事责任能力有无与程度大小的精神病？其认定有何法定程序？如何认定本案中张某是否属于无刑事责任能力？

（二）思考方向

我国刑法关于精神病人的刑事责任是如何规定的？刑事法律是如何规定精神病人刑事责任能力鉴定程序的？本案中张某的行为是否属于刑法规定的精神病状态？应当如何承担刑事责任？

（三）法律规定

《中华人民共和国刑法》第18条 精神病人在不能辨认或者不能控制自己行为的时候造成危害结果，经法定程序鉴定确认的，不负刑事责任，但是应当责令他的家属或者监护人严加看管和医疗；在必要的时候，由政府强制医疗。

间歇性的精神病人在精神正常的时候犯罪，应当负刑事责任。

尚未完全丧失辨认或者控制自己行为能力的精神病人犯罪的，应当负刑事责任，但是可以从轻或者减轻处罚。

醉酒的人犯罪，应当负刑事责任。

《中华人民共和国刑法》第232条 故意杀人的，处死刑、无期徒刑或者10年以上有期徒刑；情节较轻的，处3年以上10年以下有期徒刑。

（四）学理分析

根据我国刑法规定，精神病人的刑事责任能力是根据其行为时的辨认和控制能力来划分的。精神病人在不能辨认或者不能控制自己行为时造成危害的，不负刑事责任；间歇性精神病人在造成危害时具有辨认或者控制能力，即认为其行为时正常，应当负刑事责任；精神病人行为时不具有完全辨认或者控制能力时，可以从轻或者减轻处罚。对行为人的辨认或者控制能力的判定，直接影响行为人的刑事责任承担，因此刑法明确规定对精神病人的责任能力需"经法定程序鉴定确认"。通常，对精神病人的判断有两个标准：生物学标准和心理学标准。生物学标准也称医学标准，是从医学角度对人的精神状况是否病态的一种认定。属于医学上精神病的范围较广，表现形式也多种多样。哪些精神病会影响刑事责任能力，需要由医学专家作出科学鉴定。心理学标准即法学标准。该标准不仅关注行为人是否属于医学上的精神病人，更关注该行为人在实施危害行为时的精神状态。在具体案件中，要综合考虑两方面的标准，准确判断行为人的刑事责任能力。在本案中，行为人准备了铁棒，乘着出租车到达战友家，然后强迫出租车司机一同进入战友家，并将战友一家四口人与出租车司机杀死杀伤，还将听到呼救声而赶到的另外父女二人杀死。法医鉴定被告人患有精神分裂症，没有辨认与控制能力，但法院根据被告人行为当时的病情、犯罪前的生活状况、实施犯罪行为的动机与样态等，认定其具有辨认与控制行为的能力。本案对行为人的法医鉴定与法院认定从形式上看似乎是矛盾的，但实质并不矛盾。法医鉴定被告人患有精神分裂症是从医学角度对行为人精神状况的鉴定，可以用来解释行为人残暴的行为和动机。法院的认定是从法学标准对行为人刑事责任能力的判断，并不是否定法医的鉴定。从案情看，行为人准备好杀人工具，乘出租车来到战友家实施杀人行为，其行为过程有准备、有步骤，没有表现出丧失辨认和控制能力的任何特征。其后，他又强迫出租车司机一同进入战友家，将战友一家四口人与出租车司机杀死杀伤，还将听到呼救声而赶到的另外父女二人杀死，整个作案过程目标明确、手段残忍，表现出行为人对结果的充分认识和追求，完全可以表明其对自己行为的明确认识和控制。因此,法院从法学标准的角度对行为人刑事责任作出的认定是合理的。本案的情形可以适用《中华人民共和国刑法》第 18 条第 2 款(或第 3 款),即行为人属于精神病人,但其实施危害行为时具有辨认和控制能力,应当承担刑事责任。值得注意的是,法院必须依法定程序,由相关专业人员对行为人行为时的精神状况作出鉴定,而不能随意认定。

案例五

(一) 简要案情

黄巧英,女,38 岁。2002 年 7 月 27 日上午 10 时 50 分,永泰县梧桐镇白杜村溪北自然村的 30 名学生乘坐本村渡船,准备回家吃午饭。船行至河中时,与他们同船的黄巧英突然站起身来,手握锋利的砍柴刀,劈向了身边那些童真无邪的孩子们。船工一面制止,并成功地夺下砍柴刀,一面将船靠岸。失去凶器的黄巧英,仍没有就此打住,4 个孩子被她用手提着扔进了河里。靠岸后,黄巧英趁乱逃回家中,后被抓获。此次行凶,共有 14 名学生被砍。其中,8 岁的陈为忠、10 岁的陈晓兰和 9 岁的陈秀琴由于伤势过重,在送往卫生院途中死亡。11 名受伤学生全都转到永泰县医院进行抢救,两人伤势严重,头部留下了口子。

2002 年 3 月 14 日,医护人员开始对黄巧英进行例行身体检查。从上午 9 时至 11 时,院方先后对黄巧英进行心电图、脑电图、心理测试、CT、B 超等五项检查,其中心理测试耗时最长,达一个多小时。经鉴定,黄巧英患有精神病,目前,黄巧英已被送到福州市公安局安康医院进行监护治疗。①

(二) 思考方向

当精神病人实施了侵害行为后,在刑法上如何进行评价和追究?其程

① 改编自《福建村妇狂砍学生:凶手不负刑事责任》,http://news.okey.net/zhuanti/80.htm。

序是否有要求？通过对本案的分析，可以对精神病人的刑事责任问题作一了解。

（三）法律规定

《中华人民共和国刑法》第18条　精神病人在不能辨认或者不能控制自己行为的时候造成危害结果，经法定程序鉴定确认的，不负刑事责任，但是应当责令他的家属或者监护人严加看管和医疗；在必要的时候，由政府强制医疗。

间歇性的精神病人在精神正常的时候犯罪，应当负刑事责任。

尚未完全丧失辨认或者控制自己行为能力的精神病人犯罪的，应当负刑事责任，但是可以从轻或者减轻处罚。

醉酒的人犯罪，应当负刑事责任。

（四）学理分析

精神病人在客观上实施了危害社会的行为，各国刑法都作了不追究刑事责任的规定。但是，刑法对精神病人的刑事责任免除并不是绝对的，而是与其辨认和控制自己行为的能力密切联系的。从我国《刑法》第18条的规定来看，第1款所规定的完全不负刑事责任的精神病人应当具备两个基本条件：一是经法定程序鉴定为精神病患者；二是在行为时处于不能辨认和不能控制自己行为的状态。如果缺乏其中的任一条件，都不能作出免除刑事责任的处理。刑法之所以不处罚客观上实施了危害社会行为的精神病人，是因为不能辨认和不能控制自己行为的精神病人，当然无法理解自己的行为在刑法上的性质和意义，也不具备刑罚的适应能力，因而，对他们适用刑罚达不到特殊预防的目的。只有在适用刑罚的对象理解其行为的性质与刑罚之间的关系时，才能感受到刑罚的惩罚效果，才能通过刑罚的适用感到刑罚的威力，从而惧怕刑罚而不再犯罪。所以，对精神病人不能采用刑罚的方法。在实践中，如何确定行为人是否是精神病人和行为时是否处于无刑事责任能力状态是至关重要的。虽然我国刑法没有明确规定对精神病人的判断标准，但是，一般认为，我国刑法采用的是“医学标准与心理学（法学）标准相结合的方式”，即在医学上判断，行为人患有精神病；在心理学上判断，行为人行为时因精神病而丧失了辨认或者控制自己行为的能力。从本案来看，之所以要对行为人进行刑事责任能力的判断，首先是因为她实施了危害社会的行为。黄巧英手持砍柴刀，对14名无辜的儿童行凶，造成3人死亡，11人受伤的严重后果，对社会造成了极大的危害。所以，需要刑法的介入。其次，从其行为表现和心理状况分析，存在不正常的情况。她供称，砍谁都有她自己的理由，这些被她砍过的小孩的家人总说她坏话，她受不了，与小孩同乘一船时，控制不了自己，便操起了砍柴刀。同时，村民也反映她曾因精神病治疗过。所以，本案就具有了与普通案件不同的特点。但是，是否能适用我国《刑法》第18条的规定来免除她的刑事责任并不是简单的事。根据法律的规定，对行为人精神状态的认定，需要经过法定程序的鉴定和确认。医疗部门对黄巧英进行医学和心理学的鉴定，最终认定黄巧英患有精神病。对于精神病人，不能追究刑事责任。

但是，对于精神病人不能简单地作出不追究刑事责任的处理后就放任不管。有关部门对黄巧英进行监护治疗是正确的。

（五）自测案例

2002年9月1日上午10时许，小袁和同学一起在八桥仙附近的一家银行里刚取了4400元，突然从后面窜出一人，一把抢过她手中的钞票，往银行存钱的窗口一丢。这个人返身欲走时，和小袁同去的一名男生眼疾手快，一个箭步冲上去，牢牢地将其抓住。经清点，小袁的4400元只少了300元。经查，犯罪嫌疑人原是一名精神病患者。①

根据刑法有关原理，对本案作出分析。

案例六

（一）简要案情

现年48岁的皮某家住澧县甘溪滩镇尹家湾，有精神病史。她与嫂子粟某住房相连，妯娌关系异常紧张，多年来争吵不断。12月11日晚，

---

① 改编自《跑进银行抢了就走》，http://www.hn.xinhua.org/news/2002-9-3/200293130725.htm。

仅因粟某损坏了皮某家的猪栏门，二人再次恶语相向，扭打在一起。皮某乘粟某不备，操起一根碗口粗的"猪栏棒"，猛击粟某头部，将其打倒在地。粟某因颅骨骨折、颅内淤血、伤势过重于次日在医院死亡。

审讯中，皮某装疯卖傻，作癫狂状。民警带皮某到湖南省精神病鉴定中心进行鉴定，结论为间歇性精神病人。鉴于皮某近年一直未发病，民警综合调查走访情况，确认皮某属于间歇性的精神病人在精神正常的时候犯罪，应当负刑事责任。①

（二）思考方向

间歇性精神病人是指发病呈间歇性，时而精神正常的人。对于精神病人刑事责任能力的考察，并不是基于精神病人的身份，而是基于行为时的精神状况。因此，对精神病人追究刑事责任就成为合理的。上述案例的行为人就属于间歇性精神病人。

（三）法律规定

《中华人民共和国刑法》第18条 精神病人在不能辨认或者不能控制自己行为的时候造成危害结果，经法定程序鉴定确认的，不负刑事责任，但是应当责令他的家属或者监护人严加看管和医疗；在必要的时候，由政府强制医疗。

间歇性的精神病人在精神正常的时候犯罪，应当负刑事责任。

尚未完全丧失辨认或者控制自己行为能力的精神病人犯罪的，应当负刑事责任，但是可以从轻或者减轻处罚。

醉酒的人犯罪，应当负刑事责任。

《中华人民共和国刑法》第232条 故意杀人的，处死刑、无期徒刑或者10年以上有期徒刑；情节较轻的，处3年以上10年以下有期徒刑。

---

① 《间歇性精神病 逃不过杀人罪》，http://www.hn.xinhua.org/news/2002-12-27/2002122785815.htm。

（四）学理解释

间歇性精神病，是指具有间歇发作特点的精神病。包括精神分裂症、躁狂症、抑郁症、癫痫性精神病、周期性精神病、分裂情感性精神病、癔症性精神病等。间歇性精神病人在精神正常的时候实施刑法所禁止的危害行为的，其辨认和控制自己行为的能力完全具备，不符合无责任能力和限制责任能力所要求的心理学（法学）标准，因而行为人对危害后果应当承担完全的刑事责任。在本案中，行为人实施了危害社会的行为，将他人打死。虽然在审讯中，皮某装疯卖傻，但经过精神病鉴定中心进行鉴定，结论为间歇性精神病人。那么，在其实施危害行为时精神状况处于何种程度，将影响对其责任的追究。如果行为人行为时处于精神病的发作期，则其就不具备辨认和控制自己行为的能力，所以就不能追究刑事责任。但是，如果行为人行为时处于正常精神状态，则其刑事责任能力与正常人一样。司法机关通过调查，发现行为人近一年未有精神病发作症状，因此，认定其行为时处于精神正常状态，应当对其杀人行为承担刑事责任。

（五）自测案例

62岁的于老汉患有间歇性精神病，近几年虽发作几次，但都没造成什么后果。2009年元旦后，于老汉再次发病，他一到夜间就说屋里有鬼，于是把菜刀枕在枕头底下，躺下后，隔一段时间就起来一趟，挥舞菜刀“砍鬼”，边砍嘴里还含混不清地叨咕着什么，吓得老伴整夜不敢睡。为防止出现意外，老伴索性将菜刀藏了起来，尽管如此，老伴仍没逃脱厄运。

1月16日夜里，于老汉又发病了，他起来大喊“有鬼”，于是就在枕头下找菜刀，他不知刀已被老伴藏了起来，就一顿乱翻，最后见没找到，就跑到仓房里把镰刀找了出来，然后跑回屋内“砍鬼”。在他挥舞镰刀过程中，将老伴误伤砍死。①

根据刑法原理，对本案于老汉的行为作出分析。

---

① 《六旬老汉精神病发作　砍死老伴儿后自杀身亡》，http://news.0451.net/hljnews/shehui/80200302120326.htm。

案例七

（一）简要案情

赵某听说一个朋友被公安机关羁押，几次找上门去，声称自己能“铲事”，能把人弄出来，并索要1万元好处费。感觉不对的事主家属立即向公安机关报案，赵某随即被警方抓获。在审查这起案件中，丰台区人民检察院的检察官发现，赵某在回答问题时十分主动，甚至不等检察官提问就自动交代，滔滔不绝说个不停。同时，在实施犯罪时，赵某十分“直截了当”，没有丝毫掩饰，还在审查中称，自己于1999年因精神病曾住院治疗。

检察官立即与赵某家属联系，证实赵某的确有精神病史。获悉有关情况后，检察院依法将此案退回公安机关，要求对赵某进行精神病司法鉴定。经鉴定证实，赵某实施违法行为时病情复发，处于躁狂状态，控制能力减低，评定为限制刑事责任能力人。①

（二）思考方向

精神病人在实施了危害社会的行为时，并不是都可以全部不追究刑事责任，而是应当根据其行为时具体的精神状况来加以判定。上述案例中，行为人虽然患有精神病，但是并不是属于完全不能辨认和控制自己的行为，因此，在刑事责任的追究上有特殊性。

（三）法律规定

《中华人民共和国刑法》第18条　精神病人在不能辨认或者不能控制自己行为的时候造成危害结果，经法定程序鉴定确认的，不负刑事责任，但是应当责令他的家属或者监护人严加看管和医疗；在必要的时候，由政府强

① 改编自《为一万元好处被送警察局　检察院一查原是神经病》，http://beijing.21dnn.com/3925/2002-9-13/182@420924.htm。

制医疗。

间歇性的精神病人在精神正常的时候犯罪，应当负刑事责任。

尚未完全丧失辨认或者控制自己行为能力的精神病人犯罪的，应当负刑事责任，但是可以从轻或者减轻处罚。

醉酒的人犯罪，应当负刑事责任。

《中华人民共和国刑法》第266条 诈骗公私财物，数额较大的，处3年以下有期徒刑、拘役或者管制，并处或者单处罚金；数额巨大或者有其他严重情节的，处3年以上10年以下有期徒刑，并处罚金；数额特别巨大或者有其他特别严重情节的，处10年以上有期徒刑或者无期徒刑，并处罚金或者没收财产。本法另有规定的，依照规定。

（四）学理分析

我国《刑法》第18条第3款所规定的情形，所针对的对象在理论上称为限制刑事责任的精神障碍人。这是介于无刑事责任的精神病人与完全无刑事责任的精神障碍人中间状态的精神障碍人。中国司法精神病学理论和鉴定实践一般认为，属于这种类型的精神病人有两类：一是处于早期（发作前趋期）或部分缓解期的精神病（如精神分裂症等）患者，这种患者精神病理机制的作用使其辨认或控制行为的能力有所减弱；二是某些非精神性精神障碍人，包括轻至中度的精神发育迟滞（不全）者，脑部器质性病变（如脑炎、脑外伤）或精神病（如精神分裂症、癫痫症）后遗症所引起的人格变态者，神经官能症中少数严重的强迫症和癔症患者等。① 司法精神病学的理论和实践，肯定了部分精神病人由于生理和精神发育等生理原因，导致其在辨认和控制行为能力上的降低。相应的，在刑法上，就要适当从轻或者减轻处罚。但是，由于其没有完全丧失辨认和控制自己行为的能力，所以，是不能完全不追究刑事责任的。在本案中，赵某在回答问题时十分主动，甚至不等检察官提问就自动交代，滔滔不绝说个不停。同时，在实施犯罪时，赵某十分“直截了当”，没有丝毫掩饰，已经显示出其与正常人的不同。司法机关通过调查其家属，并进行司法鉴定，最终认为赵某实施违法行为时病情复发，处于躁

① 高铭暄：《刑法学原理》（第一卷），中国人民大学出版社1993年版，第676—677页。

狂状态，控制能力减低，评定为限制刑事责任能力人。因此，应当适用《刑法》第18条第3款，对其从轻或减轻处罚。

（五）自测案例

高某与沈某平时不和，此次涨工资高某没有涨上，便怀疑沈某从中作梗。一天晚上，高某手持匕首来到沈某家将沈某刺伤。此时，高发现其行为被窗外的刘某看到，便丢掉匕首仓皇逃跑。但其在行凶之前与沈某的对话均被开着的录音机录下，且高某遗留在现场的笔记本上有其行凶的计划。公安机关根据报案，对现场进行了勘验，提取了现场的证据，抓到了高某；高某供认了全部的犯罪事实后称自己有间歇性精神病，到指定的精神病医院对高某作司法鉴定，得出书面结论：高某一切正常。

根据刑法的有关原理，对本案作出分析。

案例八

（一）简要案情

被告甲、乙两人均系聋哑人，因不能忍受另一聋哑人刘某的长期欺负，而将其骗至远僻处杀害。法院对两被告均判以故意杀人罪，其中被告甲被判处有期徒刑15年，剥夺政治权利3年；被告乙被判处有期徒刑12年，剥夺政治权利2年，并都承担附带民事赔偿责任。试分析甲乙的刑事责任。

（二）思考方向

我国刑法是如何对待生理有残疾的人犯罪的？在刑罚处罚上，刑法有什么特殊规定？上述案例，真实反映了司法实践对生理有缺陷的人的处罚。

（三）法律规定

《中华人民共和国刑法》第19条　又聋又哑的人或者盲人犯罪，可以从轻、减轻或者免除处罚。

《中华人民共和国刑法》第 232 条 故意杀人的，处死刑、无期徒刑或者10 年以上有期徒刑；情节较轻的，处 3 年以上 10 年以下有期徒刑。

（四）学理分析

人的生理状况也是影响刑事责任能力的因素。我国刑法规定的可以在追究刑事责任时考虑的生理状况只有两种：又聋又哑；盲人。根据我国《刑法》第 19 条的规定，对又聋又哑的人或者盲人犯罪，可以从轻、减轻或者免除处罚。也就是说，又聋又哑的人或者盲人犯罪，前提是要追究刑事责任。因为丧失听觉、语言的聋哑人以及丧失视力的盲人，虽然在部分感官上功能丧失，但是，其精神状况可能是正常或基本正常的，通过其他感官的感觉，可以得到正常的智力和知识，并且形成基本正常的判断能力，在其行为时，是完全可能有正确的辨认和控制能力的，所以，对他们危害社会的行为是应当追究刑事责任的。但是，对他们追究刑事责任又不是完全与普通的正常人等同。因为他们毕竟在生理上有缺陷，他们的生理缺陷妨碍了他们以正常的方式了解和认识社会。由于生理缺陷，他们在幼年时期往往不能自发学习和交流，容易形成孤僻的性格，无法受到应有的启蒙教育。进入学龄期后，由于生理限制，接受教育的手段受到局限，在学习中往往不能准确地把握事物的性质，从而影响其对事物的判断，可能形成错误的概念和推理。因而，他们对社会的了解是不完全的，甚至是有偏颇的。所以，以正常人的标准来要求生理有缺陷的人显然是不公平的。当生理有缺陷的人实施了危害社会的行为时，对其从轻、减轻或者免除处罚是必然的选择。本案中，两名被告人虽然实施了较为严重的犯罪——故意杀人罪，但是，因为他们是聋哑人，再加之被害人有一定的过错，所以，人民法院对其作了较轻的量刑：甲被判处有期徒刑 15 年，剥夺政治权利 3 年；乙被判处有期徒刑 12 年，剥夺政治权利 2 年。如果不是考虑被告人是聋哑人的因素，犯故意杀人罪，根据法律规定的量刑幅度，首先考虑的是适用死刑，如果有减轻的情节，再考虑适用无期徒刑，或者考虑适用有期徒刑。从被告人最终被判处的刑罚来看，充分体现了我国刑法对生理有缺陷的人犯罪的从轻、减轻处罚原则。

（五）自测案例

林某，男，聋哑学校二年级文化程度，福建省福清市龙田镇农民；胡某，男，聋哑学校三年级文化程度，江西省南昌市人。二人均无业。2000 年 10 月，二人相约来到西宁市，欲以偷钱为业。11 月 3 日下午在一辆 82 路公交车上，二人第一次作案。11 月 28 日，二人因实施抢劫被逮捕。

分析本案的刑罚适用情况。

案例九

（一）简要案情

被告人：王某某，男，44 岁，吊车班工人。

被告人：谭某某，男，33 岁，吊车班司机。

被告人谭某某工作期间，在 50 吨吊车吊臂伸出 28 米、仰角 73 度的情况下，擅自离开吊车到休息室与他人打扑克。在调度员到休息室通知吊车挪动车位让路时，谭只顾打扑克，未采取任何措施。此时在休息室观看别人打扑克的王某某不顾自己无驾驶证，只负责对吊车进行监护的职责，私自驾驶吊车腾挪让路。王某某在未收回吊臂，且无人监护的情况下驾驶吊车，致使吊臂两次触碰到某 220 千伏高压输电线，造成其短路，致使城区大范围停电，造成经济损失 190 余万元。① 试分析主体身份对定罪的影响。

（二）思考方向

在行为相同的情况下，主体身份的不同不仅会影响该行为的定性，也会影响到量刑。通过上述案例分析，理解主体在犯罪构成中的作用。

（三）法律规定

《中华人民共和国刑法》第 134 条　工厂、矿山、林场、建筑企业或者其他企业、事业单位的职工，由于不服管理、违反规章制度，或者强令工人违章冒险作业，因而发生重大伤亡事故或者造成其他严重后果的，处 3 年以下有

① 参见《最高人民检察院公报》1997 年第 1 号，第 30—31 页。

期徒刑或者拘役；情节特别恶劣的，处3年以上7年以下有期徒刑。

（四）学理分析

本案的被告人王某某违反有关规定，在未取得操作证的情况下，违反规定无证驾驶吊车。在行车时又违反操作规程，未收回起重机吊臂，致使高压线路短路，造成重大损失。被告人谭某某也是违反规定，在吊车处于工作状态下未采取任何监护措施，擅自离开岗位，致使他人违章驾驶，造成严重事故。从危害的结果上看，二人造成的是电力设备的破坏；从主观方面看，二人是过失心态。从行为的方式上看，王某某是作为形式，谭某某是不作为形式。仅以上述要素判断二被告人的行为性质尚难以得出唯一结论，因为上述情况既符合过失破坏电力设备罪的构成，又符合重大责任事故罪的构成。而影响不同的定性的原因就是基于对主体的不同要求。过失破坏电力设备罪和重大责任事故罪同属于危害公共安全罪，但是，前者在构成主体上无特殊要求，即该罪由一般主体构成，任何达到法定刑事责任年龄，具有刑事责任能力的人都可以构成过失破坏电力设备罪；而后者在主体构成上是特殊主体，即“工厂、矿山、林场、建筑企业或者其他企业、事业单位的职工”，其他普通个人不能构成本罪。因为主体身份的不同，实际上对行为的具体规定也显示出差异。过失破坏电力设备罪并没有具体描述行为的构成方式，只要是出于行为人的过失，造成了电力设备被破坏，就可以构成该罪。而重大责任事故罪在行为构成上，则突出强调“不服管理、违反规章制度”，或者“强令工人违章冒险作业”，因而发生重大伤亡事故或者造成其他严重后果。如此规定，既限定了一定的主体，又限定了一定的行为方式，从而将责任事故与依照规章制度操作，出于技术设备原因或不可预料不可抗拒的原因而发生的事故相区别。所以，特殊主体构成的重大责任事故罪，虽然将犯罪主体指向了特定的一部分人，但是，又通过对行为的明确限定，防止了责任的扩人，既对不负责仕而发生责任事故的人追究刑事责任，又不是对所有事故的责任人都追究刑事责任，有效地规制特殊主体的行为。

综上所述，王某某并非实施本职工作，违反规章造成事故，因而属一般过失破坏电力设备罪；谭某某则是违反规章操作，停车不当，导致事故发生，应认定重大责任事故罪。

（五）自测案例

某矿井违反规定，没有按要求设置排风口。该矿井队长李某某（男，32岁）在已测得矿井瓦斯含量上升的情况下，仅向有关人员反映了情况，而未采取相应排险措施，对工人要求增加通风口的要求没有落实，致使瓦斯含量继续上升。某日，李某某在放炮前未按规定检测瓦斯含量，放炮员不知瓦斯超标，违章明火放炮，引起瓦斯爆炸，造成多名工人死亡。

分析本案性质，理解特殊主体的构成。

案例十

（一）简要案情

被告人：王某，男，37岁，某粮店仓库保管员。

1993年至1996年3月间，被告人王某利用担任粮店仓库保管员的职务之便，将其保管的稻谷、大豆盗卖他人，共计价值人民币233258.18元，被告人实际获款26万余元。一审法院以贪污罪判处王某死刑，剥夺政治权利终身。二审法院维持了一审判决。最高人民法院认为，王某系公司职工，对其以贪污罪定罪量刑不当，故撤销一审判决和二审裁定，以侵占罪判处被告人有期徒刑15年。试分析主体在定罪中的影响。

（二）思考方向

贪污罪是较为典型的特殊主体犯罪，其主体构成为国家工作人员。但是，对于国家工作人员的界定始终存在争议，因而导致实践中定罪的差异。上述案例在主体身份上就存在争议，而主体身份的不同，对案件性质和量刑都有重大影响。

（三）法律规定

1979年《中华人民共和国刑法》第93条 本法所称国家工作人员，是指国家机关中从事公务的人员。

国有公司、企业、事业单位、人民团体中从事公务的人员和国有机关、国有公司、企业、事业单位委派到非国有公司、企业、事业单位、社会团体中从事公务的人员，以及其他依照法律从事公务的人员，以国家工作人员论。

1979《中华人民共和国刑法》第155条 国家工作人员利用职务上的便利，贪污公共财物的，处5年以下有期徒刑或者拘役；数额巨大、情节严重的，处5年以上有期徒刑；情节特别严重的，处无期徒刑或者死刑。

犯前款罪的，并处没收财产，或者判令退赔。

受国家机关、企业、事业单位、人民团体委托从事公务的人员，犯第1款罪的，依照前两款的规定处罚。

最高人民法院《关于办理违反公司法受贿、侵占、挪用等刑事案件适用法律若干问题的解释》(1995年12月25日起实施) 国家工作人员，是指在国有公司、企业或者其他公司、企业中行使管理职权，并具有国家工作人员身份的人员，……

《中华人民共和国刑法》第382条 国家工作人员利用职务上的便利，侵吞、窃取、骗取或者以其他手段非法占有公共财物的，是贪污罪。

受国家机关、国有公司、企业、事业单位、人民团体委托管理、经营国有财产的人员，利用职务上的便利，侵吞、窃取、骗取或者以其他手段非法占有国有财物的，以贪污论。

(四) 学理分析

贪污罪是刑法规定的特殊主体犯罪。犯罪主体的特殊身份主要有自然身份和法定身份。贪污罪主体的特殊身份属于法定身份，即基于法律所赋予而形成的身份。此种分类的意义，“并不在于直接说明犯罪主体特殊身份与刑事责任的关系，而在于通过对犯罪主体特殊身份的了解，进而准确而深刻地把握刑法设立此项规定的原义”。① 这就说明，法律规定的特殊主体犯罪，并不在于将某一类人特殊化，而是通过此类法律规定，明确刑法保护的利益。这就要求我们在认定特殊主体犯罪时，不能机械地认定犯罪人是不是属于特殊主体。在特殊主体中，国家工作人员的认定一直是理论和实践中的难题。在1997年《刑法》修订以前，法律规定的国家工作人员范围较

① 赵秉志：《新刑法教程》，中国人民大学出版社1997年版，第116页。

窄，一类是国家机关中从事公务的人员；另一类是国有公司、企业、事业单位、人民团体中从事公务的人员和国有机关、国有公司、企业、事业单位委派到非国有公司、企业、事业单位、社会团体中从事公务的人员，以及其他依照法律从事公务的人员。但根据最高人民法院的解释，此类人员也需要具有国家工作人员的身份，即必须是国家干部。在1997年《刑法》修订后，国家工作人员的范围有所扩大。另外，通过几个立法和司法解释，也对有争议的几类人员是否属于国家工作人员作出了较为明确的规定。由于新旧刑法在国家工作人员的确定上不同，适用不同的法律所认定的结果也不相同。本案就属于这种情况。被告人是粮店仓库保管员，虽然粮店是国有性质，但是，被告人王某并不具有国家干部身份。根据1979年《刑法》的规定，被告人不属于国家工作人员，因此不能构成贪污罪。而根据1997年修订后的《刑法》，对在国有公司、企业、事业单位从事公务的人员，经营、管理公共财物的人员都可以认定为国家工作人员，被告人就可以被认定为特殊主体，构成贪污罪。但从本案的发案时间来看，应当适用旧刑法，而不能适用新刑法。所以，本案被告人不构成贪污罪，一审判决和二审裁定是错误的。

根据被告人的身份和行为特征，应当认定被告人犯有侵占罪。

（五）自测案例

谭某，男，40岁，某村村委会主任。谭某在担任村委会主任期间，将县、乡拨发的土地开发费截留6万元，其中4万元用于村委会购置电器，其他部分用于个人宴请。此外，谭某在村办企业报销个人出差费用1万元。

确定谭某的身份，分析谭某行为的性质。

第二节　单位行为主体

单位犯罪在理论上称为“法人犯罪”，法人犯罪的研究起源于英美法系，大陆法系在传统上不承认法人犯罪，原因在于对法人意思的存在与否没有定论，但近年来有的国家相继在法律中规定追究法人的刑事责任。我国1997年修订的《刑法》中，立法机关在总结经验的基础上，充分吸收多年的研究成果，在《刑法》总则中明确规定了单位犯罪的概念，并对多数犯罪规定了对单位判处罚金刑、对相关的自然人也要判处相应的刑罚的“双罚制”。

案例

（一）简要案情

西安标准烟草机械配件厂是持有《烟草专用机械零配件生产企业许可证》的国有企业，生产烟机零配件，并进行烟机的修理。1999年，厂长郭志超和副厂长王军利、业务员耿佃泰从江西南昌张某等处非法购得烟机后身，加上自己厂里生产的烟机刀头箱等零配件，一起非法倒卖给重庆市大足县的蒋明利、四川人郑斌等，为这些人开办地下烟厂、倒卖烟机设备提供条件，他们从1999年11月到2001年8月间，非法经营额达102.8万元。作为厂长的郭志超对这些非法经营收入，除一部分直接支付经营中的差旅费用外，其余收入采取捏造付款单位的方式，分次将现金交给厂里的财务记入"对内账"，实际上就是进入"小金库"。

2001年年底，国家烟草专卖机关会同公安机关破获了南昌张某等非法制造倒卖烟机后身一案，张某等供述曾倒卖给郭志超等人烟机后身17台，郭志超等非法经营一案遂东窗事发。四川人郑斌等开办的地下烟厂也被烟草专卖机关和公安机关捣毁。

西安市未央区人民法院审理认为，西安标准烟草机械配件厂违反规定，非法向无烟草专卖许可证的人倒卖烟草专用机械配件和零部件，非法经营，情节特别严重。郭志超是厂长、法定代表人，直接指挥并参与非法经营，应承担主要责任。耿佃泰、王军利的行为也构成了非法经营罪，3人悔罪态度较好。遂判决西安标准烟草机械配件厂犯非法经营罪，判处罚金30万元；郭志超犯非法经营罪，判处有期徒刑5年，并处罚金10万元；判处耿佃泰有期徒刑3年，缓刑4年；判处王军利有期徒刑2年，缓刑3年，耿、王2人还被分别判处罚金5万元。①

① 《西安标准烟草机械配件厂单位犯罪判罚金》，摘自《华商报》2002年12月19日，http://news.sohu.com/69/60/news205076069.shtml。

（二）思考方向

单位犯罪是刑法明确规定的一种犯罪。在单位犯罪的处理中，应当如何认定主体资格？如何适用刑罚？通过对上述案例的分析，全面掌握单位犯罪的有关问题。

（三）法律规定

《中华人民共和国刑法》第30条　公司、企业、事业单位、机关、团体实施的危害社会的行为，法律规定为单位犯罪的，应当负刑事责任。

《中华人民共和国刑法》第31条　单位犯罪的，对单位判处罚金，并对其直接负责的主管人员和其他直接责任人员判处刑罚。本法分则和其他法律另有规定的，依照规定。

《中华人民共和国刑法》第225条　违反国家规定，有下列非法经营行为之一，扰乱市场秩序，情节严重的，处5年以下有期徒刑或者拘役，并处或者单处违法所得1倍以上5倍以下罚金；情节特别严重的，处5年以上有期徒刑，并处违法所得1倍以上5倍以下罚金或者没收财产：

（一）未经许可经营法律、行政法规规定的专营、专卖物品或者其他限制买卖的物品的；

（二）买卖进出口许可证、进出口原产地证明以及其他法律、行政法规规定的经营许可证或者批准文件的；

（三）其他严重扰乱市场秩序的非法经营行为。

《中华人民共和国刑法》第231条　单位犯本节第221条至第230条规定之罪的，对单位判处罚金，并对其直接负责的主管人员和其他直接责任人员，依照本节各该条的规定处罚。

最高人民法院《关于审理单位犯罪案件具体应用法律有关问题的解释》（1999年6月18日最高人民法院审判委员会第1069次会议通过　法释[1999]14号）

为依法惩治单位犯罪活动，根据刑法的有关规定，现对审理单位犯罪案件具体应用法律的有关问题解释如下：

第1条　刑法第30条规定的“公司、企业、事业单位”，既包括国有、集体所有的公司、企业、事业单位，也包括依法设立的合资经营、合作经营企业和具有法人资格的独资、私营等公司、企业、事业单位。

第2条 个人为进行违法犯罪活动而设立的公司、企业、事业单位实施犯罪的,或者公司、企业、事业单位设立后,以实施犯罪为主要活动的,不以单位犯罪论处。

第3条 盗用单位名义实施犯罪,违法所得由实施犯罪的个人私分的,依照刑法有关自然人犯罪的规定定罪处罚。

(四)学理分析

在刑法理论上,关于法人犯罪的讨论激烈一时。19世纪上半叶,各国刑事立法和理论还普遍排斥法人犯罪。随着资本主义国家进入垄断阶段,商品经济日益发达,法人数量不断增加。为了在垄断和竞争中获胜,在法人决策机构和决策人物操纵指挥下,以法人名义并且凭借法人力量实施的危害社会行为不断增加,已经严重危及了资产阶级的统治利益。所以,它们相继制定法律,承认和处罚法人犯罪。我国刑法理论对法人犯罪问题也曾开展过讨论。1997年修订的《刑法》吸收了理论上的一些成果,在《刑法》中明确规定了"单位犯罪"的条款,从而在立法上承认了法人犯罪。我国的"单位犯罪"理论与法人犯罪理论存在某些差别。首先,"单位犯罪"与法人犯罪的主体范围不同。我国的"单位犯罪"主体范围包括:公司、企业、事业单位、机关、团体。其中,某些单位并不具有民法上的法人资格。根据有关司法解释,某些具有民法上法人资格的单位又不属于"单位犯罪"的主体,如最高人民法院《关于审理单位犯罪案件具体应用法律有关问题的解释》第2条:个人为进行违法犯罪活动而设立的公司、企业、事业单位实施犯罪的,或者公司、企业、事业单位设立后,以实施犯罪为主要活动的,不以单位犯罪论处。所以,我国的"单位犯罪"规定具有一定的特殊性。在"单位犯罪"的处罚上,原则上采取"双罚制",即对单位判处罚金,并对其直接负责的主管人员和其他直接责任人员判处刑罚。本案中,西安标准烟草机械配件厂是持有《烟草专用机械零配件生产企业许可证》的国有企业,在主体资格上,符合"单位犯罪"的主体要求,可以构成单位犯罪。该厂违反规定,从1999年11月到2001年8月间,非法向无烟草专卖许可证的人倒卖烟草专用机械配件和零部件,非法经营额达102.8万元,非法经营情节特别严重,构成了《刑法》第225条规定的非法经营罪。在该案的处罚上,也体现了"双罚制":对该厂判处罚金30万元。同时,对该厂厂长郭志超以非法经营罪,判处有期徒刑5年,并处罚金10万元;判处该厂业务员耿佃泰有期徒刑3年,缓刑4年;判处该厂副厂长王军利有期徒刑2年,缓刑3年,耿、王2人还被分别判处罚金5万元。

(五)自测案例

成都市人民检察院诉广东飞龙集团有限责任公司董事、副总经理张朝晖合同诈骗一案开庭,经过近10个小时的庭审,于当晚6时20分休庭。

成都市人民检察院在起诉书中称,1997年9月,张朝晖在担任广东飞龙集团有限公司(下称广东飞龙)董事、副总经理期间,在明知广东飞龙已债台高筑,没有履约能力的情况下,伙同曾汉林(通缉在逃)、陈志群(在逃)等人找到广东证券有限公司投资银行总部黄某,要其策划帮助"资产重组,借壳上市"。经黄某牵线搭桥,1997年10月15日,成都联益(集团)有限责任公司(下称成都联益)与广东飞龙达成协议,由广东飞龙收购成都联益持有的40%成都联益股份有限公司(系上市公司)法人股3421.6万股,总价值6800万元。广东飞龙承诺在协议生效后18个月内向成都联益付清全部收购款6800万元。

1997年12月9日,成都联益与广东飞龙所签收购法人股权协议经中国证监会批准生效后,广东飞龙以先付200万元定金为诱饵,使成都联益将自己持有的3421.6万股股权在深圳证交所办理了过户更名手续。其后,成都联益多次派人到广东飞龙催收第一期2000万元应付款时,广东飞龙以种种借口拒不履约。广东飞龙法定代表人曾汉林叫被告张朝晖"想办法",张即将原在广东发展银行江南办事处工作时持有的一份盖有该银行印章的空白信笺交给了曾汉林,曾汉林授意他人伪造了一份"广东飞龙高速客轮有限公司"在广东发展银行有300多万美元存款的"银行存款证明书",交给成都联益周某某,以示自己有支付能力。同年12月12日,陈志群又授意张朝晖填写一份付成都联益250万元人民币的假"电汇凭证"传真给成都联益。

1998年8月下旬,广东飞龙在未付清转让款、企业负债累累、成都联益法人股又不能流通的情况下,为套取现款,瞒着成都联益将成都联益法人股3421.6万股在银行作抵押,获得赃款3500万元。除支付给成都联益人民币600万元外,其余全部用于还旧账和占为已有。同年9月30日,广东飞龙掩盖已将成都联益法人股全部抵押贷出现款的事实真相,又答应与成都联益签订所谓的“补充协议”，继续欺骗成都联益。案发后，广东飞龙人去楼空，被告人张朝晖被抓获归案。

成都市人民检察院诉称，成都联益以原告身份经该院向广东飞龙和广东证券有限公司提出刑事附带民事诉讼，要求二被告赔偿原告直接经济损失1.6亿元人民币。张朝晖的行为则已构成合同诈骗罪，应依法追究其刑事责任。①

用单位犯罪理论分析上述案例。

① 《成都联益案昨开庭原告索赔1.6亿》，http://www.dayoo.com/gb/content/2001-01/22/content_61406.htm。

第八章 主观罪过

第一节 主观罪过概述

主观罪过，亦称犯罪主观要件或罪过，是指行为人对自己的危害社会的行为及其危害社会的结果所抱的故意或过失的心理态度。广义的主观罪过，“是指行为主体实施犯罪行为时，对其行为引起的危害社会的结果所持的主观心理态度”①，包括故意、过失以及动机和目的。犯罪的主观罪过和犯罪的客观方面是犯罪构成的两个相互联系的方面。主观罪过属于行为人的内在心理因素，客观方面是行为的外在表现。没有罪过就没有刑事责任，罪过的形式不同，反映出的人的主观恶性也不同，在法律后果上，施与的刑罚就不同。但是，我们要分析的主观方面是与危害社会的行为和结果密切相联的，单纯的主观活动不属于本书的研究范围。

主观罪过的内容是通过意识因素与意志因素的不同组合构成的故意和过失体现出来的。意识因素一般包括主体的意识内容、程度和认识能力，意志因素一般包括主体的意志态度和意志努力。意识因素和意志因素的组合，形成了犯罪主观方面的直接故意、间接故意、疏忽大意的过失和过于自信的过失四种基本形态。

关于犯罪主观罪过的称谓，大陆法系的德国、日本用责任条件或责任形式说明犯罪主体的心理态度，法国称为心理因素，英美法系则用犯意加以概括。②

---

① 刘艳红主编：《刑法学总论》（第二版），北京大学出版社 2006 年版，第 112 页。

② 参见高铭暄：《刑法学原理》（第二卷），中国人民大学出版社 1993 年版，第 2 页。

案例

（一）简要案情

被告人王某于某日晚9时许与两名青年一起逛街，遇上另外两名青年，双方因喊外号发生口角，发展为抓扯、打斗。双方打斗到某学校门前，王某一方见对方二人跑进教学楼通道内（通道内未开灯），便用砖头向内掷打，对方也在通道内用砖头向外掷打。这时，该校校长余某闻声赶来制止，正走到楼道内（被告一方看不见），被王某掷向对方的一块砖头击中头部而负重伤。

试问：应当怎样认定王某的主观罪过？为什么？①

（二）思考方向

王某是否实施了危害行为？王某的危害行为是在什么样的心理支配下实施的？王某是否具有主观罪过？

（三）法律规定

《中华人民共和国刑法》第14条 明知自己的行为会发生危害社会的结果，并且希望或者放任这种结果发生，因而构成犯罪的，是故意犯罪。

故意犯罪，应当负刑事责任。

《中华人民共和国刑法》第15条 应当预见自己的行为可能发生危害社会的结果，因为疏忽大意而没有预见，或者已经预见而轻信能够避免，以致发生这种结果的，是过失犯罪。

过失犯罪，法律有规定的才负刑事责任。

（四）学理分析

任何犯罪都是基于一定的罪过心理而实施的，仅有客观上的损害，没有

① 刘艳红主编：《刑法学总论》（第二版），北京大学出版社2006年版，第142页。

罪过心理则不构成犯罪。客观上造成了同样的危害结果，主观上并不一定具有相同的罪过。考察主观罪过是确定行为人刑事责任的重要内容。主观罪过首先是犯罪人的一种心理状态，但该种心理状态只有在支配行为人实施了危害行为时才是罪过。所以，分析主观罪过要从导致危害结果的原因入手，分析原因行为中行为人的罪过形态。本案的危害结果是无辜的校长被砖头击中头部负重伤，造成该重伤的原因是王某投掷砖头的行为。那么，评价王某的主观罪过，就是要综合王某投掷砖头时的意识状态和意志状态来判断王某的主观罪过。从意识状态分析，王某投掷砖头时并没有看到被害人，但是，王某知道黑暗的楼道内是有人的，即与王某一方发生打斗的另外两名青年。从王某投掷的行为看，他也明知自己使用的是可以致人受伤的手段。从意志状态上看，王某因打斗而向黑暗的通道内投掷砖头，这种明知里面有人还向有人方向投掷砖头的行为，反映了其放任砖头砸到里面人的主观意志。也就是说，如果王某因投掷砖头而砸中与之打斗的两名青年，认定其具有（间接）故意的主观罪过是没有疑义的。那么，王某因投掷砖头而砸中无辜的校长，是否影响了其主观罪过的认定呢？综合本案我们可以发现，不论是王某的意识内容还是意志内容都存在着不确定因素，即王某对黑暗的通道中有人是明知的，但人在什么位置是不确定的；王某向黑暗的通道中投掷砖头是意志支配下的主动行为，但砖头是否能打到人是不确定。此时，王某的主观罪过就可以抽象为“明知向黑暗的通道投掷砖头会砸到人，还放任这种结果发生”。因此，王某放任的伤害他人的结果，不仅仅是针对与之打斗的青年，而是在那个环境中的任何人，可以认定王某对被害人受到的伤害具有主观上的罪过。

第二节　犯罪故意

犯罪故意是指行为人明知自己的行为会发生危害社会的结果，并且希望或者放任这种结果发生的主观心理态度。犯罪故意的心理形式由意识因素和意志因素构成。

关于犯罪故意的意识因素，概括来说，是对自己的行为会发生危害社会的结果的认识。此处的危害结果“实际上包括现象特征与实质特征。现象特征指结果事实本身，实质特征指结果的社会属性。现象特征是实质特征的基础，只要认识到结果本身，才可进而认识结果的属性”。[①] 对结果事实的认识包括：说明行为特征的事实，包括行为的性质、行为的方式、行为的手段、行为的时间、行为的地点；说明行为结果的事实；说明行为与结果间因果关系的特征；说明犯罪客体的事实。对结果性质的认识包括：社会危害意识；违法意识。

犯罪故意的意志就是决定行为人犯罪行为方向、方式、控制犯罪行为的心理过程。意志因素是犯罪故意成立的标志，是构成犯罪故意的核心。“犯罪故意的意志因素可以分为两项内容：一为意志态度，即行为人对其行为造成的结果所产生的希望或放任的态度；二为意志努力，即行为人积极选择犯罪方式，自觉实施危害社会行为。”[②]

根据犯罪故意意志态度的不同，犯罪故意分为直接故意和间接故意。直接故意是指行为人明知自己的行为必然或者可能发生危害社会的结果，并且希望这种结果发生的心理态度。间接故意是指行为人明知自己的行为可能发生危害社会的结果，并且放任这种结果发生的心理态度。“由于间接故意是以危害结果可能发生为前提的，因此，在刑法理论上也把间接故意称为可能故意。”[③]

案例一

（一）简要案情

被告人：王茂蒋，男，39岁，湖南会同县青朗乡七溪村人。

据王茂蒋交待，他与陈善飞合伙经营小食店觉得老是受气，且陈欠了他400元钱一直不给，他遂想到了报复。2003年5月20日凌晨2时，他睡觉起来从行李中拿出从家里带出来的毒鼠强，分别倒入小食店里装有食盐、味精的小盆里。中午12时，一名食客因中毒严重已不省人事，口吐白沫翻倒在地；另有二十多名食客也出现不同程度的头晕、浑身打战的症状。警方立即封锁现场，同时将中毒者送往龙华人民医

---

① 高铭暄：《刑法学原理》（第二卷），中国人民大学出版社1993年版，第17页。
② 同上书，第42页。
③ 陈兴良：《刑法哲学》，中国政法大学出版社1992年版，第167页。

院。经现场确认,共有23名中毒者被送入医院,其中一人是该店店主陈善飞。据了解,店主是在做菜时试菜尝汤而中毒的,另外22名中毒人员均为小食店的食客。①

(二)思考方向

直接故意是指行为人明知自己的行为必然或者可能发生危害社会的结果,并且希望这种结果发生的心理态度。与间接故意不同的是,直接故意犯罪的行为人在对自己行为的认识上更明确,能认识到行为导致结果发生的必然性,并且采取一定的措施积极促成危害结果的发生。

(三)法律规定

《中华人民共和国刑法》第14条 明知自己的行为会发生危害社会的结果,并且希望或者放任这种结果发生,因而构成犯罪的,是故意犯罪。

故意犯罪,应当负刑事责任。

《中华人民共和国刑法》第115条 放火、决水、爆炸以及投放毒害性、放射性、传染病病原体等物质或者以其他危险方法致人重伤、死亡或者使公私财产遭受重大损失的,处10年以上有期徒刑、无期徒刑或者死刑。

(四)学理分析

直接故意和间接故意是犯罪故意的两种形态。二者在意识状态上虽然都明知自己的行为会发生危害社会的结果,但是,仍然存在差别。在直接故意的形态中,行为人在对自己行为导致危害社会结果的发生上具有更高的确信度,是对结果发生必然性的清醒认识。在意志状态上,直接故意的行为人是希望该危害结果发生,通常行为人会采取积极行动,促使危害结果的发生。在本案中,被告人与合伙经营小食店的人产生矛盾,意图报复。可见,被告人在实施危害行为前是有预谋、有目的的。在具体行为的实施中,他将

① 《深圳发生恶意投毒事件,毒鼠强放倒23名食客》,http://news.sohu.com/99/74/news209447499.shtml。

从家里带出来的毒鼠强，分别倒入小食店里装有食盐、味精的小盆里。表明他不仅对自己的行为性质在认识上是明确的，而且表明他是积极追求他人中毒的结果发生，完全符合直接故意的特征。在具体罪名的确定上，由于被告人将毒鼠强掺入小食店的食盐和味精中，而他是明知小食店会有很多人就餐，因此，是针对不特定多数人实施的危害行为，应当认定为投毒罪。

（五）自测案例

被告人罗天定、蔡兵（在逃）为了打手机而不交话费，某年10月2日，罗天定持捡到的身份证复印件到全南县移动通信公司办理了两张手机卡，然后将这两张手机卡交由蔡兵在广州使用。同年10月5日，罗天定持两张伪造的身份证复印件再次到全南县移动通信公司办理了两张手机卡，其中一张手机卡交由蔡兵使用，另一张手机卡则留作自用。罗天定办理的4张手机卡到当年12月份止，总计话费达人民币11487.54元，至今分文未付，其中罗天定使用的手机卡话费为人民币1141.14元。

法院经审理认为，被告人罗天定伙同他人采用隐瞒真相的方法，诈骗移动电话费，数额较大，其行为构成了诈骗罪，判处被告人罗天定有期徒刑6个月，并处罚金人民币3000元。①

根据刑法原理对本案行为人的主观方面作出分析。

案例二

（一）简要案情

被告人：高某某，女，山西柳林县李家湾圪垛村小学临时工。

2003年7月8日下午2时10分许，柳林县李家湾圪垛村小学一小学生突然出现中毒症状，其后，有多人相继出现中毒，至晚上12时，全校234名学生有78人被送到了吕梁地区医院。以后的两天内又有6名学生出现中毒反应，至此，圪垛小学在这次事件中共有84人不同程度中毒。

---

① 资料来源于《人民法院报》2000年10月17日。

中毒事件发生后，柳林县公安局及时成立“7·8”专案组。在圪垛小学做饭、送水的临时工高某某和她丈夫被列为重大嫌疑人。7月13日，高某某交待了其毒鼠强如何“进”入保温桶的经过：7月8日7时许，高某某和往常一样，早早来到圪垛小学，生着炉火。9时许，高某某将煮沸的第一锅开水送到三个办公室和个别教室，剩余的水加入放在校园西侧水泥乒乓球台上的保温桶里。10时许，高回自己家做饭，11时，从家中拿了些面、菜来到学校，并把放在自家柜顶上的半包毒鼠强装在裤兜里带来(据高供认，她拿鼠药是为了药死学校厨房的老鼠)，她将鼠药放在靠近锅台的一个小桌子上后，开始做饭。桌子旁边放着一个盛着开水的水桶。11时50分许，老师们开始吃饭。下午1时许，高某某洗锅收拾。她用水勺从水桶里舀了一勺水倒在煤上和煤泥。回到厨房时，高发现锅台上的鼠药掉进了水桶里。她伸手从水桶中捞出鼠药袋，随手把袋子塞在墙缝里，然后用煤泥将炉火焖住，把水桶内含有毒鼠强的水倒进了乒乓球台上的保温桶里。①

(二) 思考方向

行为人对自己行为及其结果的认识状态，在一定程度上也影响着对行为人主观心态的判断。在我国刑法中，法律以“明知”“会发生”来表述认识的程度。我国刑法理论的通说认为法律规定的含义包括两种情形：一是认识到自己行为必然发生危害社会的结果，一是认识到自己的行为可能发生危害社会的结果。也有学者认为应当表述为一定发生和可能发生。对行为人的认识状态作出准确判断，有助于正确判断行为人的意志状态，从而准确定性。在上述案例中，行为人的意志状态并不十分明确，需要对其认识状态作出分析。

① 改编自《临时工烧开水闯大祸　毒鼠强掉进学校开水桶》，http://news.sohu.com/69/24/news211642469.shtml。

（三）法律规定

《中华人民共和国刑法》第14条 明知自己的行为会发生危害社会的结果，并且希望或者放任这种结果发生，因而构成犯罪的，是故意犯罪。

故意犯罪，应当负刑事责任。

《中华人民共和国刑法》第115条 放火、决水、爆炸以及投放毒害性、放射性、传染病病原体等物质或者以其他危险方法致人重伤、死亡或者使公私财产遭受重大损失的，处10年以上有期徒刑、无期徒刑或者死刑。

（四）学理分析

犯罪故意的认识程度是在肯定会发生危害社会的结果的基础上，表现为一定会发生和可能会发生两种情形。故意的认识程度与客观实际的发展过程可能并不一致，即行为人认为一定会发生的危害结果，实践中可能没有发生。所以，故意的认识程度应以行为人的主观认识为准。在本案中，被告人对其行为在主观上有什么认识呢？被告人供述，她拿鼠药是为了药死学校厨房的老鼠，说明她对鼠药的性质是认识明确的。因此，可以说她明知鼠药如果被人服用会造成中毒的后果。那么，当她不慎将鼠药掉进了水桶里后，她仅仅是伸手从水桶中捞出鼠药袋，而仍旧将水桶内含有毒鼠强的水倒进了乒乓球台上保温桶里。应当认定她此时不存在疏忽大意，因为她知道毒鼠强掉进了水桶，并且赶紧捞出来。根据她的表现，也无法认定其具有过于自信的过失，因为她除了将毒鼠强捞出之外，并没有采取任何进一步的措施来减少水中的药性或者倒掉水，也就是说，她没有可以支持自信不会造成学生中毒的理由，因此，其主观心态只能被认定是放任，即她并不是积极追求学生中毒的结果，但是，对学生因自己的行为可能中毒的结果也听之任之。对于被告人的行为，可以根据我国《刑法》第115条定罪量刑。

（五）自测案例

刘某，男，28岁。刘某为报复与其分手的女友，自制了炸药包。某日约女友在一商场见面，因女友态度坚决，遂引爆炸药，不仅炸伤女友，而且炸伤周围顾客及商场设施。

试分析本案行为人的主观方面。

第三节 犯罪过失

犯罪过失是指行为人应当预见自己的行为可能发生危害社会的结果，因为疏忽大意而没有预见，或者已经预见而轻信能够避免的一种心理态度。

在意识因素上，行为人应当预见自己行为可能发生危害社会的后果，因为疏忽大意没有预见或已经预见而轻信能够避免。在过失犯罪中，意识因素包括两种情况：一种是行为人根本没有认识到自己行为会发生的危害结果。在此意义上，这种过失被称为"无认识过失"。"无认识过失"并不是对任何事实都没有认识，只是没有认识到会发生危害结果。另一种是行为人虽然认识到发生危害结果的可能性，但认为自己可以避免这种结果的发生。行为人在实施行为时，已经预见到行为发展的多种可能性，其中包括发生危害结果的危险。但是，行为人同时也注意到避免危害结果的有利条件。在"无认识过失"中，关于如何确定"应当预见"，有客观说、主观说和折衷说。外国学者的折衷说是以客观说为主，以主观说为辅，原则上采用客观说认定行为人的认识能力，当行为人的认识能力超过普通人时，应以客观标准为根据；当行为人的认识能力不及普通人时，则以主观标准为根据。我国学者有的认为应以主观说为主，以客观说为参考。

在意志因素上，行为人对危害结果的发生持否定态度。

过失分为疏忽大意的过失和过于自信的过失。疏忽大意的过失必须具备的三个条件是：没有预见；应当预见；没有预见的原因是未尽注意义务。过于自信的过失的两个条件是：已经预见；轻信所预见的结果能够避免。

过于自信的过失与间接故意的区别是刑法上的难点。通常认为，二者的主要差异在于意志因素。过于自信的过失的行为人对危害结果的发生持反对、否定态度，只是认为所凭借的一定的主客观条件不会导致危害结果的发生，行为人并不希望危害结果的发生；而间接故意的行为人对结果的发生与否漠不关心，采取听之任之、自觉容忍的放任态度，行为人不存在可以避免危害结果发生的条件或者行为人没有顾及这些条件的存在与否。

案例一

（一）简要案情

1994年7月19日晚8时许，原审被告人陈孙铭与其他5人在泉州市南方舞厅喝酒，陈孙铭喝了数罐“蓝带”啤酒。次日凌晨2时许，陈孙铭以每小时80公里以上的车速驾驶一辆无牌证的铃木250C摩托车返回晋江市，途径泉州市顺济桥收费站。泉州市顺济桥收费站设各宽6.8米的东、西两条车道，在两条车道的中间和两个外侧，顺车道设有南北长32米的三条检查区，每条检查区的南北两端设有检票亭。当晚，有数名武警战士和收费站工作人员正在顺济桥收费站检查走私车辆。陈孙铭由北向南驶近收费站时，发现顺行站口有人查车，因害怕所骑的无牌证摩托车被查扣，欲从当时无人无车的东边逆行车道上强行通过。摩托车行驶到距离收费站北端还有45米时，收费站工作人员发现陈要冲关，即高声呼喊并示意其停车。陈没有停车，仍以每小时80公里以上的速度逆行从东边车道冲过北端检票亭。当摩托车行驶到距南端检票亭还有约20米时，站在西边车道南端顺行出口处外侧检票亭附近的武警战士游希良等人听到喊声，从该处向东边车道跑去，准备拦截闯关的陈孙铭。游向东跑出大约10余米，即在收费站南端检票亭外约2米、东边车道顺行入口处的中间与逆行高速驶来的摩托车相撞。陈孙铭与摩托车一起倒地滑出三十多米，陈当即昏迷。游希良被摩托车撞击后又被向南拖了十余米，撞在路边的防护栏上后又弹回路中。游希良被送往医院抢救无效，于凌晨3时许死亡。经法医鉴定，游希良系被钝物碰撞致全身多处软组织损伤，颅底骨折出血，左腿大股骨、左腔腓骨粉碎性骨折，引起休克死亡。

本案原由福建省泉州市中级人民法院于1996年9月24日作出一审判决：陈孙铭犯以驾车的危险方法致人伤亡罪，判处死刑，剥夺政治权利终身。福建省高级人民法院于1997年5月30日作出终审判决：撤销泉州市中级人民法院的刑事判决；对陈孙铭以交通肇事罪，判处有期徒刑7年。

最高人民检察院认为，原审被告人陈孙铭的行为已构成故意杀人罪，福建省高级人民法院对陈孙铭的判决定性不准，量刑畸轻。理由是：

(1) 原审被告人陈孙铭明知收费站有执勤人员检查，为逃避检查，拐往逆行车道，加大车速强行冲关，致使前方执行检查任务的武警战士游希良被撞致死。陈孙铭明知自己的行为可能会造成被害人死亡的危害后果，但却采取了放任的态度，致使被害人被撞致死的结果发生。其行为已构成故意杀人罪。因此，福建省高级人民法院以交通肇事罪定性是错误的。

(2) 原审被告人陈孙铭的行为造成的后果严重，影响恶劣，应依法予以严惩。①

(二) 思考方向

间接故意与过失在司法实践中容易发生混淆。在评价意识因素时，如果对行为及其后果应当预见而没有预见，可以认定为疏忽大意的过失；如果对行为及其后果有预见，则通过对意志因素的分析来区分故意与过失。上述案例中，对行为人的预见状态存在不同认识，因而产生了不同的判断。

(三) 法律规定(本案适用1979年刑法条文)

1979年《中华人民共和国刑法》第11条 明知自己的行为会发生危害社会的结果，并且希望或者放任这种结果发生，因而构成犯罪的，是故意犯罪。

故意犯罪，应当负刑事责任。

1979年《中华人民共和国刑法》第12条 应当预见自己的行为可能发生危害社会的结果，因为疏忽大意而没有预见，或者已经预见而轻信能够避免，以致发生这种结果的，是过失犯罪。

过失犯罪，法律有规定的才负刑事责任。

1979年《中华人民共和国刑法》第106条 放火、决水、爆炸、投毒或者

① 《陈孙铭交通肇事抗诉案》，http://www. court. gov. cn/popular/200304010049. htm。

以其他危险方法致人重伤、死亡或者使公私财产遭受重大损失的,处10年以上有期徒刑、无期徒刑或者死刑。

过失犯前款罪的,处7年以下有期徒刑或者拘役。

1979年《中华人民共和国刑法》第113条 从事交通运输的人员违反规章制度,因而发生重大事故,致人重伤、死亡或者使公私财产遭受重大损失的,处3年以下有期徒刑或者拘役;情节特别恶劣的,处3年以上7年以下有期徒刑。

非交通运输人员犯前款罪的,依照前款规定处罚。

(四)学理分析

间接故意是指行为人明知自己的行为可能发生危害社会的结果,并且放任这种结果发生的心理态度。犯罪过失是指行为人应当预见自己的行为可能发生危害社会的结果,因为疏忽大意而没有预见,或者已经预见而轻信能够避免,以致发生了危害社会的结果的心理态度。过失分为疏忽大意的过失和过于自信的过失。疏忽大意的过失是指行为人应当预见自己的行为可能发生危害社会的结果,因为疏忽大意而没有预见,以致发生了这种结果的心理态度。过于自信的过失是指行为人预见到自己的行为可能发生危害社会的结果,但轻信能够避免,以致发生了危害社会的结果的心理态度。区分间接故意和过失,可以从意识因素和意志因素两个方面来考察。从意识角度考察,如果行为人对自己的行为可能发生的危害社会的结果有预见,就可能构成间接故意或过于自信的过失,而不能构成疏忽大意的过失。在同样对行为和结果有预见的情况下,从意志因素上进行考察。如果行为人根本不考虑可能防止危害结果发生的因素,而是放任自己的行为,因而产生危害结果的,构成间接故意。如果对自己行为可能产生的危害结果轻信可以避免,则构成过于自信的过失。

对于本案的定性,最高人民检察院认为,陈孙铭明知自己的行为可能会造成被害人死亡的危害后果,但却采取了放任的态度,致使被害人被撞致死的结果发生。所以其行为已构成故意杀人罪。最高人民法院在审理中,经向公安交通管理部门咨询,表明:驾驶员从发现需要停车的情况后,到制动停车,一般约需时间2秒钟。正常人的反应能力参数为1.25秒,即发现前方有目标反映到大脑需0.5秒,从大脑反应到手、脚并采取制动措施需0.75秒。这只是个参数,还要受技术熟练程度、反应能力大小等因素影响。如果喝过酒，反应能力相对迟钝。案发时，执勤的武警战士和收费站的工作人员都站在检票亭台阶上，被告人陈孙铭为逃避检查，拟从当时无人无车的东边逆行车道强行通过。游希良是在听到喊声后从10余米外跑向被撞地点。此时，陈孙铭正驾驶着高速行驶的摩托车，注意力集中在前方，加上收费站内检票亭的遮挡，视线广角相对狭窄，陈无法看见游希良的活动情况。收费站工作人员示意被告人陈孙铭停车时，摩托车距离该站北口有45米。顺济桥收费站全长32米。被害人游希良被撞点距离该站南口外2米。三段距离相加，共计79米。当时，陈孙铭驾驶的摩托车车速为每小时80公里以上。即使按每小时80公里的车速计算，每秒钟应行驶22米，通过79米的路程所需时间为3.5秒。该收费站每个机动车道口宽6.8米，撞击点位于东边道口中间，距离路边3.4米。游希良从西边车道的外侧越过西边车道到东边车道的中间，最小距离为10.2米。按照正常人的跑步速度，游希良跑完这段距离所需时间为2秒。如果以收费站工作人员喊停车时为起点，当游希良跑到被撞点时，陈孙铭距此仅有1.5秒的行驶路程。在此情况下，即使陈孙铭发现游希良后就采取制动措施，相撞也是不可避免的。如果再考虑到陈孙铭当晚喝了酒，反应能力减弱，反应时间相对要延长，如果考虑到游希良并不是一听到喊声就向被撞点跑等因素，则陈孙铭的制动反应距离就更短，相撞更不可避免。① 可见，本案的关键是被告人陈孙铭对高速驾驶摩托车冲关时将游希良撞死的严重后果，在主观上是持放任的态度，还是持应当预见而没有预见或轻信能够避免的过失态度。从当时的具体情况分析，可以认定：被告人陈孙铭实施从当时无人无车的逆行车道上冲关的行为是故意的，其故意的内容是为了逃避检查和扣车；陈孙铭当时无法预料到游希良会突然出现在逆行车道上进行拦截，在他发现后，车速和距离已经决定了相撞是不可避免的。因此，无法认定陈孙铭对发生将游希良撞死的严重后果事先在主观上持有明知或者放任的心理态度。所以，认定陈孙铭过失犯罪是正确的。

（五）自测案例

被告人胡斌于2009年5月7日晚驾驶非法改装车辆，从杭州市机场路

---

① 《驾车致人死亡的行为如何定罪》，http://www.dfjc.gov.cn/showcourse.asp?id=10。

出发前往西城广场看电影，与同伴严重超速行驶，时有互相追赶。20时8分许，当行驶至文二西路德加公寓西区大门口人行横道时，撞上正在人行横道上行走的男青年谭卓，造成谭卓颅脑损伤死亡。事发路段限速为50公里/小时。经公安机关现场勘查、委托鉴定，胡斌事发时车速为84.1—101.2公里/小时，对事故负全责。①

根据刑法原理对本案作出分析。

案例二

（一）简要案情

被告人王征宇：男，27岁，汉族，原系上海市平安保险公司宝山分公司驾驶员。因涉嫌犯危害公共安全罪，于1996年6月27日被逮捕。

1996年7月5日，上海市人民检察院第二分院以被告人王征宇犯故意杀人罪，向上海市第二中级人民法院提起公诉。

上海市第二中级人民法院经公开审理查明：

1996年6月17日晚，上海市崇明县公安局组织部分干警及联防队员沿县内交通干道陈海公路设若干关卡检查过往车辆。18日零时50分许，被告人王征宇驾驶牌号为沪A-2132的桑塔纳轿车沿陈海公路自东向西高速驶向高石桥路段。站在该路段机动车道的执勤民警示意王征宇停车接受检查，王征宇为急于赶路没有停车，以每小时100公里左右的速度继续向前行驶。由于二位民警躲闪，未造成人员伤亡。此后，王征宇又以同样的速度连续闯过大同路、侯家镇两个关卡，继续向西行驶。在建设路口执行公务的公安干警得知此情况后，即用摩托车、长凳、椅子等物设置路障准备拦截王的车辆，执行公务的人员分别站在路障之间的空当处。其中，民警陆卫涛站在该路段北侧非机动车道接近人行道处。执勤民警让一辆接受检查的出租车驾驶员打开车前大灯，照亮设置的路障和站在路障中间的执行公务人员。王征宇驶近并看到这一情况后，仍拒不接受公安人员的停车指令，驾车冲向路障，致使汽车

① 资料来源：http://www.infzm.com/content/31736。

撞到陆卫涛并将陆铲上车盖，汽车左侧挡风玻璃被撞碎。王征宇撞人后先踩一脚急刹车，但未停车救人，反而立即加速逃离现场。陆卫涛被撞翻滚过车顶坠落于距撞击点20米处，致颅脑损伤抢救无效死亡。王征宇行至新村乡界河码头时，被公安人员抓获。

上海市第二中级人民法院认为：被告人王征宇拒不服从公安人员的停车检查指令，强行闯过公安机关设置的高石桥、大同路、侯家镇、建设路等数处车辆检查关卡，并在建设路口将正在执行公务的民警陆卫涛撞击致死。其撞人后，继续驾车高速闯过城桥镇路口、港东路两关卡后逃逸。王征宇的行为构成以驾车冲闯的危险方法危害公共安全罪。上海市人民检察院第二分院指控被告人王征宇的犯罪事实清楚，证据确凿，但指控的罪名不当。

上海市第二中级人民法院根据1979年《中华人民共和国刑法》第106条第1款、第53条第1款的规定，于1997年1月31日判决如下：

被告人王征宇犯以驾车冲闯的危险方法危害公共安全罪，判处死刑，剥夺政治权利终身。

一审宣判后，被告人王征宇不服，以没有驾车撞人及危害公共安全的故意，驾车撞死民警是过失所致，其行为构成交通肇事罪为由上诉于上海市高级人民法院。

上海市高级人民法院经审理认为：一审判决认定的犯罪事实清楚，证据确实、充分，审判程序合法，但对王征宇的定罪不当。王征宇为逃避公安机关车辆检查，驾车连续高速冲闯公安机关设置的数处关卡，在建设路口驾车冲向执行公务的公安人员，置他人生命于不顾，将公安人员陆卫涛冲撞翻过车顶，仍继续高速驾车强行闯过关卡，致使陆被撞击坠地后造成颅脑损伤死亡。对这种结果的发生。王征宇持放任态度，其行为已构成故意杀人罪。依法应予严惩。

上海市高级人民法院依照《中华人民共和国刑法》第12条、1979年《中华人民共和国刑法》第132条、第53条第1款和《中华人民共和国刑事诉讼法》第189条第一、二项的规定，于1998年8月24日判决如下：

(1) 驳回王征宇的上诉;

(2) 撤销上海市第二中级人民法院一审刑事判决对被告人王征宇的定罪部分;

(3) 上诉人(原审被告人)王征宇犯故意杀人罪,判处死刑,剥夺政治权利终身。①

(二) 思考方向

以驾车撞人的危险方法危害公共安全的行为与以驾车撞人的方法故意杀人行为,以及交通肇事行为三种行为在实践中往往存在相似之处,容易混淆。上述案例在定性上就存在这样的争议。对上述案例如何定性,需要认真分析行为人的主观方面。

(三) 法律规定(本案适用1979年刑法条文)

1979年《中华人民共和国刑法》第11条 明知自己的行为会发生危害社会的结果,并且希望或者放任这种结果发生,因而构成犯罪的,是故意犯罪。

故意犯罪,应当负刑事责任。

1979年《中华人民共和国刑法》第12条 应当预见自己的行为可能发生危害社会的结果,因为疏忽大意而没有预见,或者已经预见而轻信能够避免,以致发生这种结果的,是过失犯罪。

过失犯罪,法律有规定的才负刑事责任。

1979年《中华人民共和国刑法》第106条 放火、决水、爆炸或者以其他危险方法致人重伤、死亡或者使公私财产遭受重大损失的,处10年以上有期徒刑、无期徒刑或者死刑。

1979年《中华人民共和国刑法》第113条 从事交通运输的人员违反规章制度,因而发生重大事故,致人重伤、死亡或者使公私财产遭受重大损失的,处3年以下有期徒刑或者拘役;情节特别恶劣的,处3年以上7年以下有

① 《驾车致人死亡的行为如何定罪》,http://www.dfjc.gov.cn/showcourse.asp? id=10。

期徒刑。

（四）学理分析

以危险方法危害公共安全罪，是指使用除放火、决水、爆炸、投毒以外的其他危险方法，造成或者足以造成不特定多数人的伤亡或者公私财产重大损失，危害公共安全的行为。使用驾车撞人的方法危害公共安全是一种具体的表现形式。区分本罪与用驾车撞人的方法故意杀人罪，主要应从犯罪侵犯的客体及犯罪的主观方面来把握。前者侵犯的客体是不特定多数人的生命、健康或者公私财产的安全，且在主观上出于故意。而后者侵犯的客体是特定人员的生命权利。本案被告人王征宇高速驾车冲闯关卡的目的是为逃避公安人员的检查，而不是为危害不特定多数人的人身、健康或公私财产的安全。交通肇事罪是过失犯罪，即行为人违反交通运输法规，应当预见到自己的行为可能发生危害社会的结果，因疏忽大意而没有预见或者轻信能够避免。前两种故意犯罪的区别主要在行为人的主观目的不同，行为针对的对象不同。而前两种故意犯罪与交通肇事罪的区别主要在于主观态度不同，交通肇事罪只能由过失构成。

从本案案情来看，被告人王征宇驾车冲撞执行公务的人员，在主观上根本不是过失的心态。当时，执勤民警让一辆接受检查的出租车驾驶员打开车前大灯，照亮设置的路障和站在路障中间的执行公务人员。王征宇驶近并看到这一情况后，仍拒不接受公安人员的停车指令，驾车冲向路障，致使汽车撞到陆卫涛并将陆铲上车盖。王征宇撞人后先踩一脚急刹车，但未停车救人，反而立即加速逃离现场。说明当时被告人对现场的情况是清楚的，对自己的行为及可能产生的后果也是清楚的，即使不能肯定其存在直接故意的杀人目的，认定其对他人死亡持放任态度是没有疑问的。由于被告人针对的对象是特定的个人，并非不特定多数人。王明知建设路口机动车道设有路障及站在路障中间的许多执行公务人员在拦截自己，却没有直接冲向机动车道的路障，而是转向北侧非机动车道。说明他不希望也未放任发生危害多数人人身安全的后果。可见。其主观上不具有危害公共安全的故意，故不应以危害公共安全罪定罪。但是，王征宇明知公安人员陆卫涛站在北侧非机动车道拦截自己，如果继续驾车冲闯可能会造成陆伤亡结果的发生，仍为逃避检查，拒不停车，放任可能发生的后果，强行向陆所站的位置冲闯,致陆被撞击后死亡。对这种结果的发生,王征宇持放任态度。王征宇主观上具有间接杀人的故意,客观上造成了陆死亡的结果,其行为符合间接故意杀人罪的特征,故应对其以故意杀人罪定罪。

本案二审期间,1997 年修订的《刑法》已经公布施行,由于新旧刑法关于故意杀人罪的法定刑相同,二审法院仍适用 1979 年《刑法》对王征宇定罪处刑,是符合 1997 年修订的《刑法》第 12 条第 1 款的规定的。

(五)自测案例

郭某,男,63 岁,退休老工人。郭某原在某国营厂当钳工多年,工作一贯积极、认真负责,多次受领导表扬。退休后仍留在原厂看仓库,住在仓库旁边一间小屋里。在看管仓库期间,他曾几次发现仓库被盗,损失约值千余元的财物,均未破获。某日晚九时左右,忽听房后的草堆里有响声,他认为可能又是坏人来偷东西藏在草堆里边,就顺手抄起一根铁棍注视着动静。但当天夜晚比较黑,忽然,隐隐约约看到草堆动了,逐渐向上拱起,露出了一个人头,他想可发现了坏人,绝不能叫他跑掉!于是举起铁棍朝那人头部击了一下,结果发现被打的是一个小孩(男,8 岁)。原来是几个孩子在草堆里玩捉迷藏游戏。郭赶紧抱孩子送医院,并向厂领导交待了上述事实。小孩虽经医院抢救脱险,但造成严重脑震荡,致终身残废。

试分析本案行为人的主观心态。

第四节 意外事件与不可抗力

行为虽然在客观上造成了损害结果,但不是出于行为人的故意或者过失,而是由于不能预见的原因所引起的,不认为是犯罪。这就是刑法上所称的意外事件。不能预见,就是在行为实施时客观上不可能预见,或者根据行为人本身的状况,不可能在当时的情况下对损害结果预见。意外事件的特征在于行为人切实履行了注意义务,也无法预见其行为的危害结果。

行为虽然在客观上造成了损害结果,但不是出于故意或过失,而是由于不能抗拒的原因所引起的,是不可抗力。在不可抗力的情形中,行为人可能认识到会发生损害结果,但行为人无力排除或阻止损害发生,所以不能归罪于行为人。

案例一

（一）简要案情

被告人：张宏军，男，50岁，湖南省张家界人，张家界国家森林公园营林科养路工班职工。

张家界国家森林公园营林科养路工班在森林公园播种了玉米，因山上老鼠和野猪多次刨食，工班已补种两次。1996年6月10日下午，被告人张宏军在进行第三次补种时，携带自己炒制的有毒玉米撒在靠山林一侧的玉米地里，以防老鼠和野猪。收工前，张宏军向临时雇请的守猴员李胜材（案发后不知去向）反复交代："我在地里撒药了，不要让猴子进地。如果猴子毒死了，我要坐牢，你也脱不了干系。"6月12日上午8时许，在被撒药的玉米地里及附近发现中毒死亡的猕猴23只，受伤1只，7只幼猴失去母乳喂养。

武陵源区人民法院经公开审理认为，被告人张宏军以保护集体播种的玉米为目的，将拌有毒药的玉米撒在耕种地里，他已经预见到猕猴可能来该地捡食有毒玉米而被毒死，但以为自己反复交代了守猴员不让猴子进地，轻信守猴员能守住猴子而避免危害后果的发生，结果造成猕猴中毒死亡23只，中毒受伤1只，7只幼猕猴失去母乳喂养的严重后果，张宏军的行为构成过失投毒罪。鉴于案发后张宏军的认罪态度好，结合本案的具体情节和张宏军的一贯表现良好，可以酌情从轻处罚，并可适用缓刑。该院依照1979年《中华人民共和国刑法》第106条第2款、第67条第1款、第68条第2款的规定，于1996年12月2日作出刑事判决如下：被告人张宏军犯过失投毒罪，判处有期徒刑2年，缓刑3年。①

（二）思考方向

在本案中，中毒死亡猕猴23只，受伤1只，7只幼猴失去母乳喂养的事

---

①　最高人民法院、中国应用法学研究所：《人民法院案例选》1998年第一辑（总第23辑），中国法制出版社1998年版，第1—4页。

实是客观存在的。那么，对于如此严重的后果，到底应当由谁来承担刑事责任呢？被告人张宏军应当负什么责任，守猴员应当负什么责任呢？

（三）法律规定

《中华人民共和国刑法》第16条 行为在客观上虽然造成了损害结果，但是不是出于故意或者过失，而是由于不能抗拒或者不能预见的原因所引起的，不是犯罪。

（四）学理分析

在本案的审理中，一种意见认为，被告人张宏军的行为所侵犯的客体是国家对珍贵野生动物的保护制度，犯罪的对象是国家二级保护的珍贵野生动物猕猴。而被告人张宏军投放毒物又是故意的，他明知投放毒物可能会把国家保护的野生动物猕猴毒死，但他仍然这样做。因此，张宏军的行为应定非法捕杀珍贵野生动物罪。另一种意见认为，被告人张宏军的行为应定过失投毒罪。武陵源区人民法院采纳了这种意见。

笔者认为上述意见并不正确。张宏军投放毒物确实是故意的，但是他投放毒物并不是为了毒杀猕猴，而是毒老鼠和野猪。他知道可能会把国家保护的野生动物猕猴毒死，但他并没有希望也没有放任这种结果，而是雇用了一个人看猴，以免猕猴吃毒药。所以，认定非法捕杀珍贵野生动物罪明显是错误的。

过失投毒罪的认定是否有道理呢？过失投毒罪是指由于行为人的过失引起人畜中毒，危害公共安全，造成不特定多人重伤、死亡或者使公私财产遭受重大损失的行为。就本案的情况而言，认为被告人构成过失投毒罪的意见认为，被告人张宏军为防止养路工班所种的玉米不再被老鼠、野猪刨食，在玉米地里投放了有毒玉米。虽然他投放有毒玉米的行为是有意识的，也可以说是故意的，但这种故意并非刑法意义上的犯罪故意。他在投毒的当时尽管已经预见到猕猴可能前来捡食有毒玉米，会发生猕猴被毒死的严重后果，但他对这种危害后果既不希望其发生也不放任其发生。问题在于，张宏军既然已经预见到自己的投毒行为可能发生猕猴被毒死的后果，他就应该采取有力措施来防止这种后果的发生，但他却未能做到这一点，只是向临时雇请的守猴员反复交代不让猴子进入玉米地，轻信这样就可以避免毒死猕猴，结果事与愿违，以致发生23只猕猴被毒死的严重后果，使国家财产遭受不可估量的损失。可见，张宏军的行为属于过于自信的过失犯罪，依法应定过失投毒罪。

笔者认为上述分析存在问题。如同我们分析被告人投放毒物的故意时一样，被告人是故意投放的毒物，但是，不是为了毒杀猕猴，因此不是刑法上的犯罪故意。同样，对结果的预见上也存在类似情况。我们说被告人对猕猴死亡的结果存在预见，但是，这是不是过失犯罪中所要求的应当预见呢？认为被告人构成过失犯罪的意见显然认为被告人故意投放了毒物，因此对毒死猕猴的结果有预见。笔者认为此时被告人的预见恰恰不是构成过失犯罪所要求的预见状态。事实是，当被告人预见到投放毒物会毒死猕猴的后果后，积极采取了措施而不是没有“采取有力措施来防止这种后果的发生”。从案情中可知，张宏军在撒放有毒玉米后，向临时雇请的守猴员李胜材反复交代：“我在地里撒药了，不要让猴子进地。如果猴子毒死了，我要坐牢，你也脱不了干系。”说明他不仅没有毒死猕猴的故意，同时，也不存在过于自信的过失。因为如果被告人采取的预防措施是使用围栏或警示标志等方法，我们可以说他采取的措施不够有力，可以认定其过于自信。但是，他是雇用了专门的看猴人员，并且反复交代后果，不要让猕猴进来吃有毒玉米。此后，相对于被告人来说，发生的结果不是简单的猕猴中毒，而是在雇用看猴人看护后，看猴人未尽职责而使猕猴中毒。此时，如果要追究被告人的责任的话，不能要求其对猕猴中毒的结果有预见，而是要求其对有人看护而猕猴仍然中毒的结果有预见。如此分析，显然，要求被告人对有人看护而猕猴仍然中毒的结果有预见是过分的要求。因为看护猕猴，不让猕猴进玉米地吃毒玉米并不是很难做到的事，被告人有理由合理地相信看猴人能尽责任。猕猴被毒死应当追究看猴人的责任，而不能追究被告人的责任。如果追究了被告人的责任，并指责被告人过于自信，那么，实际上是对人与人之间最起码的信任的惩罚。此时，他人的不负责任行为完全阻断了被告人对危害结果承担刑事责任的因果链条。如果对于已经预见到的危害结果，雇用专人来预防，却要对这个人的预防行为持不能轻信的态度，我们的社会还怎么能有合理的信任可言呢？因此，笔者认为，造成猕猴死亡的责任人是看猴人，应当追究的人也是看猴人。本案的审理结果可能是因为看猴人的逃匿而追究了张宏军。张宏军对于看猴人的不负责任并造成猕猴死亡的结果是没有预见，也无法预见的。所以，不应当承担刑事责任。

（五）自测案例

被告金某，男，23岁，某机械厂工人。

被告于2005年6月30日晚7时，在某市区饭馆和刘某同桌喝酒时与服务员李某因买酒菜发生争吵，被告辱骂李某，引起服务员贾某的不满。当贾某前来制止被告的辱骂行为时，受到刘某的阻拦，这时贾某就转向了刘某，并用手指着刘某的鼻子说："好，你们是一伙吗？要打外面打！"刘不服，二人便厮打起来。刘某被贾打了一拳。这时正在同李某争吵的被告，看刘某被打，便对贾某说："好小子，敢撒野，尝尝我的厉害！"说着就向贾某扑过去与贾厮打二次（厮打中双方的脸、手部位都有表皮擦伤，但都不严重），后来被群众拉开。但贾某到当天晚9时许突然昏倒，被饭馆经理及服务员送医院，经抢救无效于9时45分死亡。法医鉴定：死者心脏附近有大量脂肪，左心室已有三分之二的厚度被脂肪组织代替，说明心脏已形成脂肪心，心脏功能不强，导致心脏功能紊乱，引起心力衰竭死亡。查死者左手、右肩有四处表皮轻伤（擦伤）。

试分析本案的性质。

案例二

（一）简要案情

钟某酒后同妻子一起去观看放焰火，途中钟某推开本村李某家院门，要买酒喝。当时李某一家正在吃饭，李某讲："没酒卖。"并用手推着钟某往外走，这时李某不小心摔了一跤，二人发生口角。李某的妻弟谭某出来劝两人，用双手推开两人。由于钟某脚穿拖鞋，又喝了酒，在谭某用力推时，钟某身体后仰未站稳，仰面倒在地上致使头部受伤。此后钟某的妻子将钟某拉回村医疗站为之敷药，伤者当时只感头昏、胀痛。次日晨，钟某伤情恶化，送县医院抢救无效死亡。法医鉴定结论：死者钟某被他人推倒后造成左侧枕部颅骨骨折，右侧颅内出血，颅脑损伤死亡。

（二）思考方向

本案存在着钟某死亡的后果，从案情来看，是谭某推了一下钟某，导致钟某倒地后头部受伤。那么，谭某是否应当对钟某的死亡负责任呢？这就需要分析谭某实施了什么行为，对钟某死亡是否具有故意或者过失的心态。

（三）法律规定

《中华人民共和国刑法》第16条 行为在客观上虽然造成了损害结果，但是不是出于故意或者过失，而是由于不能抗拒或者不能预见的原因所引起的，不是犯罪。

《中华人民共和国刑法》第232条 故意杀人的，处死刑、无期徒刑或者10年以上有期徒刑；情节较轻的，处3年以上10年以下有期徒刑。

《中华人民共和国刑法》第233条 过失致人死亡的，处3年以上7年以下有期徒刑；情节较轻的，处3年以下有期徒刑。本法另有规定的，依照规定。

《中华人民共和国刑法》第234条 故意伤害他人身体的，处3年以下有期徒刑、拘役或者管制。

犯前款罪，致人重伤的，处3年以上10年以下有期徒刑；致人死亡或者以特别残忍手段致人重伤造成严重残疾的，处10年以上有期徒刑、无期徒刑或者死刑。本法另有规定的，依照规定。

《中华人民共和国刑法》第235条 过失伤害他人致人重伤的，处3年以下有期徒刑或者拘役。本法另有规定的，依照规定。

（四）学理分析

对谭某的行为的定性，存在三种意见：

第一种意见认为，谭某的行为构成过失致人死亡罪。理由是，一是发生了致他人死亡的实际结果；二是谭某实施了过失致人死亡的行为，即用力推倒了钟某，但他对推倒钟某会发生死亡结果应当预见而没有预见；三是谭某的过失行为与被害人钟某的死亡结果之间有着直接的因果关系。

第二种意见认为,谭某的行为构成过失重伤罪。理由是,谭某在主观上想用自己的双手用力把二人劝解开,防止事态的扩大,因为疏忽大意,推倒了钟某,造成重伤的结果。客观上谭某推钟某倒地后即造成左侧枕部颅骨骨折,右侧颅内出血,达到了人体重伤标准,而且这一重伤结果与谭某的行为之间有着直接的因果关系。

第三种意见认为,谭某的行为不构成犯罪,属于刑法上的意外事件。我国刑法关于犯罪构成的理论是建立在主客观辩证统一关系基础上的,既反对主观归罪,也反对客观归罪,所以不能只以结果定罪。从客观上看,钟某的死亡与谭某的行为有关,但从主观上看,谭某既没有故意,也不存在过失。因为谭某不会在短时间内了解到被害人是穿拖鞋,喝了酒,用手一推就可能站立不稳,可能产生倒地的结果,他不可能预见到自己用力推开吵架的两人,其中钟某会倒地后死亡。谭某当时只是想把二人劝开,息事宁人,避免事态的发展,可见钟某的死亡结果,谭某并无主观故意和疏忽大意的过失心态,纯属意外事件,谭某不负刑事责任。

笔者同意第三种意见。首先,需要分析谭某实施了哪些行为。从案情看,谭某虽然是李某的妻弟,但是,当李某与钟某口角时,谭某只是上前想将二人分开,并不是帮助李某打架。其实施的行为仅仅是为了分开二人而将钟某推开。其次,从谭某的主观心态上看,他推开钟某的故意是明确的,但是,从其劝架的主观动机出发,是不能认为其有将钟某推倒在地的故意的。那么,谭某是否对将钟某推倒在地具有过失心态呢?从日常生活的常识中,我们可以认为,在分开两个打架的人时,两个人都有向前的冲力,在正常情况下是不可能因为用力的分开而使一方倒地。所以,不能认为谭某对钟某的倒地具有故意或过失的心态。既然对钟某倒地的后果无法预见,而且,谭某临时劝架,又是在傍晚(因为钟某是酒后去看焰火),也不可能知道钟某喝酒后,因为穿拖鞋,站立不稳。所以,虽然钟某的倒地,并造成头部受伤而死亡是源于谭某的用力一推,但是,不能认为谭某对钟某的死亡就具有故意或过失的心理态度。钟某的倒地受伤主要是基于自身原因,其死亡的结果对于谭某而言是意外事件。

(五)自测案例

涂某,农民。某日夜,涂某到集体林场偷伐树木。护林员听到伐树声,悄悄找过来。由于看不到人，只好顺着声音找。走到附近时，恰好涂某将树伐倒，倒下的树木打在护林员身上，造成护林员重伤。

试分析涂某造成护林员重伤的行为是属于过失还是意外事件。

第五节 犯罪的目的和动机

犯罪目的，是指犯罪人主观上希望通过实施犯罪行为达到某种危害社会的结果的心理态度。犯罪目的只存在于直接故意犯罪的过程中。目的直接影响故意犯罪的定罪。某人对某种危害结果所持的希望、追求的心理，就是犯罪目的的内容。犯罪动机，是指驱使行为人实施犯罪行为的内心冲动或者内心起因。动机对直接故意犯罪的定罪量刑有一定的影响。

案例一

（一）简要案情

被告人苏某某于2007年12月7日，在包头与康明达公司签订一份钢管购销合同，总价款128万余元，规定货到20天内一次性付清货款。至同年12月20日，康明达公司分两次将钢管发至苏某某指定地点，总计价款136万余元，苏收货后仅付款19.5万元，以后即以钢管质量不符合标准拒付货款。

苏将钢管销给安阳市化肥厂，并收取货款93.5万元。其中34.5万元苏用于个人还贷，余款隐于自己账内。对康明达公司仍以钢管质量不符和化肥厂未付款等为理由不付款。

康明达公司将钢管质量证明书寄给苏某某，其中有国家标准、行业标准和企业标准，苏收后在法定期限未提出异议，对于少量钢管壁厚未达规格要求的问题，康明达公司会同包头钢铁公司技术监督处无缝钢管质量检查站到安阳市进行实地检测，并与苏达成了亏吨补偿协议。而苏已无力偿付货款了。

2008年3月31日，包头市公安局以苏涉嫌合同诈骗立案侦查，4月26日以证据不足释放，7月6日正式决定撤案，康明达公司不服，向包头市人民检察院提出申诉，检察院经调查认为苏某某的行为已触犯刑律构成犯罪，遂于2008年7月22日向包头市公安局发出《通知立案书》，市公安局重新立案侦查。至2009年2月25日，检察院向法院提起公诉，康明达提出要求赔偿损失的附带民事诉讼。

公诉人认为，被告收到全部货物后，无正当理由拒付货款，而将货款用于还贷隐匿，其主观上有非法占有他人财物的故意，客观上实施了骗取巨额货款的行为，已构成合同诈骗罪，且数额特别巨大，应当从重处罚。

被告及其辩护人认为：双方是购销合同关系，因钢管质量存有问题产生延付货款纠纷，且康明达公司违约在先，本案应属经济纠纷，不应追究刑事责任。

法院判决被告苏某某犯合同诈骗罪判处无期徒刑，剥夺政治权利终身，并处罚金10万元，赔偿康明达公司经济损失63万元，化肥厂尚未给付的26万元货款予以追缴并退还康明达公司。苏某某不服原判提起上诉，上级法院裁定驳回上诉，维持原判。①

（二）思考方向

犯罪目的，是指犯罪人通过实施危害社会的行为所希望达到的结果。犯罪目的并不是犯罪构成的必备要件，但是，在目的犯中，犯罪目的对犯罪的成立起着至关重要的作用。犯罪目的的有无和内容的差别，直接影响到罪与非罪，此罪与彼罪。上述案例中，被告人是否具有非法占有的目的是成立合同诈骗罪的关键。

（三）法律规定

《中华人民共和国刑法》第224条 有下列情形之一，以非法占有为目的，在签订、履行合同过程中，骗取对方当事人财物，数额较大的，处3年以下

① 《是合同纠纷，还是合同诈骗》，http://www.legalcare.cn/zhuanti/ald.asp?id=466。

有期徒刑或者拘役,并处或者单处罚金;数额巨大或者有其他严重情节的,处3年以上10年以下有期徒刑,并处罚金;数额特别巨大或者有其他特别严重情节的,处10年以上有期徒刑或者无期徒刑,并处罚金或者没收财产:

（一）以虚构的单位或者冒用他人名义签订合同的;

（二）以伪造、变造、作废的票据或者其他虚假的产权证明作担保的;

（三）没有实际履行能力,以先履行小额合同或者部分履行合同的方法,诱骗对方当事人继续签订和履行合同的;

（四）收受对方当事人给付的货物、货款、预付款或者担保财产后逃匿的;

（五）以其他方法骗取对方当事人财物的。

（四）学理分析

本案究竟是合同纠纷,还是合同诈骗？根据刑法规定,诈骗罪是指以非法占有为目的,使用虚构事实或者隐瞒真相的方法使财物所有人或经管人信以为真,骗取公私财物数额较大的行为。合同诈骗是诈骗罪的特殊形式。合同诈骗罪的特点是利用签订合同的形式,来实施诈骗的行为。从表面形式看,合同诈骗与合同纠纷具有相似之处,而区分二者的关键,是考察行为人在签订合同的前后,是否具有非法占有他人财物的目的。如果不具有非法占有他人财物的目的,即使合同没有履行,也只是合同纠纷,适用民事法律来解决。如果具有非法占有他人财物的目的,则可能构成合同诈骗罪。本案被告与康明达公司签订的合同总计价款136万余元,被告人苏某在收货后仅付款19.5万元,以后即以钢管质量不符合标准拒付货款。如果真正存在质量问题,被告人应该封存货物,与供货方协商解决办法。然而,被告人却将钢管销给安阳市化肥厂,并收取货款93.5万元。显然所谓质量问题只是借口。其后,被告人将货款中的34.5万元用于个人还贷,余款隐于自己账内。对康明达公司仍以钢管质量不符和化肥厂未付款等为理由不付款。直至后来,康明达公司将钢管质量证明书寄给苏某某,其中有国家标准、行业标准和企业标准,苏收后在法定期限未提出异议,对于少量钢管壁厚未达规格要求的问题,康明达公司会同包头钢铁公司技术监督处无缝钢管质量检查站到安阳市进行实地检测,并与苏达成了亏吨补偿协议。而苏已无力偿付货款了。这就充分表明被告人提出的质量问题仅是一个借口而已,以致三方达成亏吨补偿协议之后仍不能给付，可见，其真正的目的是据为己有，且数额特别巨大，因而被告人构成合同诈骗罪。

（五）自测案例

广西百色地区中级人民法院近日对一起国家工作人员诬告陷害检察官上诉案作出终审裁定，维持百色市人民法院一审判决，认定被告人昌某犯诬告陷害罪，判处其有期徒刑一年零八个月。

被告人昌某现年45岁，原系百色地区审计事务所所长。法院经审理查明，被告人昌某因在担任审计事务所所长期间受贿2万元，1999年被百色市人民检察院提起公诉，经二审法院审理，认定其犯受贿罪，判决免于刑事处罚。为此，昌有爱对侦查其受贿案件的百色市人民检察院检察员黄某、刁某心怀不满，于1999年上半年多次口头或书面向有关部门举报两人在办案中有违法违纪等9个问题。

检察院经调查核实后，于2000年3月作出否定书面结论并按有关规定反馈给昌某。昌某见未达到目的，又捏造黄某、刁某向百色地区某设计院索要2.7万元现金，以及向百色地区某公司等4个单位索要钱财的情况，并以"知情"署名写成了一份情况汇报的书面材料，分别邮寄给百色地、市司法机关和纪委、政法委及其他企事业单位，企图扩大社会影响。百色市纪委、检察院组成联合调查组进行深入细致的调查，经核查该举报信失实，并作出了复查报告，否定该信件所举报的事实。

法院经审理认为，被告人昌某主观上有为泄私愤捏造事实诬告陷害他人的故意，客观上实施了向司法机关捏造事实诬告他人的行为，情节严重，其行为已构成诬告陷害罪，且昌某身为国家工作人员犯诬告陷害罪，依法应从重处罚，遂作出前述判决。①

分析本案中行为人是否有犯罪目的，犯罪目的对定罪有什么影响。

---

① 《原百色地区审计所长诬告陷害检察官被判刑》，http://www.southcn.com/news/community/fzzh/200203250016.htm。

案例二

（一）简要案情

据2001年10月14日《法制日报》报道，67岁的上海市民梁万山因为生存无望的老母实施“安乐死”，于10月8日被上海市闵行区人民法院以故意杀人罪判处有期徒刑5年。据说这是迄今为止上海市首起“安乐死”案件。

该报道称，67岁的梁万山与92岁的老母张秀英多年来一直相依为命，他们没有工作也没有劳保，生活条件始终较困难。2001年4月8日，张秀英突然瘫倒在家门口。梁将她送到医院，医生诊断为脑溢血且深度昏迷。梁去医院服侍母亲，但翻身、擦身、换尿布等繁重的护理，使年迈的他也力不从心，便花750元请了个护工。在住院的五十多天中，张秀英的病情丝毫没有好转，说不出话，吃不进饭，大小便失禁，只有左手左脚稍稍能动。医生告诉梁，其母亲的病没什么希望了，只能靠注射葡萄糖维持生命，拖一天是一天。眼见母亲治愈无望，经济日趋窘迫，更不忍时时看着母亲痛苦万分的表情，梁将母亲接回家后，用两条浸泡了盐水的湿毛巾绑在老母的手臂上，再用两根铁丝绕在毛巾外，接通了电源。当晚，梁万山向公安机关投案自首。①

（二）思考方向

犯罪动机是指刺激犯罪人实施犯罪行为以达到犯罪目的的内在冲动或者内心起因。在刑法理论和实践中，认定犯罪的成立，依据的是犯罪人的行为和故意或过失的心理状态，犯罪人的动机如何并不影响犯罪的成立。但是，在量刑时，犯罪动机的影响还是存在的。

---

① 《法律，该如何捍卫生的权利和死的尊严?》，http://health.enorth.com.cn/system/2001/10/18/000168369.shtml。

（三）法律规定

《中华人民共和国刑法》第 232 条 故意杀人的，处死刑、无期徒刑或者 10 年以上有期徒刑；情节较轻的，处 3 年以上 10 年以下有期徒刑。

（四）学理分析

本案是“安乐死”案件。“安乐死”源于希腊文，意指“快乐地死亡”或“有尊严地死亡”。自 20 世纪 30 年代以来，世界各国就“安乐死”的合法性问题展开了长达七十多年的争论。理论上的纷争在一定程度上导致了各国立法和司法实践的差异。在荷兰，肯定“安乐死”的理论得到了立法和司法界的采纳，早在 1994 年，荷兰便颁布了一个关于准许“安乐死”的法令，在该法令的基础上，2001 年，荷兰再次颁布了一部有关“安乐死”的法令，就“安乐死”的一系列问题作出了明确的规定。除荷兰外，英国判例也对“安乐死”逐渐采取宽容态度，并有条件地承认了“安乐死”。

我国在司法实践中，一般不承认“安乐死”的合法性。其基本理由是：任何人的生命都同等受到法律的保护，不受非法的剥夺。身患绝症病人的生命也应该受法律的保护，不能因为他们身患绝症，就可以人为剥夺他们的生命。当然，对“安乐死”的合法化，还存在着诸多医学上和伦理上的问题有待解决，如对“绝症”的认定，对患者意愿的认定等。所以，对于发生的“安乐死”案件，司法机关仍然要追究行为人的刑事责任。但是，在量刑上，普遍适用较低的刑罚，其中，犯罪的动机是影响量刑的主要因素。在本案中，被告人虽然实施了杀人行为，而且手段也很残忍，如果是通常情况下的杀人，是完全可以适用死刑的。但被告人实施杀人行为，其动机是特殊的：他是眼见母亲治愈无望，经济日趋窘迫，更不忍时时看着母亲痛苦万分的表情，才决定杀死母亲的。对于此种动机支配下的杀人行为，其主观恶性显然是比较轻微的。所以，在量州上适用较轻的刑罚是合乎情理的。同样的道理，如果是处于非常卑鄙的动机，如劫财、强奸、报复等个人动机实施的杀人行为，即使没有造成被害人死亡，也可能适用较重的刑罚直至死刑。所以，犯罪动机对量刑的影响不可忽视。

（五）自测案例

2003年2月25日11点50分左右，北京清华大学校园内“荷园”教工餐厅一楼发生爆炸事件，共造成5人受伤。紧接着在13时20分左右，北京大学“农园”餐厅北门发生爆炸，至少造成2人受伤。3月8日，该案告破。犯罪嫌疑人为福州人，今年27岁，是海南某农场职工。自称其爆炸的动机是想出名。

试根据刑法有关原理，分析本案中，动机对定罪和量刑的影响。

第六节　认识错误

刑法上的认识错误，是指行为人对自己行为的法律性质和事实的认识错误。刑法上的认识错误分为法律上的认识错误和事实上的认识错误。法律上的认识错误就是行为人对于自己的行为在法律上是否构成犯罪或者应当受到怎样的处罚的错误认识。通常表现为三种情况：(1) 行为人的行为不构成犯罪，而行为人误认为构成犯罪；(2) 行为人的行为构成犯罪，而行为人误认为不是犯罪；(3) 行为人对自己的行为应当成立的罪名和应处的刑罚轻重的错误认识。事实上的认识错误是行为人对自己的行为是否成立犯罪的事实情况的不正确认识。通常表现为：(1) 客体错误；(2) 对象错误；(3) 手段错误；(4) 因果关系错误。

通常认为，法律上的认识错误不影响定罪和量刑。事实错误可能影响定罪和量刑。

案例

（一）简要案情

2002年5月2日晚，卫某与几个酒友聚在一起喝酒。席间谈到何某的女朋友林某长得如何漂亮等等。说者无心，听者有意，卫某早就对林某垂涎三尺，只是苦于没有机会。当天深夜，卫某借着酒力，潜入林某卧室。见床上躺着一人，卫某想也没想就扑了上去。卫某正感觉对方膀大腰圆、胡子拉碴不对劲儿，迷惑之际，床灯忽然大亮，卫某赫然发现躺在床上的是何某。

法院经审理认为，卫某使用暴力手段进行强奸，其行为已构成强奸罪，因犯罪对象认识错误而未能得逞，属犯罪未遂，可以比照既遂犯减轻处罚，故依法作出判决：判处卫某有期徒刑 2 年。①

（二）思考方向

当行为人对自己的行为事实存在认识错误时，通常会影响对其行为的法律性质的评价，因而，会影响对其行为性质的认定。试分析上述案例中，行为人的认识错误属于什么种类的认识错误，对定罪或量刑有何影响。

（三）法律规定

《中华人民共和国刑法》第 236 条 以暴力、胁迫或者其他手段强奸妇女的，处 3 年以上 10 年以下有期徒刑。

奸淫不满 14 周岁的幼女的，以强奸论，从重处罚。

强奸妇女、奸淫幼女，有下列情形之一的，处 10 年以上有期徒刑、无期徒刑或者死刑：

（一）强奸妇女、奸淫幼女情节恶劣的；

（二）强奸妇女、奸淫幼女多人的；

（三）在公共场所当众强奸妇女的；

（四）二人以上轮奸的；

（五）致使被害人重伤、死亡或者造成其他严重后果的。

（四）学理分析

根据我国刑法理论，以暴力、胁迫或者其他手段强奸妇女的，构成强奸罪。根据法律条文的规定，构成强奸罪应当具备以下的主观和客观特征：在主观方面，行为人必须具有奸淫妇女的故意；在客观方面，行为人以暴力、胁

① 《一起荒唐强奸案》，载《检察日报》2002 年 12 月 6 日。

迫或者其他手段实施了奸淫妇女的行为。对于行为人来讲，在实施强奸犯罪时，必须在主观上具有奸淫妇女的故意，必须认识到自己是在对妇女实施强行奸淫的行为。但是在本案中，行为人虽然怀有强行奸淫妇女的故意，并且针对认定的犯罪对象开始实施了奸淫的行为，却没有料到发生了事实上的认识错误，错将男人当成女人，因而事实上无法完成强奸的行为。在这种情况下，考虑到行为人主观意图以及客观上实施的行为，如果不发生认识错误，他就有可能完成强奸犯罪，因此，不能因为其认识错误而不惩罚其行为。所以，认定其构成强奸罪是正确的。但是，考虑到行为人发生了认识错误，致使其犯罪行为实质上不能完成，而这是出乎行为人意料的，应当认定其构成强奸罪（未遂），并处以相应的刑罚。

（五）自测案例

武英堂是付某的妻子武某的弟弟。付某是涉县某村人，改革开放以来，付某靠做煤炭生意和当工程包工头富了起来。之后，夫妻间的各种矛盾也增加了。起初，两人互相猜疑，以至发展到争吵打斗，家庭到了破裂的边缘，二人开始分居。分居后付某与一李姓女子同居了，这更加激起了武某的憎恨，武多次找付某理论，付向武某提出了离婚，答应给武某20万元作为补偿。武某把这些事告诉了四弟武英堂，武英堂心中从此对付某怀恨在心。武某自从得到付某的20万元钱之后，多次与武英堂密谋暗算付某。

2001年2月的一天中午，武英堂开车在县城内遇见了付某，武英堂头脑一热，猛踩油门想撞死付某，但没有成功。这次失败，武家姐弟认识到干这种事，自己动手不行，人熟目标大，容易犯案，于是一个雇凶杀人的念头产生了。2001年3月，武英堂听人说，涉县某矿点有一伙以杨某为首的无业游民，心狠手辣，做事不计后果，于是武英堂前去，求助杨摆平付某，说明来意后，杨欣然答应，并收取武英堂2000元定金。杨等人立即分头行动，对付某的住所、基本情况、活动规律进行了全面了解，同时设计暗杀计划。经过一番准备之后，杨等准备行凶，由于付某事先觉察，行动未果。2001年4月武英堂通过涉县涉城镇一村冯某找到了当地的杨某、李某、江某3个地痞，四人密谋后，准备在深夜暗算付某，四人到现场后，害怕此事败露后被公安机关追查，终止了犯罪。武英堂并不罢休，继续招募杀手，同时提出悬赏5万元。6月4日，冯某将自己的“三连襟”、魏县棘针寨乡马虎村的吴某介绍给武英堂，吴某把本村号称“冷面杀手”的李四军、任章平和四川省自贡市人李富红介绍给武英堂。几次密谋之后，他们定于6月19日晚12时下手。但由于对目标认识错误，将出来为煤炉加煤的李海庆误认为是付某，两声枪响之后，制造了震惊涉县的血案。

结合刑法中的认识错误理论，对本案作出分析。

第九章　正当化事由

正当化事由，又称正当行为、排除社会危害性的行为，是指虽然客观上造成一定损害结果，形式上似乎符合某种犯罪的客观要件，但实质上不具备社会危害性与刑事违法性，依法不成立犯罪的事由。正当化事由可分为法定的正当化事由与超法规的正当化事由。前者如正当防卫与紧急避险（我国《刑法》第 20 条、第 21 条）；后者如依法令行为、正当业务行为、经被害人承诺的行为、自救行为、自损行为、基于推定承诺的行为等。

第一节　正当化事由概述

案例

（一）简要案情

甲开车去接其妻丙下班，行至其妻单位门口时，见其妻丙正等在门口。甲正欲下车喊丙，突然在车中发现仇人乙用枪瞄准丙，正欲射击。在乙开枪之前，甲先发制人，用弹弓射中乙，乙左眼中弹，经医院检查，乙左眼重伤。甲的行为是否成立故意伤害罪？为什么？

（二）思考方向

甲“故意”用弹弓射击乙的眼睛，且在客观上造成了乙重伤的损害结果，但在客观上造成损害的一定会成立犯罪吗？

（三）法律规定

《中华人民共和国刑法》第 20 条　为了使国家、公共利益、本人或者他人的人身、财产和其他权利免受正在进行的不法侵害，而采取的制止不法侵害的行为，对不法侵害人造成损害的，属于正当防卫，不负刑事责任。

正当防卫明显超过必要限度造成重大损害的，应当负刑事责任，但是应当减轻或者免除处罚。

对正在进行行凶、杀人、抢劫、强奸、绑架以及其他严重危及人身安全的暴力犯罪，采取防卫行为，造成不法侵害人伤亡的，不属于防卫过当，不负刑事责任。

（四）学理分析

为正确对甲的行为定性，首先应明确正当化事由的特征①及故意伤害罪的构成。在故意伤害罪中，客观上行为人实施了伤害行为且使他人的身体健康受到了一定程度的损害；主观上行为人明知自己的行为会损害他人的身体健康，但仍希望或者放任此种危害结果的发生。本案中，甲用弹弓射伤乙的眼睛，在客观上损害了乙的身体健康。但甲是否具有伤害乙的故意呢？案例中的甲似乎是“故意”射伤了乙的眼睛，但此处之故意只是表明甲是有意识地实施了上述行为。将故意作有意识之理解只是从日常生活意义上而非从刑法规范意义上对之进行的阐释。根据我国《刑法》第 14 条规定，故意是明知自己的行为会发生危害社会的结果，但仍希望或者放任危害结果的发生。对刑法中的结果犯，故意的成立要求行为人对结果有认识且持希望或者放任的心理态度，否则阻却规范意义上故意的成立。本案中，甲虽故意用弹弓射击乙，且对自己的行为可能会造成对乙身体的伤害也有认识，但其对自己行为所产生的结果并非持希望或者会放任的心理态度，而是为了保护其妻的生命安全免受非法侵害才实施的，是“以正制止不正”的正当防卫行为。故甲不具有伤害的故意，不能成立故意伤害罪。

（五）自测案例

某汽修厂修理工陈某向在校生杨某（16 岁）索要钱财遭拒绝，遂纠集在校生李某、朱某合谋殴打杨某。当晚 8 时许，陈某手持木棍再次向杨某索要钱财，被杨拒绝。陈某即用木棍击打杨某，并将木棍打折。随后，李某、朱某分别用书包、拳头等对杨某进行殴打。杨某见对方人多势众，就掏出随身携带的一把长约 30 cm 的刀子，吓唬说：“你们敢再打！”陈某立即高喊：“快找

① 详见刘艳红主编：《刑法学总论》（第二版），北京大学出版社 2006 年版，第 145 页。

砖头、木棍去。”当李某弯腰捡拾地上的砖头时，杨某赶上前去，对李某的后背刺了一刀，李随即倒地不起。陈某、朱某等人连忙放下手中的凶器，将李某送至医院。后经法医鉴定李某构成重伤。

试分析对杨某的行为应如何定性？

第二节 正当防卫

正当防卫的最早成文法规定，被认为是16世纪神圣罗马帝国的《卡洛林纳刑法典》，此时还只是分则性规定，也仅限于人身防卫。1810年《法国刑法典》继承了这种观点。1871年《德国刑法典》扩大了正当防卫的范围，认为自卫或防卫他人所实施的任何必要行为都不是犯罪。① 作为历史悠久的正当化事由，正当防卫诞生缘于两个原因：一是个人保护原则，即个人可以捍卫其拥有的法益及其法律所保护的利益；二是维护法秩序原则，即“正者毋庸向不正者低头”！正当防卫行为本质上是“以正对不正”的权利行使行为，在防卫人以防卫行为保护法益之际，也积极地捍卫了整体的法秩序。因此在刑法的规范判断上，不但排除正当防卫行为的违法性，而且承认其权利性质。故其与基于利益衡量而正当化的紧急避险相比，有着显著的差异。我国《刑法》第20条明确规定了正当防卫的含义。所谓正当防卫，是指为了使国家、公共利益、本人或者他人的合法权益免受正在进行的不法侵害，而对不法侵害者实施一定限度损害的防卫行为。

案例一

（一）简要案情

> 甲在路上遭遇劫匪乙、丙、丁等数人持枪射击，虽然旁边尚有无人阻拦的出路可以逃跑，但是甲仍然开枪击毙其中一人乙。试问：甲的行为是否成立正当防卫？

① 参见杨春洗、杨敦先：《中国刑法论》（第二版），北京大学出版社1998年版，第127页。

（二）思考方向

我国刑法赋予了公民正当防卫的权利，其意义何在？如何理解正当防卫的含义？本案中甲的行为是否属于正当防卫？

（三）法律规定

《中华人民共和国刑法》第20条 为了使国家、公共利益、本人或者他人的人身、财产和其他权利免受正在进行的不法侵害，而采取的制止不法侵害的行为，对不法侵害人造成损害的，属于正当防卫，不负刑事责任。

正当防卫明显超过必要限度造成重大损害的，应当负刑事责任，但是应当减轻或者免除处罚。

对正在进行行凶、杀人、抢劫、强奸、绑架以及其他严重危及人身安全的暴力犯罪，采取防卫行为，造成不法侵害人伤亡的，不属于防卫过当，不负刑事责任。

（四）学理分析

正当防卫既不是一种报复，也不是一种私刑，而是一种"以正对不正"的行为，是国家赋予公民同违法犯罪行为作斗争的一项合法权利，是国家把一部分刑罚权在来不及诉诸国家司法机关进行公力救济的紧急情况下赋予公民个人来进行私力救济以保护合法权益不受侵犯的例外途径，这是正当防卫不负刑事责任的根据，也是其受到提倡与鼓励的原因。既然正当防卫是国家赋予公民同违法犯罪行为作斗争的一项合法权利，其行使就不应以迫不得已为限制条件。换句话说，即便在防卫人有其他途径避免不法侵害的情况下，防卫人仍可通过对不法侵害人造成一定侵害的方法制止不法侵害。正当防卫作为法定的正当化事由对鼓励、教育和支持广大群众积极勇敢地同违法犯罪作斗争，保护合法利益，促进见义勇为良好风气的形成以及对犯罪分子的威慑、对犯罪的预防起着一定的作用。为保证正当防卫的正当行使，以防止其演变为对不法侵害者的私刑或报复，有必要对防卫权进行限制，否则将会使防卫权变成无限制的特权，进而侵害无辜者的合法权益，故行使防卫权时，必须符合法律规定。根据我国《刑法》第20条的规定可知，行为人的行为若成立正当防卫，必须存在有现实的不法侵害、不法侵害必须正在进行、行为人为制止不法侵害而进行防卫、只能对不法侵害人进行防卫且防卫不能超过一定的限度。

本案中,甲途遇劫匪乙、丙、丁等人的持枪射击,生命安全受到了严重的威胁,甲虽有其他方法逃避侵害,但亦可行使法律所赋予的防卫权利制止不法侵害,因权利的行使不以迫不得已为条件。甲为排除威胁制止不法侵害采取开枪射击不法侵害人的行为属于防卫行为,且根据我国《刑法》第20条第3款的规定,在遭遇严重危及人身安全的暴力性的不法侵害的情况下,即使防卫致不法侵害人死亡的,亦不成立防卫过当。综上甲的行为成立正当防卫。

(五) 自测案例

曾因强奸被判处有期徒刑的王某,刑满释放后仍不思悔改,一天深夜,他持刀在一偏僻胡同内截住一下夜班的女青年高某,持刀威胁,欲行强奸。该女青年没有慌张,她假装应允,并让王某先脱衣服。王某心中窃喜,遂将刀放在地上,开始脱衣服。就在王某向上脱毛衣盖住脸的一刹那,高某迅速拿起王某放在地上的匕首向王某身上连扎数刀,王某经抢救无效死亡。

请分析高某的行为是否为正当防卫?

案例二

(一) 简要案情

被告人谢立强,男,27岁,江苏省锡山市人,无业,住无锡市新市场后1号。2003年12月6日晚11时许,被告人谢立强见陌生人史江淮(男,16岁,送奶员)骑自行车从其门口经过,认为其形迹可疑,遂尾随其后查看。见史江淮向前骑至一拐角处,将自行车停靠在该处路灯下,右向拐进小弄,至新市场后7号门口,用手开门旁的窗户。谢立强跟至史江淮身后约五六米处停下,查问史是干什么的,史答:"你管我是干什么的!"谢听后未作声,返身至一邻居家,对邻居说:"有贼,快跟我去捉贼!"并从门后取得一根晾衣用的铁杈返回现场,见史江淮正欲推自行车离开,遂用铁杈向史头部打去,正击中史的嘴部,致史江淮7颗牙齿脱落。随后赶至的邻居认出史江淮系送奶员,谢立强也发现了自行车倒下后从篓筐中散落在地的牛奶瓶,才知道史原来是送牛奶的。经法医鉴定,史江淮的损伤已构成重伤。无锡市北塘区人民检察院以被告人谢立强犯故意伤害罪向人民法院提起公诉。无锡市北塘区人民法院经公开开庭审理认为,被告人谢立强的行为构成过失致人重伤罪。后检察院抗诉,二审法院维持原判。

(二)思考方向

如何正确理解刑法理论上的"假想防卫"?本案中,谢立强的行为应如何认定?

(三)法律规定

《中华人民共和国刑法》第15条 应当预见自己的行为可能发生危害社会的结果,因为疏忽大意而没有预见,或者已经预见而轻信能够避免,以致发生这种结果的,是过失犯罪。

过失犯罪,法律有规定的才负刑事责任。

《中华人民共和国刑法》第16条 行为在客观上虽然造成了损害结果,但是不是出于故意或者过失,而是由于不能抗拒或者不能预见的原因所引起的,不是犯罪。

《中华人民共和国刑法》第20条 为了使国家、公共利益、本人或者他人的人身、财产和其他权利免受正在进行的不法侵害,而采取的制止不法侵害的行为,对不法侵害人造成损害的,属于正当防卫,不负刑事责任。

正当防卫明显超过必要限度造成重大损害的,应当负刑事责任,但是应当减轻或者免除处罚。

对正在进行行凶、杀人、抢劫、强奸、绑架以及其他严重危及人身安全的暴力犯罪,采取防卫行为,造成不法侵害人伤亡的,不属于防卫过当,不负刑事责任。

（四）学理分析

正当防卫的成立要求必须存在人的现实的不法侵害，这是正当防卫成立的起因条件，也是进行正当防卫的前提条件。“不法侵害”必须是具有紧迫性、破坏性与攻击性的犯罪行为与违法行为，否则可以寻求公力救济以维护合法权利。对于酩酊大醉的人、精神病人、儿童等不能辨认或者控制自己行为能力的人及陷入认识错误的人可否进行防卫？虽然“正毋庸向不正屈服”，法律并不期待防卫人以消极躲避、报警的方式来回应侵害，但是也存在一些例外情况，若明知侵害人为无责任能力者或者陷入错误认识者，根据社会伦理观点，此时应受制于权利滥用禁止之原则，行为人应优先选择躲避；当无躲避可能时，再选择实施防卫性的防卫行为，其次才可实施攻击性的防卫行为。①

不法侵害必须是现实存在的，否则成立假想防卫。假想防卫不是正当防卫，而是对他人的侵害行为。在假想防卫的情况下，行为人不可能成立故意犯罪（无论是直接故意还是间接故意）。因为根据我国《刑法》第 14 条的规定，故意以行为人明知自己的行为发生危害社会的结果为前提。但在假想防卫的情况下，行为人由于对客观事实的错误认识，自以为所实施的是以正制止不正的有益社会的行为，从而对自己行为的性质产生了误解，没有认识到自己的行为会造成危害的社会结果。因此，假想防卫阻却故意的成立。在认定假想防卫案件时，应根据案件具体情况分别处理：如果行为人主观上存在过失，即应当预见不存在不法侵害，但由于疏忽大意而没有预见，从而导致危害结果的发生，应以过失犯罪论处；如果行为人不能、不应也没有预见不存在不法侵害，从而导致了危害结果发生的，为意外事件，不成立犯罪。必须指出的是，“过失犯罪，法律有规定的才负刑事责任”。因此，假想防卫过失导致危害结果发生的，只有在我国《刑法》分则将其规定为犯罪的情况下才可追究刑事责任。

本案中，法院在审理时有观点认为，在谢立强欲实施加害行为时，史江

---

① 林钰雄著：《新刑法总则》，台湾元照出版有限公司 2006 年版，第 239 页。

淮已准备离开现场，此时“不法侵害”已经结束，因此谢立强的行为属于事后防卫的防卫不适时。但笔者不赞同此观点。因为在侵犯财产的违法犯罪中，在不法侵害人未能对赃物彻底控制、自由支配之前，被侵犯的财产始终处于不法侵害的威胁之中，此时不法侵害仍未结束。当时史江淮尚未离开，谢立强所认为的不法侵害应仍未结束。以此为前提对本案进行分析：首先，案件发生在冬天的深夜，被害人在这个时间送牛奶，不合常理；其次，送牛奶一般是投放于订户的奶桶中，而被害人却开窗投放，在一定程度上误导了被告人。所以从案件具体情况看，谢立强产生认识错误是极其可能的，从谢立强与邻居的对话也足以证明这一点。被告人谢立强由于认识错误，将实际上并不存在的不法侵害误认为存在，从而实施了自认为制止不法侵害的“正当防卫”，属于假想防卫。当然如果不是由于抓贼心切，对是否存在不法侵害在精神上有所懈怠的话，谢立强还是应该预见到是不存在不法侵害的，因此其主观上存在有过失，符合过失致人重伤罪的犯罪构成要件。综上，一审与二审法院对此案的定性都是准确的。

（五）自测案例

被告人王长友，男，30岁，农民。某日晚，被告人王长友一家三口入睡后，忽听屋外有喊叫声。王长友到外屋查看，见一人已将外屋窗户的塑料布扯掉一角，正从玻璃缺口处伸进手开门闩。王即用拳头打那人的手一下，该人急抽回手并跑走。王长友出屋追赶未及，亦未认出是何人，即回屋带上一把自制的木柄尖刀，与其妻一道，锁上门后（此时其十岁的儿子仍在屋里睡觉），同去村书记吴俊杰家告知此事。当王与其妻告知后急忙返回自家院内时，发现窗前有两个人影，此二人系本村村民何长明、齐满顺来王家串门，见房门上锁正欲离去。王长友未能认出何、齐二人，而误以为是刚才欲非法侵入其住宅之人，又见二人向其走来，疑为要袭击他，随即用手中的尖刀刺向走在前面的齐满顺的胸部，致齐因气血胸，失血性休克当场死亡。何长明见状上前抱住王，并说：“我是何长明！”王长友闻声停住，方知出错。

请问：王长友的行为应如何认定？

案例三

（一）简要案情

2004年8月1日22时40分，被告人黄中权驾驶出租车搭载姜伟和另一青年男子。两人上车后对黄中权实施抢劫，从其身上搜走现金200元和一台TCL2188手机。两人拔下车钥匙下车后，姜伟将车钥匙丢在汽车左前轮旁的地上，与同伙朝车尾方向逃跑。黄中权拾回钥匙上车将车左前门反锁并发动汽车，准备追赶姜伟与其同伙，但两人已不知去向，黄中权便沿着其停车处左侧房子绕了一圈寻找两人。后黄中权发现姜伟与同伙正搭乘一辆摩托车欲离开，便驾车朝摩托车车前轮撞去，摩托车倒地后姜伟与同伙下车逃跑。黄中权又继续驾车追赶，姜伟拿出刀边跑边持刀回头朝黄挥舞。后姜伟与同伙分方向逃跑，姜伟跑到旺德府超市西北方向转角处由矮铁柱围成的空坪内，黄中权追至距离姜伟2米处围栏外停车与其相持，大约十秒钟后，姜伟又向距围栏几米处的布艺城西头楼梯台阶方向跑，黄中权迅速驾车从后撞击姜伟将其撞倒在楼梯台阶处，姜伟倒地死亡。随后，黄中权拨打“110”报警，并向公安机关交代了案发经过。经法医鉴定，姜伟系因巨大钝性外力作用导致肝、脾、肺等多器官裂伤引起失血性休克死亡。

长沙市芙蓉区人民检察院以故意伤害罪向法院提起公诉。审理后芙蓉区法院认为被告人黄中权犯故意伤害罪，判处有期徒刑3年6个月。后被告人黄中权上诉，二审法院维持原判。

（二）思考方向

正当防卫的成立要求针对的是正在进行的不法侵害。如何理解“正在进行”？对已经结束的不法侵害实施的“防卫”是否成立正当防卫？本案中，黄中权的行为如何认定？

（三）法律规定

《中华人民共和国刑法》第20条　为了使国家、公共利益、本人或者他人的人身、财产和其他权利免受正在进行的不法侵害,而采取的制止不法侵害的行为,对不法侵害人造成损害的,属于正当防卫,不负刑事责任。

正当防卫明显超过必要限度造成重大损害的,应当负刑事责任,但是应当减轻或者免除处罚。

对正在进行行凶、杀人、抢劫、强奸、绑架以及其他严重危及人身安全的暴力犯罪,采取防卫行为,造成不法侵害人伤亡的,不属于防卫过当,不负刑事责任。

《中华人民共和国刑法》第234条 故意伤害他人身体的,处3年以下有期徒刑、拘役或者管制。

犯前款罪,致人重伤的,处3年以上10年以下有期徒刑;致人死亡或者以特别残忍手段致人重伤造成严重残疾的,处10年以上有期徒刑、无期徒刑或者死刑。本法另有规定的,依照规定。

(四)学理分析

本案能否成立正当防卫的关键在于黄中权驾车撞人时是否还具备正当防卫行为成立的时间条件。正当防卫的成立在时间条件上要求不法侵害必须正在进行。"正在进行"说明不法侵害已经开始尚未结束。"已经开始"一般应以不法侵害人着手实行不法侵害时为开始,但在不法侵害的现实威胁十分明显、紧迫,待其着手实行后来不及减轻或者避免危害结果时,也应认为不法侵害已经开始。"已经结束"是指法益不再处于紧迫、现实的侵害、威胁中,或者说不法侵害已经不可能(继续)侵害或者威胁法益。应注意的是,在财产性违法犯罪情况下,不法侵害行为虽已完成,但在现场还来得及挽回损失的,行为人对财产能否控制仍处于待定状态,故应认为不法侵害尚未结束,可以实行正当防卫。换句话说,被当场发现并同时受到追捕的财产性违法犯罪侵害行为,一直延续到不法侵害人将其所取得的财物藏匿至安全场所为止;在此之前,追捕者可以使用强力将财物取回。[①] 对尚未开始或者已经结束了的不法侵害实行防卫是防卫不适时(包括事前防卫与事后防卫),防卫不适时不是正当防卫。防卫不适时在刑法上的处理结果有三种情况:

---

① 〔德〕卡尔·拉伦茨:《德国民法通论》(上册),王晓晔等译,法律出版社2003年版,第361页。

一是故意犯罪，即明知不法侵害尚未开始或者已经结束，而故意对不法侵害人造成侵害；二是过失犯罪，即应当预见不法侵害尚未开始或者已经结束，但因疏忽大意而没有预见，对不法侵害人造成侵害；三是意外事件，即客观上不能预见不法侵害尚未开始或者已经结束，因而对不法侵害人造成侵害。

本案中，姜伟与同伙实施抢劫后逃离现场，针对黄中权的不法侵害行为已经结束。此后黄中权驾车寻找并追赶姜伟及同伙，姜伟一边逃跑一边持刀对坐在车内的黄中权挥动，其行为是为阻止黄中权继续追赶，并未形成且不足以形成紧迫性的不法侵害，故黄中权始终不具备正当防卫的时间条件。黄中权作为普通公民可以采取抓捕、扭送犯罪嫌疑人的自救行为，但所采取的方法必须与自救行为的性质、程度相适应。其采取以交通工具高速撞人的严重暴力伤害行为，显然超出了自救行为的范畴，应承担刑事责任。且黄中权对于不法侵害已经结束没有发生事实上的认识错误，故其行为应认定为故意伤害罪。但黄中权犯罪后有自首情节，依法可以从轻或者减轻处罚；被害人姜伟有重大过错，也可酌情对黄中权从轻处罚。综上，一审的判决与二审的裁定都是正确的。

（五）自测案例

刘拴霞1990年经人介绍与张军水结婚。婚后做些加工面条的小本买卖。张军水自1992年以来则整日窝在家里喝酒，寻衅滋事，乱发脾气，还时常殴打刘拴霞致全身伤痕累累。刘拴霞思来想去，觉得这样下去迟早要被张军水打死，不如干脆毒死他。打定主意后，刘拴霞在2003年1月17日做晚饭时，在张军水吃的杂面煎饼里倒了14瓶毒鼠强。张军水当场被毒死。

问：刘栓霞的行为是否成立正当防卫？为什么？

案例四

（一）简要案情

案例1

2001年10月6日上午，薛某与游某因小事发生纠纷，后相互殴打，薛某个子高大，游某个子矮小。当游某吃了亏以后，乘薛某不注意，拾起一块砖头砸向薛某,造成薛某头破血流。游某乘机向市场内跑去,随同薛某一同出来的几个同伙见薛某被人砸破头,遂在薛某弟弟的带领下,手持砍刀、匕首、木棍来到市场内分头寻找。王某和叶某在市场卖肉的地方找到了游某。他们二话没说用砍刀和木棍朝游某身上乱砍乱打。顿时,游某浑身是血,游某拿起卖猪肉的屠刀向持砍刀再一次向自己砍来的王某砍去,王某当即倒地身亡。叶某见状,丢掉木棍向市场外跑去,游某没有去追,而是到附近的派出所投案自首。

请问:游某的行为是否成立正当防卫?

案例 2

甲开车去接其妻丙下班,行至其妻单位门口时,见其妻丙正等在门口。甲正欲下车喊丙,突然在车中发现仇人乙,于是用随身携带的弹弓射击乙,乙左眼中弹,经医院检查,构成重伤。但甲所不知悉的是,在其用弹弓射击乙时,乙正从口袋中掏出枪支欲将甲妻射杀。试分析甲的行为是否成立正当防卫?

(二)思考方向

案例 1 与案例 2 均涉及防卫目的的正当性问题。当事人互殴停止后又为制止他方突然袭击而防卫的行为是否具有防卫目的的正当性?欲不法侵害他人却偶然制止了他人不法侵害的情况下能否将之评价为正当防卫?

(三)法律规定

《中华人民共和国刑法》第 20 条 为了使国家、公共利益、本人或者他人的人身、财产和其他权利免受正在进行的不法侵害,而采取的制止不法侵害的行为,对不法侵害人造成损害的,属于正当防卫,不负刑事责任。

正当防卫明显超过必要限度造成重大损害的,应当负刑事责任,但是应当减轻或者免除处罚。

对正在进行行凶、杀人、抢劫、强奸、绑架以及其他严重危及人身安全的暴力犯罪,采取防卫行为,造成不法侵害人伤亡的,不属于防卫过当,不负刑事责任。

《中华人民共和国刑法》第234条　故意伤害他人身体的，处3年以下有期徒刑、拘役或者管制。

犯前款罪，致人重伤的，处3年以上10年以下有期徒刑；致人死亡或者以特别残忍手段致人重伤造成严重残疾的，处10年以上有期徒刑、无期徒刑或者死刑。本法另有规定的，依照规定。

（四）学理分析

根据我国刑法规定，正当防卫的成立在主观上必须具备防卫意识。防卫意识由防卫认识与防卫意志组成。防卫认识要求防卫人认识到有不法侵害正在进行；防卫意志要求防卫人具有保护国家、公共利益、本人或者他人的人身、财产和其他权利免受正在进行的不法侵害的目的。防卫意识的重点在于防卫认识。换言之，行为人认识到自己的行为是与正在进行的不法侵害相对抗时，就应认为具有防卫意识。即使行为人因情绪激动而对保护利益认识模糊时也应予以认可。这样，有利于将基于兴奋、恐惧、愤怒、狼狈、惊愕等进行的防卫行为认定为正当防卫。[①] 防卫挑拨、互相斗殴、偶然防卫、为了保护非法利益而实行的防卫因不具备防卫意识而不属于正当防卫，构成犯罪的，应当依法追究刑事责任。

案例涉及互相斗殴与偶然防卫方面的内容。互相斗殴时，双方均以侵害对方身体为意图而相互攻击，斗殴双方均具有积极不法侵害他人的意图与行为，客观上也侵犯了对方的法益，所以不属于正当防卫。但在相互斗殴过程中，有两种情况会使行为性质发生变化从而使一方具有正当防卫的权利：一是一方求饶或者逃走，另一方继续侵害的，此时“相互斗殴”实际上已经结束，互殴已转变为一方殴打另一方，被殴打方已从互殴时的侵害者转变为被侵害者。此时，被侵害方就依法享有正当防卫的权利。二是在一般性的轻微斗殴中，一方突然使用杀伤力很强的凶器，另一方生命受到严重威胁的，后者可以进行正当防卫。因为在轻微斗殴中，双方实施的都是轻微的人

---

① 林钰雄：《新刑法总则》，台湾元照出版有限公司2006年版，第242页。持此观点的还有张明楷：《刑法学》，法律出版社2003年版，第263页；刘艳红主编：《刑法学总论》（第二版），北京大学出版社2006年版，第149页。

身伤害，但在一方突然使用杀伤力很强的凶器而使对方生命受到严重威胁时，无异于另外实施了一个重大的不法侵害，故应允许对方行使防卫权。

偶然防卫是故意或者过失侵害他人的合法权益，但偶然地符合了正当防卫客观条件的情况。偶然防卫情况下，行为人没有认识到存在不法侵害，当然更不会去制止不法侵害，只是在侵害他人合法权益的同时偶然制止了不法侵害，保护了另一正在受侵犯或者威胁的法益。由于防卫意识的缺失，偶然防卫不是正当防卫。偶然防卫行为应如处理，国外对此有激烈的争论，行为无价值论者与结果无价值论者对此有不同的结论，即便是在各自理论内部，亦有不同的答案。针对此争议问题，本书认为，应在主客观相统一的范围内进行认定，行为人主观上有侵害他人的故意，且在此故意的支配之下实施了侵害他人的行为，故应在主客观能够统一的范围内将其评价为犯罪；但由于偶然防卫行为所造成的结果是偶然制止了另一不法侵害，保护了合法权益，故此结果被法律所允许不再被责难，所以在认定为犯罪的基础上应将其评价为犯罪的未遂。

在游某砍死王某案中，游某的行为成立正当防卫。理由是：游某在与薛某相互斗殴时，伤害薛某后马上逃跑，不法侵害行为结束。薛某之弟带一伙人手持砍刀、匕首、木棍等凶器去追打游某，是一个正在发生的新的不法侵害，游某并不因先前实施过轻微伤害薛某的行为而丧失正当防卫的权利，尽管两次伤害行为相隔时间不长，并有因果关系，但后面的行为不属于连续犯罪。面对王某等人严重危及人身安全的暴力侵害，游某当然有权利采取积极防卫措施解救自己，以制止不法侵害。防卫行为虽然造成了王某死亡的后果，但相对于王某等人用砍刀木棒乱砍乱打严重危及人身安全的暴力侵害而言，仍未过当。故游某的行为成立正当防卫。

在甲用弹弓射击致乙左眼受伤案件中，甲的行为不能成立正当防卫。理由是：甲在对乙实施不法侵害行为并不知悉的情况下，用弹弓射击乙左眼从而在客观上制止了乙的不法侵害，但甲对存在不法侵害并不知悉，更谈不上具有制止不法侵害的意图。其主观上具有的是伤害乙的故意，且在伤害故意的支配下实施了伤害的行为，根据主客观相统一原则应将其评价为故意伤害罪；但由于法律对正在实施不法侵害的乙的法益保护已经放弃，故在客观上允许此结果的出现，或者说乙的法益即便被侵犯，法律也不会对此进行责难，故甲的行为虽成立故意伤害罪，但应评价为未遂。

（五）自测案例

被告人刘后元，男，48岁，汉族，湖南省澧县人。1994年，刘后元与本村村民路典秀结婚。路的前夫刘清善对被告人刘后元经常去路宅（系刘清善与路协议离婚时分割给路的财产）心怀不满，两人多次发生口角。2000年2月11日18时许，刘后元来到路典秀家中，正遇刘清善，刘清善即谩骂刘后元并持菜刀追赶，后被村民劝阻。刘后元回到家中，见刘清善仍在谩骂，并扬言要杀掉自己，便从家中拿出一把匕首，斗狠说："你今天不杀我，你就是我的儿。"说着走近刘清善，随即二人发生揪扭。在扭打过程中，刘清善用菜刀砍击被告人头部，被告人刘后元亦用携带的匕首刺刘清善左侧背部。此后双方被人劝开，刘清善当即被送往医院抢救。经法医鉴定：被告人刘后元的伤系轻微伤；被害人刘清善的伤为重伤，构成九级伤残。

请问：被告人刘后元的行为是正当防卫、防卫挑拨还是互殴伤害？并说明理由。

案例五

（一）简要案情

2003年6月初，被告人肖烈因琐事与同在上海嘉伟大酒店工作的王振发生争执斗殴。王振自认为吃亏，纠集了王伟、王成、王文超等三人守候于肖烈回暂住处的途中意图殴打肖。当晚22时许，肖烈下班途中发现王振等人守候在其暂住处附近，即回暂住处携带一把尖刀藏在衣服中出门朝王振等人守候处方向行走。22时30分许，肖烈行至吴中路、虹井路路口时，王振等冲上去对肖进行围攻，肖即拔出尖刀挥舞并逃跑。王振等四人追赶，其中王伟、王成、王文超三人见肖持刀均不敢靠近肖，王振则冲上去扭住肖烈并欲夺肖所持之刀，肖即猛刺被害人王振左肋部一刀，继续逃跑。王伟、王成、王文超三人见肖烈手中已无刀，均上前追打肖，直至肖烈逃入附近一酒店。后四人均拨打"110"电话报警。虽被送医，被害人王振还是因被锐器戳刺左侧肋部等并刺破左肺下叶及心脏致大失血而死亡。法院审理后认为：被告人肖烈在实施防卫的过程中，持刀刺戳他人，明显超过必要限度致人死亡，系防卫过当，应承担刑事责任。

请问：被告人肖某的行为应定性为互殴、正当防卫抑或防卫过当？

（二）思考方向

如何理解正当防卫的限度条件？明显超过必要限度与造成重大损害的关系如何？本案肖烈的行为是否过当？

（三）法律规定

《中华人民共和国刑法》第 20 条 为了使国家、公共利益、本人或者他人的人身、财产和其他权利免受正在进行的不法侵害，而采取的制止不法侵害的行为，对不法侵害人造成损害的，属于正当防卫，不负刑事责任。

正当防卫明显超过必要限度造成重大损害的，应当负刑事责任，但是应当减轻或者免除处罚。

对正在进行行凶、杀人、抢劫、强奸、绑架以及其他严重危及人身安全的暴力犯罪，采取防卫行为，造成不法侵害人伤亡的，不属于防卫过当，不负刑事责任。

（四）学理分析

根据我国《刑法》第 20 条第 2 款的规定，防卫过当是指防卫明显超过必要限度造成重大的损害的行为。“必要限度”的确定在我国刑法理论上存在法益相当说、不得已说和必要说等观点。[①] 本书认为，“必要限度”，应以制止不法侵害、保护合法权益的合理需要为标准，即只要是制止不法侵害所必需的，就是必要限度之内的行为。是否“必需”，则应依全案综合分析。一方面要分析不法侵害行为的危险程度、侵害者的主观心理状态以及双方的手段、强度、人员多少与强弱、在现场所处的客观环境与形势等。防卫手段通常是由现场的客观环境决定的，防卫人往往只能在现场取得最顺手的工具，一般

① 详见刘艳红主编：《刑法学总论》（第二版），北京大学出版社 2006 年版，第 150—151 页。

不能要求防卫人在现场选择比较缓和的工具。问题在于如何使用防卫工具即防卫强度问题(包括打击部位与力度)。对此应根据各种客观情况,判断防卫人在当时的情况下应否及能否控制防卫强度。另一方面,还应权衡防卫行为所保护的法益性质与防卫行为所造成的损害后果,即所保护的法益与所损害的利益之间,不能差距过大,不能为了保护微小权益而造成不法侵害者重伤或者死亡,即使是非杀死侵害人不能保护微小法益的情况下,也不能认定杀死不法侵害人是必需的。并非超过必要限度的都是防卫过当。只有"明显"超过必要限度造成重大损害的,才是防卫过当。"明显超过必要限度"意味着防卫行为明显超过了防卫的客观需要,即根据所保护的法益性质、不法侵害的强度与紧迫程度等,防卫行为显然缺乏必要性。

"造成重大损害"意味着造成一般损害的不成立防卫过当,只有造成不法侵害人重伤、死亡时,才可能属于防卫过当;还意味着防卫行为所造成的损害与不法侵害可能造成的损害过于悬殊、明显失衡,或者说,与不法侵害可能造成的损害相比,防卫行为造成的损失过于重大。"明显超过必要限度"与"重大损害"只有同时满足,才成立防卫过当,不存在所谓"手段过当"而"结果不过当"或者相反的现象。①

本案中,公诉机关认为被告人的行为是互殴而非防卫。但笔者对此不予赞同,因为:被害人王振纠集了三人意图报复殴打肖,肖在途中遇到被害人一方时,没有主动侵害对方的行为与言语,在遭受围攻时肖拔出刀也只是挥了几下即逃跑,后在被王振追上抓住无处可退的情况下才持刀刺戳被害人王振。因此,本案事实并不能表明肖烈事先准备工具是为了寻衅斗殴。退一步讲,即使被告人肖烈事先准备工具是为了防卫还是为了斗殴难以界定,依据存疑有利于被告人的原则,也应对之作出有利于被告人的推定。综上,被告人肖烈的行为应定性为防卫而非互殴。

被告人的行为是否"明显超过必要限度造成重大损害"了呢?本书对此持肯定意见。因为本案中,被害人王振等人发现被告人肖烈后实施了围攻殴打行为,属于正在进行的不法侵害。对正在进行的不法侵害,被告人肖烈有权在必要限度内实行防卫。然而被害方虽为四人,但均徒手,并未使用凶器,其侵害行为尚未达到对肖烈生命法益构成威胁的程度。而肖烈在被王

① 张明楷:《刑法学》,法律出版社2003年版,第266—267页。

振追上夺刀时，恐刀被夺自己会被砍，即持刀刺戳被害人，刺戳部位为左肋部肺叶与心脏的要害部位，力度是一刀致命。综上，被告人肖烈的防卫行为已经超过了制止不法侵害所必需的程度，且造成被害人王振死亡这一重大损害结果的发生。所以，被告人肖烈的行为属防卫过当，应承担刑事责任，法院的判决是合理的。

（五）自测案例

被告人叶某，男，个体从业人员。1997 年 1 月上旬，王某等人在被告叶某开设的饭店吃饭后未付钱。后叶某向其催讨，王某认为有损其声誉，于同月 20 日晚纠集郑某等人到该饭店滋事，未成被迫逃离。21 日 18 时许，王某、郑某又纠集了数人到叶某的饭店寻衅滋事，要叶某请客了事。叶某不同意，王某即从郑某处取过 60 厘米长的东洋刀往叶的左手肘部及头部各砍一刀。叶某拔出事先藏在身上的匕首还击，在饭店门口刺中王某胸部一刀后冲出门将王某抱住，两人互相扭打砍刺。在旁边的郑某见状拿起一张方凳砸向叶的头部，叶某躲闪过后随手还击刺了郑某一刀（刺中郑某的胸部），又继续与王某扭打至离叶某饭店 10 余米的电线杆旁，叶将王压在地上并夺下王手中的东洋刀。后王某和郑某经医院抢救无效死亡。检察机关以故意杀人罪对被告叶某提起公诉。一审法院公开审理后判处被告叶某无罪。

试分析法院的判决是否准确合理？

案例六

（一）简要案情

孙余和与张忠兴同住在沈阳市棋盘山开发区满堂乡莲花池村，各自经营着“农家院”的生意。2004 年 6 月 1 日 19 时许，孙妻与张妻因抢客一事发生争吵。张忠兴闻知后，便从自家院内操起斧子赶到孙家。孙余和见状，回屋找到一把改制的匕首。张忠兴将孙妻砍倒后，又与刚出屋的孙余和厮打。厮打中，张忠兴的斧子砍中孙余和后脑部一下，孙余和用匕首刺张忠兴颈部一刀。

被人拉开后，三人被送往医院。孙余和夫妇损伤程度均为轻微伤，而张忠兴却因左颈部被刺，导致失血性休克，经抢救无效死亡。

检察机关以故意伤害罪对其提起公诉。沈阳市中级人民法院审理后认为，张忠兴的行为严重侵害了孙余和及其妻子的人身安全，孙余和对正在进行的不法侵害，有权采取防卫行为，孙余和的行为系正当防卫。据此，法院于2005年6月判决孙余和无罪。

一审宣判后，检察机关提起抗诉。但辽宁省高级人民法院经审理，认定原审认定事实清楚，于是作出维持原判的裁定。

请分析被告人孙余和的行为是否成立正当防卫？

（二）思考方向

如何理解无限防卫权的法律规定？被告人孙余和的行为是否过当？

（三）法律规定

《中华人民共和国刑法》第20条　为了使国家、公共利益、本人或者他人的人身、财产和其他权利免受正在进行的不法侵害，而采取的制止不法侵害的行为，对不法侵害人造成损害的，属于正当防卫，不负刑事责任。

正当防卫明显超过必要限度造成重大损害的，应当负刑事责任，但是应当减轻或者免除处罚。

对正在进行行凶、杀人、抢劫、强奸、绑架以及其他严重危及人身安全的暴力犯罪，采取防卫行为，造成不法侵害人伤亡的，不属于防卫过当，不负刑事责任。

（四）学理分析

若要正确对被告人孙余和的行为定性，首先应对我国《刑法》第20条第3款特殊防卫权的规定有正确的理解。特殊防卫权在刑法理论上又被称为无限防卫权，是鉴于严重危及人身安全暴力性犯罪的严重社会危害性及对被害人潜在的严重危害后果，为鼓励和保障公民实行正当防卫而规定的。理解时应注意：(1) 对于非暴力犯罪及轻微或一般暴力行为，不适用本款的规定。(2) 并非对行凶、杀人、抢劫、强奸、绑架等暴力犯罪进行防卫的都适用本款的规定,只有当这些暴力犯罪严重危及人身安全(限于生命与重大的身体安全)时,才可以适用本款的规定。暴力犯罪行为虽一般性地危及人身安全,但造成死亡或者重伤的危险性并不紧迫时,不属于严重危及人身安全的暴力犯罪。如行为人采取麻醉的方法抢劫他人钱财的,或者以一般暴力行为绑架他人且没有以杀害或者重伤害相威胁的,均不属于严重危及人身安全。(3) 严重危及人身安全的暴力犯罪,并不仅限于刑法条文所列举的上述犯罪,其包括所有严重危及人身安全的暴力犯罪,如劫持航空器罪,抢劫枪支、弹药、爆炸物罪,爆炸罪,放火罪等。(4) 条文中的"行凶"非属刑法术语,亦属含糊用语,与罪刑法定原则所要求的刑法规范应当明确相矛盾。在理解时,行凶应与杀人、抢劫、强奸、绑架等一样受制于严重危及人身安全暴力犯罪的限制,只有对严重危及人身安全的暴力行凶,才可以适用本款的规定。

之所以对特殊防卫权作上述较为严格的解释,是因为正当防卫本身就是国家刑罚权的补充和辅助,是国家所垄断的公力救济的一种让渡。特别是特殊防卫的情况下,防卫人可以防卫至致不法侵害人死亡,若不加以限制,一方面是国家责任不恰当的转嫁,有悖法治原则;另一方面也会导致对无辜者的侵害。

明晰了特殊防卫权的内容后,决定孙余和的行为是否正当防卫的关键在于认定张忠兴的行为是否属于严重危及人身安全的暴力犯罪。对此答案是肯定的。张忠兴拿着斧头到孙家将孙妻砍倒后,又与刚出屋的孙余和厮打在一起,且厮打中,张忠兴的斧子又砍了孙余和的后脑部一下。虽后来孙余和夫妇损伤程度均为轻微伤,而张忠兴经抢救无效死亡,但张忠兴手持斧子四处乱砍的暴力性不法侵害行为已经严重危及了孙余和夫妇的生命安全。面对张忠兴如此的侵害,孙余和完全可以采取防卫行为致被害人死亡以制止不法侵害。所以案件中孙余和的行为成立特殊正当防卫,不负刑事责任,法院的判决是合理的。

(五) 自测案例

案例 1

被告人王某,男,29 岁。村民方某见张某的丈夫王某近几年在外做生意挣了不少钱,遂产生迷倒张某搞点钱财花花的想法。2005 年 7 月 15 日,张某做好晚饭后将饭盖在锅里,准备待其凉却后再吃。在等待饭凉的这段时间内,张某到村边菜地去摘了些青菜。方某趁机越墙翻入张某家,在饭中下了迷魂药。张某及女儿饭后困意大发,倒头便睡。晚上方某窜入张某家四处翻找钱财首饰,恰逢张某的丈夫王某外出回家。王某见此情形拿铁锹对准方某后脑勺猛击几下,方某倒地后王某拨打120求助,但方某因抢救无效死亡。

王某的行为是否成立正当防卫?为什么?

案例2

被告人曲某,女,29岁,农民。某日,村民韩某见曲某的丈夫外出打工,只有曲某一人在家带小孩,当晚窜入曲家,将曲某外衣扯破压在坑上欲行强暴,曲某虽然百般挣扎仍被韩某得逞,在韩某穿衣服时,曲某试图打开抽屉找剪刀,被韩某发现又一次用暴力将曲某强奸,韩某又一次穿衣服时,对曲某说:“你还想反抗?我想干你就可以干你,不信你再试试。”躺在床上疼痛难忍的曲某乘韩某不注意打开了床头柜的抽屉迅速取出一把剪刀,然后不顾一切往韩某身上猛刺。韩某胸部、腹部多处被刺当场死亡。

请问:曲某的行为是否成立正当防卫?为什么?

案例七

(一) 简要案情

某日中午,甲放在居住地楼下的一辆摩托车被盗,盗车人被甲抓获并扭送派出所。当日晚10时许,甲与单位经理乙又到居住地楼下查看单位的摩托车,发现用铁锁锁着的摩托车又不见了,二人即在楼下分头寻找。适逢当地派出所联防队员丙、丁巡逻(知悉此处摩托车常被盗),见甲形迹可疑,误以为是偷车贼而上前盘查。甲将联防队员的行为误认为是白天被抓获的盗车人前来寻机报复,在联防队员丙用胳膊锁住他的脖子时,甲为先发制人,用拳头打丙的眼部,致丙眼部受伤失明(重伤)。后在他人赶来讲明丙系联防队员后,大家才知是一场误会。

试对案件中甲的行为进行分析。

（二）思考方向

假想防卫与防卫过当竞合时成立假想防卫过当。本案中甲的行为是否为假想防卫过当？

（三）法律规定

《中华人民共和国刑法》第20条 为了使国家、公共利益、本人或者他人的人身、财产和其他权利免受正在进行的不法侵害，而采取的制止不法侵害的行为，对不法侵害人造成损害的，属于正当防卫，不负刑事责任。

正当防卫明显超过必要限度造成重大损害的，应当负刑事责任，但是应当减轻或者免除处罚。

《中华人民共和国刑法》第235条 过失伤害他人致人重伤的，处3年以下有期徒刑或者拘役。本法另有规定的，依照规定。

（四）学理分析

防卫过当与正当防卫是两个既有本质区别又有密切联系的概念。首先，防卫过当是一种非法侵害行为，在客观上有危害性，在主观上有罪过性。这是它区别于正当防卫的本质特征，也是防卫过当应负刑事责任的根据所在。其次，防卫过当与正当防卫一样，都具有行为的防卫性，这是它们的密切联系之所在。防卫过当是防卫行为明显超过必要限度造成了重大损害，才使防卫由正当变为过当，由合法变为非法。基于防卫过当的特殊性，刑法明文规定对于防卫过当行为应当减轻或者免除处罚。假想防卫的内容见本章第二节的案例二。

本案中，首先甲将联防队员的行为误认为是盗贼前来报复而攻击，是误认为遭遇不法侵害而进行防卫，成立假想防卫。且案例中甲误认为存在不法侵害的理由并不充分：首先偷车人中午时分刚被送至派出所，没有理由在如此短的时间内再次出现；且甲抓获并扭送偷车人至派出所，如此长时间的接触，甲应该知道偷车人的长相。但甲由于车辆再次被盗内心焦虑而对此没有给予充分的注意，形成一种精神上的懈怠，属于应当预见而没有预见的无认识过失；且甲的“防卫行为”致联防员丙眼睛失明的重伤害，我国《刑法》第235条对过失致人重伤明确规定为犯罪，故甲的行为成立过失致人重伤罪而非意外事件。其次，丙徒手锁住甲的脖子以抓获嫌疑人，甲误以为丙对之进行不法侵害于是进行了所谓的防卫。较之丙的行为，甲用拳头猛击丙眼部的行为无论从击打部位还是击打力度都明显超过必要限度，且造成了丙眼睛失明的重大损害。所以甲的行为成立假想防卫过当的过失致人重伤罪。

第三节　紧急避险

紧急避险，是指人们在遇到某种危险时，为了防止合法权益遭受损害，在迫不得已的情况下采取损害另一个较小合法权益来保护较大合法利益[①]的行为。紧急避险的观点晚于正当防卫，但与正当防卫一样，紧急避险也是一种紧急行为。二者最大的区别在于，正当防卫是对不法侵害的防卫，是"以正对不正"的行为；而紧急避险是两个合法权益之间的冲突，是为保护合法权益而损害另一合法权益的"以正对正"行为。紧急避险行为之所以被社会所认可，源于"紧急时无法律"[②]这一古老的刑法格言。这种"以正对正"的行为之所以阻却犯罪的成立，在于"两害相权取其轻"的利益衡量原则，换句话说，损害另一合法权益是为了保护更大或者至少是同等的法益。

案例一

（一）简要案情

被告人叶某(男,28 岁,司机)于 2000 年 10 月的一天,驾驶一辆大卡车为运输公司送磷肥。途经一段下坡山路时,汽车制动器突然失灵,汽车刹不住,急速下行,随时都有翻车于深谷的危险。叶某急中生智,

① 我国刑法理论的通说认为，只有在保护较大合法权益而牺牲较小合法权益的情况下才可成立紧急避险。但从利益衡量角度看，就社会整体利益而言，上述情况是一个有益于社会的行为；但不得已损害同等合法权益的，虽说是一个无益于社会的行为，但也不是一个有害于社会的行为，充其量是对社会无意义的行为，故仍应成立紧急避险。

② "紧急时无法律"的基本含义是：在紧急状态下，可以实施法律在通常情况下所禁止的某种行为，以避免紧急状态所带来的危险。

把方向盘往里打,使车头本身擦山而行,用车身与山壁的摩擦力减慢车速。车速减慢了,但仍不能停住,危险并没有消除。这时,对面有一辆运煤卡车,慢速爬坡上行。叶某见两辆车车速均较慢,为了使自己的下行车停住,消除危险,就采取了与上行车相撞的措施。结果,车停住了,但撞坏了两辆车的发动机。未发生任何人身伤亡、货物损失的结果。

试分析本案中叶某的行为是否属于紧急避险?

(二)思考方向

我国刑法赋予公民紧急避险的权利,什么是紧急避险?将其规定于刑法中的意义何在?

(三)法律规定

《中华人民共和国刑法》第21条 为了使国家、公共利益、本人或者他人的人身、财产和其他权利免受正在发生的危险,不得已采取的紧急避险行为,造成损害的,不负刑事责任。

紧急避险超过必要限度造成不应有的损害的,应当负刑事责任,但是应当减轻或者免除处罚。

第1款中关于避免本人危险的规定,不适用于职务上、业务上负有特定责任的人。

(四)学理分析

我国《刑法》第21条规定,为了使国家、公共利益、本人或者他人的人身、财产和其他权利免受正在发生的危险,不得已采取的紧急避险行为,造成损害的,不负刑事责任。紧急避险是在合法权益受到危险的情况下,迫不得已为避免合法权益的损害而牺牲另一合法权益的"以正对正"的行为,其正当化的理由是基于利益衡量的"两害相权取其轻"。客观上讲,其是有益于社会(至少无害于社会)的行为,主观上讲,避险人没有罪过。故其是一种合法行为。紧急避险在刑法上的规定有重大的意义:第一,有利于公民在同违法犯罪和各项危险的斗争中,运用紧急避险的法律手段,保护国家、集体和人民的最大利益，使社会可能遭受的损失减少到最低限度。第二，有利于培养公民识大体、顾大局的集体主义精神，发扬社会主义道德风尚。

本案中，被告人叶某由于汽车制动器突然失灵面临车翻深谷车毁人亡的严重危险，在采取其他方法未果、不得已的情况下，叶某将自己缓行的下行车撞上另一缓行的上行车以使车停止行驶从而消除危险，虽造成了两车发动机毁坏的结果，但此损害结果较之叶某所面临的可能车毁人亡的危险而言，显然轻了许多。综上可见，叶某的行为成立紧急避险，不承担刑事责任，但并不因此免除民事责任的承担。

案例二

（一）简要案情

被告人孙某乃 X 大学法学院一年级学生。某日，在大街上孙某挑逗野狗，岂知野狗突然发狂，追逐并攻击孙某。孙某情急之下夺路而逃，但野狗仍紧追不舍。后孙某闯入一住家并紧闭屋门后方逃脱野狗的追咬。

请问：孙某的行为应如何定性？

（二）思考方向

对自己招致的针对本人的危险能否实行紧急避险？本案中孙某的行为应如何定性？

（三）法律规定

《中华人民共和国刑法》第 21 条　为了使国家、公共利益、本人或者他人的人身、财产和其他权利免受正在发生的危险，不得已采取的紧急避险行为，造成损害的，不负刑事责任。

紧急避险超过必要限度造成不应有的损害的，应当负刑事责任，但是应当减轻或者免除处罚。

第 1 款中关于避免本人危险的规定，不适用于职务上、业务上负有特定责任的人。

《中华人民共和国刑法》第 245 条 非法搜查他人身体、住宅，或者非法侵入他人住宅的，处 3 年以下有期徒刑或者拘役。

（四）学理分析

对自己招致的针对本人的危险（即行为人的行为引起了对行为人本人生命、身体等的危险）能否实行紧急避险？由于行为人招致危险时的责任大小不同，所招致的危险亦轻重不一，对此应区分情况不同对待：如果是由于行为人的重大过失或者故意引起对自己轻微法益的危险时，招致危险者应有忍耐的义务，否则会造成不公平现象；如果是轻微过失或故意引起对自己重大法益的危险时，应允许进行紧急避险，否则一样不合理。

在本案中，野狗的追咬造成了对孙某人身重大合法权益的危险，但此危险来源于孙某对野狗的挑逗，因此属于孙某自己招致的针对本人的危险。但孙某对野狗的挑逗本身应该说是一个轻微过失行为，此轻微过失行为引起了对孙某重大合法权益的危险，因此根据上述分析，应当允许孙某就此进行紧急避险。孙某为摆脱野狗的追咬，无奈之下未经允许闯入他人住宅，通过对第三者住宅权的侵犯避免了自己重大法益所面临的危险，是没有超过限度的紧急避险行为。故孙某的行为成立紧急避险。

（五）自测案例

被告人王某与本村的刘某因承包村办企业发生矛盾，2002 年 4 月 1 日晚王某在刘某屋后用汽油点燃一堆禾草企图烧毁刘的房屋（该房还连着其他房屋），不料当时刮起强劲的北风，将着火物刮向有十米之距的王某自己的住宅及其价值数百万元的粮食加工厂和他人住宅。在众人用水扑救无效的情况下，王某为保全自己的财产，遂从附近建筑工地开来一辆他人的工程车，在接连将王某与刘某房屋中间夹着的他人的八间房屋推倒后才阻止火势，保住了自己的住宅及加工厂。

请问刘某的行为应如何定性？

案例三

（一）简要案情

被告人陈冬生，男，湖北人。2001 年 7 月，陈冬生割了一亩多地麦子，坐在树荫下逗路边邻居家正在公路上玩耍的两个小孩。突然，陈冬生看见东边开来一辆黄河牌汽车，速度非常快，与此同时，从西边也开来一辆吉普车，速度也很快。狭窄的公路，快速行驶的车辆，路中间的孩子，太危险了！陈冬生迅速站起，一面奔向小孩，一面高喊让小孩躲开。在两辆车就要相接之时，陈冬生疾步奔到小孩跟前，一左一右把两个小孩都推进路边的小水沟里，自己也滚到沟里，吉普车也在此刻被黄河牌汽车撞翻。两个小孩都幸免于难，但一个孩子因头部碰触了水沟里的一块石头而严重脑震荡，虽经住院治疗，仍留下后遗症。后检察机关以故意伤害罪将陈冬生起诉至法院。法院经公开审理后认为陈冬生行为属紧急避险，不负刑事责任。

（二）思考方向

紧急避险的成立要求其损害的对象是另一合法权益，对此成立条件应如何理解？本案中陈冬生的行为是否为紧急避险行为？

（三）法律规定

《中华人民共和国刑法》第 21 条　为了使国家、公共利益、本人或者他人的人身、财产和其他权利免受正在发生的危险，不得已采取的紧急避险行为，造成损害的，不负刑事责任。

紧急避险超过必要限度造成不应有的损害的，应当负刑事责任，但是应当减轻或者免除处罚。

第 1 款中关于避免本人危险的规定，不适用于职务上、业务上负有特定责任的人。

（四）学理分析

本案陈冬生的行为无疑应该认定为紧急避险，但如何理解紧急避险成立的对象条件，是影响本案定性的关键。

关于紧急避险的对象条件有不同表述。我国学者大部分将紧急避险的对象限定为第三者的合法权益。如紧急避险对合法权益的保护是通过对另一较小合法权益的损害来实现的，因此，避险行为只能对第三者的合法权益实施。[①] 也有学者将紧急避险的对象限定为不得已损害的另一法益。[②] 问题是，另一法益是否仅限于第三者的合法权益？在德日刑法中，紧急避险分为防御性的紧急避险与攻击性的紧急避险，前者是指针对危险源所实施的避险行为，如将正在袭人的野生动物杀害；后者是指针对与危险源无关的第三者的合法权益所实施的避险行为。还有学者将紧急避险分为逆击性紧急避险与顺击性紧急避险。[③] 前者相当于防御性的紧急避险，后者相当于攻击性的紧急避险。显见，另一法益与第三者的合法权益并非等同概念，另一法益也并不仅限于第三者的合法权益，其还可以是危险源的法益，或者合法权益面临危险者的其他合法权益。总而言之，只要是面临危险的合法权益之外的另一合法权益即可，至于其归属于何人或者何物则在所不问。

本案中，吉普车与汽车的快速相向而行，使得公路中间两个孩子的生命面临着现实的正在发生的危险，陈冬生当机立断，为拯救小孩生命而将其推向路边小水沟，虽损害了其中一个孩子的健康法益（生命法益面临危险者的另一合法权益），但相对于保全的生命法益而言仍是对较小法益的损害，且属于对另一法益的损害，也没有超过必要的限度，故陈冬生的行为成立紧急避险，不负刑事责任，法院的判决是正确的。

（五）自测案例

甲开一辆偷来的油罐车向一列行使中的火车冲去，警察乙见状用手枪将甲击毙，油罐车翻下路边沟渠爆炸烧毁。

---

① 刘艳红主编：《刑法学总论》（第二版），北京大学出版社 2006 年版，第 158 页。

② 张明楷：《刑法学》，法律出版社 2007 年版，第 191 页。

③ 详见刘艳红主编：《刑法学总论》（第二版），北京大学出版社 2006 年版，第 173 页。

请分析乙的行为应如何认定？为什么？

案例四

（一）简要案情

被告人刘某，女，21岁，某县委机关干部。刘某某日骑自行车下乡工作，在晚上返城途中，遇到一位男青年抢劫。当时四周空无一人，且天近黄昏，要反抗只会遭横祸。于是刘某表示：自行车拿去好了，车上打气筒是借的，把气筒留下吧，好还人家。男青年表示同意，便弯身以查看自行车是否好用。刘某趁其不备，用刚卸下的气筒朝男青年后脑猛击一下，将其打倒在地后，赶忙骑车离去。当刘某来到最近的一个屯子时，天色已晚，只有一户人家有灯光，敲开门后得知家里有母女二人。刘某向主人说明遭遇，母女深表同情，并请刘某今晚留宿。刘某思量后表示同意，后被安排与这家姑娘共睡一床。人地生疏，再加上白天的遭遇，刘某久久不能入睡，突然听见老太太和抢车男青年在对话。原来刘某借宿的正是他家。男青年得知刘某留宿在自家中十分惊恐，忙问明刘某睡觉的位置及方向。老太太言明刘某睡床外侧。于是男青年手持铡刀，悄悄拔开房门，在黑暗中摸准炕外侧的人头，照颈部猛砍一刀。后母子二人从柜中拿出旧被絮，悄悄裹尸并扔进院后枯井中。实际上，刘某在听到其母子谈话后极度恐慌，无奈之际悄悄将自己与罪犯妹妹互换了位置。在罪犯及其母抬尸外出之机，刘某骑车回县公安局报案。

请问：刘某的行为应如何定性？

（二）思考方向

通过侵害生命保全其他生命的行为成立紧急避险还是避险过当？抑或为无期待可能性的行为？案件中刘某的行为应如何评价？

（三）法律规定

《中华人民共和国刑法》第21条　为了使国家、公共利益、本人或者他人的人身、财产和其他权利免受正在发生的危险,不得已采取的紧急避险行为,造成损害的,不负刑事责任。

紧急避险超过必要限度造成不应有的损害的,应当负刑事责任,但是应当减轻或者免除处罚。

第1款中关于避免本人危险的规定,不适用于职务上、业务上负有特定责任的人。

《中华人民共和国刑法》第232条 故意杀人的,处死刑、无期徒刑或者10年以上有期徒刑;情节较轻的,处3年以上10年以下有期徒刑。

(四)学理分析

案件中刘某的行为符合紧急避险成立的前提、主观、对象、限制条件①,至于是否符合紧急避险的限度标准,则是本案争议的关键所在,也是对刘某行为定性的关键。在我国,关于紧急避险限度的认定标准存有多种观点,通说采取的是“轻于说”,即行为人所造成的损害必须小于所避免的损害,否则应承担刑事责任。② 至于“所造成的损害”与“所避免的损害”轻重的判断,通常要遵守下列准则:生命法益重于身体法益,身体法益重于财产法益。当然,在进行法益衡量时,还应考虑危险的紧迫性与重大性、危险来源的具体情况、损害行为的程度等。

理解紧急避险的限度条件时应注意:

第一,当所造成的损害小于所避免的损害时,是否一定没有超过必要限度?紧急避险是两种合法权益之间的冲突,故应以尽可能小的损害去保护合法权益。所以,必须从客观情况出发,既保护一种合法权益,又将对另一合法权益的损害控制在最小限度内。所以,当所造成的损害小于所避免的损害,但又超越了损害的最小限度时,仍有超过必要的限度的可能性。

第二,当不得已损害同等法益时,是否一定超过了必要的限度?不一定。因为在刑法理论上,是从社会整体利益出发来阐明紧急避险本质的:即在不得不丧失两个合法利益中的一个时,不管是谁的利益,保存价值更高的

---

① 详见刘艳红主编:《刑法学总论》(第二版),北京大学出版社2006年版,第154—160页。

② 刘明祥:《紧急避险研究》,中国政法大学出版社1998年版,第58—59页。

利益才是理想的,正是基于对整体社会利益的考量,紧急避险在刑法上才是成立的。[①] 如果被保护的利益与被损害的利益之间具有同等的价值,只能说这种避险行为是无益于社会但也无害于社会的无意义行为,故仍应成立紧急避险。[②]

第三,能否牺牲一个人的生命来保全自己或者更多人的生命?这是目前在法学界争议非常大的一个问题。有学者对此持肯定态度,认为生命在法律面前的价值是平等的,用牺牲等价生命来保全等价生命,是不具有违法性的。也有学者持反对观点,认为:"生命、身体是人格的基本要素,其本质是不可能用任何尺度进行相互比较的,与此同时,社会生活是基于这样的人格者的结合而成立的,尊重保护人格是法秩序的基本要求,而且,在任何意义上都不允许将人格作为实现自己目的的手段,这是法的基本立场。"[③]我国法律对此没有明确规定,刑法学界的通说采否定观点,认为人的生命是不可以衡量的,人格的基本要素不可以作为实现个人目的的手段。设若如此,则第一,意味着宁愿导致更多人死亡,也不能牺牲一个人的生命,这难以为社会一般观念所接受;第二,也意味着避险人在当时的紧急状态下,要么选择死亡,要么选择杀死他人以保护自己或更多人的生命,但日后要接受刑罚制裁的两难选择,显然,无论哪种结果对避险人而言都不公正;第三,还意味着法律是以崇高的人性为基础而不是以软弱的人性为基础。[④] 但是,刑法既不

① 〔日〕平野龙一:《刑法总论》,日本有斐阁 1975 年版,第 229 页,转引自张明楷:《刑法格言的展开》,法律出版社 2003 年版,第 234 页。

② 在德国,将牺牲较小法益保护较大法益的行为称为阻却违法的紧急避险;将不得已损害同等法益的行为称为阻却责任的紧急避险。我国著名刑法学者张明楷教授认为,由于中国和大陆法系犯罪论体系的不同,前一种紧急避险可以称为合法的紧急避险,后者则可称为放任的紧急避险。

③ 〔日〕木村龟二:《刑法总论》,日本有斐阁 1978 年增补版,第 270 页,转引自张明楷:《刑法格言的展开》,法律出版社 2003 年版,第 234 页。

④ 正如有学者对著名的"卡纳安德斯之板"(卡纳安德斯之板案例内容:航船沉没后两人争夺只能载一人的木板,体强者将体弱者推开而致体弱者淹死)案例的分析,认为无非有四种可能性:一是其中一人舍己为人,二是其中一人舍人为己,三是二人互让同时死亡,四是二人互争同时死亡。第三种和第四种是最差的结果,第一种情况是建立在高尚道德基础之上的,如果将第二种情况视为犯罪,就是对人以第一种情况相要求,如此,则意味着法律是以崇高的人性为基础而不是以软弱的人性为基础。

能强迫人们作出牺牲,也不能将英雄主义强加于人。① 因此,尽管上述第二种情况是不道德的,但在法律上却不能认为是犯罪。

也许在此问题上,肯定说与否定说的争议仍将持续,正义与非正义的辩论、道德的谴责与法律允诺的矛盾、人类的情感与理性的冲突也还将继续下去。本书对此争议采取否定说的观点,认为是不可以通过牺牲他人的生命来保护自己的生命或者其他人的生命,生命是不可以量来衡量的,人格的基本要素不可以作为实现个人目的手段;且认为作为正当化事由的紧急避险阻却的是行为的违法性,故通过牺牲一个人的生命来保全自己或者更多人生命的行为仍具有违法性。但具有违法性未必一定会被评价为犯罪,因违法行为仍然可能会因缺乏期待可能性(即根据案发时的具体情况,不具备期待其实施合法行为的可能性)而不能非难于行为人从而否定犯罪的成立。

在本案中,面临生命危险的刘某在迫不得已的情况下通过牺牲无辜的生命从而避免了自己所面临的危险。毋庸置疑刘某的行为符合紧急避险的前四个成立条件,但由于本书在限度上采上述标准,刘某的行为也就因不符合紧急避险的限度条件从而否定紧急避险的成立,仍为违法行为。当然从案发情况来看,人们也不能期待刘某白白等死而不通过他法避免危险,且除了与男青年妹妹的位置进行置换外再无他法,故案件中的刘某因缺乏实施其他合法行为的期待可能性而不能对之非难,阻却了刑法上的责任,不能认定为犯罪。

(五)自测案例

海上发生了大风暴,海船马上就要沉没,一只救生艇上超载有 9 名海员和 32 名乘客,为减轻载重,避免全艇覆没,几名海员把 14 名男乘客抛入海中,救生艇因减轻重量而没有沉没。

问:海员的行为是否为紧急避险?

---

① 〔法〕卡斯东·斯特法尼等著:《法国刑法总论精义》,罗结珍译,中国政法大学出版社 1998 年版,第 367 页。

案例五

（一）简要案情

张某系某大型食品厂保管员，2002年10月6日，食品厂附近居民陈某家摆筵席，厨师将一小桶柴油误认为食油倒入沸腾的油锅里，顿起大火。在烧毁周围平房三十多间时，消防队员赶到现场，拆掉通道两旁的煤棚，让消防车通过，接上水龙头。此时，食品厂管理员张某认为消防队拆除的火道太窄，火越烧越旺，有可能烧到食品厂的生产车间与储藏仓库，造成巨大损失，就指挥生产工人将孙某等六户居民住的平房拆掉。孙某等人当即反对。他们说："消防队已拆除火道，火有可能扑灭，能多保一栋，就多保一栋。"但张某不听劝阻，强行将孙某等六户居民住房给拆毁。由于消防队员的奋力扑火，火势没有蔓延到孙某等六户房屋处，就被全部扑灭。检察机关以故意毁损财物罪对被告人张某提起诉讼，法院审理后认为张某的行为属于避险过当，构成故意毁坏财物罪，免除处罚。

（二）思考方向

本案中被告人的行为是紧急避险还是避险过当？避险过当的主观罪过是什么？本案中于张某的主观罪过怎样？

（三）法律规定

《中华人民共和国刑法》第21条　为了使国家、公共利益、本人或者他人的人身、财产和其他权利免受正在发生的危险，不得已采取的紧急避险行为，造成损害的，不负刑事责任。

紧急避险超过必要限度造成不应有的损害的，应当负刑事责任，但是应当减轻或者免除处罚。

第1款中关于避免本人危险的规定，不适用于职务上、业务上负有特定责任的人。

《中华人民共和国刑法》第275条　故意毁坏公私财物，数额较大或者有其他严重情节的,处3年以下有期徒刑、拘役或者罚金;数额巨大或者有其他特别严重情节的,处3年以上7年以下有期徒刑。

(四)学理分析

避险行为超过必要限度造成不应有损害的,成立避险过当。避险过当在主观上可以由过失构成,且通常情况下是疏忽大意的过失,即行为人应当预见自己的避险行为所损害的权益可能等于或者大于所保全的权益,因为疏忽大意而没有预见,以致超过必要限度造成不应有的损害。在极少数的情况下,也可能是间接故意。① 但排除直接故意的可能性,因为避险过当时,避险人是为保护一个合法权益而牺牲另一个合法权益,此种情形下,避险人难以具备直接故意所要求的明知自己的行为会发生危害社会的结果而仍希望危害结果发生的心理态度。

本案例中,张某拆除孙某等六户居民住宅的行为是出于保护其所工作的食品厂以免受火灾的危险。本案中,有正在发生的现实的危险,行为人为避免危险而损害了孙某等六户居民的合法权益,其行为符合刑法规定的紧急避险的其他条件,但是,在消防队员已经赶到且采取了措施并接通水龙头开始灭火,且孙某等人反对与抗议,张某预见到火势有可能会被消防队员控制住,从而使得自己的行为是对他人合法权益造成不必要侵害的情况下,为了保护本单位较大的合法权益仍放任了对他人合法权益造成损害的危害结果。虽然张某所保护的合法权益明显大于其所损害的合法权益,但由于超越了排除危险所必需的限度,其行为构成刑法规定的紧急避险过当,成立故意毁坏财物罪,但应当减轻或者免除处罚。所以,法院的审判结果是正确的。

(五)自测案例

被告人苏某,男。2005年8月12日晚10点,一辆由济南发往南京的大客车行驶在高速公路上。突遇吴某横越高速路,眼看大客车将撞及吴某,苏某忙右打方向盘欲避开吴某。但由于车速过快,且由于下雨道路湿滑,客车撞翻了路边的护栏后翻倒在十几米下的河床上,造成两人当场死亡,十几人受伤的严重后果。

---

① 赵秉志主编:《新刑法教程》,中国人民大学出版社1997年版,第267页。

被告人苏某的行为应如何定性?

案例六

(一) 简要案情

马某持枪威胁于某,要于某用木棍将林某的腿打断,否则就将于某杀害。于某在迫不得已的情况下服从了马某的命令,拿木棍击打林某,林某反击将于某打成重伤。

试分析于某的行为是紧急避险还是胁从犯? 林某的行为呢?

(二) 思考方向

被胁迫而侵害他人法益的行为成立紧急避险还是共犯中的胁从犯? 对他人在被胁迫情况下而采取的紧急避险行为进行反击应如何定性? 是成立紧急避险还是正当防卫? 二者的区别何在?

(三) 法律规定

《中华人民共和国刑法》第 20 条　为了使国家、公共利益、本人或者他人的人身、财产和其他权利免受正在进行的不法侵害,而采取的制止不法侵害的行为,对不法侵害人造成损害的,属于正当防卫,不负刑事责任。

正当防卫明显超过必要限度造成重大损害的,应当负刑事责任,但是应当减轻或者免除处罚。

《中华人民共和国刑法》第 21 条　为了使国家、公共利益、本人或者他人的人身、财产和其他权利免受正在发生的危险,不得已采取的紧急避险行为,造成损害的,不负刑事责任。

紧急避险超过必要限度造成不应有的损害的,应当负刑事责任,但是应当减轻或者免除处罚。

第 1 款中关于避免本人危险的规定,不适用于职务上、业务上负有特定责任的人。

《中华人民共和国刑法》第 28 条　对于被胁迫参加犯罪的,应当按照他的犯罪情节减轻处罚或者免除处罚。

（四）学理分析

本案例涉及两方面的问题:一是被胁迫侵害他人法益的行为在什么情况下成立胁从犯？什么情况下成立紧急避险？二是对被胁迫侵害他人法益者进行反击的行为应如何定性？正当防卫还是紧急避险？二者区分的关键何在？

根据我国《刑法》第 28 条的规定,行为人被胁迫参与犯罪的,为共犯中的胁从犯,其行为应被评价为犯罪并承担相应的刑事责任。但行为人参与犯罪被胁迫的程度会有所差异。若胁迫程度未达不得不程度时,被胁迫者与胁迫者成立共犯自不待言;但若胁迫程度已使行为人不得不参与,且若不参与将会使其法益面临更大损害从而参与犯罪实施的,不应认定为胁从犯,而是紧急避险。因为此时完全符合紧急避险的成立条件:有现实的发生的危险;行为人迫不得已侵害另一法益;侵害另一法益的目的是为了保全更大的法益;保全的法益大于牺牲的法益。故综上可知,若胁迫程度致使被胁迫者不得不参与犯罪的,被胁迫者侵害另一法益的行为成立紧急避险而非胁从犯。

案例中,马某以侵犯于某生命法益为威胁迫使于某实施伤害林某的行为,此时,于某的生命法益面临迫在眉睫的危险,为消除危险避免危难,于某不得不实施损害另一合法权益即林某身体健康的行为,且没有超过必要限度。故于某的行为应定性为紧急避险。

正当防卫与紧急避险有共同点亦有区别,二者的共同点与不同点其他学者亦有论及。[①] 案件中林某行为是评价为紧急避险还是正当防卫的关键是对于某行为的理解。本书认为,于某在被迫的情况下对林某所实施的伤害在性质上可界定为是马某对林某所实施的不法侵害,因为此时于某不过是马某实施不法侵害的被控制的工具。对此不法侵害,林某当然不具有忍受的义务,故为避免自身的健康法益不受侵害,林某无奈反击于某的行为是对不法侵害的制止,可成立正当防卫;但由于于某被胁迫实施侵害已达不得不程度,且侵害法益小于保全的法益,故于某的行为亦可评价为紧急避险。对于合法的紧急避险行为对自身健康法益造成的危险,林某予以反击的行

---

① 详见刘艳红主编:《刑法学总论》(第二版),北京大学出版社 2006 年版,第 162—166 页。

为亦是避免危险的紧急避险。所以,林某行为既可评价为正当防卫,亦可评价为紧急避险,成立紧急避险与正当防卫的竞合。在竞合的情况下,我们认为应最终将林某的行为定性为紧急避险,因为于某的行为不仅可评价为不法侵害,亦可评价为紧急避险,而紧急避险是合法行为,对合法行为无法进行正当防卫,但可以进行紧急避险。综上,林某的行为宜定性为紧急避险。

(五)自测案例

某日深夜出租车司机孙某载3名外地人,他们要求孙某在一偏僻小路上停车。孙某下车为他们打开车门之时,3人对孙某实施抢劫。当孙某要把手机交给他们时,歹徒们以为孙某要报警,同时拔出尖刀欲行凶。孙某见状闪身跳进驾驶室,急速驾车逃跑,其中一名歹徒朝出租车猛扑过来被出租车碾压而死亡。

请问:孙某的行为是正当防卫还是紧急避险?为什么?

第四节　其他正当化事由

正当防卫与紧急避险是我国法律明确规定的两种正当化事由。但实务与理论上的正当化事由并不仅限于此,还有其他未被明确规定的事由,被称为超法规正当化事由。常见的有依照法令的行为、正当业务行为、经被害人承诺的行为、自救行为、自损行为、基于推定的承诺、义务冲突等。

案例一

(一)简要案情

被害人秦某是一名皮肤性病科的主任医生,其丈夫的朋友江某患了性病由秦某诊治。几次接触后,江某对秦医生由佩服、喜欢以至到迷恋。2001年11月晚间的一天,江某趁秦某的丈夫出差之机以答谢为名去秦家,闲聊过程中予以暴力强暴秦某,并以若不就范即将其杀害相威胁。秦某在明知无法逃脱的情况下假装就范。①

① 缩编于时光:《特殊案情惹争议》,载《生活文摘报》2002年7月16日第4版。

（二）思考方向

虚假性承诺可否阻却行为的违法性？秦某的行为应如何认定？江某的呢？

（三）法律规定

《中华人民共和国刑法》第236条 以暴力、胁迫或者其他手段强奸妇女的，处3年以上10年以下有期徒刑。

奸淫不满14周岁幼女的，以强奸论，从重处罚。

强奸妇女、奸淫幼女，有下列情形之一的，处10年以上有期徒刑、无期徒刑或者死刑：

（一）强奸妇女、奸淫幼女情节恶劣的；

（二）强奸妇女、奸淫幼女多人的；

（三）在公共场所当众强奸妇女的；

（四）二人以上轮奸的；

（五）致使被害人重伤、死亡或者造成其他严重后果的。

（四）学理分析

秦某的行为是否为被害人承诺决定了江某行为的成罪与否。被害人承诺是一种超法规的违法阻却行为（应注意的是，有些承诺并不影响犯罪的成立，有些承诺是犯罪的成立条件），其成立应具备承诺人对承诺处分的事项具有处分权；承诺人具有承诺能力；承诺发生的时间是在行为前或行为中；承诺具有真实性，是其内心真实的意思表示等要件。上述任何一条件的缺失都会导致承诺的无效。

案例中秦某假装就范的行为显而易见并不具有真实性，因而是虚假性承诺，是一个为避免更大危险的无效承诺，并不能阻却行为的违法性，故江某的行为依照法律规定应认定为强奸罪。案例中秦某虚假性承诺的行为可评价为紧急避险，其是为了避免更大损害的发生从而在不得已的情况下损害了一个较小的合法权益。但其又属于一种特殊的紧急避险，它与一般紧急避险不同的是：侵害的法益与保全的法益都归属紧急避险人所享有和支配；危险的来源为不法侵害人的不法侵害行为；对法益的侵害是经被害人承诺后由引起该危险的不法侵害人实施的。可以说，本案中的虚假性承诺是由不法侵害人所引起的一种特殊的紧急避险。

（五）自测案例

某甲上班时因匆忙误将自己宿舍钥匙锁在屋里，深夜下班无法进门，遂去往男友宿舍，打算从窗户爬进去住一晚。到了以后，见房门未上锁，以为男友出差已提前归来，而事实上是男友的同事某乙因搬家而在此暂住一宿。某甲没有开灯摸黑爬上床去，并抚摸某乙。某乙半梦半醒之间与某甲发生了性关系。次日清晨，某甲发现并非其男友，遂告某乙强奸。

试分析某甲的行为是否成立被害人承诺。

案例二

（一）简要案情

被告人肖风，男，河南省鹤壁市人。

2003 年 11 月 21 日傍晚，女青年肖云在下班回家的路上，被酒后的张平、董冰二人盯上，尾随至矿山机械厂附近菜市场处时，突然对肖云实施抢劫，将其皮包抢走后逃窜。肖云被抢后惊慌失措，急忙给家人打电话求助，其兄肖风一听妹妹被抢，顿时怒火中烧，携带一把自制的短刀前去替妹妹找包，当肖风行至其家附近小路时，发现有两人正在翻一个包，借着附近楼上的灯光他认出正是妹妹的包，即上前去向张平腹部捅了一刀致其重伤。

试分析肖风的行为是成立正当防卫、自救还是故意伤害罪？

（二）思考方向

自救与正当防卫的区别何在？案件中被告人肖风的行为应如何认定？

（三）法律规定

《中华人民共和国刑法》第 234 条 故意伤害他人身体的，处 3 年以下有期徒刑、拘役或者管制。

犯前款罪，致人重伤的，处3年以上10年以下有期徒刑；致人死亡或者以特别残忍手段致人重伤造成严重残疾的，处10年以上有期徒刑、无期徒刑或者死刑。本法另有规定的，依照规定。

（四）学理分析

自救是指法益受到侵害的人，在通过法律程序、依靠国家机关不可能或者难以恢复的情况下，依靠自己的力量救济法益的行为。自救与正当防卫在现实中容易混淆。两者的关键区别在于，正当防卫的情况下，必须有正在发生的不法侵害；而自救则只能针对已经过去的不法侵害。再者，虽然都是私力救济手段，但二者的限度条件并不相同。正当防卫的情况下，只要没有明显超过必要限度造成重大损害的，均未过当；但在自救行为下，自救行为造成的损害要与救济的法益具有相当性，否则即为过当。

本案定性的关键首先在于张平、董冰的不法侵害行为是否已经结束；其次是肖风重伤张平的行为是否过当。案例中，肖风接到妹妹的电话去找包时，不法侵害人张平、董冰不仅抢下了肖云的包，而且逃离了肖云的视线，换句话说，不法侵害行为已经结束，张平、董冰的抢劫也已经既遂。由此，肖风的行为不能成立正当防卫。那是否为自救呢？从不法侵害已经结束这一情况来看，确实有成立自救的可能性。但肖风的私力救济行为造成的损害显然超过了自救所允许的限度，因为财产法益与健康法益之间难以相当。所以，肖风的行为难以认定为自救。结合案例可知，被告人肖风找到抢劫妹妹包的不法侵害人后持刀刺向张平，主观上肖风认识到自己的行为会造成他人伤害的结果，客观上也造成了重伤害，故肖风的行为应认定为故意伤害罪。

（五）自测案例

某村村民朱某与朱某某因琐事发生斗殴后，朱某不肯善罢甘休，扬言要喊两汽车人来将朱某某全家摆平，并骑摩托车前往亲戚家叫人。家住该村的该乡副乡长李某得知这一情况后，为防止事态进一步扩大，遂叫村民马某驾驶同组村民严某（当时不在家）的吉普车去追朱某。马某驾车，3名村民与副乡长李某随车前往。在行驶中，李某催促马某开快。因超速行驶，吉普车翻于公路外坎下的河滩中,副乡长李某因颅脑损伤死亡,马某及3名村民受轻伤。县公安局交警大队出具《道路交通事故责任认定书》,认定马某在该交通事故中负全部责任。检察机关以马某构成交通肇事罪为由向该县人民法院提起公诉。

试分析检察机关的定性是否准确合理?为什么?

第十章　故意犯罪停止形态

第一节　故意犯罪形态概述

故意犯罪停止形态，是指故意犯罪在发展过程中，由于某种原因出现结局所呈现的状态，即犯罪预备、犯罪未遂、犯罪中止和犯罪既遂。故意犯罪停止形态只存在故意犯罪中，且只能存在于不以危害结果为构成要件的直接故意犯罪中。故意犯罪停止形态只能存在于犯罪过程中，在犯罪过程外出现的某种状态，难以成立故意犯罪的停止形态。犯罪过程由犯罪预备阶段与犯罪实行阶段及犯罪实行后阶段组成。其中，预备为实行做准备，实行是预备的发展。着手是实行阶段的起点，但不是预备阶段的终点。故意犯罪停止形态是在犯罪过程中由于某种原因停止下来所呈现的状态，这种停止不是暂时性的停顿，而是结局性的停止，该犯罪行为不可能继续向前发展。

案例

（一）简要案情

青年李某刚在某市工商局谋得职位，在一次对商品质量的抽检活动中，在接受了某商品方2万元的好处后徇私舞弊将伪劣产品鉴定为合格。事后，李某一直对自己接受好处的行为惴惴不安，于是在抽检过后又将2万元返还给了商品方。如何对李某返还2万元钱的行为进行定性？

（二）思考方向

如何理解故意犯罪停止形态、故意犯罪过程、故意犯罪阶段？本案中李某返还钱财的行为是否发生在犯罪过程中？对其行为应如何认定？

（三）法律规定

《中华人民共和国刑法》第 385 条 国家工作人员利用职务上的便利，索取他人财物的，或者非法收受他人财物，为他人谋取利益的，是受贿罪。

国家工作人员在经济往来中，违反国家规定，收受各种名义的回扣、手续费，归个人所有的，以受贿罪论处。

（四）学理分析

犯罪停止形态是在犯罪过程中由于某种原因停止下来所呈现的状态，这种停止不是暂时性的停顿，而是终局性的停止，一旦停止，该犯罪行为由于某种原因不可能继续向前发展。犯罪停止只能存在于不以危害结果的出现作为犯罪构成要件的直接故意犯罪中。故意犯罪停止形态只能出现在故意犯罪过程中，犯罪过程之外不会存在任何一种犯罪停止形态。一个最完整的故意犯罪过程由犯罪预备、犯罪实行及犯罪实行后阶段组成，当然亦有一些犯罪只具备前两个犯罪阶段。其中，犯罪预备始于开始预备行为，终于预备行为的完成；犯罪实行阶段始于着手，终于实行行为的终了；犯罪实行后阶段始于实行行为的终了，终于犯罪既遂。故意犯罪停止形态中的犯罪预备与预备阶段的犯罪中止可存在于预备阶段；犯罪未遂、犯罪中止与犯罪既遂可发生于犯罪实行阶段与犯罪实行后阶段。

案例中，李某身为国家机关工作人员，利用自己职务上可以决定所抽检商品质量伪劣与否的便利，非法收受商品方 2 万元好处的行为成立受贿罪。因为 2 万元的好处费是其不正当职务行为的对价，是对其应正当履行职务行为的收买。只要好处费一旦到手，即表明国家工作人员的职务行为已经被收买，对受贿罪欲立法保护的法益——国家工作人员职务行为的不可收买性也就造成了现实的侵犯，受贿罪即达既遂。而既遂点是故意犯罪过程的终结点，之后任何举动均已超越了犯罪过程。所以本案中的李某返还好处费的行为发生于犯罪过程之外，不会再对之前既遂的停止形态造成任何的影响，但会在一定程度上影响量刑。

（五）自测案例

吴某在阅读了大量的武侠小说后决定以其中的江洋大盗为“榜样”，于是，为了成为杰出的“人才”，吴某决定“自学成才”，夜以继日地研读各种书籍以学习大盗的技巧，直至一日一位大师将其点化，吴某才迷途知返。

请对吴某的行为进行分析。

第二节 犯罪既遂

刑法理论通说的犯罪既遂，是指犯罪人所实施的行为已经完全符合《刑法》分则条文所规定的某种犯罪构成的全部要件。行为是否完全符合犯罪构成要件，是认定既遂犯的唯一标准。

《刑法》分则中所有的犯罪若按照对法益的侵害样态为标准进行划分，可以分为实害犯与危险犯。其中，实害犯以对法益造成实实在在的侵害为既遂标准；危险犯又进一步划分为抽象危险犯与具体危险犯，其中抽象危险犯的危险是一种立法推定的危险，只要特定的行为方式出现，立法者即推定危险状态伴随而生；纵然具体个案不生危险，也不许反证推翻。故只要特定行为方式已经实施完毕，即已既遂。具体危险犯中的危险是一种在经验上可以被感知的危险，是一种具体的危险结果，设若没有对法益侵害的具体危险状态出现，犯罪也就未能既遂，故具体危险犯以对法益造成具体的危险结果为既遂的标准。

《刑法》分则中所有的犯罪若以是否需要查明因果关系为标准进行划分，可以分为结果犯与行为犯。其中，结果犯以行为引起经验上可以感知的结果为既遂或者成立的标准；行为犯以特定的行为方式是否实施完毕（不必有经验上可以感知的任何变动）为既遂标准。

实害犯与危险犯、结果犯与行为犯是依据不同标准对犯罪进行划分的子项，不可以相互混淆。实害犯既可能是结果犯，也可能是行为犯；危险犯中的抽象危险犯为行为犯，而具体危险犯则为结果犯。

案例

(一) 简要案情

被告人赵某,某日晚11时许,从一朋友处喝酒后回家。行至一小路岔口处,看到前面有一妇女单身行走,遂从后面冲上去,抓住该妇女的皮包就往回跑。刚跑出不到10米,只听后面喊到:"赵某,你怎么抢我的东西?"赵某回头一看,见被抢者是其同学的妹妹,便赶紧走上前去说:"阿妹,我看你一个人走路,不放心,逗你玩玩。走吧,我把你送回家。"遂将该妇女护送到家。当时,该妇女包内有现金3000元。

试分析赵某的行为属于何种犯罪停止形态,并说明理由。

(二) 思考方向

什么是犯罪既遂?在侵犯财产犯罪中,既遂的标准是什么?本罪属于何种停止形态?

(三) 法律规定

《中华人民共和国刑法》第267条　抢夺公私财物,数额较大的,处3年以下有期徒刑、拘役或者管制,并处或者单处罚金;数额巨大或者有其他严重情节的,处3年以上10年以下有期徒刑,并处罚金;数额特别巨大或者有其他特别严重情节的,处10年以上有期徒刑或者无期徒刑,并处罚金或者没收财产。

携带凶器抢夺的,依照本法第263条的规定定罪处罚。

(四) 学理分析

到底什么是犯罪既遂?由于没有法律的明确规定,我国刑法理论就此形成了诸多争议观点。具体而言有犯罪结果发生说、犯罪目的达到说与犯罪构成要件齐备说。[①] 我国通说采取的是最后一种学说,即以行为是否完全符合刑法分则某一具体犯罪的构成要件为既遂标准。

在侵犯财产的犯罪中,其所侵害的法益是财产所有权。因此,从对法益侵害的样态来看,其属于实害犯,即以对法益(财产所有权)造成实实在在的侵害为既遂标准。故在本类犯罪中,若行为人控制了财物,或者被害人失去了对财物的控制,对法益实实在在的侵害也就构成,犯罪即达既遂。如果行为人在控制或者被害人失去了对财物的控制后又积极返还财产的,已经是犯罪既遂之后的举动了,而作为犯罪停止形态的犯罪既遂一旦形成,即具有终局性,从而否定其他停止形态的存在;且此类举动已经超越了犯罪过程而为犯罪过程之外的举动,而犯罪过程之外的举动对犯罪停止形态的成立也不会有任何影响,充其量是影响量刑的情节。

在本案中,赵某趁被害人不备,从身后冲上去将包抢到手后逃跑,此时他已完成了抢夺的犯罪行为,也已经成功地控制了财物,被害人对财物也失去了控制,之后的逃跑已不是抢夺罪的构成条件了。至于在逃跑中被被害人认出而最终没有能够取得财物,则属于犯罪既遂之后的事情,与犯罪的既遂与否不再有关系。因此在抢夺他人财物之后被人认出又主动返还所抢财物的,不影响既遂的成立。故本案中赵某的行为成立抢夺罪的既遂。

(五)自测案例

被告人许某纠集三人携带尖刀、玩具仿真手枪等凶器窜至某公司,向公司主人借款遭拒绝,遂以言语相威胁、凶器相威吓,迫使公司主人交出 3 万元,在被害人要求下许某出具了借条一份。

问:被告人的行为构成何罪?是犯罪未遂还是既遂?

① 详见刘艳红主编:《刑法学总论》(第二版),北京大学出版社 2006 年版,第 176—179 页。

第三节　犯 罪 预 备

案例一

（一）简要案情

农妇甲因长期遭受其夫乙的虐待而离家出走，乙在遍寻其妻无果的情况下，悍然闯入隔壁邻家，以武力威胁邻家男主人丙去替自己找回甲，否则即以丙妻为自妻。丙被迫离家寻甲，历经千辛万苦后寻到了甲，恳请甲回家以拯救他及妻子。甲出于恻隐之心勉强回到自家。乙在妻子回家的当晚即威逼妻子朝自己跪下，折磨到半夜之后，乙代甲写下了一份遗书并丢下一句话："我已经替你写好遗书了，明天再要你的命"。尔后，乙在仍然跪着的妻子面前倒在床上睡去。甲在走投无路的情况下悄悄出去找自己的妹妹、妹夫进行商议，商议后认为，既然不是你死就是我活，不如结果了乙自救。结果三人乘乙熟睡之机将之勒死。

请问：乙的行为应如何认定？

（二）思考方向

犯意表示与犯罪预备的区别在哪里？本案中乙的行为属于犯意表示还是犯罪预备？

（三）法律规定

《中华人民共和国刑法》第22条　为了犯罪，准备工具、制造条件的，是犯罪预备。

对于预备犯，可以比照既遂犯从轻、减轻处罚或者免除处罚。

（四）学理分析

犯意表示与犯罪预备具有密切的联系。犯意表示是行为人通过口头、书面、手势或者其他可以让人知晓的方法向他人表露犯罪意图。犯意表示仅是犯罪意图的单纯流露。犯罪预备中的为犯罪实施创造条件的行为往往也要通过语言等来表达。犯意表示与犯罪预备是故意犯罪行为过程中紧密联系的阶段，单纯的犯意表示往往发生在犯罪过程之前，自然也在预备阶段之前；而犯罪预备则发生在犯罪过程中。犯意表示仅停留在意志决定阶段，也就是说，犯意表示并没有对实行犯罪起促进作用，只是单纯流露犯罪意图而已，行为人并没有实施实现犯意的行为，没有对法益构成威胁，故犯意表示的行为不成立犯罪；但犯罪预备则超越了意志决定阶段而步入了意志实施阶段，即行为人已经实施了对实行犯罪起促进作用的行为，或者说实施了实现其犯罪故意的行为，已经对法益构成了威胁，故犯罪预备成立犯罪。

在本案中，乙代甲写下遗书一份并说“我已经替你写好遗书了，明天再要你的命”，只不过是其想非法剥夺甲生命法益的犯意表示而已，其行为还没有进行到为实行非法杀人行为而准备工具、制造条件的预备阶段，乙的行为也还没有对甲的生命法益构成威胁。所以，乙的行为属于发生于犯罪过程之外的犯意表示，不成立犯罪。

（五）自测案例

2006年3月8日晚8时许，农民李某酒后到王某家门前大骂不止，并扬言整死王某的全家。当晚10时许，王某在家喂猪时，又看到李某骂着向自家走来，感觉情况不妙，忙解下猪圈旁晾衣服用的一根绳子藏在身上，并藏在大门后。在李某骂骂咧咧进了王某家的门意欲行凶时，王某突然从门后闪出，用绳子套住了李某的脖子并将其勒死。

请对案件中李某的行为进行分析。

案例二

（一）简要案情

蒲某意图抢劫，尾随一妇女身后。当该妇女回家开门后准备关门时，蒲某以为其家中无人，强行挤进房内，该妇女被吓得惊叫一声。她的丈夫闻声起床，拉开电灯，见蒲某站在门口，便问：“你是干什么的？”蒲某答不上来，该妇女的丈夫上前打了蒲几个耳光。在邻居的帮助下，蒲某被扭送到公安机关。蒲某供认他的目的是抢钱。

请分析蒲某的抢劫行为属于犯罪预备还是犯罪未遂？

（二）思考方向

犯罪预备与犯罪未遂区分的关键何在？本案中蒲某的行为是犯罪预备还是犯罪未遂？

（三）法律规定

《中华人民共和国刑法》第22条　为了犯罪，准备工具、制造条件的，是犯罪预备。

对于预备犯，可以比照既遂犯从轻、减轻处罚或者免除处罚。

《中华人民共和国刑法》第263条　以暴力、胁迫或者其他方法抢劫公私财物的，处3年以上10年以下有期徒刑，并处罚金；有下列情形之一的，处10年以上有期徒刑、无期徒刑或者死刑，并处罚金或者没收财产：

（一）入户抢劫的；

（二）在公共交通工具上抢劫的；

（三）抢劫银行或者其他金融机构的；

（四）多次抢劫或者抢劫数额巨大的；

（五）抢劫致人重伤、死亡的；

（六）冒充军警人员抢劫的；

（七）持枪抢劫的；

（八）抢劫军用物资或者抢险、救灾、救济物资的。

（四）学理分析

犯罪预备与犯罪未遂均是故意犯罪的停止形态，二者的共同之处是停止形态的形成均因行为人意志以外的原因所致；二者的区别是犯罪预备只能发生在犯罪过程中的预备阶段，而犯罪未遂可以发生在实行阶段与实行后阶段。正是由于发生阶段的不同，从而决定了犯罪预备只能发生在着手之前，而犯罪未遂发生在着手之后，这是二者区别的关键点。本案中，蒲某的行为成立犯罪预备还是犯罪未遂的关键在于确定其是否已“着手”实施犯罪的实行行为。“着手”的认定在刑法理论上争议颇大，但一般认为，“着手”需具备主客观两个基本特征：主观上，行为人实行具体犯罪的意志已经直接支配客观实行行为并通过后者开始充分表现出来，因而不同于预备犯的意志。客观上,行为人已经开始直接实行具体犯罪构成客观要件的行为,这种行为已经不再属于为犯罪的实行创造便利条件的预备犯罪的性质,而是实行犯罪的性质,这种行为已经使刑法所保护的具体权益受到侵害或者面临实际存在的威胁。①

结合以上关于"着手"的界定,我们认为本案中蒲某的行为还未达"着手"点,换句话说行为人的行为仍停留在预备阶段。因为抢劫罪的着手要求行为人开始实施暴力、胁迫或者其他手段以使被害人不知、不能或不敢反抗,而案件中的蒲某从尾随到挤进门内的行为属于为实行犯罪创造客观条件的跟踪被害人前往犯罪场所的预备行为;但蒲某到达犯罪场所还未实施抢劫行为时,即被发现且被扭送至公安机关,这显然属于阻碍行为人继续实施的意志以外的因素。综上,蒲某的行为应成立犯罪预备而非犯罪未遂。

(五)自测案例

被告人张某某,男,20岁,农民。被告人赵某某,男,19岁,农民。

被告人张某某由于身体虚弱,经常患病,就想练武强身。其哥姐给他借钱500元,让他到少林寺去学武,但少林寺不收留他。张某某又到陈家沟学太极拳,也未能如愿。在归家途中经郑州候车时,遇到老乡赵某某,两人同病相怜,身上所带的钱财已经所剩无几。时值1998年除夕之夜,两人流浪于车站门前,看到附近一杂货店后顿生邪念,商量着去抢劫杂货店,就用剩余的钱买了两把匕首。晚十点多钟,二人手持匕首去敲杂货店的门,店主(四十多岁中年人)问:"谁呀?"张某某说:"你开开门。"店主一边大声说"深更半夜的,你们干什么",一边去开门。开开门后,二人见店主身材魁梧,难以对付,又听到脚步声响,扭头就跑,店主急忙追赶,将被告人张某某抓获。后赵某某也被逮捕归案。

请分析张某某与赵某某的犯罪停止形态。

---

① 参见赵秉志主编:《中国刑法案例与学理研究》(总则篇 下),法律出版社2001年版,第17页。

第四节　犯罪未遂

我国《刑法》第 23 条第 1 款规定:“已经着手实行犯罪,由于犯罪分子意志以外的原因而未得逞的,是犯罪未遂。”犯罪未遂根据犯罪行为实行终了与否,可分为未实行终了的未遂和实行终了的未遂。根据犯罪未遂的原因不同,可以分为能犯未遂与不能犯未遂。①

案例

(一) 简要案情

被告人刘某,男,43 岁。刘某见本村孙某常年在外打工,遂产生强行奸淫其妻赵某的念头。2004 年 6 月 7 日,刘某将一封恐吓信偷偷塞进孙某家里。信中刘某提出,若赵某不在 6 月 10 日晚 10 点到村边小树林与之发生性关系,三日后赵某的儿子将会死于非命。赵某接到恐吓信后非常害怕,急忙将此事告知村支书。两人商议后,由村支书向公安局报了警。6 月 10 日晚,当刘某在 10 点钟准时赴约时,被守候的公安抓获。检察机关以强奸罪(犯罪未遂)向法院提起公诉,法院审理后认为,刘某的行为构成强奸罪(犯罪预备)。

试分析刘某的犯罪停止形态。

(二) 思考方向

如何认定行为是否已经着手?本案中刘某的行为是成立强奸未遂还是预备?

(三) 法律规定

《中华人民共和国刑法》第 23 条　已经着手实行犯罪,由于犯罪分子意

① 参见杨春洗、杨敦先主编:《中国刑法论》(第二版),北京大学出版社 1998 年版,第 116 页。

志以外的原因而未得逞的，是犯罪未遂。

对于未遂犯，可以比照既遂犯从轻或者减轻处罚。

《中华人民共和国刑法》第236条 以暴力、胁迫或者其他手段强奸妇女的，处3年以上10年以下有期徒刑。

奸淫不满14周岁的幼女的，以强奸论，从重处罚。

强奸妇女、奸淫幼女，具有下列情形之一的，处10年以上有期徒刑、无期徒刑或者死刑：

（一）强奸妇女、奸淫幼女情节恶劣的；

（二）强奸妇女、奸淫幼女多人的；

（三）在公共场所当众强奸妇女的；

（四）二人以上轮奸的；

（五）致使被害人重伤、死亡或者造成其他严重后果的。

（四）学理分析

犯罪未遂的成立必须具备三个条件：行为人已着手实行犯罪；犯罪未得逞；犯罪未得逞是由于犯罪人意志以外的原因所致。

我国在对"着手"的认定时一般采形式客观说，认为只要行为人开始实施刑法分则所规定的某一犯罪构成客观要件的行为时，就是着手。但依此说判断存有漏洞：第一，什么行为才是符合构成要件的实行行为呢？形式客观说没有给予回答，因此在很多情况下仍不明确何时为着手。第二，根据形式客观说，有时会造成着手的提前。如行为人"为了骗取保险金而故意造成财产损失的保险事故"，由于在保险诈骗罪的客观要件中包含了"制造保险事故"的客观要件，故根据形式客观说，当行为人开始实施制造保险事故时即为保险诈骗罪的着手。但这使得着手过于提前，因为制造保险事故仍属于行为人为骗取保险金而做准备的行为。基于此逐渐有学者向实质客观说倾斜。实质客观说以犯罪本质为侵犯法益为根据判断行为是否着手，其认为犯罪的本质是侵犯法益，不侵犯法益的行为不会成立犯罪。处罚预备犯，是因为预备行为也具有侵害法益的危险。所以，实行行为只能是对法益的侵害具有紧迫危险性的行为，至于何时对法益的侵害具有紧迫的危险，应综合案件的具体情况进行考虑。

犯罪未得逞是由"犯罪人意志以外的原因"而致。"犯罪人意志以外的原因”是指违背犯罪人意志的，客观上使犯罪不可能既遂，或者使犯罪人认为不可能既遂从而被迫停止犯罪的原因。意志以外的原因说明行为人是“非不欲也，实不能也”。当然，导致犯罪未得逞的原因从质上应是犯罪人意志以外的原因，从量上应是足以抑止犯罪得逞的原因，其必须是质与量的结合体，只有在量上足以抑止犯罪继续实施的原因才可以在被认定为犯罪人意志以外的原因。

本案中刘某的行为到底应成立何种停止形态？首先，刘某停止犯罪是被迫的，并非基于己意自动将犯罪停止下来，而是在实施犯罪的过程中遇到了抑止其行为继续实施下去的客观原因，故刘某的行为不能成立犯罪中止。其次，还要判断刘某的行为是否已经着手，这直接决定刘某的行为是成立犯罪未遂还是犯罪预备。若依形式客观说，刘某的行为已经着手，因为行为人已开始实施强奸罪客观构成要件的胁迫行为，但形式客观说由于具有上述缺陷而为我们所不采，故应从实质上判断是否着手，即行为人的行为对所侵害的法益是否造成了紧迫的危险？若已造成，则为着手；否则，尚未着手。本案中，刘某虽已对赵某实施了胁迫，但在其赴约于村边树林时，是一个前往犯罪地点、接近被害人的为实行犯罪创造条件的行为，此时，刘某连被害人都还未曾见到，更不可能对其人身造成紧迫的危险，故本案中刘某的行为尚未着手，应成立强奸罪的犯罪预备，而非未遂。

（五）自测案例

某县城关镇连续发生数起拦路强奸案，均未能破获。为此，县公安局派公安人员杨某男扮女装，诱捕犯罪分子。某日晚，叶某正准备去农机厂盗窃废铁，途中遇到杨某，即起强奸之念。叶从后面扑上去，掐住杨的脖子，手解裤带。欲行强奸。杨转身抓叶，叶将杨的假发抓掉，发现是个男的，便脱身逃跑，被巡逻的公安人员抓获。

请问：叶某的行为应如何认定？并说明理由。

第五节 犯罪中止

我国《刑法》第 24 条第 1 款规定：“在犯罪过程中，自动放弃犯罪或者自动有效地防止犯罪结果发生的，是犯罪中止。”据此，犯罪中止存在两种情况:一是未实行终了的中止,即在预备阶段或者实行行为还没有实行终了的犯罪过程中自动放弃犯罪;二是实行终了的中止,即在实行行为终了的情况下自动有效地防止犯罪结果发生。

案例一

(一) 简要案情

被告人张玉东,男,1969 年 7 月 29 日出生于河南省卫辉市,汉族,文盲,农民,住卫辉市柳庄乡大张庄村。2004 年 1 月 3 日凌晨 1 时许,被告人张玉东来到卫辉市柳庄乡大张庄村村西向庞庄村往南拐的路上,见骑自行车过来两人。被告人张玉东顿生歹意,将走在后面的张某某从自行车上拽下,按翻在地,欲行强奸,遭到张某某的反抗,且张某某在反抗中说:"你要敢,我就报案"。被告人闻言遂起身逃走。经卫辉市人民法院公开开庭审理后认为,被告人张玉东使用暴力手段,拦截妇女,意欲强奸,其行为已构成强奸罪。判决被告人张玉东犯强奸罪,判处有期徒刑 1 年零 6 个月。

请问:张玉东的行为成立强奸罪的未遂抑或中止?为什么?

(二) 思考方向

犯罪中止与犯罪未遂的关键区别是什么?本案张某的行为是犯罪中止还是犯罪未遂?

(三) 法律规定

《中华人民共和国刑法》第 24 条 在犯罪过程中,自动放弃犯罪或者自动有效地防止犯罪结果发生的,是犯罪中止。

对于中止犯,没有造成损害的,应当免除处罚;造成损害的,应当减轻处罚。

《中华人民共和国刑法》第 236 条 以暴力、胁迫或者其他手段强奸妇女的,处 3 年以上 10 年以下有期徒刑。

奸淫不满14周岁的幼女的,以强奸论,从重处罚。

强奸妇女、奸淫幼女,具有下列情形之一的,处10年以上有期徒刑、无期徒刑或者死刑:

(一) 强奸妇女、奸淫幼女情节恶劣的;

(二) 强奸妇女、奸淫幼女多人的;

(三) 在公共场所当众强奸妇女的;

(四) 二人以上轮奸的;

(五) 致使被害人重伤、死亡或者造成其他严重后果的。

(四) 学理分析

本案成立犯罪未遂抑或犯罪中止的关键是张玉东停止犯罪是出于己意还是意志以外的原因,即是否具有自动性?中止的自动性是指行为人认识到客观上可能继续实施犯罪或者可能既遂,但自愿放弃原来的犯罪意图。在理解时:首先,行为人认识到客观上可能继续实施犯罪或者可能既遂。这就表明,行为人面临两种可能性:或者继续实施犯罪、使犯罪既遂,或者不继续实施犯罪、不使犯罪既遂。在存在选择余地的情况下行为人选择了后者,即表明其停止犯罪具有自动性。其次,是否自愿放弃原来的犯罪意图即是否具有自动性的判断标准一般采用弗兰克公式,即“能达目的而不欲时”具有自动性成立犯罪中止;“欲达目的而不能时”不具有自动性成立犯罪未遂。“能”与“不能”以行为人的认识为标准进行判断,即只要行为人认为可能既遂而不愿达到既遂的,即使客观上不可能既遂,也是中止;反之,只要行为人认为不可能既遂而放弃的,即使客观上可能既遂,也是未遂。

行为人出于己意中止犯罪的动机可能是多样的,但动机如何不影响自动性的成立。实践中,行为人在遇到了客观外在障碍(如实施犯罪时遭遇了被害人的反抗、哭泣、哀求等等)而停止犯罪的,未必一定否定自动性的成立。此时应判断客观外在的障碍是否足以阻止行为人继续实施犯罪行为,即依据行为人当时的认识判断其是否还可以继续把犯罪行为实施下去以达既遂,若还可以而停止的,不否认其中止的自动性;若行为人认为外在障碍已经达到了足以制止其继续实施犯罪的程度而停止,则否定了中止的自动性。所以在具体的案件中应结合行为人的认识进行判断。

就本案而言,被告人张玉东在实施奸淫的过程中虽然遭到了被害人的反抗甚至“你要敢,我就报案”之类的话语威胁,但当弱小的被害人以此对抗强大的加害人时,此种意志以外的客观障碍并不足以阻止张玉东继续将强奸行为实施下去,但张玉东在听了被害人的话语后,慑于法律的威严,惧怕刑罚的处罚或者说是基于功利的计算而停止了强奸行为,但其停止犯罪并不是认为强奸行为不可能继续进行下去或者进行下去也不可能既遂了,而是在仍可继续实施以达既遂的情况下基于功利的计算而自动停止了犯罪行为,属于“能达目的而不欲”的犯罪中止,而非“欲达目的而不能”的犯罪未遂,所以张玉东的构成强奸罪(犯罪中止)。

(五) 自测案例

被告人张某 1983 年与被害人李某结婚,婚后生一子一女,双方感情尚好。1990 年张某由于外出打工与一女子勾搭成奸,后与其妻李某感情逐渐冷淡,至长期不归。1991 年 11 月 30 日张某提出离婚,法院判决不准予离婚。1992 年 8 月张某再次提出离婚,李某以割腕相威胁,张某撤诉,但从此再未回家。1995 年 1 月 5 日张某突然回到家中,对妻儿甚是热情,次日晨 5:30 李某到村旁深水井边打水,张某趁机尾随,趁李某低头向井里提水的一刹那,张某拿起木棍对李某背部猛击,由于用力过猛,李某一头冲向井另一边的一堆大石头上,当即头部血流如注,张某当时吓懵了,后将李某送往医院,经抢救及时未死亡。

试问:该案是犯罪未遂还是犯罪中止?

案例二

(一) 简要案情

被告人杨某,女,28 岁,某木材加工厂女工。被告人张某,男,30 岁,某个体户老板。被告人钱某,男,26 岁,某医院药剂师。杨某与张某长期通奸,为达到结合为夫妻之目的,预谋要杀害杨某的丈夫王某。他们共同商定由张设法搞来毒药,由杨伺机下毒。张找到在医院工作的钱某要砒霜。钱问张干什么,张讲出真情,钱拒绝。张便以揭发钱的隐私相要挟,钱无奈,给张一包硫酸铜(一种会引起呕吐而不会致命的药物),张将药交给了杨。某日,杨在王某的饮食中下了药,王某吃后翻胃呕吐,十分痛苦,杨某观察了一段时间,见王某仍在痛苦之中,便后悔,遂急送王某到医院抢救,王某很快恢复了健康。

请分析被告人杨某的行为是犯罪未遂还是犯罪中止?为什么?

(二)思考方向

在实行终了的犯罪中止中,要求行为人必须有效防止危害结果的发生,始能满足本类犯罪中止的成立条件。但问题是,行为人为防止危害结果发生而付出真挚努力的行为与结果最后没有发生之间是否一定要具有因果关系?

(三)法律规定

《中华人民共和国刑法》第24条　在犯罪过程中,自动放弃犯罪或者自动有效地防止犯罪结果发生的,是犯罪中止。

对于中止犯,没有造成损害的,应当免除处罚;造成损害的,应当减轻处罚。

《中华人民共和国刑法》第232条　故意杀人的,处死刑、无期徒刑或者10年以上有期徒刑;情节较轻的,处3年以上10年以下有期徒刑。

(四)学理分析

实行终了中止的成立,不仅要求行为人自动停止犯罪行为,而且还必须满足有效防止危害结果发生这一成立条件。有效防止危害结果发生要求行为人采取有效的措施、作出真挚的努力,无疑包括下面两种情况:一是行为人的中止行为独立防止了危害结果的发生,成立犯罪中止;二是行为人的中止行为与其他人的协力行为,共同防止了危害结果的发生,只要能够认为行为人为此作出了真挚的努力,也成立犯罪中止。如行为人投毒后心生悔意,立即拨打120救助,将被害人送往医院抢救未死。但是,如果行为人为防止危害结果的发生作出了真挚的努力,但其行为本身偶然不能使危害结果发生或者由于他人行为防止了危害结果发生时,是否成立犯罪中止?即中止行为与危害结果没有发生之间不存在因果关系时，是否成立中止？对此有不同观点：一种观点认为不能成立犯罪中止，因为行为人的真挚努力并非为有效地避免预期危害结果发生的原因，即这种努力在主观上是自动的，在客观上却是无效的，它虽然符合犯罪中止的自动性条件，但却不具备中止的有效性特征，因此只能以未遂犯论处，而不能以中止犯论处。[①] 另一种观点认为可以成立犯罪中止，因为行为人是在认识到能够既遂的情况下自动采取有效措施，在结果没有发生的情况下，应认为符合犯罪中止的本质特征[②]，否则将会导致罪刑的不均衡。虽然《刑法》第24条要求"有效地防止危害结果发生"，这似乎是在表明中止行为与危害结果没有发生之间要具有因果关系，实际上是要求危害结果没有发生，要求行为人采取有效的救助措施、作出真挚的努力。[③] 本书采后一种观点，认为即使不具有因果关系，仍符合犯罪中止成立所要求的有效性条件。

在本案中，被告人杨某虽然在丈夫王某的饮食中投放的是不能致人死亡的硫酸铜，但杨某却误以为自己投放的是足以致人死亡的砒霜，由于发生了错误认识，杨某认为自己的丈夫如果不进行救治必死无疑。在这种认识的支配下，杨某后悔、心生不忍，自动采取了有效的救治措施，王某最后也没有死亡。本案中，杨某不仅具有犯罪中止成立必须具备的自动性，且为危害结果的不发生采取了有效措施、付出了真挚努力，完全具备实行终了的中止所要求的另一重要条件，即有效防止危害结果的发生。故被告人杨某的行为成立犯罪中止，而非犯罪未遂。

---

① http://www.szedu.com.cn/zixun_4/36245.shtml。日本的刑法理论与实践多数采本观点，详见张明楷著：《外国刑法纲要》，清华大学出版社1999年版，第278页。

② 德国刑法理论与实践多采本观点，详见同上书，第279页。

③ 另有观点认为，此种情况下，虽然不要求事实上的因果关系，但仍需要观念上的因果关系，即如果没有致使结果不发生的某些事实上的原因存在，行为人真挚的中止行为应当足以阻止结果发生，即行为人主观上是真诚希望能够防止犯罪危害结果的发生，客观上也作出了足以阻止危害结果发生的真挚努力，而且这种努力在社会一般人看来也是必要和相当的。也就是说，按照社会一般人的通常观念，行为人这种真挚的努力按照因果关系的自然进程，能够合乎规律地避免危害结果的发生。笔者认为观念上的因果关系其实是对真挚努力的界定，即按照社会一般人的观点，真挚努力须达有效防止危害结果发生的程度。详见张平：《中止犯的类型新论》，载《同济大学学报（哲社版）》2007年第6期。

（五）自测案例

刘某欲去某仓库行窃，之前刘某去仓库周围“踩道”，决定行窃及出库路线。2001 年 10 月 5 日晚，刘某按照预先观察好的路线进入仓库行窃，在搬东西时，碰翻了堆放在仓库中的水桶，水桶发出巨大响声。刘某大恐，急忙逃走。

请分析刘某的行为属于犯罪中止还是犯罪未遂？

第十一章　共同犯罪

一般认为，我国刑法分则部分中规定的犯罪，除单位犯罪及必要的共同犯罪之外，是以单个自然人犯罪的完成形态作为设定模式的。这样，就会产生一些问题。如果行为人在实行犯罪时，不是以立法者预想的方式来实施，如何追究非实行行为人的责任？在刑法中，该任务是由近代才逐渐发展起来的共同犯罪的理论来完成的。正是在这个意义上，我们说共同犯罪的理论是一种刑罚的扩张事由。

第一节　共同犯罪概述

共同犯罪是指二人以上共同故意犯罪。该定义表明，共同犯罪是二人以上以共同的犯罪故意和共同的犯罪行为联系起来的整体，而不是各人行为的简单相加。成立共同犯罪需要具备的条件是：主体条件必须是二人以上；客观条件是二人以上有共同犯罪行为；主观条件是各共犯者必须有共同的犯罪故意。

案例一

（一）简要案情

17 周岁的钱某和 15 周岁的赵某为了筹钱打网络游戏，合谋绑架自己的同学孙某。为了防止孙某事后报案，两人又杀害了孙某。

（二）思考方向

如何理解共同犯罪中对犯罪主体的要求？在本案中赵某、钱某是否需要承担刑事责任？如何理解我国《刑法》第 17 条第 2 款的规定？

（三）法律规定

《中华人民共和国刑法》第 17 条第 1 款、第 2 款　已满 16 周岁的人犯罪，应当负刑事责任。

已满 14 周岁不满 16 周岁的人，犯故意杀人、故意伤害致人重伤或者死亡、强奸、抢劫、贩卖毒品、放火、爆炸、投毒罪的，应当负刑事责任。

《中华人民共和国刑法》第 25 条第 1 款　共同犯罪是指二人以上共同故意犯罪。

《中华人民共和国刑法》第 232 条　故意杀人的，处死刑、无期徒刑或者 10 年以上有期徒刑；情节较轻的，处 3 年以上 10 年以下有期徒刑。

《中华人民共和国刑法》第 239 条第 1 款　以勒索财物为目的绑架他人的，或者绑架他人作为人质的，处 10 年以上有期徒刑或者无期徒刑，并处罚金或者没收财产；致使被绑架人死亡或者杀害被绑架人的，处死刑，并处没收财产。

（四）学理分析

本案分析应当分为如下三个步骤：第一步，共同犯罪对犯罪主体的要求"二人以上"如何理解；第二步，具体到本案之中，赵某、钱某是否需要对其行为承担刑事责任；第三步，得出本案的结论。

共同犯罪的主体要求为"二人以上"。这里的"人"是指达到法定年龄、具有责任能力的自然人以及单位。二人以上共同实施危害行为，如果其中只有一人达到法定年龄、具有责任能力，其余人缺乏这种条件，也不构成共同犯罪。[①] 事实上，这也就意味着在共同犯罪的场合，至少有两个人成立犯罪，如果只有一个人成立犯罪，则不能满足共同犯罪的主体条件。

在本案中，钱某在绑架案发生时已经 17 周岁，那么，依据我国《刑法》第 17 条，他对任何犯罪都要承担刑事责任，他可以成立任何罪名；再根据《刑法》第 239 条，对他的行为当以绑架罪论处。赵某在绑架案发生时，年龄为 15 周岁，依照我国《刑法》第 17 条第 2 款的规定，他只对法律规定的八种犯

① 刘艳红主编：《刑法学总论》（第二版），北京大学出版社 2006 年版，第 202 页。

罪负责,除这八种情形之外,赵某不成立犯罪。如何理解我国《刑法》第 17 条第 2 款的规定?

学术界和实务界对此存在两种观点。一种观点认为,我国《刑法》第 17 条第 2 款规定的是八种行为而并非八种罪名;与此相对的观点则认为《刑法》第 17 条第 2 款规定的是八种罪名而非八种行为。我们以为,上述两种观点都并非空穴来风。第一种观点以 2002 年 7 月 24 日全国人大常委会法制工作委员会《关于已满十四周岁不满十六周岁的人承担刑事责任范围问题的答复意见》和 2003 年 4 月 18 日最高人民检察院研究室《关于相对刑事责任年龄的人承担刑事责任范围有关问题的答复》为依据。第二种观点则以 2006 年 1 月 11 日最高人民法院《关于审理未成年人刑事责任案件具体应用法律若干问题的解释》(自 2006 年 1 月 23 日起施行)第 5 条规定为依据。

比较起来,罪名说更合理。因为它体现了立法限制处罚范围的思想,而且也不会出现罪与刑的分离。否则,如果采第一种观点,则会出现不适当扩大处罚范围的后果。例如,在绑架并且杀害被害人的情况下,如果行为人是限制刑事责任能力者,对他以绑架罪论处就会在对他的刑罚中既包括对杀人行为的处罚也包括对前面的绑架行为的处罚,因为绑架罪的刑罚中既包括对杀人行为的处罚也有对绑架行为的处罚。当然,在把法定情况理解为八种罪名的同时还要注意,如果行为人触犯的是与这八个罪名具有整体、部分包容法条竞合关系的罪名,是八个罪名的特殊情况,也应当承担刑事责任。例如,对抢劫枪支、弹药罪,也要承担责任。

根据以上的分析,对赵某不能以绑架罪定罪。我们认为赵某虽然不成立绑架罪,但其行为满足了故意杀人罪的犯罪构成,而故意杀人罪恰好属于法定八种应当承担刑事责任的情形之一,所以对之可以以故意杀人罪论处。

所以,结论是赵某和钱某满足了共同犯罪的主体条件(及其他条件),成立共同犯罪,但在定罪时,对赵某当以故意杀人罪定罪,而对钱某则应以绑架罪论处。

(五)自测案例

吴甲指使自己 15 周岁的儿子吴乙从某礼品店盗窃,共计窃得高级手表 4 块,价值人民币 1.3 万余元。

吴甲和其子的行为如何定性?他们可否成立共同犯罪?

案例二

（一）简要案情

冯甲与邻居陈某发生争吵，遂指使儿子冯乙去教训一下陈某。冯乙在与陈某及其妻子褚某的打斗中，心生杀机，掏出口袋中的刀子向陈某胸口捅了两刀，致陈某死亡。冯乙返家后，对冯甲说知此事，冯甲大为懊恼，无可奈何之下，为儿子准备钱款，让其逃命。三天后，正在逃跑途中的冯乙被抓获。冯甲在案发当天晚上即被逮捕归案。

（二）思考方向

如何理解共同犯罪的客观要件？什么是共同犯罪中的实行过限？实行过限时如何处理？

（三）法律规定

《中华人民共和国刑法》第 25 条第 1 款　共同犯罪是指二人以上共同故意犯罪。

《中华人民共和国刑法》第 29 条　教唆他人犯罪的，应当按照他在共同犯罪中所起的作用处罚。教唆不满 18 周岁的人犯罪的，应当从重处罚。

如果被教唆的人没有犯被教唆的罪，对于教唆犯，可以从轻或者减轻处罚。

《中华人民共和国刑法》第 232 条　故意杀人的，处死刑、无期徒刑或者 10 年以上有期徒刑；情节较轻的，处 3 年以上 10 年以下有期徒刑。

《中华人民共和国刑法》第 234 条　故意伤害他人身体的，处 3 年以下有期徒刑、拘役或者管制。

犯前款罪，致人重伤的，处 3 年以上 10 年以下有期徒刑；致人死亡或者以特别残忍手段致人重伤造成严重残疾的，处 10 年以上有期徒刑、无期徒刑或者死刑。本法另有规定的，依照规定。

（四）学理分析

成立共同犯罪，客观上要求有共同的犯罪行为。这也产生了所谓的实行过限的问题。共同犯罪实行过限，指的是实行犯超出了原来共同犯罪人的犯罪共谋的行为。一般认为，对于超出共同犯罪故意范围的过限行为，由实行过限者独自承担责任，对非过限部分，则由于仍然成立共同犯罪，由各共同犯罪人共同承担责任。①

在本案例中，冯甲和其子冯乙原定是共同伤害行为（“教训一下”），但冯乙在实行时却超出了原定的犯罪计划，对被害人实施了杀人行为。根据上述学说，冯甲和冯乙在故意伤害罪的范围内成立共同犯罪。冯甲成立故意伤害罪的教唆犯，对他应以故意伤害罪论处。而冯乙实施的则是杀人行为，他应成立故意杀人罪。

或许有人依据我国《刑法》第 29 条第 2 款的规定，认为冯乙没有犯冯甲所教唆的故意伤害罪，所以可以对冯甲从轻或者减轻处罚。我们认为这种观点的不合理之处是显而易见的。我国《刑法》第 29 条第 2 款的规定只适用于被教唆者拒绝教唆、被教唆者虽接受教唆但没有实施犯罪行为或接受教唆后实施的犯罪行为与被教唆的罪根本是性质上不同的犯罪（实行改变）等几种情况。而对于实行犯实行过限的情况，实行犯实施的是与被教唆的罪相关且性质更重的犯罪，此时对教唆者从轻或者减轻处罚于情于理都是讲不通的。

（五）自测案例

秦某和尤某、许某合伙进行抢劫。一天傍晚，三人在一偏僻的路口发现被害人何某骑着自行车迎面而来，三人上前进行抢劫。抢劫之后，秦某就着昏黄的路灯发现何某长得年轻貌美，顿生歹心，与尤某两人将何某挟持，残忍地将何某轮奸。在此过程中，许某一直对两人的行为保持沉默，自己也没有参与到其中。

如何认定此案中各行为人的刑事责任？

---

① 刘艳红主编：《刑法学总论》（第二版），北京大学出版社 2006 年版，第 205 页。

案例三

(一) 简要案情

吕某和妻子施某发生争吵,遂追赶妻子。施某要跑出大门时,门却被张某从外面栓上,施某遂被吕某赶上,用木棒将腿打折。

(二) 思考方向

如何理解共同犯罪的主观要件?什么是片面共犯?对于片面共犯,如何处理?

(三) 法律规定

《中华人民共和国刑法》第 25 条 共同犯罪是指二人以上共同故意犯罪。

二人以上共同过失犯罪,不以共同犯罪论处;应当负刑事责任的,按照他们所犯的罪分别处罚。

《中华人民共和国刑法》第 27 条 在共同犯罪中起次要或者辅助作用的,是从犯。

对于从犯,应当从轻、减轻处罚或者免除处罚。

《中华人民共和国刑法》第 234 条 故意伤害他人身体的,处 3 年以下有期徒刑、拘役或者管制。

犯前款罪,致人重伤的,处 3 年以上 10 年以下有期徒刑;致人死亡或者以特别残忍手段致人重伤造成严重残疾的,处 10 年以上有期徒刑、无期徒刑或者死刑。本法另有规定的,依照规定。

(四) 学理分析

共同犯罪的成立,在主观上要求各行为人之间具有共同的犯罪故意,即共同的犯罪认识因素和共同的犯罪意志因素。①

在共同犯罪的共同认识因素中，有一个存有一定争议的问题，即是否承认片面共犯的问题。

所谓片面共犯，是指一人在实施犯罪，同时有人以明知的方式加功于该人的犯罪而直接的实行者本人对于被加功的事实并不知晓的情况。对于片面共犯，素来有肯定说和否定说的争议。在肯定说的内部对于片面共犯的成立范围也是有争议的，有的只承认片面帮助犯，有的还承认片面教唆犯、片面组织犯等。1979 年《刑法》第 23 条第 2 款规定，“对于主犯，除本法分则已有规定的以外，应当从重处罚”，这从立法上为片面共犯的成立设定了障碍：人们无法说，同一个人的犯罪，在被人暗中予以帮助的情况下社会危害性及其人身危险性就重于他一个人单独犯罪。而 1997 年《刑法》修订后，删除了主犯从重处罚的规定，扫清了承认片面共犯的立法障碍。因此，我国现在承认片面共犯的人越来越多了。

我们认为，是否承认片面共犯需要从法律规定出发。在我国对于共同犯罪的定义中，并没有限定共同的故意是双向的，这就为承认片面共犯提供了可能。此外，我们还可以从共同犯罪理论的存在意义的角度来看待片面共犯的存在价值。如我们在本章开始所揭示的那样，共同犯罪理论从本质上说是一种刑罚扩张事由，片面共犯的存在意义也在于此。在片面共同犯罪中，片面共犯对直接实行者有认识，并且其行为和直接实施犯罪者的行为合在一起与犯罪的结果之间具有因果关系，不承认片面共犯则会放纵犯罪。

至于片面共犯的成立范围，我们倾向于只承认片面帮助犯。至于片面教唆犯、片面组织犯、片面实行犯等，我们认为是不能成立的。在教唆犯中，教唆犯的定义本身“教唆他人犯罪”就足以表明教唆者和被教唆者之间是存在双向意识联络的，如果“被教唆者”根本不知自己行为性质，那就是所谓的间接正犯而非片面共犯了。而承认片面组织犯和片面实行犯同样是不可思议的。对于组织犯，怎么可能被组织者不知道组织者的存在呢？对于实行犯而言，也只有在他们存在意思联络的情况下，我们才可以将他们的行为作为一个整体来看待，否则会出现对犯罪人处罚过重的结果。例如，甲在发现

---

① 刘艳红主编：《刑法学总论》（第二版），北京大学出版社 2006 年版，第 204—205 页。

乙将丙打昏的时候，利用丙被打昏的事实，将丙洗劫一空。我们只能对甲单独定盗窃罪，对乙定故意伤害罪，而如果按照片面实行犯的理论，岂非对甲可以定抢劫罪了？所以，承认片面帮助犯是正确的，而承认片面实行犯、片面教唆犯、片面组织犯则有值得探讨之处。①

将上面的关于片面帮助犯的理论贯彻下来，本案的结论也就非常明朗了。吕某故意伤害妻子的行为成立故意伤害罪，而张某在暗中给吕某以帮助，成立片面帮助犯，也应当以故意伤害罪论处。

（五）自测案例

章某夜晚进入仓库盗窃，听到门响，以为被人发现，慌忙躲入门后，后见李某蹑手蹑脚进入仓库，方知为共同道中人。遂放心大胆与李某达成默契，以井水不犯河水的心态各行其事。事后，经查章某盗窃数额为 2 万元，而李某盗窃数额约 3 万元。

如何看待章某和李某的行为？

案例四

（一）简要案情

张某与李某系高中同学，二人辍学后均不务正业。2007 年 10 月 12 日，两人偶遇，均打算搞点钱用用，于是决定共同实施抢劫。随后几天，二人一同制订了抢劫计划并购置相应的工具，约好 10 月 20 日晚在某肯德基外集合，然后共同去实施抢劫。当晚，李某越想越怕，决定不去了，就以身体不适为由电话回绝张某，张某未置可否。10 月 20 日晚，张某按照两人事先制订的计划，独自一人去实施抢劫，在抢劫过程中由于遭到被害人反抗，将被害人打成重伤。②

① 刘艳红主编：《刑法学总论》（第二版），北京大学出版社 2006 年版，第 207 页。
② 参见 http://www.chinacourt.org/html/article/200811/10/329653.shtml.

（二）思考方向

共谋而未实行是否构成共同犯罪？对于这种情况应当如何处理？

（三）法律规定

《中华人民共和国刑法》第22条 为了犯罪，准备工具、制造条件的，是犯罪预备。

对于预备犯，可以比照既遂犯从轻、减轻处罚或者免除处罚。

《中华人民共和国刑法》第25条第1款 共同犯罪是指二人以上共同故意犯罪。

《中华人民共和国刑法》第263条 以暴力、胁迫或者其他方法抢劫财物的，处3年以上10年以下有期徒刑，并处罚金；有下列情形之一的，处10年以上有期徒刑、无期徒刑或者死刑，并处罚金或者没收财产：

（一）入户抢劫的；

（二）在公共交通工具上抢劫的；

（三）抢劫银行或者其他金融机构的；

（四）多次抢劫或者抢劫数额巨大的；

（五）抢劫致人重伤、死亡的；

（六）冒充军警人员抢劫的；

（七）持枪抢劫的；

（八）抢劫军用物资或者抢险、救灾、救济物资的。

（四）学理分析

这里主要涉及所谓共谋共同正犯的问题。根据我国《刑法》第25条的规定，二人以上共同故意犯罪的为共同犯罪。在共谋而未实行的场合，共谋者和其他实行者之间也成立共同犯罪。因为共谋就其实质而言，已不属于作为共同犯罪成立主观要件的意思联络，而是一种为犯罪做准备的行为，符合《刑法》第22条关于犯罪预备性行为的规定。甚至有些情况下，未实行犯罪的共谋者的谋议行为对犯罪所生的影响甚至超过了实行犯罪的共谋者的行为(如背后的策划者、组织犯等)。①

在成立共同犯罪的前提之下,还有一个李某承担责任的范围问题,即他是只对抢劫罪的基本犯罪负责,还是对于最后的加重结果(致人重伤)也承担责任。我们赞成其只对基本犯罪负责的观点,因为他对于最后的加重结果缺乏罪过,也没有刑法上的因果关系。所以,张某和李某成立抢劫罪的共同犯罪,但张某应当在10年以上处刑,而李某则在3年以上10年以下法定刑幅度范围内酌定量刑。

(五) 自测案例

杨某和朱某共谋盗窃,至约定的时间到来之际,杨某因发病而未去,朱某在未等到杨某的情况下,自己独自一人去实施了盗窃,窃得价值5万余元的财产。

如何认定杨某和朱某的行为?

案例五

(一) 简要案情

被告人高某系个体户。2008年初,中国人民银行某市分行业务部出纳申某(在逃)多次找到高某,与之共谋盗窃申某与另一出纳共同管理的保险柜内的现金。申某向高某要了一把中号螺丝刀和一只蛇皮袋放在自己的办公桌内,又用事先准备好的钢锯条,将业务部的钢筋护栏锯断,为作案后逃离现场做准备。7月23日,申某将高某带至银行业务部熟悉地形,并暗示了存放现金的保险柜和开启保险柜的另一把钥匙的存放地点。7月27日,申某找到高某,告知其近日将提款40万元存放保险柜的情况,并详细告诉高某作案的时间、步骤、开启保险柜的方法及进出口路线等。7月30日,申某将高某带进该银行业务部套间,藏在自己保管的大壁橱内。其他工作人员上班后,申某与另一出纳从金库

① 刘艳红主编:《刑法学总论》(第二版),北京大学出版社2006年版,第207—208页。

提回现金40万元，放进保险柜的顶层。其间被人提走10万元。10时40分，申某趁其他工作人员外出吃饭离开办公室之际，打开壁橱将自己保管的保险柜钥匙交给高某，并告知人都走了，自己即离开业务部去吃饭。高某撬开另一出纳员的办公桌抽屉，取出钥匙，打开保险柜将30万元人民币放入旅行袋里，又在办公室中将申某等人的办公桌撬开，制造假象，然后从后窗翻出办公室逃离现场。事后，申某给高某留下3万元，然后携带其余赃款潜逃。①

（二）思考方向

如何理解共同犯罪中身份对于犯罪行为定性的影响？

（三）法律规定

《中华人民共和国刑法》第25条第1款 共同犯罪是指二人以上共同故意犯罪。

《中华人民共和国刑法》第91条 本法所称公共财产，是指下列财产：

（一）国有财产；

（二）劳动群众集体所有的财产；

（三）用于扶贫和其他公益事业的社会捐助或者专项基金的财产。

在国家机关、国有公司、企业、集体企业和人民团体管理、使用或者运输中的私人财产，以公共财产论。

《中华人民共和国刑法》第93条 本法所称国家工作人员，是指国家机关中从事公务的人员。

国有公司、企业、事业单位、人民团体中从事公务的人员和国家机关、国有公司、企业、事业单位委派到非国有公司、企业、事业单位、社会团体从事公务的人员，以及其他依照法律从事公务的人员，以国家工作人员论。

《中华人民共和国刑法》第264条 盗窃公私财物，数额较大或者多次盗窃的，处3年以下有期徒刑、拘役或者管制，并处或者单处罚金；数额巨大

① 刘艳红主编：《刑法学总论》（第二版），北京大学出版社2006年版，第223页。

或者有其他严重情节的，处3年以上10年以下有期徒刑，并处罚金；数额特别巨大或者有其他特别严重情节的，处10年以上有期徒刑或者无期徒刑，并处罚金或者没收财产；有下列情形之一的，处无期徒刑或者死刑，并处没收财产：

（一）盗窃金融机构，数额特别巨大的；

（二）盗窃珍贵文物，情节严重的。

《中华人民共和国刑法》第382条　国家工作人员利用职务上的便利，侵吞、窃取、骗取或者以其他手段非法占有公共财物的，是贪污罪。

受国家机关、国有公司、企业、事业单位、人民团体委托管理、经营国有财产的人员，利用职务上的便利，侵吞、窃取、骗取或者以其他手段非法占有国有财物的，以贪污论。

与前两款所列人员勾结，伙同贪污的，以共犯论处。

《中华人民共和国刑法》第383条　对犯贪污罪的，根据情节轻重，分别依照下列规定处罚：

（一）个人贪污数额在10万元以上的，处10年以上有期徒刑或者无期徒刑，可以并处没收财产；情节特别严重的，处死刑，并处没收财产。

（二）个人贪污数额在5万元以上不满10万元的，处5年以上有期徒刑，可以并处没收财产；情节特别严重的，处无期徒刑，并处没收财产。

（三）个人贪污数额在5000元以上不满5万元的，处1年以上7年以下有期徒刑；情节严重的，处7年以上10年以下有期徒刑。个人贪污数额在5000元以上不满1万元，犯罪后有悔改表现、积极退赃的，可以减轻处罚或者免予刑事处罚，由其所在单位或者上级主管机关给予行政处分。

（四）个人贪污数额不满5000元，情节较重的，处2年以下有期徒刑或者拘役；情节较轻的，由其所在单位或者上级主管机关酌情给予行政处分。

对多次贪污未经处理的，按照累计贪污数额处罚。

（四）学理分析

本案例的分析，可以考虑分为如下几个步骤：第一，分析身份对于共同犯罪定性的影响的原因；第二，对“公务”的含义进行分析；第三，决定本案例是否符合贪污罪的共同犯罪构成。

在身份与共同犯罪的关系上，存在诸多值得研究的问题。但有一点是得到学界公认的,那就是有身份者与无身份者在一起共同实行犯罪,无身份者可以成立其自身无法单独成立的罪名。例如,妇女甲教唆男子乙强奸妇女丙,则对于甲应当以强奸罪进行定罪处罚。从这个意义上来说,所谓的特殊主体犯罪无特定身份不能成立该罪名,只是对于单独犯罪才成立的一个判断,而对于共同犯罪未必适用。问题是,为什么在共同犯罪的场合,非身份犯可以成立其自己单独不能成立的罪名?

我们认为,这与共同犯罪的行为特征有关。在共同犯罪的情况下,各行为人的行为相互联接、相互配合,应当作为一个整体来看待,他们的行为是作为一个整体与结果发生因果关系,而不应当把各个行为人的行为分割开来。在共同犯罪的场合,如果有特殊身份的犯罪人参与犯罪,他与其他无特定身份者相互联接的共同犯罪行为,有可能就满足了特殊主体犯罪的犯罪构成。此种情况下,各共同犯罪人的行为就应当以所满足的身份犯罪论处。又因为特殊主体犯罪,是指特定身份对于行为人实行行为的限制。所以,要成立身份犯的共同犯罪,要求在实行行为上满足身份犯的要求,即作为一个整体的共同犯罪的实行行为满足了身份犯罪的犯罪构成。

在本案例中,关键是要确定申某和高某的行为是否满足了贪污罪的犯罪构成。按照我国《刑法》第 382 条的规定,贪污罪是“国家工作人员利用职务上的便利,侵吞、窃取、骗取或者以其他手段非法占有公共财物的”行为。所以我们可以将贪污罪的客观要件归纳如下:第一,犯罪人是国家工作人员;第二,行为人利用了自己职务上的便利;第三,以侵吞、窃取、骗取或者其他手段非法占有公共财物。在这三个要件中,核心便是“职务上的便利”了,这也成为行为人行为是否成立贪污罪的关键点。结合我国《刑法》第 93 条对国家工作人员的规定来看,认定行为人是否利用“职务上的便利”,取决于他的行为是否在他从事公务的过程中利用自己从事公务的便利所实施。如果回答“是”,则行为人的行为当属贪污行为;否则,行为人的行为就不是贪污行为。

2003 年 11 月 13 日最高人民法院《全国法院审理经济犯罪案件工作座谈会纪要》在关于《刑法》第 93 条的适用问题上规定:“从事公务,是指代表国家机关、国有公司、企业、事业单位、人民团体等履行组织、领导、监督、管理等职责。公务主要表现为与职权相联系的公共事务以及监督、管理国有财产的职务活动。如国家机关工作人员依法履行职责,国有公司的董事、经理、监事、会计、出纳人员管理、监督国有财产等活动，属于从事公务。那些不具备职权内容的劳务活动、技术服务工作，如售货员、售票员等所从事的工作，一般不认为是公务。”1999 年 9 月 16 日最高人民检察院《关于人民检察院直接受理立案侦查案件立案标准的规定（试行）》（自 1999 年 9 月 16 日起施行）规定，在贪污罪中，“利用职务上的便利”是指利用职务上主管、管理、经手公共财物的权力及方便条件。根据上面两个文件，我们可以判定，在本案中，申某身为中国人民银行出纳，具备《刑法》第 93 条规定的国家工作人员身份；他所图谋的财产也属于《刑法》第 91 条所规定的公共财产；在他和高某非法占有国有财物的过程中，也充分利用了他身为银行出纳的职务便利（将高某带入银行业务部套间并藏匿在自己保管的壁橱中，将自己保管的钥匙交给高某）。从以上这三个条件的分析来看，申某和高某的行为作为一个整体已经不单纯是其表面行为的盗窃罪能够涵盖的，它完全符合了贪污罪犯罪构成的客观方面的要件。所以，对于申某和高某应当以贪污罪的共犯论处。

（五）自测案例

郑某为某国有银行出纳，属正式在编职工。她利用职务之便，画了银行内部结构图一张，上面详细标明了银行的内部保安措施。后她与其男友王某内外勾结，由她提供结构图、负责勘探作案时机，王某下手作案，共盗得本单位保险柜内现金 36 万余元，郑某分得 22 万元，王某分得 14 万余元。至案发时，所盗金钱已被两被告人挥霍大半。

试问两被告人的行为如何定罪？贪污罪还是盗窃罪？还是一个定贪污，一个定盗窃？

第二节　共同犯罪的形式

依据不同的标准，共同犯罪可以分为任意的共同犯罪与必要的共同犯罪；事前通谋的共同犯罪与事前无通谋的共同犯罪；简单共同犯罪与复杂的共同犯罪；一般共同犯罪与有组织的共同犯罪。

案例

（一）简要案情

2002年6月，河南邓州市人张德国找到山东省谷阳县的董经山，告知其可提供一种迷魂药，能够共同发财，董经山又找到陕西省白河县陈敦姣进行合谋，由陈敦姣到火车上去寻找“猎物”。从2002年6月至8月间，三人在陕西汉中至汉口的列车上，先后实施麻醉抢劫7次，非法获得现金及物品价值折合人民币1万余元。①

请问该案属于何种形式的共同犯罪？

（二）思考方向

我国理论界有哪些种类的共同犯罪的形式？

（三）法律规定

《中华人民共和国刑法》第25条第1款 共同犯罪是指二人以上共同故意犯罪。

《中华人民共和国刑法》第26条第2款 三人以上为共同实施犯罪而组成的较为固定的犯罪组织，是犯罪集团。

（四）学理分析

学理上通常将共同犯罪分为4对8种类型，即任意共同犯罪和必要共同犯罪、有预谋的共同犯罪和无预谋的共同犯罪、简单共同犯罪和复杂共同犯罪及一般的共同犯罪和特殊共同犯罪。

一般认为，任意共同犯罪和必要共同犯罪是以共同犯罪能否任意形成为标准进行划分的。任意共同犯罪是指刑法分则规定由一人或二人以上均可构成的犯罪，在二人以上共同故意实施该罪时所成立的犯罪。必要共同

① 参见 http://www.chinacourt.org/public/detail.php? id=63583。

犯罪则是指刑法分则规定必须由二人以上共同故意实施才能构成的犯罪。[①]事实上，从上面的对任意共同犯罪和必要共同犯罪的定义中，我们也可以看出，任意共同犯罪和必要共同犯罪不是同一理论层次上的概念。毋宁说，必要共同犯罪是就基本犯罪构成本身内部指涉的行为人人数而言的，意味着在自然意义上需有二人以上参与才可以完成该行为，而并不一定是有二人以上都成立了犯罪。也正因为如此，国外有人将必要共同犯罪称为功能意义上（或技术意义上）的共同犯罪而非实体意义上的共同犯罪。从这个角度来说，必要共同犯罪的对应概念应当是单独犯（指在自然人犯罪中一个人即可成立犯罪的情况，如杀人、盗窃等）和单位犯罪。而任意共同犯罪则与之大相径庭，它作为犯罪构成的修正形态，意味着二人以上成立了犯罪。按形式逻辑的要求，同一大类内部包含的各小项之间应当是互不相容的，即它们不应当相互交叉。假如任意共同犯罪和必要共同犯罪是同一层次上的概念，按上面形式逻辑的要求，它们不能相容。也正因为必要共同犯罪和任意共同犯罪不是同一层次上的概念，它们才存在交叉的可能性。比如，行贿、受贿本身是一对必要共同犯罪，但也可能其中有行贿者或受贿者的帮助者存在，而该帮助者即属任意共同犯罪人了。[②]

有预谋的共同犯罪和无预谋的共同犯罪是以共同犯罪故意形成的时间为标准进行划分的。有预谋的共同犯罪是指共同犯罪人在着手实行刑法分则规定的犯罪构成要件行为之前已经形成共同故意的共同犯罪。而与之相对的无预谋的共同犯罪是指共同犯罪人的共同故意是在共同犯罪人进行共同犯罪的过程中才形成的。相对来说，前者由于预谋在先，更容易成功，所以社会危害性更大。应当指出的是，有论者认为，这两个名词改称为事前通谋的共同犯罪和事中通谋的共同犯罪更科学。[③]因为事前无通谋既可以指事中通谋也可指事后通谋，而我国刑法中否认事后共犯的存在，所以事前无通谋只能是就事中通谋而言。所谓的“事后共犯”，即在他人犯罪完成后予以参与、帮助的行为，在我国是作为一类独立的犯罪来处理的，这就是理论上

---

① 杨春洗、杨敦先、郭自力主编：《中国刑法论》，北京大学出版社 2005 年版，第 99—100 页。

② 关于必要共同犯罪，请参阅李涛：《必要共犯概念之探讨》，载《法制与社会发展》2002 年第 6 期。

③ 马克昌主编：《犯罪通论》，武汉大学出版社 1999 年版，第 523 页。

所说的“连累犯”，如窝藏罪、包庇罪和洗钱罪等。在这些犯罪中，我国刑法还有明文规定，如果犯这些罪是事前通谋的，以被帮助者的共犯论处（《刑法》第 310 条第 2 款）。而对洗钱罪，虽然法律没有明文规定，但理论界一般都承认，如果在犯罪之前或者犯罪的过程之中，承诺事后予以洗钱的，应当以相应犯罪的共犯而非洗钱罪论处。①

简单共同犯罪和复杂共同犯罪的划分依据是共同犯罪人之间是否存在犯罪分工。简单地说，简单共同犯罪是指各共同犯罪人都实行了直接满足具体犯罪构成要件的行为；复杂共同犯罪是指共同犯罪人之间存在某种具体犯罪构成要件行为的内外分工。也可以说，在简单共同犯罪中，只有实行犯，而不存在帮助犯、教唆犯、组织犯等其他种类的共同犯罪人；而在复杂共同犯罪中，除实行犯外，至少还应当存在帮助犯、教唆犯、组织犯等共同犯罪人之一。

依照共同犯罪人之间结合的紧密程度，可以分为一般共同犯罪和特殊共同犯罪（即犯罪集团）。一般共同犯罪是指共同犯罪人之间结合松散，不存在组织形式或虽存在组织形式但组织形式相对松散，只是一时的临时组合，数次犯罪后便告终止的共同犯罪形式。而特殊共同犯罪（犯罪集团）在我国刑法中有明文规定。《刑法》第 26 条第 2 款规定，“三人以上为共同实施犯罪而组成的较为固定的犯罪组织，是犯罪集团”。鉴于犯罪集团一直是我国刑法打击的重中之重，所以认定犯罪集团一定要从严把握。理论界一般主张从以下几个方面对犯罪集团进行把握：第一，人数在三人以上；第二，是为了实施犯罪而组成；第三，是较为固定的犯罪组织。其中，较为固定的犯罪组织一般意味着有明显的首要分子，其中存在比较明确的分工。并且，犯罪组织成立时，是以长期存在、多次实施犯罪为目标的，而非临时拼凑起来，一两次犯罪之后便打算分道扬镳、各奔东西的乌合之众。

从本案的情况来看，三名犯罪人实施的是抢劫罪，该罪名本身可以由一个人来完成，现在却由三人来进行，所以这是一种任意共同犯罪。同时，由于三名犯罪人在犯罪行为实施之前即已达成犯罪的合意，有了共同犯罪的共同故意，所以这是一种有预谋的共同犯罪（事前通谋的共同犯罪）而非无

① 高铭暄、赵秉志主编：《新编中国刑法学》，中国人民大学出版社 1998 年版，第 627 页。

预谋的共同犯罪（事中通谋的共同犯罪）。在犯罪的过程中，董经山是本案的组织者，陈敦姣是直接实行者，张德国开始是本案犯罪的主谋，并提供麻醉药物，又事先对分赃进行协商和约定，且实际上分得了赃物。三犯罪人中，存在明确的犯罪分工，所以该共同犯罪为复杂共同犯罪而非只有实行犯的简单共同犯罪。最后，由于三犯罪人的行为完全符合了犯罪集团的要求，所以他们成立犯罪集团而非一般共同犯罪。

（五）自测案例

满某（女）和齐某（男）本有不正当男女关系，后因故两人关系恶化。满某在与齐某关系恶化后，产生雇凶杀人之念。2001 年 7 月，满某找到崔某分两次给其人民币 2.5 万元，让其帮助杀害齐某。崔某找到王某、逯某作帮凶。同年 7 月 15 日晚 7 时许，被告人满某、崔某、王某、逯某同乘齐某驾驶的面包车探亲回来途中，趁被害人齐某不备，将其按倒，分别用石块猛砸被害人齐某头部，致被害人死亡。

该共同犯罪分别属于共同犯罪形式中的哪些类型？

第三节　共同犯罪人的种类与刑事责任

按照共同犯罪人在共同犯罪中的分工或行为的形式，共同犯罪人可分为实行犯、教唆犯、帮助犯；按照共同犯罪人的作用，可分为主犯、从犯。我国刑法采用的是混合分类法。我国刑法规定的共同犯罪人有主犯、从犯、胁从犯和教唆犯。

案例一

（一）简要案情

李某因与妻子离婚，对其妻姐徐某产生恨意，认为是她在从中捣鬼。他决心杀死徐某全家后劫持飞机逃亡台湾，并得到黄某的赞同。某年 8 月，两被告人开始策划此事。在购买武器后，于同年 9 月份两次登机试验。同年11月3日，由李某出资，黄某购买了三张长春至厦门的机票。次日，黄某找到徐某，告知此事。11月5日晚，黄某又找到徐某并同她一起到公安机关报案。11月6日晚，李某被抓获。

（二）思考方向

如何理解共同犯罪中的“部分行为，全部责任”？在共同犯罪中，各行为人的犯罪停止形态如何确定？

（三）法律规定

《中华人民共和国刑法》第22条 为了犯罪，准备工具、制造条件的，是犯罪预备。

对于预备犯，可以比照既遂犯从轻、减轻处罚或者免除处罚。

《中华人民共和国刑法》第23条 已经着手实行犯罪，由于犯罪分子意志以外的原因而未得逞的，是犯罪未遂。

对于未遂犯，可以比照既遂犯从轻或者减轻处罚。

《中华人民共和国刑法》第24条 在犯罪过程中，自动放弃犯罪或者自动有效地防止犯罪结果发生的，是犯罪中止。

对于中止犯，没有造成损害的，应当免除处罚；造成损害的，应当减轻处罚。

《中华人民共和国刑法》第25条 共同犯罪是指二人以上共同故意犯罪。

《中华人民共和国刑法》第121条 以暴力、胁迫或者其他方法劫持航空器的，处10年以上有期徒刑或者无期徒刑；致人重伤、死亡或者使航空器遭受严重破坏的，处死刑。

《中华人民共和国刑法》第232条 故意杀人的，处死刑、无期徒刑或者10年以上有期徒刑；情节较轻的，处3年以上10年以下有期徒刑。

（四）学理分析

由于共同犯罪中各行为人的行为是作为一个整体与结果发生因果关

系，所以共同犯罪人不仅要对自己的行为负责，还要对其共犯者的行为负责。这就是“部分行为，全部责任”的原则。在共同犯罪的场合，是把共同犯罪行为当做一个整体来确定量刑的基础，然后看每一个共同犯罪人在其中多大程度上要承担责任。所以，有可能出现两个共同犯罪人都要承担完全责任的情形，如两人合力杀死一人，这两个共同犯罪人都被判处死刑是可能的。这与责任自负的原则并不冲突，因为在此种场合共同犯罪人已经以自己的行为表明了他对于共同犯罪后果的接受。此外，共同犯罪中，有“一人既遂，全体既遂”的原则。这可以视为上面“部分行为，全部责任”的一个逻辑延伸，也即一个实行犯成立犯罪既遂，其他共同犯罪者也成立犯罪既遂。当然，这一原则也有例外。它对于所谓自手犯[①]（己手犯、亲手犯）是不适用的。自手犯是指因与实行者本身直接密切相关而不宜假手他人实行或者虽然可以假手他人实行但从法律上不能评价为背后利用者本人亲自实行的犯罪。在这种情况下，由于犯罪与实行者自身的行为密切相关，所以“一人既遂，全体既遂”的原则对于亲手犯的实行犯不再适用。对于实行犯而言，他只有自己把犯罪实行完成才能达到既遂。其他共犯人的既遂对于该实行者不会产生影响。但在一个实行者达到既遂时，其帮助者、教唆者也成立既遂。例如，脱逃罪是自手犯的范例。两人共谋从监狱逃脱，结果一人成功，一人失败，显然失败的人不能被认为成立犯罪既遂。反之，一个人煽动自己的同监犯人逃跑，在对方成功脱逃时，对方是脱逃罪的犯罪既遂（实行犯），而煽动者也成立既遂（教唆犯）。

在实行犯没有既遂的情况下，其他共同犯罪人也成立犯罪的未完成形态。至于是何种停止形态，要对每个共犯者依据犯罪停止形态的成立条件，相应地进行个别判断。例如，甲教唆乙杀人，但在乙实行之际甲又生悔意，通过报警等手段阻止了结果的发生，则甲成立犯罪中止，乙成立犯罪未遂。

在本案例中，李某和黄某为了实施杀人、劫机犯罪，进行了谋议，并且购买了武器，还进行了登机试验，以确定可否通过登机前的安全检查，这些都是典型的为了犯罪的实行准备工具、创造条件的行为。但只是根据这些，我们还无法判断李某和黄某的犯罪停止形态，因为到此两人的犯罪行为还处

① 关于自手犯可参阅林维：《间接正犯研究》，中国政法大学出版社 1998 年版；或古瑞华：《自手犯研究》，吉林大学 2002 年硕士学位论文。

于动态发展的过程之中。但后来，黄某主动放弃了犯罪，并且由于其报案，将李某抓获，最后也没有造成任何实际的损害。所以，黄某成立故意杀人罪和劫持航空器罪的犯罪中止，而且，根据《刑法》第 24 条的规定，"对于中止犯，没有造成损害的，应当免除处罚；造成损害的，应当减轻处罚"，对黄某还应当免除处罚。此时，黄某成立的犯罪中止是犯罪预备阶段[①]的中止或者说是实行前阶段的犯罪中止，因为此时李某和黄某还没有开始实行符合刑法分则中故意杀人罪和劫持航空器罪的实行行为。对于李某而言，他在犯罪着手之前就被迫停顿下来（被公安机关抓获，犯罪未得逞），完全是自己意志之外的原因所致，所以，李某应当成立故意杀人罪和劫持航空器罪的犯罪预备，对他应按预备犯处罚。

（五）自测案例

喻某和柏某商定一起去抢劫。到了预定的犯罪日期，柏某产生畏罪心理，没有按时赶往作案现场。喻某见柏某没有到来，感觉一个人势单力孤，实施犯罪不可能成功，无奈之下，只得放弃了犯罪。

在该案中，喻某和柏某成立何种犯罪停止形态？

案例二

（一）简要案情

革新村村支书吴忠贤和村委会主任崔绪柱自上任起，一直与被害人胡钦海因村里工资款及承包村自来水工程等有矛盾。1999 年 7 月 9 日，吴忠贤等村领导商量花钱雇人整胡，先用村里公款，然后再核销，并明确了分工。由崔绪柱负责雇凶手，吴忠贤负责谈价格和送钱，田秀昌

① 注意，犯罪预备、犯罪中止、犯罪未遂和犯罪既遂是在犯罪发展过程中的停止形态，本身都是点的形态。而相应的，我们可以将整个犯罪发展过程分为犯罪预备阶段、犯罪实行阶段及犯罪实行后阶段等三个时间段，上述犯罪预备、犯罪中止、犯罪未遂、犯罪既遂就是这些时间段上面的游动的点。当然，点的游动范围是不同的：犯罪预备只能发生在犯罪预备阶段，犯罪中止可发生在犯罪达到既遂之前的任何时间段中，而犯罪未遂不可能发生在犯罪预备阶段。

负责具体联系，会计何帮先负责领受雇人去胡家踩点和筹钱。7月20日，崔找到相识的李竞维，要他把胡钦海砍废了给1万元。李表示同意。8月15日，村领导开会商定，先付6000元给李让其赶快动手。当晚何帮先亲自带着李竞维详细查看了胡家居住地和该村总电闸位置，李竞维又找到其朋友罗保军和张鑫华，说有朋友拿钱让去砍一个人，砍残废就行。8月19日晚，李、罗、张3人乘出租车来到革新村五屯，先将电闸拉断后，李持菜刀、罗持片刀、张持斧子，砸碎胡家玻璃跳入室内，向正在睡觉的胡钦海头部、四肢等处连续砍击，致其死亡。①

（二）思考方向

如何理解我国刑法中规定的各种共同犯罪人的类型及其刑事责任的处罚原则？在司法实践中如何认定各种共同犯罪人类型？

（三）法律规定

《中华人民共和国刑法》第26条　组织、领导犯罪集团进行犯罪活动的或者在共同犯罪中起主要作用的，是主犯。

三人以上为共同实施犯罪而组成的较为固定的犯罪组织，是犯罪集团。

对组织、领导犯罪集团的首要分子，按照集团所犯的全部罪行处罚。

对于第3款规定以外的主犯，应当按照其所参与的或者组织、指挥的全部犯罪处罚。

《中华人民共和国刑法》第27条　在共同犯罪中起次要或者辅助作用的，是从犯。

对于从犯，应当从轻、减轻处罚或者免除处罚。

《中华人民共和国刑法》第28条　对于被胁迫参加犯罪的，应当按照他的犯罪情节减轻处罚或者免除处罚。

《中华人民共和国刑法》第29条　教唆他人犯罪的，应当按照他在共同

① 参见《黑龙江终审村干部集体雇凶杀人案》，http://www.chinacourt.org/public/detail.php? id = 3054。

犯罪中所起的作用处罚。教唆不满18周岁的人犯罪的，应当从重处罚。

如果被教唆的人没有犯被教唆的罪，对于教唆犯，可以从轻或者减轻处罚。

《中华人民共和国刑法》第232条 故意杀人的，处死刑、无期徒刑或者10年以上有期徒刑；情节较轻的，处3年以上10年以下有期徒刑。

（四）学理分析

我国刑法规定了如下几种共同犯罪人类型：

（1）主犯。是指在共同犯罪中起到重大作用的犯罪人。我国刑法中的主犯包括：第一，在犯罪集团中起组织、领导作用的首要分子；第二，主要实行犯；第三，其他在共同犯罪中起主要作用的人。主犯应当对他所组织、策划或者影响、参与下的犯罪承担责任。例如，作为犯罪集团的首要分子，就应当对该犯罪集团的所有罪行承担罪责。但是，对于实行犯实行改变的情况，首要分子不需要负责，因为那与原定犯罪计划无关。

（2）从犯。是指在共同犯罪中起次要或者辅助作用的犯罪人，包括次要实行犯和帮助犯。帮助犯是指没有直接实施刑法所禁止的实行行为，但是却又为犯罪的进行提供帮助或者有利条件的人。帮助犯可以分为物质帮助犯（有形帮助犯）和精神帮助犯（无形帮助犯）两类。前者为犯罪的进行提供物质帮助，而后者则为犯罪的进行提供精神支持，如筹划犯罪计划或者事后反侦查措施等。由于从犯只起到次要或者辅助作用，所以对从犯，“应当从轻、减轻处罚或者免除处罚”。

（3）胁从犯。被胁迫参加犯罪的人是胁从犯。胁从犯的被胁迫，只是表明了行为人参加犯罪的初始动因，但其后也可以因其积极主动行为而转化为主犯。由于胁从犯是被胁迫参加犯罪，行为人的意志自由受到影响，和自己主动参加犯罪不同，所以对于胁从犯，“应当按照他的犯罪情节减轻处罚或者免除处罚”。当然，对于刚开始被胁迫参加犯罪，后来却积极主动实施犯罪而转化为主犯的，当以主犯而非胁从犯论处。

（4）教唆犯。教唆他人实行犯罪的，是教唆犯。教唆犯的成立，需要客观要件和主观要件。客观要件是指必须有教唆他人犯罪的行为。典型的教唆情形中，教唆行为与被教唆人实施犯罪之间应当存在因果关系。具体的教唆方式包括收买、威胁、利诱、唆使、使眼色、怂恿、命令、劝说、请求、煽动、暗示等等。教唆对象应当是明确的,可以为一人或数人;而教唆的犯罪也应当是明确的,可以为一罪或数罪,也可以是某些范围内的犯罪。针对不特定的多人实施"教唆",笼统地煽动他人"实施犯罪",都不是刑法意义上的教唆。主观要件是指行为人必须有教唆他人犯罪的故意,也包括认识因素和意志因素两面。从字面分析,可知教唆一般只限于直接故意。教唆犯的刑事责任分为三种情形:第一,普通的共同犯罪,也即被教唆者实施了被教唆的罪,则对教唆者应当按照他在共同犯罪中的作用进行处罚;第二,教唆未成年人犯罪的,应当从重处罚;第三,如果被教唆的人没有犯被教唆的罪,对于教唆犯,可以从轻或者减轻处罚。被教唆的人没有犯被教唆的罪,包括被教唆者拒绝教唆或者接受教唆但并未实施相应犯罪,或者出现实行改变。但不应当包括实行过限中趋重过限的情形,如教唆伤害却实行了杀人,教唆盗窃却实施了抢劫等。至于趋轻过限,可以考虑适用本条,如教唆杀人事实实行了伤害,或教唆强奸事实实行了猥亵。

结合上面对我国刑法中共同犯罪人的讨论可知,就本案而论,吴忠贤、崔绪柱、田秀昌、何帮先四人成立共同教唆犯,后面的李竞维、罗保军、张鑫华三人成立共同实行犯,考虑到在整个犯罪过程中的表现,吴、崔、李、罗为主犯,田、何、张三人为从犯。所以,对本案的最终判决:以故意伤害罪,依法判处被告人李竞维死刑,剥夺政治权利终身;被告人吴忠贤、崔绪柱、罗保军犯故意伤害罪判处无期徒刑,剥夺政治权利终身;另外 3 名被告人田秀昌、何帮先、张鑫华均被判处有期徒刑 15 年,剥夺政治权利 3 年,本书是基本赞同的。

(五)自测案例

童某,男,32 岁,原系某厂采购员。林某,女,28 岁,同厂工人。童某于 1997 年因贪污罪被判处有期徒刑 3 年,缓刑 3 年。1999 年 10 月,童又起意强奸厂里的同龄女青年平某,并同其姘妇林某商量,由林以请平某帮助修理缝纫机为名,将平某诱至林家中。晚饭时,童、林二人设法用酒将平某灌醉,林某故意离家去别处睡觉。童某正欲行奸时,平某惊醒,大喊救命。童某唯恐被邻居发觉,用手扣住平某的嘴,被平某狠咬一口。童又生恶念,用手猛扼平某的颈部,致平某窒息死亡。林某次日回家,发现平某已死,惊恐之余,答应为童某掩盖罪行。当晚,童、林二人将平的尸体装入麻袋运送到郊外,投进了江里。①

童某和林某的刑事责任如何？

案例三

（一）简要案情

1998年6月，被告人张某携带875克西药"头痛粉"来到云南昆明，准备冒充海洛因贩卖。同月18日，张某找到被告人王某，教唆其贩卖海洛因，然后赃款平分。次日，王某从张某处拿了275克假毒品，在昆明市某酒楼附近出售时被公安机关抓获。同时，张某又叫被告人刘某帮其贩卖海洛因。同月28日，张某、刘某携带600克假毒品在昆明市准备贩卖时被查获。经查，被告人张某明知所卖"海洛因"为头痛粉，王某、刘某始终认为自己贩卖的是真毒品海洛因。②

（二）思考方向

张某成立贩卖毒品罪的教唆犯吗？张某、王某、刘某的行为是否构成共同犯罪？

（三）法律规定

《中华人民共和国刑法》第14条 明知自己的行为会发生危害社会的结果，并且希望或者放任这种结果发生，因而构成犯罪的，是故意犯罪。

故意犯罪，应当负刑事责任。

《中华人民共和国刑法》第25条第1款 共同犯罪是指二人以上共同故意犯罪。

《中华人民共和国刑法》第29条 教唆他人犯罪的，应当按照他在共同犯罪中所起的作用处罚。教唆不满18周岁的人犯罪的，应当从重处罚。

---

① 参见 http://www.sifa2000.com/anli/anli6.htm。

② 刘艳红主编：《刑法学总论》（第二版），北京大学出版社2006年版，第223页。

如果被教唆的人没有犯被教唆的罪，对于教唆犯，可以从轻或者减轻处罚。

《中华人民共和国刑法》第 266 条 诈骗公私财物，数额较大的，处 3 年以下有期徒刑、拘役或者管制，并处或者单处罚金；数额巨大或者有其他严重情节的，处 3 年以上 10 年以下有期徒刑，并处罚金；数额特别巨大或者有其他特别严重情节的，处 10 年以上有期徒刑或者无期徒刑，并处罚金或者没收财产。本法另有规定的，依照规定。

《中华人民共和国刑法》第 347 条 走私、贩卖、运输、制造毒品，无论数量多少，都应当追究刑事责任，予以刑事处罚。

走私、贩卖、运输、制造毒品，有下列情形之一的，处 15 年有期徒刑、无期徒刑或者死刑，并处没收财产：

（一）走私、贩卖、运输、制造鸦片 1000 克以上、海洛因或者甲基苯丙胺 50 克以上或者其他毒品数量大的；

（二）走私、贩卖、运输、制造毒品集团的首要分子；

（三）武装掩护走私、贩卖、运输、制造毒品的；

（四）以暴力抗拒检查、拘留、逮捕，情节严重的；

（五）参与有组织的国际贩毒活动的。

走私、贩卖、运输、制造鸦片 200 克以上不满 1000 克、海洛因或者甲基苯丙胺 10 克以上不满 50 克或者其他毒品数量较大的，处 7 年以上有期徒刑，并处罚金。

走私、贩卖、运输、制造鸦片不满 200 克、海洛因或者甲基苯丙胺不满 10 克或者其他少量毒品的，处 3 年以下有期徒刑、拘役或者管制，并处罚金；情节严重的，处 3 年以上 7 年以下有期徒刑，并处罚金。

单位犯第 2 款、第 3 款、第 4 款罪的，对单位判处罚金，并对其直接负责的主管人员和其他直接责任人员，依照各该款的规定处罚。

利用、教唆未成年人走私、贩卖、运输、制造毒品，或者向未成年人出售毒品的，从重处罚。

对多次走私、贩卖、运输、制造毒品，未经处理的，毒品数量累计计算。

（四）学理分析

在教唆犯中，存在一个问题：如果“教唆人”知道，由于某一客观情况的存在或者他自己的行为，他所教唆的结果不会发生，此时是否还成立教唆呢？

我们认为，要解决这个问题，还是要从教唆成立的主观条件出发。教唆，按照现在学界的共识，只能由故意构成，多为直接故意，个别情况下也可以是间接故意。按照我国《刑法》第14条的规定，"明知自己的行为会发生危害社会的结果，并且希望或者放任这种结果发生"的罪过形式为故意。这样，不论是直接故意还是间接故意，行为人在认识因素上都要认识到结果发生的可能性，而在意志因素上，对结果至少都不排斥（希望或者放任）。只有满足这种心理构造，才能谈得上是故意。所以，如果教唆人知道，由于某一客观情况的存在或者他自己的行为，他所教唆的结果不会发生，此时从故意的定义出发，教唆人没有认识到结果发生的可能性，毋宁说，他认识到的是结果不发生的可能性乃至必然性。由于并不具备对结果的故意，他不成立教唆犯。

在本案例中，张某明知自己贩卖的是头痛粉而非海洛因，那他就不具有贩卖毒品罪的教唆故意，他对王某与刘某的行为也谈不上是贩卖毒品罪的教唆行为，他不成立贩卖毒品罪的教唆犯。自然，他与刘某、王某也不成立共同犯罪，因为他们之间没有共同的犯罪故意。对行为人的行为可以分别定罪：刘某、王某都各自成立贩卖毒品罪的犯罪未遂（不能犯的未遂），由于缺乏犯罪意思联络，刘某和王某也不成立共同犯罪；而张某由于其对刘某、王某的以头痛粉冒充海洛因出售的欺骗行为，可以成立我国《刑法》第266条规定的诈骗罪。

（五）自测案例

文某为一睚眦必报之人，孙某偶尔得罪文某，文某心生恨意，遂决心对孙某进行陷害。于是，文某一面借机与孙某假装亲近，一面挑拨孙某与梁某的关系。孙某素来脾气火暴，对梁某的不满逐渐升级，一日在文某刺激下持枪前去梁某家找梁某了断。文某在孙某离开后，迅即电告梁某其事，让梁某早做准备。孙某到达梁某家，由于梁某身披防弹衣，且警察已经到位，未能得手即当场被擒。

如何看待文某的行为？

第十二章　罪　　数

第一节　罪数的标准

关于罪数的判断，存在主观标准说、客观标准说和构成要件标准说。我国刑法理论采用构成要件标准说。一般而言，一罪在理论上可分为单纯一罪、实质一罪、法定一罪和处断一罪。

案例一

（一）简要案情

水某和窦某有仇，为此找了一支猎枪，以图报复。一日，水某看到窦某和其朋友章某肩并肩一起走来，水某为杀死窦某，不顾章某的生死，瞄准窦某头部开了一枪。结果窦某被当场打死，而章某也被射出的铁砂重伤，经医院全力抢救，方得脱险。水某成立几个罪？

（二）思考方向

理论上有哪几种认定罪数的判断标准？

（三）法律规定

《中华人民共和国刑法》第 232 条　故意杀人的，处死刑、无期徒刑或者10 年以上有期徒刑；情节较轻的，处 3 年以上 10 年以下有期徒刑。

《中华人民共和国刑法》第 234 条　故意伤害他人身体的，处 3 年以下有期徒刑、拘役或者管制。

犯前款罪，致人重伤的，处 3 年以上 10 年以下有期徒刑；致人死亡或者以特别残忍手段致人重伤造成严重残疾的，处10年以上有期徒刑、无期徒刑或者死刑。本法另有规定的，依照规定。

（四）学理分析

本案中，水某只开了一枪，因而只有一行为。一枪导致了一死一伤，是两个后果。从其主观上看，水某开枪杀窦某是直接故意，而伤章某是间接故意。根据构成要件标准说，符合几个罪的构成要件就成立几个罪。水某虽然在危害结果和主观方面满足两个罪的构成，但其只有一个行为，因而是一行为导致数结果的想象竞合犯，应当以实质一罪认定。

（五）自测案例

潘某与葛某有仇，潘某一直伺机报复。一天，潘某酒后闯到葛某家，用斧头将葛某、葛妻、葛子三人砍成重伤。

试用本节介绍的各种学说来判断潘某构成几个罪？

案例二

（一）简要案情

犯罪嫌疑人周某（男，21岁，农民）于1999年3月20日上午，无证驾驶“东风”牌大卡车前往县城拉货。中途搭载熟人郑某，周某在开车时和郑某攀谈。在离县城大约20公里处，由于周某开车过快，将骑自行车的青年贾某撞成重伤。在群众的呼喊声中，二人将贾某抬进驾驶室继续开车到县城。中午时候，临近县城时，周某见附近没有人，就让郑某将贾某拖到一处坟地，然后驾车逃跑。大约下午3时，贾某被人发现，但终因没有及时抢救而死亡。本案在讨论周某的犯罪行为时，有两种意见：一种意见认为，周某和郑某的行为构成交通肇事罪，对致人死亡的行为，应作为加重处罚的情节；一种意见认为，周某的行为应定故意杀人罪。①

① 刘艳红主编：《刑法学》（第二版），北京大学出版社2006年版，第244页。

(二)思考方向

周某的行为是否构成数罪?周某的行为应定什么罪名?

(三)法律规定

《中华人民共和国刑法》第25条第1款 共同犯罪是指二人以上共同故意犯罪。

《中华人民共和国刑法》第29条 教唆他人犯罪的,应当按照他在共同犯罪中所起的作用处罚。教唆不满18周岁的人犯罪的,应当从重处罚。

如果被教唆的人没有犯被教唆的罪,对于教唆犯,可以从轻或者减轻处罚。

《中华人民共和国刑法》第133条 违反交通运输管理法规,因而发生重大事故,致人重伤、死亡或者使公私财产遭受重大损失的,处3年以下有期徒刑或者拘役;交通运输肇事后逃逸或者有其他特别恶劣情节的,处3年以上7年以下有期徒刑;因逃逸致人死亡的,处7年以上有期徒刑。

《中华人民共和国刑法》第232条 故意杀人的,处死刑、无期徒刑或者10年以上有期徒刑;情节较轻的,处3年以上10年以下有期徒刑。

(四)学理分析

本案的分析可以遵循如下步骤:首先,按照罪数的判断标准对案例中的行为个数进行判断;其次,对每个行为进行定性分析;最后,结合上面的分析,得出最后的结论。

从本案的事实描述来看,本案的行为可以分为前后相连的两个部分:第一部分是因交通违规而将贾某撞成重伤的行为;第二部分是将贾某抛入坟地而致其死亡的行为。前面的行为可以判断其是否符合交通肇事罪的犯罪构成,而后面的行为与故意杀人罪的关系也有待考察。

根据我国《刑法》第133条的规定,成立交通肇事罪,要求行为人违反交通运输管理法规并因而导致重大公私财产的损害或人员伤亡的重大事故。2000年11月10日最高人民法院《关于审理交通肇事刑事案件具体应用法律若干问题的解释》第2条第2款则规定:"交通肇事致1人以上重伤,负事故全部或者主要责任,并具有下列情形之一的,以交通肇事罪定罪处罚:

……(二)无驾驶资格驾驶机动车辆的;……”据此,周某无证驾驶的行为已经违反了《中华人民共和国道路交通安全法》第 11 条第 1 款(“驾驶机动车上道路行驶,应当悬挂机动车号牌,放置检验合格标志、保险标志,并随车携带机动车行驶证”)和第 19 条第 1 款(“驾驶机动车,应当依法取得机动车驾驶证”),而他开车时与人攀谈的行为显然也与第 22 条第 1 款的要求(“机动车驾驶人应当遵守道路安全法律、法规的规定,按照操作规范安全驾驶、文明驾驶”)背道而驰。而又由于车速过快将贾某撞成重伤,就有了成立交通肇事罪的可能。唯一的问题是在这起交通事故中,周某和贾某两人的责任分担情况如何?因为按照上述司法解释的规定,只有在周某承担事故全部责任或者主要责任的情况下,他才成立交通肇事罪。本案中,只是提及了周某的过失而并没有提到被害人贾某的责任问题,所以这个问题似乎只能悬置。但是,请注意原文表述为“由于周某开车过快,将骑自行车的青年贾某撞成重伤”,由此我们可以判断周某对案件至少应负主要责任甚至应当是全部责任。反之,如果事故主要是由贾某的行为导致,按照正常逻辑,原文中对贾某的交通违法行为应当有所提及。基于此,我们可以判断周某交通违法致使贾某重伤的行为构成交通肇事罪。

周某和郑某随后将重伤的贾某抛入坟地因而致其无法及时得到救治而死亡的行为如何定性?我们认为,他们的行为成立不作为的杀人罪的共同犯罪。按照刑法学界的一般理论,成立不作为有三个条件:第一,行为人有作为的义务;第二,行为人行为时具备作为的可能性;第三,行为人没有作为(既遂则要求没有作为导致了结果的发生)。首先,根据我国《道路交通安全法》第 70 条第 1 款的规定:“在道路上发生交通事故,车辆驾驶人应当立即停车,保护现场;造成人身伤亡的,车辆驾驶人应当立即抢救受伤人员,并迅速报告执勤的交通警察或者公安机关交通管理部门。因抢救受伤人员变动现场的,应当标明位置。乘车人、过往车辆驾驶人、过往行人应当予以协助。”显然,周某在将贾某撞成重伤之后是有救助义务的。其次,根据当时的条件分析,周某显然也具有作为的实际可能性,这点从案例的表述本身可以轻易得出结论。最后,周某没有作为,反而让郑某将已经重伤的贾某抛入人迹罕至的坟地,这就不仅没有作为反而将贾某置于更危险的境地。因为如果将其扔在路边,贾某还有被过路行人发现救助的可能。综上,可以得出结论,周某和郑某成立不作为的杀人罪之共同犯罪。其中,周某为教唆犯,而郑某为实行犯。

所以，在本案中，周某的行为共成立两个罪，前面交通违规致使贾某重伤之行为成立交通肇事罪，而后面让郑某将重伤的贾某抛入坟地因而致其死亡的行为则成立不作为的杀人罪的共同犯罪，对周某应当以交通肇事罪和故意杀人罪进行并罚。

（五）自测案例

盛某酒后驾驶，将道旁骑自行车的刘某父子撞倒，致刘某之子6岁的刘某某当场死亡。而刘某则被卡在自行车与汽车之间，并被拖出300余米远。盛某在肇事后又开出300余米远，被交警拦阻，方知发生交通事故。刘某侥幸躲过一劫，只是皮肤磨伤，事后伤残鉴定仅为轻伤。

试问本案中盛某的行为当如何论处？

第二节　实质上的一罪

实质一罪包括继续犯、想象竞合犯、结果加重犯。

案例一

（一）简要案情

张某由于生意来往欠下刘某30万元债务。刘某多次索还未果，情急之下将张某绑架，要求张某的家人以30万元债务赎人。接到报案后，公安机关迅速出动，将刘某抓获，解救出被拘禁达4天的张某。

（二）思考方向

什么是非法拘禁罪？其特点如何？

（三）法律规定

《中华人民共和国刑法》第238条　非法拘禁他人或者以其他方法非法

剥夺他人人身自由的,处3年以下有期徒刑、拘役、管制或者剥夺政治权利。具有殴打、侮辱情节的,从重处罚。

犯前款罪,致人重伤的,处3年以上10年以下有期徒刑;致人死亡的,处10年以上有期徒刑。使用暴力致人伤残、死亡的,依照本法第234条、第232条的规定定罪处罚。

为索取债务非法扣押、拘禁他人的,依照前两款的规定处罚。

国家机关工作人员利用职权犯前三款罪的,依照前三款的规定从重处罚。

《中华人民共和国刑法》第239条 以勒索财物为目的绑架他人的,或者绑架他人作为人质的,处10年以上有期徒刑或者无期徒刑,并处罚金或者没收财产;致使被绑架人死亡或者杀害被绑架人的,处死刑,并处没收财产。

以勒索财物为目的偷盗婴幼儿的,依照前款的规定处罚。

(四)学理分析

该案例的分析,可以分为如下步骤:首先,根据继续犯的特点进行分析;其次,结合非法拘禁罪的犯罪构成和继续犯的特点,就非法拘禁的认定进行分析;最后,在上述分析的基础上,就本案进行认定。

在刑法中,根据犯罪既遂与行为关系,可以把犯罪分为即成犯与继续犯。所谓即成犯,就是指犯罪行为实行终了,犯罪即行完成的犯罪形态。而继续犯则是指作用于同一对象的一个犯罪行为从着手实行到行为终了犯罪行为与不法状态在一定时间内同时处于继续状态的犯罪。即成犯又有两种情况:一是犯罪实行终了,犯罪既遂成立,也没有不法状态继续的犯罪,如杀人罪;二是犯罪实行终了,仍有不法状态继续的犯罪,如盗窃罪,盗窃完成后犯罪既遂一直到赃物被追缴都存在行为人持有赃物的非法状态。一般认为,继续犯具有如下的特点:第一,行为人实施了一个故意的犯罪行为;第二,必须是持续地作用于同一个危害对象;第三,行为人的行为和不法状态必须同时继续;第四,实行行为和不法状态必须持续一定时间。从理论界和实务界对非法拘禁罪的性质的认识来看,非法拘禁罪具有上述继续犯的几个特点,无疑它属于继续犯。例如,在犯罪成立问题上,要求行为人对被害人的非法拘禁,达到一定的时间长度。按照相关的司法解释,一般是以24小时为犯罪成立的标准。而在解除对被害人的非法拘禁之前，不法行为和不法状态显然同时存续。

在非法拘禁的认定中，一个问题是如何看待以讨债以目的而绑架他人的行为。这里涉及非法拘禁和绑架的区分。绑架罪，按照我国《刑法》第239条的规定，是指以勒索财物为目的绑架他人的，或者绑架他人作为人质的行为。而我国《刑法》第238条第3款明文规定，“为索取债务非法扣押、拘禁他人的”，也要依照前两款规定的非法拘禁罪定罪处罚。同时，根据2000年7月13日最高人民法院《关于对为索取法律不予保护的债务非法拘禁他人行为如何定罪问题的解释》（自2000年7月19日起施行），行为人为索取高利贷、赌债等法律不予保护的债务，非法扣押、拘禁他人的，依照《刑法》第238条规定定罪处罚。这样，只要行为人为了索取债务而非法扣押债务人，无论债务是否为法律保护的正当债务，都应当以非法拘禁罪而非绑架罪来定罪。在本案中，刘某之所以绑架扣押张某，本是为了索取自己的正当债务，所以对之也应当以非法拘禁罪定罪量刑。而他扣押张某达4天之久，可以作为一个量刑时的情节来看待。

（五）自测案例

孔某在路上捡到一个提包，回家后发现其中有“五四”式手枪3把及子弹35发。孔某酷爱打猎，遂将这些物品藏匿起来，并先后用它射杀野鸟数只。至案发，子弹仅剩23发。

如何看待本案中孔某的行为？

案例二

（一）简要案情

山村村民范某因经济纠纷与同村彭某结怨，范某意图进行报复。某天凌晨，范某将自己开山取石用剩的雷管、黑火药等爆炸物安放在彭某房屋墙角下，将之引爆。单独一人居住的彭某被炸成重伤，房屋也被炸毁，后修缮房屋耗资6000元。

（二）思考方向

什么叫想像竞合犯，如何认定想像竞合犯？

（三）法律规定

《中华人民共和国刑法》第 232 条 故意杀人的，处死刑、无期徒刑或者 10 年以上有期徒刑；情节较轻的，处 3 年以上 10 年以下有期徒刑。

《中华人民共和国刑法》第 275 条 故意毁坏公私财物，数额较大或者有其他严重情节的，处 3 年以下有期徒刑、拘役或者罚金；数额巨大或者有其他特别严重情节的，处 3 年以上 7 年以下有期徒刑。

（四）学理分析

本案例的分析，可分为如下三个步骤：首先是考察想像竞合犯的概念，其次是分析想像竞合犯和相近犯罪形态的区分，最后结合法律的规定及上面的理论分析，得出本案的结论。

我们认为，想像竞合犯，是指行为人基于一个犯罪决意，实施了一个犯罪行为，产生了多个犯罪结果，因而同时满足了两个以上逻辑上相互独立的罪名的犯罪构成，却只能以一罪来论处的犯罪形态。所以，想像竞合犯有以下的特征：首先，基于一个犯罪决意，实施了一个犯罪行为；其次，产生了数个犯罪结果；再次，因为数个结果，使得行为人的行为满足了两个以上罪名的犯罪构成；最后，这数个罪名之间在逻辑上来说是相互独立的。从第一点来看，行为人实施犯罪行为是故意的。从第四点来看，想像竞合犯只能发生在逻辑上不相容的罪名之间，这就排斥了成立同种罪名之间的想像竞合犯的可能性。我国刑法学界存在一种相反的观点，认为可以在同一罪名之间成立想像竞合犯。我们认为，想像竞合犯作为一种犯罪形态，主要是要解决按哪个罪名来定罪的问题，在“同种罪名竞合”的情况下，不存在罪名的选择，作为想像竞合犯的例子没有太大的意义。再说，持该论点的人常谈的两个例子可以用其他方法来解决，无需借助想像竞合犯的理论。其一，行为人基于一个犯罪，投毒毒死一家数人，直接作为一个故意杀人罪处理即可（当然，杀死数人在量刑时要作为一个情节予以考虑），无需作为数个故意杀人罪的竞合。其二，行为人试图杀死并排走来的甲、乙二人中的甲，也知道自己射击技术不佳,可能误中乙,但为了杀死甲,仍然开了枪,认为这是(直接)故意杀人罪的未遂(对甲)与间接故意杀人罪的竞合。这属于行为人主观错误的情况(打击错误),可以用错误论的相关理论来解决,同样无需用想像竞合来解释。

在想像竞合犯的认定中,要注意区分想像竞合犯和法条竞合。法条竞合①,是指由于法律对犯罪的错综规定,一个犯罪行为同时触犯数个相互存在着整体或者部分包容竞合关系的刑法分则条文,只能适用其中一个条文而排斥其他条文适用的情形。② 想像竞合犯和法条竞合都是一个行为满足了数个罪名的犯罪构成,最后只能定一个罪,它们区别何在?

法条竞合和想像竞合发生场景不同,法条竞合发生于存在整体或者部分包容关系的罪名之间,而想像竞合发生于两个独立的罪名之间。由此也导致了两者处理上的差别。想像竞合为"从一重处断",而法条竞合是要在数个罪名中找到一个最相符的径直进行处罚。

就本案而论,范某为杀死彭某,在夜晚制造爆炸,将彭某炸成重伤,并给彭某造成较大财产损失。范某的行为已同时满足了故意杀人罪(未遂)和故意毁坏财物罪的犯罪构成,且故意杀人罪和故意毁坏财物罪是两个逻辑上相互独立的罪名,不存在整体或部分的包容关系。所以,这时成立了想像竞合犯,应当按照想像竞合犯的处理原则"从一重处断",以故意杀人罪定罪处罚,并在量刑时适当考虑到毁坏财物的情节。

(五)自测案例

公安局预审人员郎某,在审讯犯罪嫌疑人过程中,使用刑讯手段逼取口供,将一名犯罪嫌疑人打成重伤,同时构成刑讯逼供罪和故意伤害罪,这属于何种犯罪形态?

---

① 有的刑法学者将法条竞合称为法规竞合,在我们看来,这是不妥当的。"法规竞合"这个称谓大概来源于对法律规范竞合的简称。我们认为,由于法规在法律体系中有特定的含义(指作为法律形式渊源或外在表现形式的行政法规和地方性法规),所以为了保持整个法律体系的协调,不宜将法律规范简称为法规。

② 高铭暄、马克昌主编:《新编中国刑法学》(上册),中国人民大学出版社 1998 年版,第 483 页。

案例三

（一）简要案情

尹相龙、黄花根等人，在宋元日（在逃）等人和境外不法分子的策划下，于2001年5月至10月期间，多次组织、运送他人偷越国境。他们购置的渔船，由金凤先、薛学文等人驾驶，先后将180余人从海宁县运往公海，交韩国船只偷运该国，并从中牟利。其中2001年10月6日，他们将60名偷渡人员在海上交与韩国"第七泰仓"轮，为逃避检查，该船上的韩国组织、接运人员，将偷渡者赶入船舱内藏匿，致使其中25人窒息死亡，而后将尸体抛入海中。案发后"第七泰仓"轮被韩国警方扣押，其他偷渡人员被遣返回国。①

（二）思考方向

什么是结果加重犯？如何认定结果加重犯？

（三）法律规定

《中华人民共和国刑法》第318条 组织他人偷越国（边）境的，处2年以上7年以下有期徒刑，并处罚金；有下列情形之一的，处7年以上有期徒刑或者无期徒刑，并处罚金或者没收财产：

（一）组织他人偷越国（边）境集团的首要分子；

（二）多次组织他人偷越国（边）境或者组织他人偷越国（边）境人数众多的；

（三）造成被组织人重伤、死亡的；

（四）剥夺或者限制被组织人人身自由的；

（五）以暴力、威胁方法抗拒检查的；

（六）违法所得数额巨大的；

（七）有其他特别严重情节的。

---

① 参见http://61.131.47.219/gb/content/2002-03/29/content_445683.htm。

犯前款罪,对被组织人有杀害、伤害、强奸、拐卖等犯罪行为,或者对检查人员有杀害、伤害等犯罪行为的,依照数罪并罚的规定处罚。

(四) 学理分析

本案的分析,可以分为如下几个层次来展开:一是明确结果加重犯的概念,二是把握结果加重犯的特征及其与相关犯罪形态的区分,最后结合法律的规定及上面的理论分析得出本案的结论。

结果加重犯,又名加重结果犯,是指行为人的行为本已符合某罪的基本的犯罪构成,由于发生了法律规定的更为严重的结果,法律规定加重其刑的犯罪形态。可以说,在上面结果加重犯的概念中,已包含了它的特征:首先,它已构成了某一个犯罪的基本罪名;其次,由于行为人的行为,导致了一个比基本犯罪更为严重的犯罪结果(最常见的是致人重伤、死亡);最后,法律规定仍按原来的基本犯罪定罪处罚,但加重了其法定刑。

在常见的犯罪形态中,结果加重犯和想像竞合犯有一些容易混淆的地方。因为两者都是行为人实施了一个犯罪行为,造成数个结果,都有看似数罪而实则为一罪的特点。但我们认为,通过认真地思考,从如下方面是可以将两者区分开的:首先,在结果加重犯中,虽是一行为数结果,但各个结果之间并非毫不相干,加重结果对基本犯罪结果是具有依附性的;而在想像竞合犯中,由于它只发生在各个逻辑上相互对立的罪名之间,所以它的各个结果也是相互独立的。其次,结果加重犯中,两个结果侵害的一般为同一对象①,而在想像竞合犯中则两个结果通常侵害的是不同对象。最后,由于结果加重犯是法定的一罪,定一罪则数个结果都得到了评价;想像竞合犯是想像的数罪、实质的一罪,再加上各个罪名及相应结果之间的独立性,无论定哪一个罪,总有一部分的犯罪结果得不到评价。所以,在处理原则上,结果加重犯直接依据法律对其规定,作一罪处理即可,而想像竞合犯处理起来相对复杂。

在本案例中,尹相龙、黄花根、宋元日和其境外同伙的行为已构成了组织他人偷越国境罪,而韩方人员为了逃避检查,将偷渡者赶入“第七泰仓”轮

---

① 当然也有例外,如我国《刑法》第240条规定的拐卖妇女、儿童罪造成“其(指被拐卖的妇女、儿童的)亲属重伤、死亡”的情况属之。

船舱内藏匿造成25人窒息死亡的行为更是成立了组织他人偷越国境罪的结果加重犯。现在的问题是尹某、黄某等中方人员是否也成立组织他人偷越国境罪的结果加重犯。我们认为，就本案例而言，尹某等人在共同犯罪中所作的分工就是将偷渡者组织起来，运送到边境，然后将他们交给韩国合作方而已，其余的就由韩方负责。既然如此，那么对于在韩方控制下发生的偷渡者窒息而死的事件就只能让韩方负责，尹某、黄某等组织者不对之承担责任，否则就有客观归罪的嫌疑。有人或许会说，境内组织者对被偷渡者的死亡结果的可能性应当是有所预见的，并以之要求境内组织者也对最后偷渡者的死亡结果负责。我们认为，这种观点是对过失的"预见"的一个误读。在刑法中谈到预见，指的应当是一种具体的预见而非抽象的预见，否则，过失犯罪的成立范围就太宽了。以交通肇事罪而论，机动车司机只要一开车，从抽象意义上来说，他都应预见到发生车祸的可能性，这样，岂非一发生车祸，他就成立交通肇事罪，而这种理解显然是不正确的。所以说，在本案例中，只有韩方应对偷渡者的死亡负责，构成组织他人偷越国境罪的结果加重犯，而境内人员对此不负责任。虽然这样，但依据《刑法》第318条的加重构成的规定，由于尹某、黄某等中方人员多次组织多人偷渡国境，也应当在7年以上有期徒刑和无期徒刑的量刑档次内综合各种情节处刑。再考虑到尹某和黄某等是在宋元日和韩国不法分子的组织、策划下才开始从事犯罪活动的，本书认为，宁波市中级人民法院依法判处尹相龙有期徒刑9年、黄花根有期徒刑7年、金凤先、薛学文有期徒刑8年、同案其他11名被告人也分别被判处4年至6个月有期徒刑的判决是合适的。

（五）自测案例

马某趁晚上窜到某学生宿舍，意图行奸。见床上躺着一人，于是上前去脱该人衣裤，却发现该人为一男生。马某惊慌之下，怕该男生叫嚷，用被子将该人罩住，然后逃窜，后该男生窒息而亡。

试用本节的理论分析上面的案例。

案例四

（一）简要案情

1999年11月某日，被告人章国华路过邓某家时，发现其家中仅有邓某一人，便起了窃意。同月15日清晨6时许，章国华沿着邓某家厨房的窗户爬到厨房顶，又想尽办法进入邓家屋内，躲在前厅堂的门背后伺机盗窃，不料却被邓某发现，章国华即用木棍朝邓的头部打去，邓大声呼喊，章国华乘机逃走。①

（二）思考方向

何谓转化犯？如何认定转化犯？

（三）法律规定

《中华人民共和国刑法》第263条 以暴力、胁迫或者其他方法抢劫公私财物的，处3年以上10年以下有期徒刑，并处罚金；有下列情形之一的，处10年以上有期徒刑、无期徒刑或者死刑，并处罚金或者没收财产：

（一）入户抢劫的；

（二）在公共交通工具上抢劫的；

（三）抢劫银行或者其他金融机构的；

（四）多次抢劫或者抢劫数额巨大的；

（五）抢劫致人重伤、死亡的；

（六）冒充军警人员抢劫的；

（七）持枪抢劫的；

（八）抢劫军用物资或者抢险、救灾、救济物资的。

《中华人民共和国刑法》第269条 犯盗窃、诈骗、抢夺罪，为窝藏赃物、抗拒抓捕或者毁灭罪证而当场使用暴力或者以暴力相威胁的，依照本法第

---

① 参见 http://szbo.myetang.com/xfzm/263.htm。

263 条的规定定罪处罚。

（四）学理分析

应当说，转化犯的立法例在国外并不罕见，但作为一个名词却为我国首创，并在学术界引发了较多的争议。目前，关于转化犯的定义，按有的学者的整理大致可以达七种之多。①

面对如此现状，如何进行取舍？我们认为，需要转换思路，跳出争议，从一个理论基点出发来重新审视转化犯的概念。为减少争议，应当以绝大多数学者都认可的《刑法》第 269 条“犯盗窃、诈骗、抢夺罪，为窝藏赃物、抗拒抓捕或者毁灭罪证而当场使用暴力或者以暴力相威胁的，依照本法第 263 条的规定定罪处罚”所确定的转化型抢劫罪作为转化犯的起点。从《刑法》第 269 条的规定来看，转化型抢劫罪有如下几个特点：第一，转化条件的法定性。这里进行转化的条件是由法律确定下来的，所以那种认为可以存在事实型转化犯的观点②是我们所不能认同的。第二，原来行为的犯罪性。因为原来的前提是“犯盗窃、诈骗、抢夺罪”，那么，在罪刑法定原则之下，就要求原来的行为也是犯罪。第三，行为性质的趋重化。这里是指由于当场使用暴力或者以暴力相威胁，使得犯罪的性质更加严重。这是一个必然的结论。从逻辑上来说，行为人一旦成立了一个较重的罪名，他就不可能转变为一个较轻的罪名，反之则不然。在成立一个较轻的罪名的情况下，如果满足了一定的条件，则可能变为一个较重的罪名，这是因为重的罪名对轻的罪名而言具有向上的兼容性，不至于出现罪刑不均衡的现象。第四，转化前后罪名的异质性。这是转化犯与结果加重犯、包容犯等的区别。在结果加重犯和包容犯的情况下，也产生了罪质的重化现象，但法律规定仍以原来的罪名定罪，只是法定刑有了提高而已。第五，后罪名犯罪构成的创设性。这里是指从犯罪构成上来说，转化型抢劫罪本来并不能满足抢劫罪的犯罪构成，之所以成立抢劫罪是出于法律的创设。因为按照《刑法》第 263 条的规定“以暴

---

① 参见李祖华、陈庭会：《论转化犯的定义及其基本特征》，载《福建公安高等专科学校学报——社会公共安全研究》第 16 卷第 2 期（总第 66 期），2002 年 3 月。

② 关于事实型转化犯，可参见范德繁：《转化犯的新视野——事实转化的展开》，载《法制与社会发展》2003 年第 1 期。

力、胁迫或者其他方法抢劫公私财物的”构成抢劫罪，学说上的解释是要成立此罪要求行为人在使用暴力、胁迫或者其他方法时即有取得财物的主观目的（行为与目的同在），否则不能成立本罪。这里的转化型抢劫罪并不完全满足原始的抢劫罪之犯罪构成。因为它不符合劫财目的与暴力、胁迫等手段行为同在的原理，这里的暴力、胁迫是产生在非法占有目的之后的，即使在窝藏赃物的情况下，暴力或以暴力相威胁的行为也是在非法占有目的延续的过程中才产生的。转化犯的这个后罪名创设性的特点是许多人没有注意到的。而如果这个特征我们注意不到的话，就会不适当地扩大转化犯的成立范围，将许多本身就满足某一罪的犯罪构成从而以该罪论处的情况也认为是转化犯。正是从这点出发，我们恰恰赞同为某些学者所反对的一种观点①：转化犯是犯罪构成中的一个问题。至于持这种观点的学者所提出的，如果认为转化犯是犯罪构成的问题，则不应当将它放在罪数形态中来讨论的观点，我们不敢苟同。刑法中不同的理论区域处理问题所用的视角不同，但这并不妨碍某一犯罪现象放在不同的地方讨论其不同的方面。在刑法中来看，结果加重犯本身也是一种特殊的犯罪构成方式，但并不妨碍我们在罪数形态中来讨论它，因为它们所研究的是同一问题的不同方面。

在上面分析的基础上，我们就可以得出转化犯的定义了。我们认为，所谓转化犯，是指行为人在实施某一犯罪时，因满足了法律规定的特定条件，法律规定以一个性质更重的从犯罪构成上看其原本无法满足的罪名来定罪的犯罪形态。

以这个定义来分析，我国《刑法》中规定转化犯的典型条款有如下几个：第163条第3款；第184条第2款；第185条第2款；第267条第2款；第269条；第271条第2款；第272条第2款。可见，我国刑法中规定的转化犯，大多是因为犯罪人的身份特殊而由一个较轻的罪名转化为一个相近的但性质更重的罪名。

就本案例而言，章国华准备到邓某家行窃，其行为依下文看成立了盗窃罪的犯罪预备，然后在犯罪的当场为了抗拒抓捕对被害人邓某使用了暴力，

① 反对方的观点参见王燕飞：《转化犯理性认识及立法完善》，载《当代法学》2002年第2期。

这完全符合了我国《刑法》第 269 条规定的转化型抢劫罪的条件，对之当以抢劫罪论处。同时因为发生在邓某家中，符合了我国《刑法》第 263 条中“入户抢劫的”加重的抢劫罪的犯罪构成，所以人民法院对之判处有期徒刑 10 年是合适的。①

（五）自测案例

公安机关的预审工作人员滕某在一次审讯犯罪嫌疑人岑某的时候，使用刑讯手段，最后将岑某打成重伤。后人民法院以故意伤害罪对之定罪，判处其有期徒刑 8 年。

这里，是否成立转化犯？

第三节　法定的一罪

法定的一罪包括结合犯、集合犯。

案例一

（一）简要案情

奚某从小就好吃懒做。长大后，一直缺乏谋生技能，后沾染上赌博恶习，并以之作为谋生的手段，经公安机关多次处理，屡教不改，直到因赌博受到刑事审判为止。

（二）思考方向

什么是集合犯？它和我们常说的惯犯是什么关系？如何认定集合犯？

（三）法律规定

《中华人民共和国刑法》第 303 条　以营利为目的，聚众赌博、开设赌场

① 当然，我们这种仅以某一个单一情节就加重法定刑的立法模式是否合适，可以讨论。

或者以赌博为业的，处 3 年以下有期徒刑、拘役或者管制，并处罚金。

（四）学理分析

本案的分析可按如下步骤进行，首先分析一下集合犯的概念，然后看看我国《刑法》中对集合犯的规定，最后结合上面的论述，来分析本案，得出结论。

集合犯，一般认为是指行为人以实施不定次数的同种犯罪为目的，虽然实施了数个同种数罪，但法律规定作为一罪来处理的犯罪形态。1997 年《刑法》整体修改之前，我国理论界根据当时我国刑法的规定，基本上用惯犯的概念取代了集合犯的作用，这在当时是有其法律根据的，也基本能满足当时的理论需求。但在刑法修订之后，立法发生了较大的变化。我们赞同引入集合犯的概念，因为它能更好地说明现在的立法现状。

传统上，集合犯被分为三种，即常习犯、营业犯（营利犯）和职业犯。常习犯也称惯习犯、习惯犯，指已经形成犯罪恶习的人，一贯实施某种危害行为的犯罪形态。营业犯（营利犯），是指具有营利目的，以反复实施一定的行为为业的犯罪。职业犯，是指在其非法职业范围内，不以营业为目的，而反复实施某一种特定犯罪的犯罪形态，如不具有医生资格却反复非法行医等等。可见，集合犯的特点在于行为人反复多次实施同一种犯罪，却被法律规定为一罪处理。而惯犯，按我们的理解，是指行为人将某种犯罪作为常业，以从事该犯罪的违法所得作为主要生活来源或者挥霍来源，或者已经养成犯罪习性，在教长时间内反复多次实施犯罪，并且被法律规定为一罪处理的犯罪形态。所以，从概念上来看，集合犯包括惯犯，惯犯的外延要小于集合犯。我们常把惯犯分为常业惯犯和常习惯犯两种，前者指以犯罪为业，以犯罪所得作为主要生活来源者，后者指虽不以犯罪作为生活所得，但已养成犯罪恶习因而反复实施某种犯罪的情况。修订之后的《刑法》完全取消了常习惯犯，常业惯犯的规定也只剩余一种赌博罪的常业惯犯（现行《刑法》第 303 条），且其规定也有可以改进之处：一般情况下，惯犯与同一罪名的一般犯罪相比较，法定刑应当更重，因为其人身危险性更大，改造起来更困难；而第 303 条规定的赌博罪的法定刑并未加重，这体现不出惯犯的特性来。

与此同时，我国现在的《刑法》中，增加了许多关于集合犯的规定，如第

236 条“强奸妇女、幼女多人的”、第 263 条“多次抢劫”的、第 292 条“多次聚众斗殴的”、第 318 条“多次组织他人偷越国(边)境”的、第 328 条“多次盗掘古文化遗址、古墓葬的”、第 358 条“多次强迫他人卖淫的”等等,除了这些,还有一些隐性的集合犯的规定。我们以为,借鉴大陆法系关于集合犯的理论,结合我国刑法的现行规定,可以将集合犯分为如下三类:常业犯、营业犯和多次犯。常业犯,本来是指以某一犯罪作为自己的主要生活来源或是挥霍来源的反复实施同一种犯罪的犯罪形态,但我国现行刑法中规定的常业犯则是指以反复实施同种行为为犯罪构成要件的犯罪,如《刑法》第 303 条规定的赌博罪的常业犯只有在以赌博为业的情况下才成立犯罪。营业犯是指通常以营利为目的,以反复实施某一特定的犯罪行为为业的犯罪形态,如《刑法》第 263 条的“多次抢劫”、第 292 条规定的“多次盗掘古文化遗址、古墓葬的”。还有,《刑法》第 363 条第 1 款规定的制作、复制、出版、贩卖、传播淫秽物品牟利罪,虽然有该罪规定的行为之一次的就可能成立犯罪,但多次犯该罪的,也作为一罪处理,刑法分则第三章第一节规定的犯罪也可作同样的处理,这是隐性的集合犯。多次犯是指行为人不以营利为目的实施某种行为,一次即可成立犯罪,但在因犯罪人数次犯该罪的情况下,法律明文规定为一罪,但加重其法定刑的犯罪形态,如《刑法》第 236 条规定的“强奸妇女、奸淫幼女多人的”、第 292 条规定的“多次聚众斗殴的”。要注意,这里所说的多次犯,只强调犯罪的次数为多次,比传统上所谈到的常习犯(已养成犯罪恶习,很难改造)成立条件要低,可以说这里的多次犯在外延上要广于传统上所说的常习犯。至于职业犯的问题,在我国刑法中并没有明文规定。但也并非没有存在的可能性,如《刑法》第 336 条规定的非法行医罪,多次非法行医可否视为“情节严重”的一种情况来看待,还存有疑问,但我们倾向于肯定说。如果是这样的话,那么我国刑法中是存在职业犯的。至于说到集合犯的处理原则,集合犯虽为同种数罪,但既然已经被法律规定为一罪(通常为加重法定刑的情节之一),那么处理时直接依据法律作为一罪处理即可。

依照上面的理论来看,本案例中所说到的奚某,长期以赌博所得作为自己的主要生活来源,符合了我们所说的常业犯的特征,构成集合犯中的常业犯(也是我们以前所说的常业惯犯),对之直接以赌博罪一罪论处即可。

（五）自测案例

栾某、刘某、林某、倪某四人，于2000年11月13日、19日两天凌晨，持刀抢劫栖霞市第三、四中学六个学生宿舍的50名学生，抢去现金3800余元、手表四只及其他物品一宗，总价值人民币4000余元，并打伤两名学生。①

试对栾某等犯罪人的行为进行分析。

案例二

（一）简要案情

34岁的犯罪嫌疑人李某，是黑龙江省哈尔滨市人，平日好逸恶劳、经济拮据，遂产生了绑架他人勒索的罪恶念头。他从黑龙江窜至河北省霸州市，与在当地打工的外甥陈某共同于2007年4月28日绑架了家中开有家具厂的受害人霸州市胜芳镇张某。他们给张某家中打电话勒索赎金80万元。因受害人家属交不出赎金，遂将张某杀害，并抛尸水闸下。5月12日，受害人尸体被群众发现。该案被列为省督案件后得以迅速告破。②

（二）思考方向

何谓结合犯？它与其他犯罪形态有何关系？我国存在结合犯吗？

（三）法律规定

《中华人民共和国刑法》第232条　故意杀人的，处死刑、无期徒刑或者10年以上有期徒刑；情节较轻的，处3年以上10年以下有期徒刑。

《中华人民共和国刑法》第239条　以勒索财物为目的绑架他人的，或者绑架他人作为人质的，处10年以上有期徒刑或者无期徒刑，并处罚金或者

---

① 参见 http://www.ytlaws.com/fzyxw/xw17.htm。

② 参见《霸州“4·28”特大绑架杀人案告破》，http://news.sina.com.cn/c/2007-06-26/062312091090s.shtml。

没收财产;致使被绑架人死亡或者杀害被绑架人的,处死刑,并处没收财产。

(四)学理分析

该案例的分析,可以分为如下的层次来进行:首先是就结合犯的概念进行分析;其次,就结合犯的特征进行辨析;再次,就中国的结合犯现状就行讨论;最后,结合上面的理论对本案进行分析。

结合犯,是指两个以上各自独立成罪的犯罪行为,根据刑法的明文规定,结合成另一个独立的新罪的犯罪形态。一般认为,《日本刑法典》第241条规定的强盗强奸罪("犯强盗罪,而又强奸妇女者,应处无期或7年以上之惩役")是其适例,因为其中包含了第236条的强盗罪和第177条规定的强奸罪。① 从上述概念可以得出结合犯的一般特征:第一,结合犯是由数个可以分别构成其他犯罪的行为结合而来;第二,结合犯是数个独立的犯罪结合成为一个新罪;第三,结合犯中的结合是基于法律的明文规定。由此,学界一种有力的观点认为,结合犯包括两种典型的形式,即(1)甲罪+乙罪=甲乙罪,和(2)甲罪+乙罪=丙罪。并以此为根据,否定我国刑法中存在结合犯。也有论者从传统的结合犯的定义及特征出发,将那种"甲罪+乙罪=乙罪的严重情况"的情形认定为法条竞合而并非结合犯。我们认为,即使是传统的典型结合犯的两种形式也存在一个法条竞合的问题。因为法条竞合是刑法各论的一般理论在研究刑法分则各条的关系时要涉及的问题,而结合犯则是在研究罪数形态时的一个理论问题(同时本身也是犯罪构成的一个问题),这两者并不相互排斥。所以,结合犯的问题本身也可以涉及法条竞合。既然如此,从结合犯的本来两罪基于法条规定结合为一个罪的特征出发,把我国的"甲罪+乙罪=乙罪的严重情况"作为结合犯的一种情况自无不可。尤其是要考虑到一点,结合犯从本质上而言是一种立法现象。在日本等大陆法系国家,罪名是由立法机关确定的,而我国的罪名在实践中则是由司法机关给出的,我们现在的"甲罪+乙罪=乙罪的严重情况"的认识完全是基于现行的司法罪名现状得出的,如果司法机关给出另外的罪名,可能

---

① 刘艳红主编:《刑法学总论》(第二版),北京大学出版社2006年版,第234页。

认识就完全不同了。[1] 如此，我们认为，我国刑法中也有结合犯的规定，如所谓的包容犯都可以视为结合犯的例子，包容犯中结合了本罪的一般构成和另外的被包容的罪名，如《刑法》第240规定的拐卖妇女、儿童罪（“奸淫被拐卖的妇女的”、“诱骗、强迫被拐卖的妇女卖淫”）、第358条第1款规定的组织卖淫罪、强迫卖淫罪（“强奸后迫使卖淫的”）。

就本案例而言，显然行为人李某和陈某的行为既触犯了我国《刑法》第232条的故意杀人罪，也触犯了第239条的绑架罪。但这里的第239条的加重构成和第232条的故意杀人罪之间存在法条竞合关系。由此，无论是根据法条竞合的理论（“整体法优先于部分法适用”），还是根据结合犯的理论，都应当以我国《刑法》第239条的绑架罪追究李某和陈某的共同犯罪的刑事责任。

（五）自测案例

朱某以为对方找工作为由，骗取张某信任，将张某强奸后又强迫其卖淫。又在强迫她与客人一起吸食毒品遭到拒绝后再次对张某实施强奸。法院认为被告人朱某构成强奸罪、强迫卖淫罪、强迫他人吸食毒品罪。一审法院以强奸罪判处被告人有期徒刑10年；以强迫卖淫罪判处有期徒刑6年，并处罚金1万元；以强迫他人吸毒罪判处有期徒刑4年，并处罚金5000元；决定执行有期徒刑19年，并处罚金1.5万元。[2]

如何看待法院的这一判决？

第四节 处断的一罪

处断的一罪包括连续犯、牵连犯和吸收犯。

---

① 上面的结论是基于陆诗忠博士的研究成果，参见陆诗忠：《结合犯研究》，武汉大学2007年博士学位论文。

② 参见《强奸后强迫卖淫还要陪客人吸毒，恶男被判19年》，http://news.sohu.com/20070325/n248953403.shtml。

案例一

（一）简要案情

被告人杨佳因对2007年10月5日晚在上海市受到闸北公安分局芷江西路派出所民警的依法盘查及公安机关对其投诉的处理情况不满，经精心预谋和周密准备，于2008年7月1日上午闯入闸北公安分局办公大楼，持刀行凶，致6名民警死亡、2名民警轻伤、1名民警和1名保安员轻微伤。

（二）思考方向

什么叫连续犯？连续犯如何处理？

（三）法律规定

《中华人民共和国刑法》第232条 故意杀人的，处死刑、无期徒刑或者10年以上有期徒刑；情节较轻的，处3年以上10年以下有期徒刑。

（四）学理分析

连续犯，是指行为人基于同一的或是概括的犯罪故意，连续实施数个可以独立成立犯罪的行为，并触犯同一罪名的犯罪形态。上面的连续犯的定义中，已经内含了其特征在其中。第一，连续犯必须基于同一的或是概括的犯罪故意而实施行为。第二，行为人连续实施了数个性质相同、独立成罪的犯罪行为。第二，数行为的连续性。第四，数个行为触犯的是同一罪名。①

明确了连续犯的概念，再来区分连续犯和与之相近的犯罪形态就相对比较容易了。与连续犯相近的犯罪形态有如下几种：继续犯、接续犯和徐行犯。所谓继续犯，又名持续犯，是指犯罪行为与因行为造成的不法状态同时

① 刘艳红主编：《刑法学》（第二版），北京大学出版社2006年版，第238—240页。

并存的一种犯罪形态。连续犯和继续犯区分的关键点在于连续犯是数个犯罪行为而继续犯则只有一个处于继续状态的犯罪行为。接续犯和徐行犯的关系,学术界还存有争议。我们赞同如下的观点:接续犯与徐行犯存在种属关系,接续犯是徐行犯的上位概念,徐行犯则是接续犯中的一种特殊情况。[①]接续犯是指行为人在时间、场所较为接近的条件下,以性质相同的数个举动连续地完成一个犯罪行为。例如行为人接连从一个仓库中盗出大米7包构成一个盗窃罪的情形,或者行为人朝被害人连砍17刀致其死亡而构成一个故意杀人罪的情况。显然,上面接续犯的两个例子,都是典型的一罪,没有人会认为它们是数罪。而徐行犯则是指本来可以即刻达到预期目的的犯罪,行为人有意采用徐缓方式陆续去完成。例如,行为人采用投毒手段杀人,分5次在半年内将慢性毒药给被害人投下,最后致被害人中毒死亡。在徐行犯的上述例子中,学界有一定争议,有的学者认为上述行为应认定为4个故意杀人罪的未遂和1个故意杀人罪的既遂。我们认为,这种观点将行为人前后连贯的、主观设定的一个犯罪行为分裂开来孤立地看待,其不合理之处是显而易见的。再说,此时行为并未处于停顿状态,还依照行为人的计划向前发展,根本不能满足犯罪未遂对犯罪行为停止性的要求,怎能将前4次举动认定为4个犯罪未遂呢?还是将这些行为作为一个整体来看待,定一个故意杀人罪合适。连续犯和接续犯、徐行犯的区别的关键也在于连续犯是实质的数罪,每一个行为都可以进行单独的法律评价,而接续犯和徐行犯都是实质的一罪,其数个举动分割来看不具有独立的刑法意义。

连续犯作为实质上的数罪,其处罚原则有一定的争议。通说认为可以直接作为一罪进行处理,因为我国刑法给每个罪名都确定了可变的量刑范围,将连续犯作为较重的一个情节在此范围内进行选择不至于放纵犯罪。而且连续数次犯某一罪,危害性也未必就一定大于一次犯该罪。例如,三次盗窃共盗得价值6000元的财产,是否社会危害性大于一次盗得2万元的财物,只怕未必。此外,还要注意区分这里的连续犯与刑法分则中"多次"犯某罪的界限。前者的连续犯作为一罪处理是理论上讨论的结果,后者的"多次"作为一罪处理是基于法律的明文规定,一个是处断的一罪,另一个则是法定的一罪中的集合犯。再者,连续犯要求数个犯罪行为的实行必须基于

① 吴振兴:《罪数形态论》,中国检察出版社1996年版,第150—151页。

同一的或概括的故意即犯意及行为上的连贯性,而"多次"犯某罪并无该项限制。

从本案例来看,罪犯杨佳为了泄愤,连续杀害多名警察,并致多人受伤,应当成立故意杀人罪的连续犯。对于法院终审判决被告人死刑,我们是认同的。

(五) 自测案例

原籍重庆的姚某,男,30 岁,因抢夺罪刑满释放后,1996 年初窜至青岛。不思悔改的姚某很快与老乡黄某、刘某、李某等纠合在一起。1996 年 1 月 10 日晚 10 时,4 人在李村西山拦住一辆出租车,姚某坐在副驾驶座,当车行至中韩车家下庄附近时,坐在后排的黄某拿出匕首架在司机的脖子上,姚某把住车门,其他两人将司机身上的 1000 多元现金抢走。用同样的手段,4 人在短短的 7 天内抢劫 4 次,抢劫人民币 1300 多元。①

姚某成立连续犯吗?

案例二

(一) 简要案情

朱某因为怀恨王某数年前作证使其弟弟打官司失败,遂起报复杀人的念头。1997 年 1 月 29 日晚,朱某将事先准备好的炸药分为 6 捆,安置好雷管、导火索并准备好菜刀、三角刀以及汽油,于次日凌晨到王某家,把安置好的炸药取出4捆,分别放在王某家的房门口,用汽油浇在地面上,将炸药连成一线,然后点燃汽油引爆。王某之子听到爆炸声后冲出大门,见到朱某,就上前捉拿制止,朱某又拿出一捆炸药,点燃后向其丢过去,王某之子躲开,朱某又持菜刀朝他的头部和身上乱砍数刀,致其重伤,朱某逃离现场时被抓获。另外,朱某的行为炸坏了王某房

① 参见 http://www.hi-tech.chinaqingdao.net/xxhb/mu311.htm。

屋及财产估计 2100 元，王某家距离周围邻居有 160 米，王某家有 7 口人，当天还有 2 个亲戚留宿。根据朱某交代，他想炸死王某，如果能炸死他全家更好。在案件讨论中，有如下分歧：一种意见认为，朱某犯了爆炸罪和故意杀人罪；另一种意见认为朱某只犯了故意杀人罪。①

（二）思考方向

朱某有几个行为？其行为可否成立爆炸罪？朱某的行为应当适用哪部刑法？

（三）法律规定

1979 年《中华人民共和国刑法》第 106 条第 1 款　放火、决水、爆炸、投毒或者以其他危险方法致人重伤、死亡或者使公私财产遭受重大损失的，处 10 年以上有期徒刑、无期徒刑或者死刑。

1979 年《中华人民共和国刑法》第 132 条　故意杀人的，处死刑、无期徒刑或者 10 年以上有期徒刑；情节较轻的，处 3 年以上 10 年以下有期徒刑。

1979 年《中华人民共和国刑法》第 156 条　故意毁坏公私财物，情节严重的，处 3 年以下有期徒刑、拘役或者罚金。

《中华人民共和国刑法》第 12 条　中华人民共和国成立以后本法施行以前的行为，如果当时的法律不认为是犯罪的，适用当时的法律；如果当时的法律认为是犯罪的，依照本法总则第四章第八节的规定应当追诉的，按照当时的法律追究刑事责任，但是如果本法不认为是犯罪或者处刑较轻的，适用本法。

本法施行以前，依照当时的法律已经作出的生效判决，继续有效。

《中华人民共和国刑法》第 114 条　放火、决水、爆炸以及投放毒害性、放射性、传染病病原体等物质或者以其他危险方法危害公共安全，尚未造成严重后果的，处 3 年以上 10 年以下有期徒刑。

《中华人民共和国刑法》第 232 条　故意杀人的，处死刑、无期徒刑或者

① 刘艳红主编：《刑法学》（第二版），北京大学出版社 2006 年版，第 244 页。

10年以上有期徒刑；情节较轻的，处3年以上10年以下有期徒刑。

《中华人民共和国刑法》第275条 故意毁坏公私财物，数额较大或者有其他严重情节的，处3年以下有期徒刑、拘役或者罚金；数额巨大或者有其他特别严重情节的，处3年以上7年以下有期徒刑。

（四）学理分析

本案的分析要遵照如下步骤：首先，对朱某行为的个数进行认定；其次，判断朱某的行为成立何罪；再次，每个罪名应当适用哪部法律；最后，决定朱某的行为之定性分析。

通过本案的描述，很明确，朱某的行为可以分为前后相继的两部分。其一是对着王某家实施爆炸的行为；其二则是针对王某之子的杀害行为。朱某的第一个行为牵扯到爆炸罪、故意杀人罪和故意毁坏财物罪三个罪名。

爆炸罪属于危害公共安全罪。要确定朱某是否成立爆炸罪，就要对公共安全的含义进行解读。学界一般认为，社会的公共安全是指不特定或多数人的生命、健康和重大公私财产的安全。所谓"不特定"，是相对于其他罪危害的"特定"人和物而言；所谓"多数"，相对于其他犯罪一般只危害少数人和物而言。当然，有时侵犯人身权利罪和财产罪也会造成多人多物的损害，但其是以某个、某几个特定的人或者某项特定具体的财产为侵犯对象的，其可能造成的危害范围是有一定局限性的，是可以预料和可以控制的。但危害公共安全罪，侵害的对象往往具有不特定性或虽然对象特定但为多数人或者重大财物，即造成的危害，不是限于特定的个人或财产。而且绝大多数的犯罪行为往往在行为前无法确定其侵害的对象的范围，也无法预料和控制可能造成的后果及其程度，所造成的实际危害后果，常常超出了行为人的预料和控制。所以，犯罪行为一经实施，不论行为人主观上是否愿意，都能够在一定条件下造成众多人员的伤亡或公私财产的广泛损失，或者形成对公共生命财产安全的严重威胁。因此，如果犯罪行为只是指向特定的人身或财产，而并不同时危害不特定多数人的生命、健康和重大公私财产的安全，就不能构成危害公共安全罪，应根据其侵犯的客体，分别构成侵犯人身权利或者侵犯财产的犯罪。但需要指出，"不特定"并不是说危害公共安全犯罪的行为人没有特定侵犯对象或目标。实施危害公共安全罪的犯罪人，有的在主观上也有要侵犯的特定对象，同时也会对损害的可能范围有估计和认识,客观上有指向的目标,只不过其行为所造成或可能造成的实际后果则是犯罪分子难以控制的。因此,不能将“不特定”理解为没有特定侵犯对象或目标。[1] 依照上面所述进行判断,朱某对王某家实施爆炸的行为不能成立爆炸罪。因为朱某虽然对王某家实施了爆炸行为,但是朱某的行为指向的是特定的侵犯对象,而且从案中描述的“王某家距离周围邻居有 160 米”这一情况看,朱某的行为也没有对公共安全造成威胁。

朱某的行为应当考虑成立的是故意杀人罪和故意毁坏财物罪。因为朱某的目的就是要把王某家人杀死,也实施了相应的行为,完全满足了故意杀人罪的犯罪构成。同时,其行为同时也满足了故意毁坏财物罪的犯罪构成。这两者之间是想像竞合的关系。根据想像竞合的处理规则,当以重罪的故意杀人罪进行处罚。朱某后面对王某之子的杀害行为,也完全满足了故意杀人罪的犯罪构成,当以故意杀人罪进行处罚。

由于朱某的行为跨越了新、旧刑法实行期,要考虑法律的时间效力问题。前面分析,朱某的行为成立的是两个故意杀人罪。对 1979 年《刑法》第 132 条和 1997 年修订的《刑法》第 232 条规定的故意杀人罪进行比较,发现两者的规定完全相同。这样,按照 1997 年修订的《刑法》第 12 条的规定,对朱某应当以 1979 年《刑法》第 132 条进行处罚。

以本节的连续犯概念进行把握,朱某前后两个故意杀人行为成立连续犯,对之当按照连续犯的一般处理原则,以一个故意杀人罪进行酌情处罚。

(五) 自测案例

被告人昌某为了筹集赌资,在一天晚上连续盗窃 5 起,每一起盗窃数额从 100 元到 1240 元不等,共窃取财物 3000 余元。

如何对昌某的行为进行定性?

---

① 高铭暄、马克昌主编:《刑法学》(第三版),北京大学出版社、高等教育出版社 2007 年版,第 377—378 页。

案例三

（一）简要案情

花某为了报复自己的仇人方某，故意对方某进行挑衅，使得方某义愤之下抢先出手，然后借口正当防卫将方某杀死，后被人民检察院依法批捕并提起公诉。花某的家人通过中间人找到主审此案的法官俞某，贿以重金10万元，只求俞某保住花某性命。俞某为此费尽心机，在本案主要事实清楚的情况下，压制、排斥他人异议，以防卫过当定性，判处花某有期徒刑6年，后经人民检察院提起抗诉，通过二审程序，此案才得以改正。

（二）思考方向

什么叫牵连犯，如何认定牵连犯？

（三）法律规定

《中华人民共和国刑法》第383条 对犯贪污罪的，根据情节轻重，分别依照下列规定处罚：

（一）个人贪污数额在10万元以上的，处10年以上有期徒刑或者无期徒刑，可以并处没收财产；情节特别严重的，处死刑，并处没收财产。

（二）个人贪污数额在5万元以上不满10万元的，处5年以上有期徒刑，可以并处没收财产；情节特别严重的，处无期徒刑，并处没收财产。

（三）个人贪污数额在5000元以上不满5万元的，处1年以上7年以下有期徒刑；情节严重的，处7年以上10年以下有期徒刑。个人贪污数额在5000元以上不满1万元，犯罪后有悔改表现、积极退赃的，可以减轻处罚或者免予刑事处罚，由其所在单位或者上级主管机关给予行政处分。

（四）个人贪污数额不满5000元，情节较重的，处2年以下有期徒刑或者拘役；情节较轻的，由其所在单位或者上级主管机关酌情给予行政处分。

对多次贪污未经处理的，按照累计贪污数额处罚。

《中华人民共和国刑法》第385条 国家工作人员利用职务上的便利，索取他人财物的，或者非法收受他人财物，为他人谋取利益的，是受贿罪。

国家工作人员在经济往来中，违反国家规定，收受各种名义的回扣、手续费，归个人所有的，以受贿论处。

《中华人民共和国刑法》第386条 对犯受贿罪的，根据受贿所得数额及情节，依照本法第383条的规定处罚。索贿的从重处罚。

《中华人民共和国刑法》第399条 司法工作人员徇私枉法、徇情枉法，对明知是无罪的人而使他受追诉、对明知是有罪的人而故意包庇不使他受追诉，或者在刑事审判活动中故意违背事实和法律作枉法裁判的，处5年以下有期徒刑或者拘役；情节严重的，处5年以上10年以下有期徒刑；情节特别严重的，处10年以上有期徒刑。

在民事、行政审判活动中故意违背事实和法律作枉法裁判，情节严重的，处5年以下有期徒刑或者拘役；情节特别严重的，处5年以上10年以下有期徒刑。

在执行判决、裁定活动中，严重不负责任或者滥用职权，不依法采取诉讼保全措施、不履行法定执行职责，或者违法采取诉讼保全措施、强制执行措施，致使当事人或者其他人的利益遭受重大损失的，处5年以下有期徒刑或者拘役；致使当事人或者其他人的利益遭受特别重大损失的，处5年以上10年以下有期徒刑。

司法工作人员收受贿赂，有前3款行为的，同时又构成本法第385条规定之罪的，依照处罚较重的规定定罪处罚。

（四）学理分析

牵连犯，是指以实施某一犯罪为目的，其犯罪的方法行为或者结果行为又触犯了其他罪名的犯罪形态。牵连犯罪具有如下特征：第一，以实施一个犯罪为目的；第二，实施了两个以上独立的犯罪行为；第三，所实施的数个行为之间必须具有牵连关系；第四，数个犯罪行为必须触犯不同的罪名。①

从犯罪形态的角度来考虑，要注意牵连犯与想像竞合犯的区分。二者

---

① 刘艳红主编：《刑法学》（第二版），北京大学出版社2006年版，第240—241页。

有若干相似的地方，都是数个结果，且行为人对这数个结果都有罪过①，并且经常有人将犯罪的方法与方法行为、犯罪的结果与牵连犯中的结果行为混为一谈，这样就容易将想像竞合犯的结果和牵连犯的结果行为混淆起来。我们认为，牵连犯和想像竞合犯最大的区别就在于牵连犯是实质的数罪、处断的一罪，而想像竞合犯则为想像的数罪、实质的一罪，所以，在牵连犯中有数个犯罪行为，而在想像竞合犯中则只有一个犯罪行为。单从这一点，即可将两者区分开来。

在牵连犯的处罚上，理论上的通说为"从一重处断"，也就是依照行为人所触犯的数个罪名中处刑最重的罪名进行定罪量刑。我们赞同该观点，因为牵连犯虽为数罪，但各罪之间存在密切的牵连关系，作为一罪处理是合适的。在刑法中，有时规定牵连犯应当进行数罪并罚，如我国《刑法》第 198 条规定投保人、被保险人故意造成财产损失的保险事故，骗取保险金的或者投保人、受益人故意造成被保险人死亡、伤残或者疾病，骗取保险金的，不是依照一般的牵连犯的处罚原则进行处理而是应当以保险诈骗罪和相应犯罪进行数罪并罚；再如第 157 条规定的"以暴力、威胁方法抗拒缉私的"，以妨碍公务罪和相应的走私犯罪进行数罪并罚。也有的情况下，法律规定以牵连的数罪中的一罪进行从重处罚，如我国《刑法》第 253 条规定邮政工作人员为窃取财物而犯私自开拆、隐匿、毁弃邮件、电报罪的，以盗窃罪从重处罚。对于这些法律有特殊规定的牵连犯，按照刑法分则的特殊规定进行处罚即可。

以本案例而言，俞某利用职务之便，非法收受他人财物，达 10 万元之巨，且具有为他人牟取非法利益的主观目的，其行为已成立受贿罪，而为他人牟取非法利益的行为本身又构成了枉法裁判罪。这里成立了目的行为（受贿）和结果行为（枉法裁判）之间的牵连犯。但根据我国《刑法》第 399 条的规定，对之应以处罚较重的罪名定罪处刑，由于在此以受贿罪定罪量刑将比枉法裁判罪更重，所以应当定受贿罪。

（五）自测案例

袁某因家庭琐事和妻子柳某发生争吵，盛怒之下将妻子杀死。后又到

① 这是基于责任原则的一个必然结论。所以，从这里进行推论，我们可以说，在想像竞合犯中，行为人也有两个以上的罪过。请注意，这里的想像竞合犯中有两个以上的罪过和我们谈到的它是基于一个犯罪决意并不矛盾。

公安机关报案，谎称妻子系他人谋杀。在公安机关查案过程中，袁某又想到妻子有一份人身意外险的保单，于是又到保险公司提出支付保险金的请求，保险公司因受骗支付了保险金20万元。

案例四

（一）简要案情

鲍某为某机械厂工人。他在自己工作之余，利用车间的机床私自制造了手枪3支，并藏在自己家中，后在公安机关组织的收缴私藏枪支的专项行动中被人告发。

（二）思考方向

什么叫吸收犯？如何区别吸收犯和与之相近的犯罪形态？

（三）法律规定

《中华人民共和国刑法》第125条　非法制造、买卖、运输、邮寄、储存枪支、弹药、爆炸物的，处3年以上10年以下有期徒刑；情节严重的，处10年以上有期徒刑、无期徒刑或者死刑。

非法制造、买卖、运输、储存毒害性、放射性、传染病病原体等物质，危害公共安全的，依照前款的规定处罚。

单位犯前两款罪的，对单位判处罚金，并对其直接负责的主管人员和其他直接责任人员，依照第1款的规定处罚。

《中华人民共和国刑法》第128条　违反枪支管理规定，非法持有、私藏枪支、弹药的，处3年以下有期徒刑、拘役或者管制；情节严重的，处3年以上7年以下有期徒刑。

依法配备公务用枪的人员，非法出租、出借枪支的，依照前款的规定处罚。

依法配置枪支的人员，非法出租、出借枪支，造成严重后果的，依照第1款的规定处罚。

单位犯第 2 款、第 3 款罪的，对单位判处罚金，并对其直接负责的主管人员和其他直接责任人员，依照第 1 款的规定处罚。

（四）学理分析

目前刑法学术界在吸收犯的问题上有重大争议，可以用“百家争鸣”来形容，说吸收犯是罪数形态理论中最有争议的一个理论问题，一点也不为过。我们在这个问题上，需要转换一下思路，先不要忙着给吸收犯下定义，而是先来确定几个研究吸收犯时要遵循的原则，然后依据这几项原则对吸收犯进行研究。我们认为，研究吸收犯的问题需要遵循如下几条原则：首先，理论必要性原则。也就是说，我们要先从理论上来考察有无吸收犯存在的必要。只有从理论上看，有些罪数形态的问题用其他的犯罪形态都无法解决的情况下，才有吸收犯存在的可能性。其次，在第一步的基础之上，我们要找出这些问题的共性，从中概括出吸收犯的定义，并且要与吸收犯的名称建立联系，如果概括出的定义无法反映“吸收”关系，则吸收犯仍是名不副实。同时，在吸收犯与其他罪数形态的关系上，要符合形式逻辑的要求，即它们不应交叉，应当各自独立。具体来说，某一种罪数形态的问题，不能既可以用吸收犯来解释也可以用其他理论来解释，这样才能与形式逻辑上外延划分的子项不得交叉的要求相符合。

我们就按上述几项原则来对吸收犯的问题进行分析。首先，我们对传统上认为属于吸收犯的一些情况进行考察，看它们是否可以用吸收犯之外的其他理论来解决。当然，以前的吸收犯理论在吸收犯的成立范围上是有不同认识的，那我们就对它们涉及的范围逐个进行考察。一是，有人认为，既遂犯可以吸收预备犯和未遂犯。这种说法本身是有一定疑问的，如果这里的既遂犯、预备犯和未遂犯是针对同一次犯罪，那本身这种说法就不成立。在一次犯罪中，行为人只能成立既遂犯、未遂犯、预备犯和中止犯中的某一种，而这几种犯罪停止形态之间是不能进行相互转化的。以此类推，同一类型的所谓未遂犯吸收预备犯、实行阶段的中止犯吸收预备犯都是不能成立的。如果是预备性罪名成立一个独立的罪名，那么此时成立的是手段行为（盗枪）与目的行为（杀人）之间的牵连犯而非吸收犯。也有的人认为，这里的既遂犯吸收未遂犯是指这么一种情况：甲欲杀乙，第一次未成功，犯罪未遂，第二次（甚至是多次之后）则成立了犯罪既遂。持吸收犯废止论的人认为这种情况可以用连续犯来解释,认为连续犯中并未限制是否针对同一对象及犯罪的停止形态。我们并不赞同这种解释。如果是针对同一犯罪对象的可以用次数来衡量的利益,固然可以成立连续犯(如5次盗窃同一人的财产或4次利用职权胁迫强奸同一下属),但对于只能失去一次的利益(如生命)用连续犯来解释并不恰当。所以,这里出现了一种用现有理论不太好处理的罪数情况。二是,认为在共同犯罪中同一个犯罪人在充当不同角色的情况下,存在吸收关系。表现为实行行为吸收非实行行为,教唆行为吸收帮助行为,还有的认为可表现为主犯之罪吸收从犯、胁从犯之罪。我们认为,就后者而言,根本不存在成立的可能性,因为主犯、从犯和胁从犯本身是相互对立的,某一共同犯罪人在一次共同犯罪中,要么是主犯、要么是从犯、要么是胁从犯,不可能在这三者中身兼两任,所以这种主犯之罪吸收从犯、胁从犯之罪的情况是不会出现的。而就前者而言,我们赞同某些反对吸收犯的论者在该问题上的观点,"无论是教唆行为、帮助行为还是进而实施的某一犯罪行为,都只会触犯我国刑法分则中的同一罪名,充足同一犯罪构成。如果行为人基于同一犯意,先教唆某人犯罪,接着帮助此人实行犯罪,最后又直接实施犯罪的情况,只不过充足了一次犯罪构成,因而应当直接认定为一罪"①。三是,符合加重犯罪构成之罪吸收符合普通犯罪构成之罪或者符合普通犯罪构成之罪吸收符合减轻犯罪构成之罪。我们以为,这里的所谓符合加重犯罪构成之罪吸收符合普通犯罪构成之罪或者符合普通犯罪构成之罪吸收符合减轻犯罪构成之罪如果是针对一次犯罪而言(例如符合了伤害致死的犯罪构成自然也就满足了普通的故意伤害罪的犯罪构成),则应当用法条竞合的理论来解决;如果这里的符合加重构成之罪吸收符合普通犯罪构成之罪或者符合普通犯罪构成之罪吸收符合减轻犯罪构成之罪的情况是两个罪,在前后两罪是针对不同的犯罪对象或虽针对同一犯罪对象但犯意不连续时成立同种数罪,而如果针对同一对象但有连续的犯意则成立连续犯。也就是说,在我们所讨论过的各种类型的情况中,只有一种是不能用已有的理论来说明的,即在一个犯意支配下实施的针对同一人的数个故意杀人罪的犯罪既遂可以吸收其他的几个犯罪未完成形态。除此之外,

① 转引自童伟华:《吸收犯学说述评》,载《华侨大学学报》(人文社会科学版)2001年第2期,第92页。

不同罪名之间有时也有些犯罪形态是不能用其他理论来解决的。例如,甲在过失行为致乙重伤之后,为了防止乙将来报案,又将乙杀死的行为。这里一般就不用再定过失致人重伤罪,直接以一个故意杀人罪定罪是合适的。

那么,上面的用以往理论不能解决的两种情况有什么共性呢?首先,它们事实上是成立了两个罪,符合了两个罪的犯罪构成;其次,它们的前后两个罪都是针对同一犯罪对象的;再次,针对同一对象的这数个犯罪行为之间具有一种向上的兼容关系,也就是说,其中有一个行为单从结果上看,可以将其他的行为造成的结果包括其中;最后,因为这种兼容关系,用具有兼容功能的那个犯罪行为来定罪是合适的,不致放纵犯罪。这样,我们就可以得出吸收犯的定义了。我们认为,吸收犯是指行为人先后实施了数个紧密相接的针对同一犯罪对象的犯罪,由于其中一个犯罪行为从结果上看可以包容其他犯罪的犯罪结果,因而只以该罪一罪对行为人进行定罪论处的犯罪形态。

在犯罪形态中,吸收犯和牵连犯比较容易混淆。我们认为,可从如下方面对两者进行区分:第一,它们以一罪论处的根据不同。吸收犯是由于各行为之间有一个可以兼容其他行为的结果,所以以一罪处理;而牵连犯是由于前后行为有牵连关系,发生在一起所以以一罪处理。这里吸收犯是行为之间的吸收而牵连犯则是罪名之间的吸收。第二,由上面的适用根据的差别带来了两者在处理上的差别。在吸收犯中,其他行为被吸收后,在定罪量刑中就完全不再起作用;而在牵连犯中,被吸收的罪名在量刑时仍然可以发生作用。第三,牵连犯由其牵连关系限定只能发生在故意犯罪之中,而吸收犯并没有这种限制。第四,牵连犯只能成立在不同罪名之间,而吸收犯可以存在于相同罪名之间。

除此之外,还要注意区分吸收犯和事后不可罚行为。按有些论者的定义,事后不可罚行为是指"在状态犯实行行为完成后,为维持或利用不法状态以确保犯罪利益得以实现的行为,虽在形式上符合某一犯罪构成,但因法律对该事后行为缺乏适法行为的期待可能性,故不单独定罪处罚的行为"。[①] 事后不可罚的行为与其本罪行为的关系与吸收犯中的被吸收的行为与吸收行为的关系有重大的区别。在吸收犯中,前后的数个行为可以进行独立的

① 古瑞华、陆敏:《事后不可罚行为初探》,载《当代法学》2001 年第 11 期。

法律评价，是实质上的数罪，只是由于其中有一个行为对其他的行为具有向上的兼容性，我们才将吸收犯作为一罪来处理；而在事后不可罚的行为中，由于其缺乏期待可能性，后行为根本就不成立犯罪。对于事后不可罚的行为而言，在后的本可独立评价的行为从犯罪构成上就排除了作为其存在前提的状态犯的本罪行为的实施者成立该罪的可能性。例如，销赃罪是不能由盗窃罪等侵财性犯罪的犯罪人来构成的，而非法持有毒品罪同样也不能由制造毒品罪的犯罪人构成。所以，事后不可罚的行为和作为其前提的状态犯的本罪行为连在一起也只是一罪。在这一点上，我们和那种认为事后不可罚的行为属于吸收犯的观点是对立的。①

我们来对本案例进行分析。在本案例中，鲍某在先的行为已触犯了我国《刑法》第125条的非法制造枪支罪，在后的行为表面上看来是触犯了第128条的非法私藏枪支罪。但分析起来，在非法制造枪支之后的非法私藏枪支行为是前者的一个必然延伸。对非法制造枪支者私藏枪支的行为法律显然不具有适法行为的期待可能性（我们不可能指望一个非法制造枪支的人主动在造枪之后将其上缴有关部门），所以在后的私藏枪支的行为不能单独定罪处刑，为事后不可罚的行为，而非吸收犯。因而，对鲍某只以非法制造枪支罪进行定罪处罚即可。

（五）自测案例

唐某为一长途货车司机。某次，晚间行车时由于违章驾驶将与其逆向而行的行人费某撞倒。唐某下车查看，发现费某伤势较重，已处于昏迷状态。唐某本想直接驾车逃逸，又担心费某为人所救，自己将来无力承担相关的赔偿费用。于是，恶向胆边生，先查看了一下四周，在其确定四下无人的情况下，又驾车从费某身上碾过，制造一个交通肇事的假象。后法医尸体解剖证明，唐某第二次制造交通肇事假象的行为为费某死亡的直接原因。

试用罪数形态的相关理论分析上面的案例。

① 该观点可参阅古瑞华、陆敏：《事后不可罚行为初探》，载《当代法学》2001年第11期。

第十三章　刑事责任

刑事责任是指因犯罪行为而产生的、应由犯罪人本人承担的刑事法律后果。这种刑事法律后果最终必须由司法机关依据刑事法律加以确认，应与犯罪行为的客观危害和犯罪人的人身危险程度相当，主要以使犯罪人承担刑罚为表现方式；其实质是国家对犯罪行为的否定性评价和对犯罪人的责难。对于追究刑事责任的实质根据，德日刑法学中存在道义责任论与社会责任论之争。对犯罪人适用刑罚是刑事责任的基本实现方式；对犯罪人适用非刑罚处罚是刑事责任的辅助实现方式；单纯宣告行为人有罪是刑事责任的特殊实现方式。

案例一

（一）简要案情

被告人赵某系下岗青年。赵决定绑架富商王某的儿子王某某进行勒索。为此，赵某首先租了一间民房，以作关闭、扣押人质之用。后赵某数次跟踪王某某，掌握了王的行动规律。在赵某决定动手的前一天，全市召开公审大会，枪毙了一批绑架犯罪分子。赵某被震慑，放弃了绑架念头。法院经审理认为，赵某为绑架他人制造条件，其行为已构成绑架罪；赵某系自动放弃犯罪，属于犯罪中止，因没有造成损害，遂判决对其免除处罚，并建议有关部门对赵某进行劳动教养。①

① 刘艳红主编：《刑法学总论》（第二版），北京大学出版社2006年版，第258页。

（二）思考方向

对于绑架行为，被告人赵某是否已经承担了刑事责任？

（三）法律规定

《中华人民共和国刑法》第37条　对于犯罪情节轻微不需要判处刑罚的，可以免予刑事处罚，但是可以根据案件的不同情况，予以训诫或者责令具结悔过、赔礼道歉、赔偿损失，或者由主管部门予以行政处罚或者行政处分。

《中华人民共和国刑法》第22条　为了犯罪，准备工具、制造条件的，是犯罪预备。

对于预备犯，可以比照既遂犯从轻、减轻处罚或者免除处罚。

《中华人民共和国刑法》第24条　在犯罪过程中，自动放弃犯罪或者自动有效地防止犯罪结果发生的，是犯罪中止。

对于中止犯，没有造成损害的，应当免除刑罚；造成损害的，应当减轻处罚。

（四）学理分析

对于绑架行为，被告人赵某已经承担了刑事责任。从我国刑法规定来看，刑事责任的实现方式有以下几种：(1) 对犯罪人适用刑罚；(2) 对犯罪人适用非刑罚处罚方法；(3) 单纯宣告行为人有罪。其中，第一种实现方式为最基本的实现方式。在本案中，人民法院对被告人赵某免除刑事处罚，并建议有关部门对其进行劳动教养，这是对犯罪人采用第二种刑事责任的实现方式。人民法院采取这种方式追究被告人的刑事责任是正确可行的。

首先，被告人的行为已经构成犯罪。对任何一位公民追究刑事责任，必须以其行为构成犯罪为前提的，这是现代法治的基本要求，也是罪刑法定原则的基本要求。本案中的赵某所实施的危害行为已经构成绑架行为的预备犯罪。所以人民法院可以据此追究其刑事责任。

其次，被告人的犯罪行为情节轻微。其犯罪情节轻微主要体现在以下几个方面：(1) 其行为尚未进入绑架罪的实行阶段，其行为性质是绑架行为的预备行为。(2) 其行为属于预备阶段的犯罪中止。赵某的行为没有进入犯罪的实行阶段,是出于其本人意愿。这反映了其主观恶性、人身危险性程度较轻。(3) 其犯罪预备行为没有给被害人的利益带来任何损害。根据刑法规定,对于情节轻微的犯罪是可以不判处刑罚的。但是人民法院可以根据案件的不同情况,予以训诫或者责令具结悔过、赔礼道歉、赔偿损失,或者由主管部门予以行政处罚(包含劳动教养)或者行政处分。

案例二

(一) 简要案情

被告人赵某为了确保自己能升任办公室主任,于是编造谎言打击自己的竞争对手李某,说李某生活作风有问题,未婚先孕,做过两次人流手术。此事在单位闹得满城风雨,李某有口难辩,几欲自杀。后李某向人民法院自诉,要求追究赵某诽谤罪的刑事责任。在法院开庭审理本案的过程中,赵某承认了自己的错误,向李某真诚赔礼道歉,并愿意消除影响。后李某撤回起诉。①

(二) 思考方向

李某撤回起诉,是否意味着赵某不负刑事责任?

(三) 法律规定

《中华人民共和国刑法》第 246 条 以暴力或者其他方法公然侮辱他人或者捏造事实诽谤他人,情节严重的,处 3 年以下有期徒刑、拘役、管制或者剥夺政治权利。

前款罪,告诉的才处理,但是严重危害社会秩序和国家利益的除外。

(四) 学理分析

赵某的行为触犯了我国《刑法》第 246 条所规定的诽谤罪。根据犯罪与

① 刘艳红主编:《刑法学总论》(第二版),北京大学出版社 2006 年版,第 258 页。

刑事责任之关系的一般原理，赵某自应承当相应的刑事责任。就此意义而言，刑事责任具有必然性。也就是说，李某撤回起诉与否并不影响赵某刑事责任的承担。但是，我们应当搞清刑事责任的必然性与追究刑事责任之间的关系。我们不能认为：只要赵某应当承担刑事责任司法机关就必须无条件地追究其刑事责任。应该说，在一般情况下，二者是统一的。不过，根据刑法规定，犯罪嫌疑人、被告人的行为构成犯罪后，如果出现了一些阻却刑事责任的事由，司法机关就可以不追究犯罪人的刑事责任。阻却刑事责任的事由主要有：犯罪已经超过追诉时效、犯罪得以赦免、告诉才处理的犯罪被害人没有告诉或者撤回告诉、犯罪嫌疑人或被告人已经死亡，等等。由于赵某实施的诽谤罪属于告诉才处理的犯罪，所以本案中的被害人李某撤回起诉便成为不追究被告人刑事责任的法定事由。

案例三

（一）简要案情

甲是某县机械厂职工，与女工乙在同一车间上班。某甲经常关心照顾某乙，使某乙深受感动。逐渐地两人有了感情并多次发生不正当关系。两个人都已成婚，但也不想解除各自现有的婚姻关系。两人的奸情后来被乙的丈夫发现，并向该县法院告发。经该县人民法院审理，判处甲有期徒刑 1 年。甲不服，提起上诉。经二审法院审理，撤销一审判决，并宣告无罪。

（二）思考方向

县法院判处甲有期徒刑 1 年是否合法？二审法院宣告甲无罪有无法律根据？上述案例真实反映了刑事责任与犯罪的关系，刑事责任与刑罚的关系。

（三）法律规定

《中华人民共和国刑法》第 3 条　法律明文规定为犯罪行为的，依照法律定罪处刑;法律没有明文规定为犯罪行为的,不得定罪处罚。

《中华人民共和国刑法》第236条 以暴力、胁迫或者其他手段强奸妇女的,处3年以上10年以下有期徒刑。

奸淫不满14周岁幼女的,以强奸论,从重处罚。

强奸妇女、奸淫幼女,有下列情形之一的,处10年以上有期徒刑、无期徒刑或者死刑:

(一)强奸妇女、奸淫幼女情节恶劣的;

(二)强奸妇女、奸淫幼女多人的;

(三)在公共场所当众强奸妇女的;

(四)2人以上轮奸的;

(五)致使被害人重伤、死亡或者造成其他严重后果的。

(四)学理分析

分析县法院判处甲有期徒刑1年是否合法,换句话说,分析法院能否追究甲的刑事责任,关键是看甲的行为是否构成犯罪。这是因为,刑事责任是行为人基于其犯罪行为而产生的一种法律责任。行为人没有实施刑法所规定的犯罪,司法机关就不能追究其刑事责任,否则会违背罪刑法定之基本原则,也不符合犯罪、刑事责任之间的辩证关系原理。

从本案来看,甲的行为是一种通奸行为。通奸是一种有伤社会风化的行为,理应受到道德的谴责,但是我国刑法并未将其作为犯罪行为加以规定。本案中,某县法院在法律没有明文规定的情况下,认定甲的行为构成犯罪并追究其刑事责任,这不仅违背了我国《刑法》第3条规定的罪刑法定原则,也不符合刑法学的基本原理。

(五)自测案例

被告人:张某,男,34岁,原系某市标准计量局技术情报所资料发行站负责人。经审理查明,被告人张某在某市标准计量局技术情报所(以下简称情报所)资料发行站负责书籍、资料的购销发行工作。2006年10月27日,情报所与机械工业标准化技术服务部(以下简称服务部)签订了"书籍、资料发行协议书",张某也在协议书上签了名。协议书规定:情报所经销(包销)服务部的书籍和资料,按书籍、资料定价总值的80%向服务部支付书款,留下其余的20%的书款作为情报所包销发行的费用。在包销发行费用中,15%归情报所单位支配,5%作为具体经销人员的劳务报酬。此后,张某为服务部经销了部分书籍和资料,按协议规定应当领取5%的劳务报酬。由于情报所不愿给张某5%的劳务报酬,张某在未征得本单位同意的情况下,便私自与服务部的经办人商定,改变了原来的付款办法,由情报所向服务部支付85%的书款,再由服务部将其中5%的书款以现金返回张某。这样,自2006年12月至2008年8月,张某一共收到服务部返回的现金5000余元。案发后,张某将所得的5000余元如数上交给检察机关。

分析司法机关能否让张某承担刑事责任?

案例四

(一) 简要案情

1998年2月5日上午10时许,周某开着夏利车在急速行驶中,突然有一辆自行车从旁边的一个小岔路口穿出横过马路,周某刹车不及,眼看就要撞上,周某只好急打方向盘,将车拐向旁边,结果汽车撞到路边的电线杆上,失去控制,冲到人行便道上,此时正好是放学时间,人行道上学生很多,汽车当场将一名学生撞成重伤(后不治身亡),多名学生轻伤。

检察机关以故意伤害罪对被告人周某提起公诉。一审法院公开审理判处周某过失致人死亡罪,免除刑罚处罚。

(二) 思考方向

周某的刑事责任是如何实现的?

(三) 法律规定

《中华人民共和国刑法》第21条　为了使国家、公共利益、本人或者他人的人身、财产和其他权利免受正在发生的危险,不得已采取的紧急避险行为,造成损害的,不负刑事责任。

紧急避险超过必要限度造成不应有的损害的,应当负刑事责任,但是应当减轻或者免除处罚。

第1款中关于避免本人危险的规定,不适用于职务上、业务上负有特定责任的人。

《中华人民共和国刑法》第37条 对于犯罪情节轻微不需要判处刑罚的,可以免于刑事处罚,但是可以根据案件的不同情况,予以训诫或者责令具结悔过、赔礼道歉、赔偿损失,或者由主管部门予以行政处罚或者行政处分。

《中华人民共和国刑法》第233条 过失致人死亡的,处3年以上7年以下有期徒刑;情节较轻的,处3年以下有期徒刑。本法另有规定的,依照规定。

(四) 学理分析

本案中的周某应当属于避险过当行为,这是因为当时是放学时间,人行道上有很多学生,将汽车急速拐向人行道方向,可能会撞伤学生,造成更为严重的后果。根据我国刑法的相关规定,对避险过当行为应当减轻或者免除处罚。

在我国刑法中,避险过当并非一个独立的罪名。所以对周某追究刑事责任存在罪名的确定问题。关于本案的定性,有不同的看法。有人主张对周某应当定过失致人重伤罪;有人则主张对其定过失致人死亡罪。对此我们有不同的看法。首先定过失致人重伤罪不够妥当,其次定过失致人死亡罪也不够妥当。这是因为,其避险过当行为毕竟还造成了多名学生轻伤的危害后果。综上分析,我们认为,对周某应当定过失以危险方法危害公共安全罪。

周某的行为已经触犯刑法,无疑应当追究其刑事责任。法院在权衡刑事责任的时候要考虑多方面的因素,其中最为重要的是犯罪性质。由于本犯罪的犯罪性质是一个过失犯罪,法定刑轻而且是由紧急避险行为所引起。故而,人民法院以单纯宣告其有罪的方法追究其刑事责任是有充分的法律根据与法理依据的。

（五）自测案例

被告人：蔡某，男，55周岁，汉族，某省政协某地区工作委员会副主任。

被告人蔡某对本地区的副书记邱某久有成见。2004年5月20日上午，被告人蔡某因轻信刚离婚的原妻殷某的话而对邱某极为恼怒。下午上班时，即将家中的一把菜刀携到办公室，向政协工委主任林某表示了对邱某不满的情绪，激动地说要杀死邱某。林再三劝阻蔡某无效，蔡某即持菜刀站在邱某的宿舍楼附近，将刀接连数次砍在树上发泄，大喊“一定要杀邱某”。之后，林某发现邱某向宿舍走来，而蔡某此时仍在那里，便将邱拦阻至地委老办公室楼内。蔡某见后，亦携菜刀走过来，当行至办公室中间门厅时，恰遇杨某等人途经此地，杨某即劝走了蔡某。5月21日上午，蔡某又携装有旧劈柴刀和铁锤的皮包坐在地委操场边，适逢邱某乘汽车外出，途经蔡某身边，蔡某夹包站起，但没有什么举动，邱坐车亦安然离去。当天中午，蔡某又坐在地委大院内大喊大叫，被林某等劝回家。5月24日下午，蔡某主动将旧劈柴刀和铁锤交给地委保卫科的保卫人员。

问题：能否追究被告人蔡某的刑事责任？

第十四章　刑罚概论

刑罚是由国家最高立法机关在刑法中确立、由法院对犯罪人适用、并通过特定机构执行的最为严厉的强制措施。刑罚功能,即国家制定、适用和执行刑罚对人们可能产生的积极社会作用。刑罚目的,是国家制定、适用、执行刑罚所希望取得的效果。我国刑罚的目的是预防犯罪,它包括特殊预防和一般预防两个方面。

案例一

(一) 简要案情

张君团伙系列抢劫杀人的犯罪事实被媒体曝光之后,人们要求严惩凶手、以正国法的呼声不绝于耳。然而,在2003年4月22日对张君一案的判决中,曾被人们认为“死定了”的同案犯陈世星出乎意料地以非法买卖枪支、弹药罪被判处死刑缓期2年执行,保住了性命。据报道,重庆市第一中级人民法院在认定陈世星犯罪事实时,顶着极大的舆论压力,准确认定陈世星在本案中只是在非法买卖枪支弹药时起介绍作用,社会危害程度不大,因此对陈世星依法作出了上述判决。①

(二) 思考方向

人民法院对陈世星的判决是否违背了刑罚目的?在刑罚目的的实现过程中,应否考虑民愤的作用?

---

① 刘艳红主编:《刑法学总论》(第二版),北京大学出版社2006年版,第273页。

（三）法律规定

《中华人民共和国刑法》第125条　非法制造、买卖、运输、邮寄、储存枪支、弹药、爆炸物的，处3年以上10年以下有期徒刑；情节严重的，处10年以上有期徒刑、无期徒刑或者死刑。

《中华人民共和国刑法》第61条　对犯罪分子决定刑罚的时候，应当根据犯罪的事实、犯罪的性质、情节和对于社会的危害程度，依照本法的有关规定判处。

（四）学理分析

人民法院对犯罪人适用刑罚的目的有两个，即特殊预防与一般预防。要想达到预期的目的，必须做到罪刑相适应。唯此，犯罪人才能真正地认罪伏法，社会公众才能信仰法律。从这个意义上来说，人民法院对犯罪人判处刑罚时是不能考虑民众情绪的，包括民愤。但是，我们也应当看到，犯罪的危害是多方面的，它不仅体现为对国家、公民个人利益的具体损害，还表现为对社会心理秩序的破坏，甚至引发公众恐慌。要恢复社会心理秩序、消除公众恐慌，在刑罚适用时就必须考虑民众情绪，包括民愤。从这个意义上来说，人民法院对犯罪人判处刑罚时，应当将民愤大小作为重要的考量因素，这样做并不违背罪刑相适应的基本原则。当然，人民法院要注意判断民愤的客观性、真实性。

事实上，人民法院对犯罪人适用刑罚时，考虑民愤是有一定法律根据的。我国《刑法》第61条规定："对犯罪分子决定刑罚的时候，应当根据犯罪的事实、犯罪的性质、情节和对于社会的危害程度，依照本法的有关规定判处。"该规定要求法官在对犯罪人裁量刑罚的时，不仅要考虑犯罪性质和犯罪情节，诸如犯罪的时间、地点、犯罪的手段、犯罪的对象、犯罪的后果与动机等情节，还要考虑犯罪"对于社会的危害程度"。这里的"对于社会的危害程度"是指犯罪行为对直接犯罪客体以外的社会关系所产生的危害，它主要表现为司法机关对该犯罪案件进行侦破时所耗费的人力、财力数量及其对社会心理秩序产生的冲击度。①

① 参见张智辉：《刑事责任通论》，警官教育出版社1995年版，第354页。

综上分析，人民法院完全不顾民愤的做法是值得商榷的，难以实现刑罚目的。

案例二

（一）简要案情

被告人胡某，男，22周岁，无业。

被告人胡某自幼丧父。后来因常受继父打骂即离家出走，四处游荡，致染上盗窃等诸多恶习。因为盗窃，被告人胡某曾两次受劳教。1994年10月，被告人胡某又因盗窃罪被判处有期徒刑3年。在服刑期间，胡某经常顶撞教官，且仍时有小偷小摸行为。1997年10月被告人胡某刑满释放。1998年初，胡某入室盗窃时被再次抓获。公诉机关以盗窃罪对被告人胡某提起公诉。一审法院经公开审理认为，被告人胡某之行为已经构成盗窃罪，从重判处其有期徒刑3年。被告人不服该判决，遂向二审法院提起上诉。

（二）思考方向

一审法院对于被告人胡某行为以盗窃罪定性是无可置疑的。但是，有学者认为胡某犯罪成性，对其适用有期徒刑过于机械呆板，缺乏弹性，不会收到良好的改造效果。于是有学者建议二审法院应当对胡某适用不定期刑。上述案例真实反映了不定期刑的法律地位。

（三）法律规定

《中华人民共和国刑法》第32条 刑罚分为主刑和附加刑。

《中华人民共和国刑法》第33条 主刑的种类如下：（一）管制；（二）拘役；（三）有期徒刑；（四）无期徒刑；（五）死刑。

《中华人民共和国刑法》第34条 附加刑的种类如下：（一）罚金；（二）剥夺政治权利；（三）没收财产。附加刑也可以独立适用。

（四）学理分析

所谓不定期刑，是指审判机关在判决时对构成犯罪需要监禁之被告只作罪名的宣告，不给予确定的刑期，由行刑机关根据犯罪人在服刑期间的具体悔罪表现，而决定何时予以释放之制度。现代不定期刑制度是在实证学派提出的目的刑、教育刑的思想影响下，于19世纪下半叶出现在西方社会的一种新的刑罚制度。这一制度自诞生之日起，便引起极大争议。

有的学者主张我国应当实行不定期刑。其主要理由是：(1) 实行不定期刑，符合我国对犯罪分子适用刑罚的目的。(2) 不定期刑真正体现了刑罚个别化原则。(3) 不定期刑有利于调动犯人自觉接受教育改造的积极性。(4) 不定期刑有助于提高劳改机关的改造效果。(5) 不定期刑体现了刑罚经济原则。①

我们认为，尽管不定期刑存在不少诱人之处，但是在我国推行不定期刑制度是行不通的。首先，改造效果的判断问题。推行不定期刑势必涉及改造效果的判断问题，但这是一个世界性难题。其次，我国社会公众普遍存在报应观念。不定期刑强调的是刑罚的教育改造理念，这与报应理念难以融合。再者，与刑法的基本原则相悖。罪刑相适应原则是我国刑法的基本原则。这里的罪刑相适应是指刑罚的轻重与犯罪行为的社会危害性程度相适应。很显然，不定期刑制度是与该基本原则格格不入的。最后，法律基础问题。根据我国刑法的规定，我国的刑种、刑期都是明确的。质言之，推行不定期刑制度并无法律根据。

综上分析，人民法院不能对被告人胡某适用不定期刑制度。

（五）自测案例

陈某，男，某市幸福路中学学生，今年15周岁。在上学期间，陈某多次对女同学进行猥亵。经校方多次教育，屡教不改，学校遂向司法机关反映。后司法机关对其执行劳动教养。

根据刑罚与其他法律制裁的区别，进一步理解刑罚的基本特征。

---

① 参见陈兴良主编：《刑种通论》，人民法院出版社1993年版，第297页。

案例三

（一）简要案情

李某是某村村长。为了按时完成上交乡里公款的任务，李某多次在村民广播会上通知、通告，并明确宣布要抓一两个不交款的典型惩治。3天后，村民的公款仍未交齐，李某便带领几个村干部和治安队员来到村民张某家要款。在双方交涉过程中，张某突然挥起一个板凳朝村干部齐某砸去，造成齐某脑震荡。李某极为恼火便一声令下，叫某人把张某捆起来，带到村部关起来。李某对张某家属说："什么时候交钱，什么时候放人！"当张某家属最终把钱凑齐交给李某时，张某已经被关押了100天，由于吃睡都不好，张某的身心受到严重的伤害。当地检察机关以非法拘禁罪对村长李某提起公诉。

（二）思考方向

村长李某对张某进行关押没有法律根据，故构成非法拘禁罪。从刑罚权角度来分析问题也可以得出同样的结论。

（三）法律规定

《中华人民共和国刑法》第238条 非法拘禁他人或者以其他方法非法剥夺他人人身自由的，处3年以下有期徒刑、拘役、管制或者剥夺政治权利。具有殴打、侮辱情节的，从重处罚。

（四）学理分析

刑罚权是国家对犯罪人实行惩罚的权力，其内容包括制刑权、求刑权、量刑权、行刑权。其中行刑权是指对犯罪人执行刑罚的权力，即特定机关根据法院的判决将对犯罪人判处的刑罚付诸现实执行的权力。与量刑权一样，它也构成国家刑事司法权的一项重要内容。就构成而言，行刑权的主要特点是：（1）这项权力由特定的机构执行。（2）执行的只能是刑罚。行刑的内容只能是执行刑罚，刑罚以外的强制措施的执行不属于行刑权的范围。（3）行刑的根据只能是法院生效的判决。没有法院的生效判决，或法院的判决没有判处刑罚，即不发生刑罚执行权的问题。

在本案中，村民张某“挥起一个板凳朝村干部齐某砸去，造成齐某脑震荡”的行为无疑构成故意伤害罪。但是对张某犯罪行为的惩处必须由司法机关负责，任何团体、机关、公民个人不得对其变相执行刑罚，不得剥夺或者变相剥夺其人身自由权利。否则，不仅违背我国相关的法律规定，而且也会侵犯国家的公权力即刑罚权。从本案的实际情况来看，村长李某的行为符合非法拘禁罪的构成特征。其行为不仅是侵犯公民人身自由的行为，还是严重践踏国家公权力的行为。所以，当地检察机关对其以非法拘禁罪提起公诉是有充分的法律根据与法理依据的。

（五）自测案例

被告人高某，男，22 周岁，农民。

2007 年 10 月 11 日下午 3 时许，被告人高某在去永宁乡的途中，与同村少女刘某（15 岁）相遇。二人行至榆树村茆梁山湾小路处，高某见路窄沟深，又四处无人，向刘某提出发生性关系的要求，遭到刘某的严辞拒绝，高即强拉硬拽被害人的衣袖并欲搂抱，被害人刘某边骂边退，高某步步紧逼，致刘某坠入路边 19.71 米的悬崖而死亡。事后，被告人高某的父母找到刘某的父母，请求其不要向司法机关告发并答应赔偿被害人 15 万元。刘某的父母基于各种考虑，最后接受了对方的请求及赔偿数额并书面保证永远不向司法机关告发。

问题：从刑罚权的角度解释书面保证是否具有法律效力。

案例四

（一）简要案情

被告人姚锦云是北京市某出租汽车公司司机。某日，姚某因未完成任务而被车队领导处分。为发泄不满情绪，她驾驶一辆“华沙”牌轿车，从天安门广场西侧，故意向北高速行驶，冲向密集的人群，轧死 5 人，撞伤 19 人，最后撞在金水桥栏杆上停住。同时撞坏汉白玉栏杆一段，轿车也被撞毁。被害人与其素不相识。

（二）思考方向

人民法院对姚犯适用死刑是否符合刑罚目的？

（三）法律规定

《中华人民共和国刑法》第2条 中华人民共和国刑法的任务，是用刑罚同一切犯罪行为作斗争，以保卫国家安全，保卫人民民主专政的政权和社会主义制度，保护国有财产和劳动群众集体所有的财产，保护公民私人所有的财产，保护公民的人身权利、民主权利和其他权利，维护社会秩序、经济秩序，保障社会主义建设事业的顺利进行。

《中华人民共和国刑法》第115条 放火、决水、爆炸、投毒或者以其他危险方法致人重伤、死亡或者使公私财产遭受重大损失的，处10年以上有期徒刑、无期徒刑或者死刑。

（四）学理分析

对被告人姚锦云适用死刑是否合理，学界曾有不同的看法。其中有学者认为，就该犯而言，其再次犯罪的可能性不大，正是报应（惩罚）的要求，才使得对其适用死刑。持该种解释的学者认为，应将“惩罚犯罪”作为我国的刑罚目的。在笔者看来，首先，既然刑罚目的是主体通过对刑罚属性的利用所达到的主观愿望，那么刑罚目的的内容就不应再包括刑罚属性的内容。其次，该提法将刑罚目的视为了一个纯主观的东西。依论者逻辑，会得出这样的结论：当国家把教育罪犯作为刑罚的目的时，教育既是刑罚的属性，同时也是刑罚的目的。这样一来，刑罚的目的就成为一种随心所欲的东西，变得不可捉摸。如果将教育罪犯作为刑罚的目的，那么人们不禁要问：“当罪犯没有受到身体上的痛苦，其犯罪所获得的唯一后果却是免费教育的特权时，刑罚的存在还有意义吗？”①“事实上，刑罚目的只能以刑罚的本质属性和基本功能为根据，特别是要注意不能把刑罚的非本质属性和边缘性功能，都

① 〔意〕加罗法洛等著：《犯罪学》，耿伟等译，中国大百科全书出版社1997年版，第217页。

确定为刑罚目的的根据。”①

我们认为,对被告人姚锦云适用死刑完全可以借助一般预防这一刑罚目的来说明。一方面,刑罚应该与犯罪的严重性相适应,即等比性是一般预防的规诫之一②;另一方面,确定性是一般预防的重要要求之一,无论从逻辑还是从经验的角度来看,确定性都应该是一般预防对刑罚的必然要求。就逻辑而言,一般预防要么表现为威吓,要么表现为强化守法,而威吓与强化的效果都取决于其可信与否,威吓的可信与否又取决于所威吓的刑罚是否兑现:法律所威吓的刑罚在具体案件中兑现率高,其威吓便现实而可信,潜在的犯罪人会认为逃避惩罚的可能性小而不敢犯罪;相反,所威吓的刑罚再严厉,如果得不到兑现,其威吓便只是空洞的,潜在的犯罪人便会认为逃避惩罚的可能大而对刑罚无所畏惧。同样,法律所规定的刑罚的兑现率高,其威信便高,易于为人们所尊重,刑罚促成守法习惯的可能性大;而法律所规定的刑罚的兑现率低,其威信必然降低,难以得到人们的尊重,刑罚促成守法习惯的可能性小。因此,刑罚的确定性是从一般预防所得出的必然结论。就经验而言,大量实例与统计分析的结论不容置疑地表明,犯罪率的升降与受惩罚的危险性的大小关系密切。因此,确定性是一般预防对刑罚的必然要求,也应该是由经验实证所印证的结论。③

(五) 自测案例

被告人许某,2003年5月以抢劫罪被人民法院判处无期徒刑。在服刑期间,许某积极改造,多次立功。执行机关遂请求人民法院对其进行减刑处理。

问题:从刑罚目的的角度思考减刑的必要性与减刑的限度。

---

① 于跃江:《论刑罚目的》,载《中国刑事法杂志》2002年第6期。

② 参见邱兴隆:《关于惩罚的哲学》,法律出版社2000年版,第129页以下。

③ 同上书,第135页以下。

第十五章　刑罚的体系和种类

我国刑法规定了主刑和附加刑的体系。主刑包括管制、拘役、有期徒刑、无期徒刑和死刑。附加刑包括罚金、剥夺政治权利和没收财产。此外，还有仅对外国人适用的驱逐出境。

案例一

（一）简要案情

吴某与被害人张某是连襟，某贫困地区农民，一起在外地打工。一日，二人为工钱发生争执，张某当众说吴某拿了他800元钱。吴某感到人格受到侮辱，非常气愤。当天夜里，吴某用木棒将张某打死，又用剪刀对张某的喉咙戳了几下，然后逃跑。逃跑途中，吴某自感罪孽深重，两次自杀未成。三天后，在公安机关还不知其行踪时，吴某主动到当地公安机关投案，如实交代了自己的犯罪事实。一审法院以吴某故意杀人手段特别残忍、危害特别严重为由，没有采纳辩护人提出的自首从轻处罚的意见，判处吴某死刑立即执行。①

（二）思考方向

该案中的吴某是否必须被判处死刑立即执行？

（三）法律规定

《中华人民共和国刑法》第232条　故意杀人的，处死刑、无期徒刑或者

① 刘艳红主编：《刑法学总论》（第二版），北京大学出版社2006年版，第289页。

10 年以上有期徒刑;情节较轻的,处 3 年以上 10 年以下有期徒刑。

《中华人民共和国刑法》第 67 条 犯罪以后自动投案,如实供述自己的罪行的,是自首。对于自首的犯罪分子,可以从轻或者减轻处罚。其中,犯罪较轻的,可以免除处罚。

(四) 学理分析

结合本案的实际情况,对吴某不必判处死刑立即执行,可考虑对其适用死刑缓期执行。虽然吴某的故意杀人的犯罪手段特别残忍,但通过其他因素的综合判断,其犯罪情节尚未达到必须判处死刑立即执行的程度。这些因素是:(1) 被害人有一定过错。这表现为被害人对被告人当众进行侮辱。(2) 被告人有自首情节。(3) 悔罪真诚。这表现为被告人自感罪孽深重,两次自杀未成。(4) 被告人是初犯。

上述因素表明,被告人犯罪事出有因,而且其人身危险性不大,对其适用死刑缓期执行不会带来不良的社会后果。

案例二

(一) 简要案情

某甲(女)因贩卖毒品罪被判处死刑立即执行,在死刑判决核准期间,甲的男友通过买通看守等手段,使甲怀孕。甲被确定怀孕之时,死刑已经核准,死刑执行命令已经签发。①

(二) 思考方向

执行机关应否对甲执行死刑?

(三) 法律规定

《中华人民共和国刑法》第 49 条 犯罪的时候不满 18 周岁的人和审判

① 刘艳红主编:《刑法学总论》(第二版),北京大学出版社 2006 年版,第 290 页。

的时候怀孕的妇女,不适用死刑。

(四)学理分析

执行机关应当对甲执行死刑。理由是,甲在审判期间并未怀孕。

根据我国刑法规定,对审判的时候怀孕的妇女不适用死刑。根据有关的司法解释,这里所说的"审判的时候怀孕"应当包括两种情况:一是人民法院审理案件的时候被告人正在怀孕的情况,二是案件起诉到人民法院之前被告人怀孕但做了人工流产的情况。不难看出,本案中的某甲怀孕不符合上述两种情况中的任何一种。故而,执行机关应当对甲执行死刑。

案例三

(一)简要案情

李某在司法机关对其传讯时,多次为其兄弟的诈骗犯罪行为进行包庇,并将传讯情况暗中通知给羁押在看守所的兄弟。人民法院以包庇罪对李某判处管制1年。在被管制期间,李某未向执行机关报告,私自结婚并去南方某地打工,半年后返回。

(二)思考方向

被判处管制的人能外出打工吗?能结婚吗?

(三)法律规定

《中华人民共和国刑法》第38条　管制的期限,为3个月以上2年以下。

被判处管制的犯罪分子,由公安机关执行。

《中华人民共和国刑法》第39条　被判处管制的犯罪分子,在执行期间,应当遵守下列规定:

(一)遵守法律、行政法规,服从监督;

(二)未经执行机关批准,不得行使言论、出版、集会、结社、游行、示威自由的权利；

（三）按照执行机关规定报告自己的活动情况；

（四）遵守执行机关关于会客的规定；

（五）离开所居住的市、县或者迁居，应当报经执行机关批准。

对于被判处管制的犯罪分子，在劳动中应当同工同酬。

《中华人民共和国刑法》第 40 条　被判处管制的犯罪分子，管制期满，执行机关应即向本人和其所在单位或者居住地的群众宣布解除管制。

《中华人民共和国刑法》第 41 条　管制的刑期，从判决执行之日起计算；判决执行以前先行羁押的，羁押一日折抵刑期二日。

（四）学理分析

管制是指对犯罪分子不予关押，但限制其一定自由，由公安机关执行和群众监督改造的刑罚方法，是我国特有的一种轻刑，一般适用于情节较轻的犯罪。根据我国《刑法》第 38 条的规定，管制的期限为 3 个月以上 2 年以下，数罪并罚时不超过 3 年。其执行机关为公安机关。根据我国《刑法》第 39 条的规定，被判处管制的犯罪分子，应当遵守行为规定。

在本案中，李某在管制期间，未经公安机关批准，私自去外地打工，其行为违反了《刑法》第 39 条第 1 款第 5 项的行为，是明显的违法行为。而其在管制期间与他人结婚的行为，是在行使自己的民事权利，并非为刑法所禁止，是法律所允许的。

（五）自测案例

被告人刘某，男，27 周岁，个体运输司机。2005 年 12 月 20 日，刘某因一琐事与车上一乘客发生争吵，由于不堪忍受该乘客之谩骂，刘某便上前对其施以拳脚，致使对方轻伤。后刘某主动将其送往医院治疗，并承担了医药费。

被害人对刘某提起自诉，一审法院经公开审理认为，被告人刘某故意殴打乘客的行为构成了刑法所规定的故意伤害罪。但鉴于被告人刘某犯罪情节较轻，且有明显悔罪表现，人身危险性较小，判处其管制 6 个月。判决生效之初，刘某每次外出尚能到相距甚远的当地公安机关报请批准，但是随着业务日趋繁忙，刘某甚觉不便，即将有关规定置于脑后。当地公安机关也对此予以默认。

问题:管制刑在执行过程中所存在的问题如何克服?

案例四

(一) 简要案情

被告人:周某,男,27周岁,某厂工人。

被告人周某与现役军人李某之妻孙某自幼相识,曾确立恋爱关系,只因孙某之父母坚决反对而分手。后孙某与李某结婚,婚后长期独守空房,甚感寂寞,便屡次引诱周某。周某初始尚能婉拒,但不久即禁不住诱惑与孙某发生两性关系,以至于后来公开同居。

现役军人李某获悉后以破坏军婚罪对被告人周某提起自诉。一审法院经公开审理认为,被告人周某明知孙某系现役军人李某之配偶,而仍与之同居,已经构成破坏军婚罪,但是鉴于被告人周某案发后能坦白交代自己的罪行,认罪态度较好,故依据刑法相关规定,以破坏军婚罪判处周某拘役3个月。判决生效后,因为当地没有拘役所,被告人周某被放置在附近的一所监狱中执行刑罚。而与周某同监有一盗窃犯,在其灌输、传授下,周某习得了盗窃的种种手段。刑满释放后,周某因已被工厂开除,工作无着落,求职受歧视,最后竟自暴自弃,走上盗窃犯罪之路,而终又锒铛入狱。

(二) 思考方向

拘役刑的适用条件是什么?拘役刑的内在缺陷是否足以导致其被废除?

(三) 法律规定

《中华人民共和国刑法》第42条 拘役的期限,为1个月以上6个月以下。

《中华人民共和国刑法》第43条 被判处拘役的犯罪分子,由公安机关就近执行。在执行期间,被判处拘役的犯罪分子每月可以回家一天至两天;参加劳动的,可以酌量发给报酬。

《中华人民共和国刑法》第44条 拘役的刑期,从判决执行之日起计算;判决执行以前先行羁押的,羁押一日折抵刑期一日。

《中华人民共和国刑法》第259条 明知是现役军人的配偶而与之同居或者结婚的,处2年以下有期徒刑或者拘役。

(四)学理分析

本案被告人周某原本系一个善良诚实之公民,并无犯罪前科记录,而且在犯罪后能够坦白交代自己的犯罪事实,认罪态度较好。所以人民法院根据有关刑法规定,对其破坏军婚罪依法判处拘役刑3个月,是符合罪责刑相适应这一基本原则的。

不容忽视的是,在拘役刑执行期间,由于执行机关未能严格执行相关法律规定,让周某与一盗窃惯犯同监同押,致使其染上盗窃的恶习;加之周某刑满释放后,求职受到歧视,生活无着落,竟致自暴自弃,重又走上犯罪道路。也正是因为这方面的原因,在我国有不少学者主张应当取消拘役刑,其核心理由在于拘役作为一种短期自由刑无法足以对犯罪人进行教育改造而且容易使得犯罪分子习得犯罪技能。

(五)自测案例

2005年5月28日7时许,张某的姐姐在焦作市某小学门口卖早餐,与用餐的姚某发生争执、厮打,张某得知后赶到现场,用拳头及椅子将姚某打伤后离去。经法医鉴定,姚某额部发际有3厘米缝合伤,口腔数颗牙齿松动,后拔除,经鉴定为轻伤。事后,人民法院以故意伤害罪判处张某拘役4个月;并判决张某赔偿被害人姚某医疗费、误工费等相应的经济损失。

问:张某犯伤害罪,除了负刑事责任外,要不要赔偿被害人的经济损失?

案例五

（一）简要案情

个体工商户刘某在从事服装经营期间，因为偷税漏税，被当地税务部门查处，责令其补税8万元。事后，刘某非但不认识错误，反而用虚列耗用、扩大成本、做假报表、假单据等手段，继续偷税达人民币5万元，被当地税务部门检查时发现。

一审法院认为，刘某违反国家税收政策，偷漏应交税款，手段恶劣，屡教不改，偷税数额较大，实属情节严重的偷税行为，已经构成犯罪。依据我国《刑法》第201条，以偷税罪对刘某判处了有期徒刑，除补交税款5万元外，并处罚金10万元。在执行罚金期间，刘某家意外失火，其妻子被烧死，家具、电器及室内一切物品都被烧毁，房屋亦无法居住。刘某即向法院申请减免罚金。法院根据实际情况，考虑到刘某已经没有缴纳罚金的能力，遂裁定免除罚金。

（二）思考方向

罚金减免缴纳的特殊事由是什么？

（三）法律规定

《中华人民共和国刑法》第52条 判处罚金，应当根据犯罪情节决定罚金数额。

《中华人民共和国刑法》第53条 罚金在判决指定的期限内一次或者分期缴纳。期满不缴纳的，强制缴纳。对于不能全部缴纳罚金的，人民法院在任何时候发现被执行人有可以执行的财产，应当随时追缴。如果由于遭遇不能抗拒的灾祸缴纳确实有困难的，可以酌情减少或者免除。

（四）学理分析

作为一种附加刑，罚金是指人民法院判处犯罪人向国家缴纳一定数额金钱的刑罚方法。它主要适用于以贪利为目的的经济犯罪、财产犯罪。根据我国《刑法》第53条的规定，罚金的执行方式有以下四种情况：(1) 一次或者分期缴纳，即罚金在判决指定的期限内一次或者分期缴纳。(2) 强制缴纳，即对于期满不缴纳的，人民法院强制其缴纳。(3) 随时追缴，即对于不能全部缴纳罚金的，人民法院在任何时候发现被执行人有可以执行的财产，应当随时追缴。(4) 减免缴纳，即如果由于遭遇不能抗拒的灾祸缴纳确实有困难的，可以酌情减少或者免除。本案中所涉及的就是第四种情况。减免缴纳罚金应当具备以下三个条件：首先，发生了不可抗拒的灾祸。如果灾祸不是不能抗拒的，而是人为制造事故毁坏、转移自己的财产，就不能免除其罚金。其次，缴纳罚金确有困难，即犯罪人由于灾祸而使其财产损失很大，导致犯罪人客观上存在缴纳罚金的实际困难。再次，经犯罪人申请。减免缴纳罚金必须经犯罪人申请并由原判处罚金的人民法院作出减免缴纳的裁定后才能适用。

在本案中，人民法院根据刑法规定，对严重偷税已经构成偷税罪的刘某判处罚金是正确的。同时，因为被告人在缴纳罚金期间，由于家庭意外失火这一灾祸，造成了巨大的财产损失，严重影响了其日常生活，致使其缴纳原判罚金成为不可能，法院遂依法裁定免除其罚金是有充分法律依据的。

（五）自测案例

被告人李某于1996年11月至2000年3月担任某省公路局代局长、局长及2000年3月起担任某省交通厅副厅长期间，利用负责公路建设发包及质量监督的便利，先后四次收受某省机械筑路工程公司总经理杨某贿送的人民币62万元和美金1万元。案发后，被告人李某于2001年8月向检察机关投案自首并退清了全部赃款。

2002年3月22日，市中级人民法院一审判决，以受贿罪判处被告人李某有期徒刑13年，并处没收个人全部财产人民币10万元；对被告人李某退出的赃款人民币62万元、美金1万元予以没收，上缴国库。

问：经查明，李某曾因患病与台风灾害向其好友借用人民币2.5万元，那么债权人如何主张自己的权利？法院将如何判决？

案例六

（一）简要案情

孙某因为强奸罪于1995年被人民法院判处有期徒刑8年，剥夺政治权利4年。他出狱后，到一家乡镇企业工作。由于工作出色，2005年遂受聘担任该乡镇企业的经理。

（二）思考方向

剥夺政治权利的内容包括哪些？

（三）法律规定

《中华人民共和国刑法》第54条 剥夺政治权利是剥夺下列权利：

（一）选举权和被选举权；

（二）言论、出版、集会、结社、游行、示威自由的权利；

（三）担任国家机关职务的权利；

（四）担任国有公司、企业、事业单位和人民团体领导职务的权利。

《中华人民共和国刑法》第55条 剥夺政治权利的期限，除本法第57条规定外，为1年以上5年以下。

判处管制附加剥夺政治权利的，剥夺政治权利的期限与管制的期限相等，同时执行。

《中华人民共和国刑法》第56条 对于危害国家安全的犯罪分子应当附加剥夺政治权利；对于故意杀人、强奸、放火、爆炸、投毒、抢劫等严重破坏社会秩序的犯罪分子，可以附加剥夺政治权利。

独立适用剥夺政治权利的，依照本法分则的规定。

《中华人民共和国刑法》第57条 对于被判处死刑、无期徒刑的犯罪分子，应当剥夺政治权利终身。

在死刑缓期执行减为有期徒刑或者无期徒刑减为有期徒刑的时候，应当把附加剥夺政治权利的期限改为3年以上10年以下。

《中华人民共和国刑法》第58条　附加剥夺政治权利的刑期，从徒刑、拘役执行完毕之日或者从假释之日起计算；剥夺政治权利的效力当然施用于主刑执行期间。

被剥夺政治权利的犯罪分子，在执行期间，应当遵守法律、行政法规和国务院公安部门有关监督管理的规定，服从监督；不得行使本法第54条规定的各项权利。

（四）学理分析

剥夺政治权利是我国刑罚种类中的一种附加刑，是指剥夺犯罪分子参加国家管理和政治活动的权利。剥夺政治权利既可以附加于主刑适用，也可独立适用。独立适用的情况由刑法分则中的某些条文具体规定，附加适用的情况，由刑法总则加以规定。

根据我国刑法的有关规定，剥夺政治权利的期限以其刑种的不同有以下四种不同情况：（1）判处管制刑附加剥夺政治权利的，剥夺政治权利的期限与管制的期限相等，同时执行；（2）判处拘役、有期徒刑附加剥夺政治权利的，其剥夺政治权利的期限，为1年以上5年以下；（3）判处无期徒刑和死刑附加剥夺政治权利的，其剥夺政治权利的期限为终身；（4）判处死刑缓期执行而减为有期徒刑或者判处无期徒刑而减为有期徒刑的，其剥夺政治权利的期限为3年以上10年以下。

根据我国刑法的相关规定，附加剥夺政治权利的刑期，是从徒刑、拘役执行完毕之日或者从假释之日起计算；剥夺政治权利的效力当然及于主刑执行期间。就本案而言，孙某不能享有政治权利的期限应当为他实际服刑的8年再加上刑满释放后的4年，共12年，即从1995年到2007年，所以孙某在2005年仍然不能享有政治权利。

根据我国《刑法》第54条的规定，剥夺政治权利是剥夺犯罪人的下列权利：（1）选举权与被选举权。这是公民最基本、最重要的政治权利。（2）言论、出版、集会、结社、游行、示威自由的权利。（3）担任国家机关职务的权利。在国家机关担任职务就意味着直接参与了国家管理活动，故也是剥夺政治权利的剥夺对象。（4）担任国有公司、企业、事业单位和人民团体领导职务的权利。在上述单位担任领导职务意味着犯罪人在一定程度上参与了国家经济、文化的管理活动。所以，法律禁止犯罪人在上述单位中担任领导职务是有合理依据的。

在本案中，孙某在剥夺政治权利期间，尽管担任了乡镇企业经理，但由于乡镇企业并非国有企业，所以我们应当认为，孙某的做法并不违背我国《刑法》第54条的规定，其乡镇企业的经理职务不应被剥夺。

（五）自测案例

被告人计某，男，1971年4月1日生，汉族，无业。2000年3月1日上午9时许，被告人计某到肇州县肇州镇被害人林向荣（系计父朋友家），以其开车时将他人的猪撞死，需要赔偿为借口，向林借钱。林知道计在说谎并对其予以指责。双方为此发生争执、厮打。在厮打过程中计某用林家的烟灰缸击打林的头部，又用斧子、菜刀砍杀林头、颈部，致使林某当场死亡。之后，计某进入林的卧室，搜得人民币5100元以及部分衣物逃离现场。2000年3月16日，计某逃至汤原县其舅家，告知其舅舅杀人情形。其舅舅劝计某投案自首，计表示同意。其舅舅担心计反悔，于当晚让计的舅妈向公安机关报案。公安机关遂将计某抓获归案。计某归案后如实供述了其杀人事实。

黑龙江省大庆市人民检察院以被告人计某犯有故意杀人罪，向大庆市中级人民法院提起公诉。

大庆市人民中级人民法院认为，被告人计某因借钱不成，与被害人林某发生争吵、厮打，在厮打过程中将被害人林某杀死，其行为已经构成故意杀人罪，依法应予严惩。该院遂于2000年8月9日判决：被告人计某犯故意杀人罪，判处死刑，缓期2年执行，剥夺政治权利终身。

请结合本案，进一步思考剥夺政治权利的适用方法。

案例七

（一）简要案情

麦克唐纳是外国国籍公民，2003年来到中国，在某市外国语学院担任英语教师。麦克唐纳在我国任教期间，利用教师身份，收集我国政治、经济、军事等方面的情报，并窃取了我国大量的机密文件。该市公安机关于1997年11月将麦克唐纳逮捕，并在其住所内查获了一批机密文件。麦克唐纳对上述罪行供认不讳。

（二）思考方向

与我国公民相比，对麦克唐纳适用刑罚有何特殊之处？

（三）法律规定

《中华人民共和国刑法》第35条　对于犯罪的外国人，可以独立适用或者附加适用驱逐出境。

《中华人民共和国刑法》第6条　凡是在中华人民共和国领域内犯罪的，除法律有特别规定的以外，都适用本法。

（四）学理分析

根据我国《刑法》第6条第1款的规定，凡是在我国领域内犯罪的，除法律有特别规定的以外都适用我国刑法。这里所说的"法律有特别规定"，主要包括享有外交特权和豁免权的人须通过外交途径解决、民族自治地区作出了变通或补充规定、其他刑事法律有特别规定或香港特别行政区和澳门特别行政区基本法作出的例外规定等情况。除了这些法律有特别规定的情况外，不论是我国的公民还是外国人、无国籍的人，只要在我国领域内犯罪，都应适用我国刑法。这就是说，刑法的效力适用于我国的全部领域。

本案的被告人麦克唐纳虽然是外国人，但是他并不享有外交特权和豁免权，也不符合刑法的其他特别规定，所以对其在我国领域内所实施的犯罪行为，应适用中国刑法，由我国人民法院对其进行审判。必须指出的是，我国法院在对麦克唐纳适用主刑的同时，可以考虑附加刑的适用：驱逐出境。

驱逐出境具有以下几个特征：(1) 适用对象的特定性，即其只适用于犯罪的外国人，包括具有外国国籍的人和无国籍人。(2) 适用形式上的灵活性。驱逐出境既可以独立适用，也可以附加适用，而且法律规定对犯罪的外国人是否适用驱逐出境，要根据具体案情，根据我国与其所在国的关系以及国际斗争的形势加以决定。(3)驱逐出境是一种资格刑,它剥夺的是外国人在中国居留的资格。我们知道,驱逐出境既可以独立适用,也可以附加适用;独立适用于犯罪行为不很严重的外国人或无国籍人,附加适用于罪行比较严重的外国人或者无国籍人。前者在判决确定后立即执行,后者则在其主刑执行完毕后执行。对于前一种执行方式,并不会给我们造成理解上的难度,给我们造成理解上难度的是后一种执行方式,即在主刑执行完毕后再执行驱逐出境。对于此处的主刑应当如何理解?我们知道,我国刑法规定了管制、拘役、有期徒刑、无期徒刑和死刑等五种主刑,对于前三种主刑在执行完毕后再执行驱逐出境无可非议,但对于后两种(无期徒刑附加适用驱逐出境,死刑附加适用驱逐出境),我们认为驱逐出境的适用毫无意义,其中道理不言自明,因为无期徒刑和死刑的执行完毕之时就是罪犯的终老之日,又怎么能够再执行驱逐出境呢?或许法官会有这样一种心理:犯罪人在被执行无期徒刑的过程中,可能会因为有诸如表现突出、改造积极、立功等行为而获致减刑,那么此时判决中的附加适用驱逐出境就是有意义的。但我们认为,作为一份经得起历史检验的判决,它只能就已经发生的事作出处断,而不能为图省事对将来可能发生的事作出预先处断;将来如罪犯获致减刑的事由确实发生了,再对罪犯附加适用驱逐出境则更好。

(五)自测案例

1999年10月至11月,宁波市市区、奉化、慈溪、象山等地宾馆、商场相继发生外籍男子用假美元骗取人民币事件。接报后,宁波市公安局迅速开展侦破,并于同年11月23日晚,将在宁波象山利用同样手段诈骗的三名外籍人员抓获。

经查,该三名男子都是巴国人,分别叫穆罕默德·桑里(Muhammad Sunny)、阿拉·汉达(Ahla Handa)、夏普托·库萨(Shutuo Vasant),抓获前已使用假美元共计2800元,骗取人民币2.3万余元。

问题:对于该三名巴国人,应该如何对他们适用刑罚?

案例八

（一）简要案情

被告人:何某,男,1990年7月生。

经审理查明,2005年10月17日上午,何某酒后与本组农民张某发生口角,并厮打在一起,张某被打成休克,经送往医院抢救脱险。何某又窜到张某家,将张家窗户玻璃、门、立柜砸坏。但何某仍然祸心不死,到处寻找张某。当日下午2时许,何某在本组农民魏某家看见张的儿子张小卫(时年1周岁半)站在门前,便上前将其抱走,被张小卫的外祖母发现,上前追赶,并请求何某放下孩子,何某恼羞成怒扬言:"你再要,我将其摔死",随后将张小卫高高举起并猛地摔在地上,在其身上踹了几脚,然后扬长而去。张小卫被送往医院,但抢救无效死亡。

2008年8月何某被群众扭送到司法机关。

（二）思考方向

对何某能否适用死刑?

（三）法律规定

《中华人民共和国刑法》第48条　死刑只适用于罪行极其严重的犯罪分子。对于应当判处死刑的犯罪分子,如果不是必须立即执行的,可以判处死刑同时宣告缓期2年执行。

死刑除依法由最高人民法院判决的以外,都应当报请最高人民法院核准。死刑缓期执行的,可以由高级人民法院判决或者核准。

《中华人民共和国刑法》第49条　犯罪的时候不满18周岁的人和审判的时候怀孕的妇女,不适用死刑。

《中华人民共和国刑法》第50条　判处死刑缓期执行的,在死刑缓期执行期间,如果没有故意犯罪,2年期满以后,减为无期徒刑;如果确有重大立功表现,2年期满以后,减为15年以上20年以下有期徒刑;如果故意犯罪,查证属实的，由最高人民法院核准，执行死刑。

《中华人民共和国刑法》第 51 条 死刑缓期执行的期间，从判决确定之日起计算。死刑缓期执行减为有期徒刑的刑期，从死刑缓期执行期满之日起计算。

《中华人民共和国刑法》第 232 条 故意杀人的，处死刑、无期徒刑或者 10 年以上有期徒刑；情节较轻的，处 3 年以上 10 年以下有期徒刑。

（四）学理分析

根据我国《刑法》第 48 条的规定，死刑只适用于罪行极其严重的犯罪分子。何谓"罪行极其严重"，应结合主客观相统一的原则进行判断。这首先是指犯罪行为在客观方面具有极其严重的社会危害性，如对国家和人民利益的危害特别严重、手段极其残忍、情节特别恶劣等等。此外，行为人在主观上还应具有极大的恶性，并且人身危险性极大。

从本案来看，被告人何某为泄私愤，竟将张某之子张小卫活活摔死，其行为已经构成故意杀人罪，而且其犯罪手段极其残忍，主观恶性极大。所以，我们认为，被告人何某采用如此手段造成被害人幼小的生命的死亡的行为，其犯罪情节、犯罪后果均为特别严重，应当被评价为"罪行极其严重"的犯罪行为，其行为具备刑法分则规定的故意杀人罪应处死刑的情节，理应判处死刑。

但是，我们在对犯罪人何某适用刑罚的时候，还应当考虑犯罪人的年龄问题。根据我国《刑法》第 49 条，对犯罪的时候不满 18 周岁的人和审判的时候怀孕的妇女，不适用死刑。这里的"不适用死刑"，既包括不适用死刑立即执行，又包括不适用死刑缓期两年执行。本条之所以如此规定，是由于未满 18 周岁的未成年人智力发育尚不成熟，辨别是非和控制自己行为的能力还较差；同时思想也还不固定，可塑性尚大，相对地容易接受改造；但应该明确的一点是：这里所规定的"不适用死刑"是绝对的，绝不是说等到他（她）年满 18 周岁或者等她分娩以后再执行死刑。关于第 49 条，还有一个须澄清的问题：如何理解"犯罪的时候不满 18 周岁的人"，我们认为，"犯罪的时候不满 18 周岁的人"，是指犯罪行为人实施犯罪行为时的年龄不到 18 周岁，其年龄计算应当一律按公历的年月日计算实足年龄，即从 18 周岁生日的第二天起，才被视为已满 18 周岁。

本案中的何某虽然接受审判的时候已经年满18周岁，但是其犯罪的时候（2005年10月17日）未满18周岁，所以人民法院对何某不能适用死刑。

（五）自测案例

被告人：赵某，女，30周岁，农民。

被告人：钱某，男，28周岁，农民。

被告人赵某与钱某因青梅竹马而生情愫，致后来屡次发生两性关系。但赵某之父母为了换亲却强行将赵某嫁于邻村之孙某。赵某与孙某于1998年1月结婚后，感情不和，经常发生争吵、扭打。赵某便心生杀死孙某另嫁钱某之念头。1998年12月5日夜，经赵某反复劝说，钱某随即随同赵某溜进孙家，乘孙某熟睡之际，共同用绳子将孙某勒死。然后，二人将其尸体绑上石头沉入门前湖中。不久事发，两被告人旋即被捕获。被告人赵某被捕时已经身怀三个月怀孕。在起诉前赵某做了人工流产。

检察机关以故意杀人罪对被告人赵某与钱某提起公诉。一审法院经公开审理认为，两个被告人之行为已经构成故意杀人罪，且被告人赵某为共同犯罪之主犯，钱某为从犯，故依法判处赵某死刑，剥夺政治权利终身；判处钱某死刑，缓期2年执行，剥夺政治权利终身。

问题：从死刑限制适用的角度分析一审法院的判决的合法性。

第十六章　刑 罚 裁 量

第一节　量 刑 概 述

刑罚裁量，指人民法院在查明犯罪事实、认定犯罪事实的基础上，根据行为人所犯罪行及刑事责任的轻重依法对犯罪人裁量刑罚的审判活动。法官在从事刑罚裁量活动时，必须以犯罪事实为根据，以刑事法律的规定为准绳。

第二节　量 刑 情 节

量刑情节，又称刑罚裁量情节，是指在某种行为已经构成犯罪的前提下，人民法院在对犯罪分子量刑时应当考虑的据以处罚轻重或者免除处罚的各种主客观事实情况。量刑情节包括法定情节与酌定情节，应当型情节与可以型情节，单功能情节与多功能情节。累犯、自首和立功是重要的法定情节。

一、累犯

案例一

（一）简要案情

被告曹某1990年因犯盗窃罪被判处有期徒刑4年6个月，1994年5月2日刑满释放。1998年7月28日曹某再次盗窃作案，窃得财物价值人民币1.47万余元。①

① 刘艳红主编:《刑法学总论》（第二版），北京大学出版社2006年版，第328页。

（二）思考方向

累犯的构成条件是什么？曹某的行为是否构成累犯？

（三）法律规定

《中华人民共和国刑法》第12条第1款　中华人民共和国成立以后本法施行以前的行为，如果当时的法律不认为是犯罪的，适用当时的法律；如果当时的法律认为是犯罪的，依照本法总则第四章第八节的规定应当追诉的，按照当时的法律追究刑事责任，但是本法不认为是犯罪或者处罚较轻的，适用本法。

《中华人民共和国刑法》第65条第1款　被判处有期徒刑以上刑罚的犯罪分子，刑罚执行完毕或者赦免以后，在5年以内再犯应当判处有期徒刑以上刑罚之罪的，是累犯，应当从重处罚，但是过失犯罪除外。

（四）学理分析

曹某的行为不构成累犯。本案中的被告人曹某曾先后实施两次犯罪。第一次是在1997年修订的《刑法》实行之前的1990年，其刑满释放的时间为1994年5月2日。第二次是在1997年修订的《刑法》实行之后的1998年7月28日。根据修订前的《刑法》，构成累犯的法定期限是3年。根据修订后的《刑法》，构成累犯的法定期限是5年。所以说，根据修订前的《刑法》，董某的行为是不构成累犯的。然而，根据修订后的《刑法》，董某的行为是构成累犯的。那么，对其累犯的认定应依据哪部刑法呢？对此，刑法及其司法解释都没有明确的说明。在这种情况之下，我们只能根据《刑法》之第12条所规定的从旧兼从轻原则所体现的对被告人有利的精神，对董某进行从轻处理。

另外，根据1997年9月25日最高人民法院《关于适用刑法时间效力若干问题的解释》，犯罪分子在1997年9月30日以前犯罪，不具有法定减轻处罚的情节，但是根据此案件的具体情况需要在法定刑以下判处刑罚的，适用修订前的《刑法》第59条第2款的规定。这实际上表明对于累犯、自首、立功的认定也要坚持从旧兼从轻的原则。

综上分析，无论是根据《刑法》的精神，还是根据相关司法解释的精神，都不应对董某按照累犯处理。

案例二

（一）简要案情

被告人杨某，于1997年3月7日犯诈骗罪被判处有期徒刑2年，同年3月24日，因病被暂予监外执行，1999年1月14日刑罚执行完毕。经查，1998年7月的一天，还处于暂予监外执行期间的杨某在某自由市场碰上彭某，以借其野狼摩托车接人为名，将摩托车骗走卖掉，价值8000元，但直至杨某暂予监外执行期满、刑罚执行完毕后才案发。试问杨某的行为是否构成累犯。①

（二）思考方向

累犯的条件是什么？结合案情分析杨某的行为是否构成累犯？

（三）法律规定

《中华人民共和国刑法》第65条第1款 被判处有期徒刑以上刑罚的犯罪分子，刑罚执行完毕或者赦免以后，在5年以内再犯应当判处有期徒刑以上刑罚之罪的，是累犯，应当从重处罚，但是过失犯罪除外。

（四）学理分析

杨某的行为不构成累犯。其行为不符合构成一般累犯的时间条件。关于一般累犯的构成条件，可参见相关教材。②

根据累犯的构成条件，后罪发生的时间必须在前罪的刑罚执行或者赦免以后5年之内。然而，本案中杨某实施的诈骗行为是发生在刑罚执行期间。请注意，暂予监外执行只是一种特殊的刑罚执行方式，不是刑满释放。故而，对杨某不应以累犯论而应当按照数罪并罚制度进行处理。

---

① 刘艳红主编：《刑法学总论》（第二版），北京大学出版社2006年版，第329页。

② 同上书，第300—301页。

案例三

（一）简要案情

被告人阎留普，男，1952年4月19日出生，农民。

被告人黄芬，又名黄小芹，女，1965年6月16日出生，农民。

1983年被告人黄芬被人贩子拐骗到河南省南乐县与被告人阎留普结婚。1989年5月2日晚10时许，被告人黄芬被本村村民阎建立强奸，阎留普发觉后与阎建立厮打，被阎建立用匕首刺伤。阎建立作案后潜逃。为给阎留普治伤，阎留普的家人牵走阎建立的耕牛，卖得900元钱以冲抵医疗费。阎建立被抓获归案后，南乐县人民法院以强奸罪、故意伤害罪数罪并罚，判处阎建立有期徒刑10年。阎建立对此怀恨在心。

1997年11月阎建立出狱后，以讨要耕牛为名，多次向阎留普及其兄弟勒索钱财，还多次拦截、猥亵被告人黄芬。1999年2月，经人调解，阎留普之兄阎聚普给付阎建立现金1900元，但是阎建立不肯罢休，以其母牛每年可生一头牛犊为借口，另索要现金8000元，阎留普下跪求饶亦无济于事，阎建立扬言如不给钱就要杀阎留普全家。为此，阎留普一家终日提心吊胆，不敢在家居住，将子女寄住于他人家中，二被告人则躲藏在阎留普母亲家中。

2001年1月12日凌晨6时许，阎建立来到阎留普夫妇临时住所威胁、索要钱财，阎留普用事先准备好的粪叉将阎建立打倒在地并将阎建立按住，黄芬则持菜刀朝阎建立身上砍，刀被阎建立夺走后，黄芬又拿起粪叉把打了阎建立数下。阎留普拿出让黄芬事先准备好的杀猪刀，朝阎建立背部、胸部、头、面部猛刺十余刀，阎建立被刺破心脏，因失血性休克而死亡。二被告人作案后即向公安机关自首。

（二）思考方向

被害人有严重过错，被告人同时具有法定从轻、减轻处罚情节和其他酌定情节的，如何确定刑罚？

（三）法律规定

《中华人民共和国刑法》第61条 对于犯罪分子决定刑罚的时候，应当根据犯罪的事实、犯罪的性质、情节和对于社会的危害程度，依照本法的有关规定判处。

《中华人民共和国刑法》第67条第1款 犯罪以后自动投案，如实供述自己的罪行的，是自首。对于自首的犯罪分子，可以从轻或者减轻处罚。其中，犯罪较轻的，可以免除处罚。

《中华人民共和国刑法》第232条 故意杀人的，处死刑、无期徒刑或者10年以上有期徒刑；情节较轻的，处3年以上10年以下有期徒刑。

（四）学理分析

量刑情节分为法定情节与酌定情节。法定情节是指刑法明文规定的、在量刑时必须予以考虑的情况，既包括刑法总则规定的对各种犯罪共同适用的情节，也包括刑法分则规定的对特定犯罪适用的情节。我国刑法规定的法定情节包括从重、从轻、减轻和免除处罚情节；刑法分则规定的法定情节包括情节严重、情节特别严重、数额较大、巨大等诸多情节。酌定情节是指刑法虽然没有明文规定，但是根据立法精神、司法解释规定和审判实践经验，在量刑时也应当考虑或者酌情考虑的情况。在审判实践中，对于被告人只有一个量刑情节的，决定刑罚时，一般不会产生分歧，但是对于被告人同时具有两个以上的量刑情节，如被告人同时具备一个法定可以从轻处罚情节、一个法定应当从轻处罚情节和一个法定应当减轻处罚情节，或者还有酌定从轻情节时，如何具体决定刑罚，比较难以准确裁量，没有也不可能有一个具体把握的原则，只能综合案件的具体情况，综合考虑案件的各种因素，审慎作出决定。

根据我国《刑法》第232条的规定，故意杀人罪有两个法定刑幅度，即死刑、无期徒刑、10年以上有期徒刑和3年以上10年以下有期徒刑。具体确定哪一个法定刑幅度，这是本案首先应当解决的问题。本案中的被告人所实施的故意杀人罪具有一定的特殊性：激愤杀人，而且具有防卫的性质，被害人还具有明显的过错。所以，其故意杀人罪应当与严重危害社会治安的故意杀人罪区别开来。基于以上分析,应当认定被告人杀人犯罪情节较轻,应当在"3 年以上 10 年以下有期徒刑"这个法定刑幅度内对其确定一个具体的刑期。

我们首先分析被告人阎留普的刑事责任。被告人阎留普作案后能够投案自首,依照《刑法》第 67 条的规定,可以从轻、减轻或者免除处罚。那么对其究竟是"从轻处罚",还是"减轻处罚"或"免除处罚"呢?我们认为,对此应当考虑以下因素。首先,被害人的过错。被害人阎建立在案件的起因上有严重过错,其行为具有挑衅性,这是本案中重要的酌定情节。故对被告人阎留普不应顶格判处 10 年有期徒刑。其次,被告人是主犯。被告人阎留普持刀将被害人刺死。综合全案情况,人民法院不应对被告人免除或者减轻处罚,应当从轻处罚。

我们再分析被告人黄芬的刑事责任。在这一起共同犯罪案件中,被告人黄芬是从犯,依照《刑法》第 27 条的规定,对其应当从轻、减轻处罚或者免除处罚。其作案后能够投案自首,依照《刑法》第 67 条第 1 款的规定,可以从轻、减轻处罚或者免除处罚。同时我们还应考虑被害人的行为对本案的发生具有严重过错这一酌定情节。另一方面,鉴于被告人所犯故意杀人罪历来是我国刑法打击的重点,为了保护公民的人身安全,维护社会稳定,不应对被告人黄芬免除处罚。综合本案的具体情况,建议人民法院对被告人减轻处罚,即应当在法定最低刑 3 年以下,并可以考虑缓刑的适用。

(五) 自测案例

被告人刘某与被害人马某在湖北省随州市一家农贸市场相邻摊位卖肉。1997 年 10 月 22 日上午 11 时许,被告人刘某之妻胡某在摊位上卖肉时,有客户来买排骨,因为自己摊上已经售完,便介绍左边摊主王某卖给客户,此时,被害人马某之妻徐某即在自己摊位上喊叫更低的价格,但是客户嫌徐摊位上的排骨不好,仍买了王某摊位的排骨。为此,徐某指责被告一方,继而与胡某发生争执厮打,二人均受轻微伤,被群众拉开后,徐某又把胡某摊位上价值 300 多元的猪肉甩到地上。市场治安科明确"各自看各自的伤,最后凭法医鉴定结果再行处理"。但是马某夫妇拒绝市场治安管理人员的调解,在事发当日和次日多次强迫被告人刘某拿出 360 元钱给徐某看病,并殴打了刘某夫妇。被告人刘某在矛盾发生后,多次找市场治安科和随州市公安巡警大队等要求解决，并反映马某人多势众纠缠不休，请有关组织对自己给予保护。被害人马某以刘某要向其妻赔礼道歉、承认错误为条件，托人给刘某捎话要求私了，刘某拒绝并托亲属找公安机关要求解决。马某知道后威胁说："黑道白道都不怕，不给我媳妇看好病绝不罢休！"11 月 24 日下午 3 时许，刘某被迫雇车同马某一起到随州市第一人民医院放射科给徐某拍片检查，结果无异常。马某仍继续纠缠，刘某十分恼怒，掏出随身携带的剔骨刀片朝马某背部刺一刀，马某、徐某见状迅速跑开，徐某跑动时摔倒在地，刘某朝徐某的胸、背、腹部连刺数十刀，又追上马某，朝其胸、背、腹部连刺十余刀，然后持刀自杀（致肝破裂）未遂，被群众当场抓获。马某因刺破肺脏致大出血而死亡；徐某的损伤属于重伤。

问：本案中有无法定或者酌定从轻处罚的量刑情节？假如你是一位法官，你如何对被告人适用刑罚？

案例四

（一）简要案情

江某是某工厂工人。一次，江某在操作机器时心不在焉，致使在旁边一起工作的同事吴某重伤，江某因此被判处有期徒刑。刑满释放后，江某看到社会上许多人都发财致富了，而自己干了这么长的时间却依旧过着穷困日子，心里很不平衡。他绞尽脑汁，终于想起了一种无本万利的致富方法：盗窃。在其出狱后的第三年，江某开始了盗窃活动，并且一发不可收拾，盗窃的数目越来越大，盗窃的次数越来越多。然而，天网恢恢，疏而不漏，江某又一次站在法院的被告席上。

（二）思考方向

江某的行为是否构成刑法意义上的累犯？

（三）法律规定

《中华人民共和国刑法》第 65 条 被判处有期徒刑以上刑罚的犯罪分

子,刑罚执行完毕或者赦免以后,在5年以内再犯应当判处有期徒刑以上刑罚之罪的,是累犯,应当从重处罚,但是过失犯罪除外。

前款规定的期限,对于被假释的犯罪分子,从假释期满之日起计算。

(四) 学理分析

累犯是指犯罪而受过一定刑罚处罚,刑罚执行完毕或赦免以后,在法定期限内又犯一定之罪的犯罪人。我国刑法中规定了普通累犯和危害国家安全的特别累犯。普通累犯即一般累犯是指故意犯罪被判处有期徒刑以上刑罚,在刑罚执行完毕或赦免以后5年内,再犯应当判处有期徒刑以上刑罚之故意犯罪的犯罪分子。其构成条件是:其一,前罪和后罪都必须是故意犯罪。这是构成累犯的主观条件。一般来说,故意犯罪的犯罪分子的主观恶性较过失犯罪的主观恶性深,犯罪的社会危害性也大,因此故意犯罪是刑法打击的重点。其二,前罪被判处的刑罚和后罪被判处的刑罚均是有期徒刑以上。这是构成累犯的客观方面的罪质条件,即前罪和后罪都是较重的罪。前罪和后罪被判处有期徒刑以上刑罚,均是指宣告刑。其三,后罪发生在前罪刑罚执行完毕或赦免以后5年内。这是构成累犯的客观方面的时间条件,在累犯中居于重要的地位,如后罪发生的时间超过法定的时间,则不构成累犯,也就不是从重处罚的法定情节。刑罚执行完毕,使指主刑执行完毕,不包括附加刑在内。主刑执行完毕附加刑尚在执行的犯罪分子又犯新罪,只要符合其他条件就可以构成累犯。对前后两罪的时间间隔,各国刑法规定不一。

从累犯的构成条件来看,只有某一犯罪人的前后两罪同时满足以上三个条件,他才构成一般累犯。江某犯前罪被释放后的第三年又犯了应当判处有期徒刑以上刑罚的罪。但是由于他不具备构成累犯的第一个条件,即前后罪都是故意犯罪这一条件,所以其不能被认定为一般累犯。

综上分析,江某不能被认定为累犯。

(五) 自测案例

经审理查明,被告人敖某(男,31岁,无业游民)于1994年7月曾经因为诈骗罪被判处有期徒刑2年。刑满释放后,于2001年8月实施了猥亵妇女行为。法院认为,敖某实施的猥亵妇女行为情节比较严重,应当判处有期徒刑3年。

问:敖某的行为是否成立一般累犯?

二、自首

案例一

（一）简要案情

1998年7月30日上午，被告人庄某(男，1968年12月生)向江西省永丰县龙岗镇供销社江上分店承包人罗某赊购一包肥料，遭罗拒绝，即产生晚上去罗某店内盗窃的念头。当日23时许，庄某溜进罗某店内，躲在柜台后面。罗某关灯睡觉后，庄某从柜台后面出来准备行窃，经过罗某身旁，被惊醒的罗某发现。罗某抓住其右脚，庄某从地上摸起一块砖头朝罗某头部猛砸数下，导致罗昏死，然后打开罗某店内的办公桌抽屉，劫得现金2300元后逃离现场。罗被人发现时，已经死亡。经法医鉴定，罗某是被钝器打击头部颅骨骨折、脑组织损伤而死亡。

侦查人员在侦破该案件时，发现庄某表现反常：他一改以前好打听、爱凑热闹的习惯，从不接触公安人员，不去发案现场，也不打听案情，好像变了个人似的。同时侦查人员还了解到：他的妻子曾向人透露，发案那天后半夜，庄某只是穿了短裤回家，可能是去搞“伙计”（当地称姘头为“伙计”）。据此，公安人员认为庄某有犯罪重大嫌疑，对其传唤。庄某一经传唤，即供认了犯罪事实。公安人员根据庄某的供述，到其家中查获了其劫得的现金人民币2000余元及其作案时穿的衣服、鞋子。

（二）思考方向

被侦查机关确定为犯罪嫌疑人，经传唤即交待犯罪事实的，能否认定为自首？

（三）法律规定

《中华人民共和国刑法》第67条第1款 犯罪以后自动投案，如实供述自己的罪行的，是自首。对于自首的犯罪分子，可以从轻或者减轻处罚。其中,犯罪较轻的,可以免除处罚。

最高人民法院《关于处理自首和立功具体应用法律若干问题的解释》(1998年4月6日最高人民法院审判委员会第972次会议通过,自1998年5月9日起施行)

为正确认定自首和立功,对具有自首或者立功表现的犯罪分子依法适用刑罚,现就具体应用法律的若干问题解释如下:

第1条 根据刑法第67条第1款的规定,犯罪以后自动投案,如实供述自己的罪行的,是自首。

(1)自动投案,是指犯罪事实或者犯罪嫌疑人未被司法机关发觉,或者虽被发觉,但犯罪嫌疑人尚未受到讯问、未被采取强制措施时,主动、直接向公安机关、人民检察院或者人民法院投案。

犯罪嫌疑人向其所在单位、城乡基层组织或者其他有关负责人员投案的;犯罪嫌疑人因病、伤或者为了减轻犯罪后果,委托他人先代为投案,或者先以信电投案的;罪行尚未被司法机关发觉,仅因形迹可疑被有关组织或者司法机关盘问、教育后,主动交代自己的罪行的;犯罪后逃跑,在被通缉、追捕过程中,主动投案的;经查实确已准备去投案,或者正在投案途中,被公安机关捕获的,应当视为自动投案。

并非出于犯罪嫌疑人主动,而是经亲友规劝、陪同投案的;公安机关通知犯罪嫌疑人的亲友,或者亲友主动报案后,将犯罪嫌疑人送去投案的,也应当视为自动投案。

犯罪嫌疑人自动投案后又逃跑的,不能认定为自首。

(2)如实供述自己的罪行,是指犯罪嫌疑人自动投案后,如实交代自己的主要犯罪事实。

犯有数罪的犯罪嫌疑人仅如实供述所犯数罪中部分犯罪的,只对如实供述部分犯罪的行为,认定为自首。

共同犯罪案件中的犯罪嫌疑人,除如实供述自己的罪行,还应当供述所知的同案犯,主犯则应当供述所知其他同案犯的共同犯罪事实,才能认定为自首。

犯罪嫌疑人自动投案并如实供述自己的罪行后又翻供的,不能认定为自首;但在一审判决前又能如实供述的,应当认定为自首。

（四）学理分析

所谓自首，是指犯罪以后自动投案，如实供述自己罪行的行为。根据上述《解释》第1条第(1)项规定，如果庄某是因形迹可疑受到公安人员盘问，如实供述了自己的罪行，应认定为自首；如果庄某是作为犯罪嫌疑人被侦查机关讯问，供认了犯罪事实的，就不应认定为自首。形迹可疑，是指特定人的举动、神态不正常，使人产生疑问。该疑问的产生不是基于一定的客观事实，往往是一种臆测性的心理判断。与其不同的犯罪嫌疑，是指侦查人员凭借一定的事实根据或者他人提供的线索，认为特定人有作案嫌疑。质言之，犯罪嫌疑的产生是建立在一定证据事实基础之上的，是侦查人员逻辑判断的结果。详言之，形迹可疑与犯罪嫌疑相比，形迹可疑人具有随机性。有关组织或者司法机关工作人员认为某人形迹可疑，是偶然接触对方，因为其举止神态不正常而产生怀疑，因而不会也不可能将可疑人与特定的案件相联系。在通常情况下，对形迹可疑人产生怀疑的有关组织或者司法机关工作人员即使是公安人员，也不是特定刑事案件的侦查人员。如果认为某人有犯罪嫌疑，则是因为有特定的案件有待侦破，必然将嫌疑人与特定的案件相联系。

需要特别注意的是，对形迹可疑人进行盘问时，如果被盘问人应答没有破绽，盘问就无法持续下去，原来产生的疑问就会被冲淡或打消。对犯罪嫌疑人进行讯问时，如果犯罪嫌疑人否认犯罪但又不能用事实解脱其与特定犯罪的联系，讯问就不会停止，侦查工作就要深入。

就本案而言，侦查人员已经了解到庄某有作案时间，且庄某在该时间内表现反常，在公安机关开展侦破工作后表现也明显反常，据此侦查人员对其依法传唤。所以，庄某应当被认定为犯罪嫌疑人，不能被认定为形迹可疑人。相应的，庄某的行为不能被认定为自首。

（五）自测案例

1998年初，被告人刘某与他人合伙开办上海华珏精细化工实业有限公司。后被告人庄某投资15万元参股。同年5月，刘某、庄某商定：由庄某提供花王飞逸洗发水包装箱、洗发水样品及商标注册证书，刘某生产洗发水膏体，生产假冒的上海花王有限公司的花王飞逸洗发水。嗣后，刘某与被告人姚某商定,由姚某印刷花王飞逸洗发水包装箱及商品标识。姚某根据刘某提供的花王飞逸洗发水包装箱及商品标识,在自己的印刷车间印刷了花王飞逸洗发水包装箱1万余只,同时,又通过江苏江阴一家电子制版厂制作电脑印刷版,由上海金狮印务中心印刷了花王飞逸洗发水商品标识25万片。上述物品印刷完毕后,经刘某、庄某验看,认为与真品有明显差异而决定报废。同年9月,姚某又印刷了1万只假花王飞逸洗发水包装箱,并再次要求上述电子制版厂重新制作电脑印刷版。刘某提取了电脑印刷版后,从上海冠富塑胶包装有限公司印刷了假花王飞逸洗发水商品标识10.8万片。后刘某通过姚某等人将生产的洗发水膏体装运到上海桃林印刷厂,进行粘贴假花王飞逸洗发水商品标识等工作。1998年12月30日,刘某、庄某欲将已经包装好的假花王飞逸洗发水33192瓶运至江西省南昌市,姚某因与刘某为印刷等费用发生纠葛,遂向公安机关举报并辩称自己的行为不构成犯罪。

问题:姚某的行为能否认定为自首?

案例二

(一) 简要案情

被告人张栓厚(男,1951年8月5日生)与被害人王德恒之妻张某某通奸长达数年。1997年12月4日20时许,王德恒回家后见其妻不在家,便去张栓厚的住处寻找,在张的院门外遇见张栓厚时,因王德恒询问其妻是否在张家中,双方发生口角并互相厮打。王德恒跑回自己院内,被告人张栓厚也随即追到王的院中,用猛拳击王德恒头部,将王打倒后又用手扼其颈部,致王德恒被扼颈窒息死亡。随后被告人张栓厚恐被王的家人发现,将尸体拖至距现场200米处的一空院中。作案后,被告人张栓厚逃至锡林浩特市,于1997年12月6日由其兄领至锡林浩特市杭盖派出所投案自首。

(二) 思考方向

被告人的行为能否认定自首?

（三）法律规定

《中华人民共和国刑法》第67条第1款 犯罪以后自动投案，如实供述自己的罪行的，是自首。对于自首的犯罪分子，可以从轻或者减轻处罚。其中，犯罪较轻的，可以免除处罚。

《中华人民共和国刑法》第232条 故意杀人的，处死刑、无期徒刑或者10年以上有期徒刑；情节较轻的，处3年以上10年以下有期徒刑。

（四）学理分析

根据最高人民法院《关于处理自首和立功具体应用法律若干问题的解释》的规定，本案被告人犯罪后即被其兄长送到派出所归案，符合自首的要求。其归案后，能从没有全部供认杀人犯罪事实到如实供认全部犯罪事实而且以后的口供始终稳定一致，所以不存在翻供的问题。其行为完全符合上述《解释》中关于"……在一审判决前又能如实供述的，应当认定为自首"的规定，所以应当认定被告人的行为属于刑法意义上的自首。

（五）自测案例

陈某（男，28岁，农民）于1998年2月8日凌晨，因生活琐事，与其妻赵某（已经怀孕8个月）发生口角并互相殴打。陈某先用拳头猛击赵某的头部，并揪住赵的头猛撞窗台，又用双手掐赵的颈部、胸部，最后用菜刀猛砍赵的颈部，将赵的器官、食道及两颈总动脉、颈内静脉及第三椎砍断，赵当即死亡。陈作案后，畏罪潜逃。公安机关通缉后，陈迫于生活无着、走投无路，而投案自首。

当地人民法院审理后，以故意杀人罪判处陈某死刑立即执行，剥夺政治权利终身。

问题：对自首的犯罪分子适用极刑是否适当？

三、立功

案例

（一）简要案情

一次，张某与王某到本乡另外一村游逛，碰上女青年成某。张某见成某长得十分水灵，又见四下无人，便起歹意，叫王某一起帮忙将该女青年拖到庄稼地里强行将其奸污。后来，张某又伙同王某偷了本村村民周某家的一台彩电，并偷偷运到外地卖了，得赃款1500元。其中，张某分得1200元，王某得300元。后来，公安机关经查证逮捕了王某与张某。在审讯中，王某除供述了自己和张某所犯的盗窃罪外，同时，为了减轻自己的罪责，还主动供出了自己知晓的张某的强奸行为。

（二）思考方向

揭发同案犯人的其他罪行是否为立功？

（三）法律规定

《中华人民共和国刑法》第68条　犯罪分子有揭发他人犯罪行为，查证属实的，或者提供重要线索，从而得以侦破其他案件等立功表现的，可以从轻或者减轻处罚；有重大立功表现的，可以减轻或者免除处罚。

犯罪后自首又有重大立功表现的，应当减轻或者免除处罚。

最高人民法院《关于处理自首和立功具体应用法律若干问题的解释》

第5条　根据刑法第68条第1款的规定，犯罪分子到案后有检举、揭发他人犯罪行为，包括共同犯罪案件中的犯罪分子揭发同案犯共同犯罪以外的其他犯罪，经查证属实；提供侦破其他案件的重要线索，经查证属实；阻止他人犯罪活动；协助司法机关抓捕其他犯罪嫌疑人（包括同案犯）；具有其他有利于国家和社会的突出表现的，应当认定为有立功表现。

第6条　共同犯罪案件的犯罪分子到案后，揭发同案犯共同犯罪事实的，可以酌情予以从轻处罚。

第7条 根据刑法第68条第1款的规定，犯罪分子有检举、揭发他人重大犯罪行为，经查证属实；提供侦破其他重大案件的重要线索，经查证属实；阻止他人重大犯罪活动；协助司法机关抓捕其他重大犯罪嫌疑人（包括同案犯）；对国家和社会有其他重大贡献等表现的，应当认定为有重大立功表现。

前款所称"重大犯罪"、"重大案件"、"重大犯罪嫌疑人"的标准，一般是指犯罪嫌疑人、被告人可能被判处无期徒刑以上刑罚或者案件在本省、自治区、直辖市或者全国范围内有较大影响等情形。

（四）学理分析

立功，是指犯罪分子揭发他人的犯罪行为经查证属实，或者提供重要线索从而使其他案件得以侦破等行为。根据不同标准，立功可作不同的分类。从立功的程度上分，有一般立功和重大立功。一般立功是指犯罪分子所揭发的并经查证属实的他人的罪行属于一般犯罪，或者经犯罪分子提供重要线索，从而得以侦破的案件属于一般案件。重大立功是指经犯罪分子提供重要线索，从而得以侦破的案件属于重大案件。

本案中，王某同张某共同盗窃他人彩电一台，又曾帮助张某强奸女青年成某。在审讯中，王某主动供出张某的强奸行为。那么，王某的行为能否被认定为立功呢？我们认为，尽管王某所揭发的犯罪行为是一种并非为侦查机关所掌握的案件，但其行为不应当被认定为立功，应当被认定为自首。这是因为，其所供述的强奸犯罪行为是一种共同犯罪，其本人也是强奸犯罪人。也就是说，他所揭发的犯罪行为并非他人所实施的犯罪行为。

（五）自测案例

1993年10月末一天晚上9时许，被告人金铁万以贩卖鸦片为目的，与金春子（已被判刑）等人到崔基旭（另案处理）家中取走70505克鸦片，到图们市藏在金春子家。1994年7月转移到金铁万在图们市砚镇水南村的别墅围墙脚下。1996年5月，金铁万、李光石共谋贩卖鸦片。5月24日下午1时许，李光石到金铁万家取走鸦片8300克，在汪清县大川街吉汕旅店贩卖时，被公安人员当场抓获，当日下午，金铁万也被抓获，根据金铁万的交待，公安机关查获并收缴了其埋藏在别墅里的61295克鸦片，次日，金春子也被抓获归案。经鉴定，在吉汕旅店收缴的鸦片与在金铁万别墅里收缴的鸦片的吗啡含量分别为18.6%和16.3%。

试分析被告人金铁万的行为能否被认定为立功?

第三节 量刑制度

一、数罪并罚

数罪并罚,“就是对一行为人所犯数罪合并处罚的制度”。①

在国外刑法理论中,对数罪并罚存在不同的方法。在合并论罪时往往加重,“两个以上的罪,合并裁判时,以其中最重罪的上限(长期)刑期的半数作为应加重的刑期,形成处断刑,在此处断刑的限度内作出宣判刑的决定。这是各国刑法普遍适用的合并论罪的标准方法”。在合并论处的数罪包括不同刑种时,“根据不同刑种间相比较而确定的最重刑,无须在每个刑种中均确定出最重刑后再比较确定最重刑”。② 美国在刑罚制度上实行有罪必罚,“数罪”并罚,其“数罪”概念严格法定。“有些情况是一个行为过程触犯两个或多个罪名,或者相同行为多次触犯相同罪名,这些都构成数罪”。而数罪就必须并罚,所以,美国的数罪并罚“就是数罪的刑罚简单相加”。从20世纪50年代起,美国许多州的数罪并罚制度有了改变,采取重刑吸收轻刑的方式。目前,“差不多半数的司法区采取相加和吸收并行的办法”。③ 纵观各国刑法理论,普遍被采用的数罪并罚的原则有四种:

(1) 并科原则,又称合并原则、相加原则、累加原则,是指对数罪分别宣告刑罚,然后对各罪刑罚相加,以相加之和作为应执行刑罚。

(2) 吸收原则,是指对数罪分别宣告刑罚,然后选择其中最重的刑罚为执行的刑罚,其余较轻的刑罚被最重的刑罚所吸收。

(3) 限制加重原则,是指对数罪分别宣告刑罚,然后在数罪中宣告的最高刑期以上,数刑的总和刑期或一定限度以下,决定执行的刑罚。

(4) 折衷原则,又称综合原则、混合原则。

在我国,数罪并罚不仅要解决数个罪名与刑罚的关系,而且要解决数个

---

① 高铭暄:《刑法学原理》(第三卷),中国人民大学出版社1994年版,第374页。

② 甘雨沛、何鹏:《外国刑法学》(上册),北京大学出版社1984年版,第522—523页。

③ 参见储槐植:《美国刑法》(第二版),北京大学出版社1996年版,第312—313页。

刑罚之间的关系。根据我国刑法的规定,数罪并罚的特点是:必须是一行为人犯有数罪;所犯数罪必须发生于法定的时间界限之内。对法定期限的规定主要有三种:一是以判决宣告前所犯数罪为限;二是以判决确定前所犯数罪为限;三是以刑罚执行完毕或赦免前所犯数罪为限。我国规定,以刑罚执行完毕以前所犯数罪为适用并罚的最后时间界限,同时对于判决宣告后发现漏罪或犯新罪,实行不同的并罚方法,即"先减后并"或"先并后减"。必须在对数罪分别定罪量刑的基础上,依法决定执行的刑罚。我国刑法采用限制加重原则为主,吸收和并科原则为补充的折衷原则。

案例一

(一) 简要案情

犯罪嫌疑人董某,男,42岁,1985年至2001年末在某县英守镇建房办工作,1997年利用职务便利瞒过镇政府领导和县主管部门,私自截留盖有县人民政府印章的空白房产执照200余份,并于1998年至2001年间,在承办发放本镇村民的房产执照时,超越职权,以镇建房办的名义将空白执照填发给申办的村民(根据国家有关规定填发机关应是县建委),董某供述共填发120余本,查实98本,覆盖全镇25个村中的17个村。其行为被揭露后,在乡、县两级政府及镇村民中影响很大。同时,董某利用发放无效执照共收取村民2万余元,其中发放的50本无效执照所收取款项13092.80元被其据为己有,且其利用承办发放有效房产执照之机,以开收据"大头小尾"的方式截留应上缴款项445.60元并据为己有。①

(二) 思考方向

对董某的行为能否实施数罪并罚?

(三) 法律规定

《中华人民共和国刑法》第69条第1款 判决宣告以前一人犯数罪的,

① 刘艳红主编:《刑法学总论》(第二版),北京大学出版社2006年版,第328页。

除判处死刑和无期徒刑的以外,应当在总和刑期以下、数刑中最高刑期以上,酌情决定执行的刑期,但是管制最高不能超过3年,拘役最高不能超过1年,有期徒刑最高不能超过20年。

(四)学理分析

对董某的行为无须实施数罪并罚。其犯罪行为构成刑法理论上的连续犯,对其应当按照贪污罪从重处理。我们之所以对其不实施数罪并罚,是因为其犯罪行为不符合数罪并罚的基本特点。关于数罪并罚的基本特点,参见相关教材①。

需要说明的是,数罪并罚制度中的"数罪"是指数个性质不同的犯罪,不包括数个性质相同的犯罪。本案中的被告人在一定时间内所实施的犯罪皆是数个性质相同的犯罪,故而对其无须实施数罪并罚。

案例二

(一)简要案情

被告人张某,男,18岁,农民。

被告人张某因琐事与本村农民李某产生矛盾。某日,张某携带菜刀、铁锹到李家进行威胁,未见到李某。几日后,张某见到李某,即追打,李某逃脱。晚上,张某再次到李家,见无人,便将其家玻璃和门砸坏。同日,张某因闯入邻家拿菜刀受到阻止,将女主人砍成轻伤。

被告人张某于某日路遇村民刘某,上前拳打脚踢,抢走刘现金50元。

某日,张某见邻居家只有女主人在家,即将女主人按倒在炕上,拽开其裤子欲行强奸,因女主人极力反抗未得逞。

试用数罪并罚原理分析适用不同并罚方法的刑罚效果有何不同?

(二)思考方向

数罪并罚,解决的是一个人犯有数罪的刑罚裁量问题。对数罪的并罚

① 刘艳红主编:《刑法学总论》(第二版),北京大学出版社2006年版,第313—314页。

存在不同的原则，根据不同的原则，所适用的刑罚也就不同。对上述案例是否适用数罪并罚？根据不同的数罪并罚原则是否会产生不同的结果？

（三）法律规定

《中华人民共和国刑法》第234条 故意伤害他人身体的，处3年以下有期徒刑、拘役或者管制。

犯前款罪，致人重伤的，处3年以上10年以下有期徒刑。致人死亡或者以特别残忍手段致人重伤造成严重残疾的，处10年以上有期徒刑、无期徒刑或者死刑。本法另有规定的，依照规定。

《中华人民共和国刑法》第236条第1款 以暴力、胁迫或者其他手段强奸妇女的，处3年以上10年以下有期徒刑。

《中华人民共和国刑法》第263条 以暴力、胁迫或者其他方法抢劫公私财物的，处3年以上10年以下有期徒刑，并处罚金；有下列情形之一的，处10年以上有期徒刑、无期徒刑或者死刑，并处罚金或者没收财产：

（一至八项略）

（四）学理分析

从本案的事实分析，被告人张某分别实施了不同的行为。其中，将他人家中玻璃和门砸坏的行为虽有一定的危害，但属于情节显著轻微，危害不大，可以不作为犯罪追究。但是，被告人张某将他人砍成轻伤，应当构成故意伤害罪；以暴力手段抢得他人现金，构成抢劫罪；欲行强奸，构成强奸罪（未遂）。显然，被告人是实施了数个犯罪行为，对于数个犯罪行为，应当适用数罪并罚来确定刑罚。在适用数罪并罚之前，首先需要对各罪分别量刑，然后根据数罪并罚的原则进行并罚。根据案情，首先假定对被告人张某的故意伤害罪判处有期徒刑1年6个月；对其抢劫罪判处有期徒刑3年；对其强奸罪（未遂）判处有期徒刑4年。那么，根据不同的数罪并罚原则，其决定的刑期是不同的。如果采用并科原则，则是对数罪分别宣告刑罚，然后将各罪刑罚相加，以相加之和作为应执行刑罚，那么被告人的刑期应该是1年6个月+3年+4年，总和为8年6个月有期徒刑；如果采用吸收原则，则是对数罪分别宣告刑罚，然后选择其中最重的刑罚为执行的刑罚，其余较轻的刑罚被最重的刑罚所吸收，那么被告人的刑期就是4年有期徒刑；如果采用限制加重原则,则是对数罪分别宣告刑罚,然后在数罪中宣告的最高刑期以上,数刑的总和刑期或一定限度以下,决定执行的刑罚,那么被告人的刑期就在数罪中最高刑期以上,即 4 年以上,数刑的总和刑期或一定限度以下,即 8 年 6 个月以下。可见,不同的并罚方法所决定的刑期是不同的。

（五）自测案例

被告人王某,男,28 岁。

被告人李某,男,27 岁。

被告人王某、李某伙同另外三人某日下午登上开往某市的中巴车。行车途中,王、李等人强行对车上乘客搜身,对不从的乘客即拳打脚踢,搜得现金 3000 余元。几天后,王、李二人在某夜车上,盗得乘客钱包,得款 800 元。王、李还曾在某长途车上,将一名女青年挤在座位上,对其进行侮辱、猥亵,当车行中途停靠时,王将该女青年挟持到男厕所强行奸淫。王某和李某还伙同他人在汽车上强行向乘客收取每人 10 元保护费,并将一不交钱的乘客打成轻伤。

根据数罪并罚原则,分析本案的量刑。

案例三

（一）简要案情

被告人:樊某,男,18 岁。

被告人樊某于某日晚,将同村女青年张某骗至村外机井房中,樊某在提出与张发生性关系被拒绝后,强行将张某强奸。后因张某哭闹,樊怕其告发,遂产生杀人之念,将张掐死。樊某逃往外地。流窜期间,樊某曾拦路抢劫作案三起,抢得财物价值人民币 4000 余元。樊某还在公共汽车上盗窃他人财物,价值人民币 2000 余元。

人民法院以故意杀人罪,判处樊某死刑,剥夺政治权利终身;以强奸罪,判处其有期徒刑 10 年;以抢劫罪,判处其有期徒刑 4 年;以盗窃罪,判处其有期徒刑 1 年。数罪并罚,决定执行死刑,剥夺政治权利终身。

（二）思考方向

在一行为人犯有数罪，对数罪分别量刑后，如果存在最高刑为死刑（或者最高刑为无期徒刑）的情况，应该如何进行数罪并罚呢？

（三）法律规定

《中华人民共和国刑法》第69条第1款 判决宣告以前一人犯数罪的，除判处死刑和无期徒刑的以外，应当在总和刑期以下、数刑中最高刑期以上，酌情决定执行的刑期，但是管制最高不能超过3年，拘役最高不能超过1年，有期徒刑最高不能超过20年。

《中华人民共和国刑法》第232条 故意杀人的，处死刑、无期徒刑或者10年以上有期徒刑；情节较轻的，处3年以上10年以下有期徒刑。

《中华人民共和国刑法》第236条第1款 以暴力、胁迫或者其他手段强奸妇女的，处3年以上10年以下有期徒刑。

《中华人民共和国刑法》第263条 以暴力、胁迫或者其他方法抢劫公私财物的，处3年以上10年以下有期徒刑，并处罚金；有下列情形之一的，处10年以上有期徒刑、无期徒刑或者死刑，并处罚金或者没收财产：

（一至八项略）

《中华人民共和国刑法》第264条 盗窃公私财物，数额较大或者多次盗窃的，处3年以下有期徒刑、拘役或者管制，并处或者单处罚金；数额巨大或者有其他严重情节的，处3年以上10年以下有期徒刑，并处罚金；数额特别巨大或者有其他特别严重情节的，处10年以上有期徒刑或者无期徒刑，并处罚金或者没收财产；有下列情形之一的，处无期徒刑或者死刑，并处没收财产：

（一）盗窃金融机构，数额特别巨大的；

（二）盗窃珍贵文物，情节严重的。

（四）学理分析

本案被告人实施了数个犯罪行为，构成了数罪，所以需要进行并罚。但是，根据数罪的不同情形，并罚适用的原则也不相同。本案被告人实施的数个犯罪行为都发生在判决宣告之前，因此，应当适用我国《刑法》第69条的规定进行并罚。判决宣告前一人犯数罪的并罚是最基本的数罪并罚方法。是指被告人所犯数罪在判决宣告前就已经都被发现，判决针对其所犯数罪进行并罚。其基本适用规则是：数个主刑中有死刑的，采吸收原则，执行死刑；数个主刑中有无期徒刑的，采用吸收原则，只执行一个无期徒刑；数个主刑为有期自由刑的，采取限制加重原则，在总和刑期以下、数刑中最高刑期以上，酌情决定执行的刑期，但是管制最高不能超过3年，拘役最高不能超过1年，有期徒刑最高不能超过20年；数刑中有判处附加刑的，采用并科原则，附加刑仍要执行。在本案中，被告人犯有故意杀人罪、强奸罪、抢劫罪、盗窃罪，被判处的刑罚中，主刑有死刑、有期徒刑10年、有期徒刑4年、有期徒刑1年。根据刑法规定，数罪并罚后的结果只能是决定执行一个主刑——死刑。但是对于附加刑，仍然可以附加适用。

（五）自测案例

被告人田某，男，36岁。

被告人田某自1998年至2002年间，长期流窜于北京、天津、石家庄等地，与他人结伙盗窃汽车十余辆，价值人民币150余万元。田某还单独入室盗窃三起，窃得人民币5000余元。另外，田某还诈骗他人财物价值人民币2000元。如果对其盗窃罪判处无期徒刑，诈骗罪判处2年有期徒刑，根据数罪并罚的理论和法律规定，分析如何对其进行并罚。

案例四

（一）简要案情

梁登荣，原系遂宁市中区公安分局交警大队大队长。梁登荣利用职务之便，在负责修建该队住宅楼，购买土地使用权、房产（含门面）的过程中，非法收受他人钱物40万元；伙同贪污公款，个人得赃款3万余元；挪用公款9万元归个人使用；巨额财产来源不明金额100.55万元。2001年11月，遂宁市市中区人民法院认为遂宁市中区人民检察院指控被告梁登荣犯有受贿、贪污、挪用公款、巨额财产来源不明罪罪名成立，数罪并罚，总和刑期29年又6个月，附加剥夺政治权利5年，最终依法判处梁登荣有期徒刑20年，剥夺政治权利4年。①

（二）思考方向

在一人犯有数罪，而数罪中每个罪的刑罚都没有死刑或无期徒刑这样的刑罚时，就不能简单地选择最高刑罚。当数个主刑为有期自由刑时，需要采取限制加重原则，即在总和刑期以下、数刑中最高刑期以上，酌情决定执行的刑期，但是管制最高不能超过3年，拘役最高不能超过1年，有期徒刑最高不能超过20年。

（三）法律规定

《中华人民共和国刑法》第69条 判决宣告以前一人犯数罪的，除判处死刑和无期徒刑的以外，应当在总和刑期以下、数刑中最高刑期以上，酌情决定执行的刑期，但是管制最高不能超过3年，拘役最高不能超过1年，有期徒刑最高不能超过20年。

如果数罪中有判处附加刑的，附加刑仍须执行。

《中华人民共和国刑法》第382条 国家工作人员利用职务上的便利，侵吞、窃取、骗取或者以其他手段非法占有公共财物的，是贪污罪。

受国家机关、国有公司、企业、事业单位、人民团体委托管理、经营国有财产的人员，利用职务上的便利，侵吞、窃取、骗取或者以其他手段非法占有国有财物的，以贪污论。

与前两款所列人员勾结，伙同贪污的，以共犯论处

《中华人民共和国刑法》第383条 对犯贪污罪的，根据情节轻重，分别依照下列规定处罚：

（一）个人贪污数额在10万元以上的，处10年以上有期徒刑或者无期

① 《四川将开反腐成果展 媒体先披露"贪官聚丑图"》，http://news.china.com/zh_cn/domestic/945/20020902/11320386_3.html。

徒刑，可以并处没收财产；情节特别严重的，处死刑，并处没收财产。

（二）个人贪污数额在5万元以上不满10万元的，处5年以上有期徒刑，可以并处没收财产；情节特别严重的，处无期徒刑，并处没收财产。

（三）个人贪污数额在5000元以上不满5万元的，处1年以上7年以下有期徒刑；情节严重的，处7年以上10年以下有期徒刑。个人贪污数额在5000元以上不满1万元，犯罪后有悔改表现、积极退赃的，可以减轻处罚或者免予刑事处罚，由其所在单位或者上级主管机关给予行政处分。

（四）个人贪污数额不满5000元，情节较重的，处2年以下有期徒刑或者拘役；情节较轻的，由其所在单位或者上级主管机关酌情给予行政处分。

对多次贪污未经处理的，按照累计贪污数额处罚。

《中华人民共和国刑法》第384条 国家工作人员利用职务上的便利，挪用公款归个人使用，进行非法活动的，或者挪用公款数额较大、进行营利活动的，或者挪用公款数额较大、超过3个月未还的，是挪用公款罪，处5年以下有期徒刑或者拘役；情节严重的，处5年以上有期徒刑。挪用公款数额巨大不退还的，处10年以上有期徒刑或者无期徒刑。

挪用用于救灾、抢险、防汛、优抚、扶贫、移民、救济款物归个人使用的，从重处罚。

《中华人民共和国刑法》第385条 国家工作人员利用职务上的便利，索取他人财物的，或者非法收受他人财物，为他人谋取利益的，是受贿罪。

国家工作人员在经济往来中，违反国家规定，收受各种名义的回扣、手续费，归个人所有的，以受贿论处。

《中华人民共和国刑法》第386条 对犯受贿罪的，根据受贿所得数额及情节，依照本法第383条的规定处罚。索贿的从重处罚。

《中华人民共和国刑法》第395条 国家工作人员的财产或者支出明显超过合法收入，差额巨大的，可以责令说明来源。本人不能说明其来源是合法的，差额部分以非法所得论，处5年以下有期徒刑或者拘役，财产的差额部分予以追缴。

（四）学理分析

本案的被告人共犯有4项罪名，所以，应当数罪并罚。根据数罪并罚的程序，首先需要对其各罪进行量刑。① 从资料反映的数据来看，被告人的总和刑期是 29 年 6 个月，剥夺政治权利 5 年。我们可以得出如下推论：一是各罪没有被判处死刑和无期徒刑的；二是所判处刑种中，主刑只有有期徒刑，附加刑为剥夺政治权利。根据刑法分则的规定，被告人非法收受他人钱物 40 万元，构成受贿罪。根据我国《刑法》第 385 条和第 383 条，可以处 10 年以上有期徒刑或者无期徒刑，可以并处没收财产；情节特别严重的，处死刑，并处没收财产。但根据目前的司法实践，受贿 40 万元不可能判处无期徒刑以上的刑罚，本案被告人可能刑期为 13—15 年左右的有期徒刑；伙同他人贪污公款，个人得赃款 3 万余元，构成贪污罪，根据法律规定，可以判处有期徒刑 3 年；挪用公款 9 万元归个人使用，构成挪用公款罪，可以判处 5 年左右有期徒刑；巨额财产来源不明金额 100.55 万元，最高可以判处 5 年有期徒刑。虽然被告人的总和刑期是 29 年 6 个月，数刑中最高刑期也不会超过 15 年，根据限制加重原则，最高只能确定其刑期为 20 年有期徒刑。对主刑采取限制加重原则进行并罚后，并不影响其对附加刑的并罚。本案中，被告人恰好也存在附加刑的并罚问题，其总和附加刑剥夺政治权利的期限为 5 年，通过适用限制加重原则，最终法院判处其剥夺政治权利 4 年。所以，通过本案，可以全面了解在单一刑种的情况下，通过限制加重来确定刑罚的情况。

（五）自测案例

宋贤杰，1990 年任中国西南航空公司副总经理，1995 年任中国西南航空公司调研员（副厅级）。1996 年，宋贤杰将自己任西南航空公司商务部经理期间管理的该商务部劳务费提留款连本带息共 22 万余元人民币，兑换成 3 万美元占为己有。案发后，退还全部赃款。1997 年 9 月，成都市中级人民法院以贪污罪，依法判处宋贤杰有期徒刑 14 年，剥夺政治权利 3 年。②

根据数罪并罚的原理作出分析。

---

① 有关资料未反映各罪的具体刑罚。

② 《四川将开反腐成果展 媒体先披露“贪官聚丑图”》，http://news.china.com/zh_cn/domestic/945/20020902/11320386_3.html。

案例五

（一）简要案情

何某，女，珠海市珠光公司出纳员。

1999年下半年，何某非法炒卖外汇被公安机关查获。2000年1月20日，珠海市香洲区人民法院以非法经营罪依法判处何某有期徒刑2年，缓刑3年执行，被告人何某在缓刑期间被释放回家。

在何某服刑期间，法院又查明，从1997年8月1日至1998年5月20日，被告人何某在珠光公司任出纳员期间，未经公司领导审批私盖财务印章，大量将公款划出给他人用于私人非法调换外汇，当公司需要调汇时再以挪用款调兑或短期将挪用款汇回公司账上，以不列收支或虚列收支的方式平衡出纳账册。

为了便于炒卖外汇，1998年4月1日，被告人何某与他人承包了珠海市华蔼企业有限公司，何将珠光公司公款转至华蔼公司账户上，由他人操纵炒卖外汇，到1998年5月20日尚有人民币353.2万元未归还公司。1998年3月6日，被告人何某将珠光公司出售“奥迪”汽车的车款10万元私自给他人用于非法调汇，而其在收据上盖上“银行收讫”章，当会计向何某催要销售“奥迪”车款的银行缴款单时，何竟谎称银行忘记给她开缴款单。

1998年5月14日，被告人何某将珠光公司在工商银行珠海分行的存款55万元私自汇至珠海市华蔼企业有限公司的账号上，由他人操纵炒卖外汇，并在账册上虚列转入珠光公司中国银行账户。

法院还查明，1998年1月14日，被告人何某私自将珠光公司在中国银行珠海分行石花山办事处存款的利息8880.59元，以提现金的方式取出，用于个人消费。珠海市中级人民法院认为，被告人何某身为国有企业的财务人员，利用职务便利，擅自将公款418.2万元划出用于个人调汇，且不能退还，其行为已构成挪用公款罪；侵吞公款8880.59元，又构成贪污罪。

被告人何某因非法经营罪被珠海市香洲区人民法院判处有期徒刑2年，缓刑3年，现有漏罪，应撤销缓刑，同时宣布被告人何某犯挪用公款罪，判处有期徒刑15年；犯贪污罪，判处有期徒刑1年；与犯非法经营罪判处有期徒刑2年并罚，决定执行有期徒刑17年。①

试用数罪并罚原理分析本案。

（二）思考方向

在上述案例中，被告人先被以非法经营罪被判处有期徒刑2年，缓期3年执行。但是，后来又发现被告人在判决之前仍然存在其他犯罪尚未被审理，所以，在刑罚的并罚上，就不能简单适用我国《刑法》第69条，而需要根据《刑法》第70条来进行并罚。

（三）法律规定

《中华人民共和国刑法》第70条 判决宣告以后，刑罚执行完毕以前，发现被判刑的犯罪分子在判决宣告以前还有其他罪没有判决的，应当对新发现的罪作出判决，把前后两个判决所判处的刑罚，依照本法第69条的规定，决定执行的刑罚。已经执行的刑期，应当计算在新判决决定的刑期以内。

《中华人民共和国刑法》第225条 违反国家规定，有下列非法经营行为之一，扰乱市场秩序，情节严重的，处5年以下有期徒刑或者拘役，并处或者单处违法所得1倍以上5倍以下罚金；情节特别严重的，处5年以上有期徒刑，并处违法所得1倍以上5倍以下罚金或者没收财产：

（一）未经许可经营法律、行政法规规定的专营、专卖物品或者其他限制买卖的物品的；

（二）买卖进出口许可证、进出口原产地证明以及其他法律、行政法规规定的经营许可证或者批准文件的；

① 《418万公款炒外汇，珠海一女出纳被判17年》，http://www.southcn.com/news/gdnews/gdtodayimportant/200206240990.htm。

（三）其他严重扰乱市场秩序的非法经营行为。

（四）学理分析

在判决宣告后，刑罚尚未执行完毕前，如果发现被告人在判决前还有其他罪没有被审理，这个（些）罪就被称为“漏罪”。对于漏罪，不论与前罪性质是否相同，都应当单独作出判决，然后把前罪所判处的刑罚和漏罪所判处的刑罚，按照数罪并罚的原则，决定执行的刑期。已经执行的刑期，应从决定执行的刑期中扣除。这种方法称为“先并后减”。对判决宣告后，刑罚尚未执行完毕前发现的漏罪进行并罚，首先需要对该漏罪单独量刑。在本案中，被告人的漏罪不是单一罪，而是两个罪。那么，是先对两个漏罪分别量刑，然后根据数罪并罚的一般原则对其并罚后，再与前罪并罚，还是仅仅对两个漏罪分别量刑，然后，与前罪并罚呢？正确的做法应当是后者，即仅仅需要对漏罪分别作出量刑，然后与前罪并罚。本案被告人的两个漏罪分别被判处15年有期徒刑和1年有期徒刑，那么，是15年、1年和2年三个有期徒刑进行并罚。其总和刑期是19年，判决刑期的可选幅度为15年以上19年以下。人民法院最终决定的刑罚为17年有期徒刑，是符合法律规定的。在本案的刑罚裁量上，还存在着一些特殊性：第一，本案被告人前罪被判处的是有期徒刑的缓期执行，其漏罪的发现是在缓刑期间，所以，在进行并罚前，首先要撤销缓刑。第二，由于前罪是缓刑，所以不存在实际执行的刑期，在前罪与漏罪进行并罚后，不需要从判决的刑期中扣除已经执行的刑期。所以，本案被告人需要执行的刑期就是17年。

（五）自测案例

被告人：苏光福，长沙市烟草公司原基建科副科长。

被告人因犯受贿罪被判5年有期徒刑。在服刑3年后，又被发现还有漏罪。长沙市天心区人民法院日前作出判决，认定其在负责神农大酒店基建过程中，收受他人贿赂18000余元，并判处其有期徒刑2年，与前罪数罪并罚，决定执行有期徒刑6年6个月。

根据刑法相关规定，分析本案是如何适用数罪并罚的，被告人还需要执多长刑期。

案例六

（一）简要案情

被告人：张建军，男，23岁，河南省驻马店市人，无职业。

被告人张建军因犯盗窃罪于1990年5月5日被驻马店市人民法院判处有期徒刑5年，在服刑期间，因病于同年7月11日保外就医。从保外就医的当月起，张建军又继续盗窃作案。1991年3月12日张建军因盗窃被群众扭送公安机关收审，3月13日夜脱逃，脱逃后继续盗窃，同月15日被抓获收监。

经查明，1989年4月至1991年3月，张建军单独和伙同他人，在驻马店市第二人民医院家属院、公安局看守所家属院、地区行署家属院、驻马店火车站货运办公室等处，采用捅门撬锁、拉弯窗户钢条等手段，多次盗窃公私财物。除前罪判决认定的盗窃5起、价值2900余元外，张建军还单独盗窃11起，以其为主结伙盗窃32起，共43起；共计盗窃彩色电视机、收录音机、自行车、现金及有价证券等财物总价值5万余元，个人获赃3.9万余元。案发后追回赃款及赃物折价2.5万余元。在43起盗窃作案中，属于判决宣告前漏罪的15起，总价值8800余元，个人获赃7300余元；属于服刑期间又犯新罪的28起，总价值41000余元，个人获赃31000余元。张建军的盗窃活动十分猖獗，保外就医期间更是变本加厉，有时一天盗窃4次；被收审脱逃后，还在一个下午连续盗窃2次。①

试分析应当适用什么方法进行并罚？如何并罚？

（二）思考方向

刑法中所说的数罪并罚，是指一人触犯数个罪名。根据我国刑法的一般做法，对于数起同种罪名的犯罪行为一般是不作为数罪处理的。但是，在

① 《张建军在服刑期间有漏罪又犯新罪案》，http://china.findlaw.cn/info/case/xsal/4351.html。

漏罪与前罪是同种罪时,应该如何进行并罚呢?

(三)法律规定

1979年《中华人民共和国刑法》第65条 判决宣告以后,刑罚还没有执行完毕以前,发现被判刑的犯罪分子在判决宣告以前还有其他罪没有判决的,应当对新发现的罪作出判决,把前后两个判决所判处的刑罚,依照本法第64条的规定,决定执行的刑罚。已经执行的刑期,应当计算在新判决决定的刑期以内。

1979年《中华人民共和国刑法》第151条 盗窃、诈骗、抢夺公私财物数额较大的,处5年以下有期徒刑、拘役或者管制。

1979年《中华人民共和国刑法》第152条 惯窃、惯骗或者盗窃、诈骗、抢夺公私财物数额巨大的,处5年以上10年以下有期徒刑;情节特别严重的,处10年以上有期徒刑或者无期徒刑,可以并处没收财产。

全国人大常委会《关于严惩严重破坏经济的罪犯的决定》(1982年3月8日第五届全国人民代表大会常务委员会第二十二次会议通过)

一、对刑法有关条款作下列补充和修改:

(一)对刑法第118条走私、套汇、投机倒把牟取暴利罪,第152条盗窃罪,第171条贩毒罪,第173条盗运珍贵文物出口罪,其处刑分别补充或者修改为:情节特别严重的,处10年以上有期徒刑、无期徒刑或者死刑,可以并处没收财产。

最高人民法院《关于判决宣告后又发现被判刑的犯罪分子的同种漏罪是否实行数罪并罚问题的批复》(1993年4月16日)

江西省高级人民法院:

你院赣高法〔1992〕39号《关于判决宣告后又发现被判刑的犯罪分子的同种漏罪是否按数罪并罚处理的请示》收悉。经研究,答复如下:

人民法院的判决宣告并已发生法律效力以后,刑罚还没有执行完毕以前,发现被判刑的犯罪分子在判决宣告以前还有其他罪没有判决的,不论新发现的罪与原判决的罪是否属于同种罪,都应当依照刑法第65条的规定实行数罪并罚。但如果在第一审人民法院的判决宣告以后,被告人提出上诉或者人民检察院提出抗诉,判决尚未发生法律效力的,第二审人民法院在审理期间,发现原审被告人在第一审判决宣告以前还有同种漏罪没有判决的,第二审人民法院应当依照刑事诉讼法第136条第(三)项的规定,裁定撤销原判,发回原审人民法院重新审判,第一审人民法院重新审判时,不适用刑法关于数罪并罚的规定。

(四)学理分析

被告人在判决宣告后,刑罚执行完毕前发现有漏罪,并且漏罪与前罪是同种罪时,如何进行并罚,存在不同的意见。就本案而言,一种意见认为,应对漏罪和新罪分别判刑,然后按照刑法的规定实行并罚,决定应执行的刑罚;再将此刑罚与前罪判决没有执行的刑罚实行并罚,决定应执行的刑罚。具体说来,即对漏判的盗窃罪处有期徒刑8年,对新犯的盗窃罪判处无期徒刑,剥夺政治权利终身,另对新犯的脱逃罪判处有期徒刑2年,数罪并罚后决定执行无期徒刑,剥夺政治权利终身;再将此刑罚与前罪判决没有执行的刑罚有期徒刑3年零8个月并罚,决定执行无期徒刑,剥夺政治权利终身。另一种意见认为,对漏判的盗窃罪和新罪中的盗窃罪,不宜分别判刑和实行并罚,应当作为一罪从重处罚,另对脱逃罪判处刑罚,然后按照刑法的规定,与前罪判决没有执行的刑罚并罚,决定应执行的刑罚。具体说来,即以惯窃罪(或盗窃罪)判处死刑,剥夺政治权利终身,以脱逃罪判处有期徒刑2年,再与前罪判决没有执行的有期徒刑3年零8个月的刑罚并罚,决定执行死刑,剥夺政治权利终身。

上述两种意见,应当采纳哪种比较合适呢?鉴于刑法本身没有对此作出明确规定,所以在理论上和实践中曾一度存在混乱。1993年,最高人民法院对判决宣告后又发现被判刑的犯罪分子的同种漏罪是否实行数罪并罚问题作出了批复:“不论新发现的罪与原判决的罪是否属于同种罪,都应当依照刑法第65条的规定实行数罪并罚。”明确了对此种情况应当根据分别量刑后再并罚的原则进行并罚。

(五)自测案例

被告人:王世华,男,21岁,贵州省镇远县人。

2001年3月份,王世华伙同他人窃取了33匹牛皮准备销赃时被公安机关人赃俱获。王作案前就知道法律有未满18周岁从轻处罚之规定,因此当警察调查其身份时,他立即从身上掏出其堂弟王世伦的身份证,谎称自己就是王世伦。由于王世伦当时未满 18 岁，符合法定从轻之规定，法院最后只判处他有期徒刑 9 个月、罚金 500 元。就在王即将刑满释放前，瓯海区人民检察院查明了其真实身份，并且又查明 1999 年他与几名老乡结成团伙，在温州市瓯海区瞿溪、郭溪一带大肆盗窃牛皮，短短 8 个月间作案 6 次，窃得牛皮价值达七八万元的犯罪事实。瓯海区人民法院撤销了原判，改判王世华有期徒刑 1 年 3 个月，又对其漏罪部分进行追究，判处其有期徒刑 5 年，数罪并罚，合并执行有期徒刑 6 年，并处罚金 4000 元。

根据数罪并罚原则，分析本案如何进行的并罚。

案例七

（一）简要案情

被告人：李仕国，男，23 岁。

1996 年 10 月，被告人曾因犯抢劫罪、盗窃罪被龙川县人民法院判处有期徒刑 7 年。2000 年 9 月被宣告假释。在假释期间，他不但不认真反省过去犯下的罪行，反而进行贩卖毒品的犯罪活动。法院经审理查明，罪犯李仕国在 2001 年 8 月至 10 月间，先后两次从深圳购买毒品海洛因共 15 克，分别出售给老隆镇的王某等多名吸毒人员，共得款 1500 元。同年 11 月 10 日，罪犯李仕国再次从深圳购买毒品海洛因 9.9 克，还未来得及抛售，当晚就被龙川警方人赃俱获。龙川县人民法院审理后认为，假释犯罪分子李仕国在假释期限内，无视国家法律，贩卖毒品，其行为构成贩卖毒品罪，遂以贩卖毒品罪判处其有期徒刑 12 年，剥夺政治权利 2 年。因重新犯罪，撤销对其的假释，依法实行数罪并罚，加之前犯抢劫罪、盗窃罪尚未执行完毕的刑期，决定执行有期徒刑 13 年，剥夺政治权利 2 年，并处罚金人民币 4000 元。①

试分析应适用哪种数罪并罚的方法？

① 改编自《假释期间贩毒添新罪，罪犯李仕国还得坐 13 年大牢》，http://www.southcn.com/news/dishi/heyuan/shehui/200207151026.htm。

（二）思考方向

为什么说被告人所犯的是新罪？对于新罪如何并罚？上述案例反映对判决宣告后又犯新罪的并罚情况。

（三）法律规定

《中华人民共和国刑法》第69条 判决宣告以前一人犯数罪的，除判处死刑和无期徒刑的以外，应当在总和刑期以下、数刑中最高刑期以上，酌情决定执行的刑期，但是管制最高不能超过3年，拘役最高不能超过1年，有期徒刑最高不能超过20年。

如果数罪中有判处附加刑的，附加刑仍须执行。

《中华人民共和国刑法》第71条 判决宣告以后，刑罚执行完毕以前，被判刑的犯罪分子又犯罪的，应当对新犯的罪作出判决，把前罪没有执行的刑罚和后罪所判处的刑罚，依照本法第69条的规定，决定执行的刑罚。

《中华人民共和国刑法》第347条 走私、贩卖、运输、制造毒品，无论数量多少，都应当追究刑事责任，予以刑事处罚。

走私、贩卖、运输、制造毒品，有下列情形之一的，处15年有期徒刑、无期徒刑或者死刑，并处没收财产：

（一）走私、贩卖、运输、制造鸦片1000克以上、海洛因或者甲基苯丙胺50克以上或者其他毒品数量大的；

（二）走私、贩卖、运输、制造毒品集团的首要分子；

（三）武装掩护走私、贩卖、运输、制造毒品的；

（四）以暴力抗拒检查、拘留、逮捕，情节严重的；

（五）参与有组织的国际贩毒活动的。

走私、贩卖、运输、制造鸦片200克以上不满1000克、海洛因或者甲基苯丙胺10克以上不满50克或者其他毒品数量较大的，处7年以上有期徒刑，并处罚金。

走私、贩卖、运输、制造鸦片不满200克、海洛因或者甲基苯丙胺不满10克或者其他少量毒品的，处3年以下有期徒刑、拘役或者管制，并处罚金；情节严重的，处3年以上7年以下有期徒刑，并处罚金。

单位犯第2款、第3款、第4款罪的，对单位判处罚金，并对其直接负责的主管人员和其他直接责任人员,依照各该款的规定处罚。

利用、教唆未成年人走私、贩卖、运输、制造毒品,或者向未成年人出售毒品的,从重处罚。

对多次走私、贩卖、运输、制造毒品,未经处理的,毒品数量累计计算。

(四)学理分析

所谓新罪,是与漏罪相区别而言。从发现时间上看,不论新罪还是漏罪都是在判决宣告后,刑罚尚未执行完毕前发现的。但是,两种罪发生的行为时间不同。漏罪发生在判决宣告之前,而新罪发生在判决宣告之后,也就是服刑期间。所以,如果被告人又犯新罪,说明其主观恶性较大。在并罚的方法上,新罪的并罚方法与漏罪不同。首先需要对新犯的罪量刑,然后根据我国《刑法》第69条的规定,将新罪的刑罚与前罪没有执行完的刑罚进行并罚。就本案而言,被告人曾因抢劫罪和盗窃罪被判刑7年,在假释期间,又实施了贩卖毒品的犯罪,所以,要撤销对其的假释,并对其所犯的新罪作出判决。人民法院以贩卖毒品罪判处其有期徒刑12年,剥夺政治权利2年。与处罚漏罪时的并罚不同,新罪的刑罚不是与原判刑期并罚,而是与原判尚未执行的刑罚来并罚。被告人是1996年10月被判刑7年,到2000年9月被假释时,已经服刑4年(不考虑判决前羁押的期间)。其再犯新罪的开始时间是2001年8月,到2001年11月被抓获。到对新罪作出量刑时,被告人需要执行的原判刑期剩余不足2年。那么,实际上是用新量定的贩卖毒品罪的12年有期徒刑与2年剩余刑期并罚。人民法院最终决定执行有期徒刑13年,剥夺政治权利2年,并处罚金人民币4000元是符合法律规定的。

(五)自测案例

被告人:柴凌峰,男。

1998年,被告人柴凌峰因盗窃被判处有期徒刑2年零6个月,缓刑3年。在缓刑期间,2000年7月24日凌晨,柴又一次重操旧业,他偷偷溜进江山市区一居民住宅中,将价值近2000元的财物纳入囊中,此时女主人依然在沉睡。他发现女主人姿色靓丽,便忍不住俯身在女主人的脸部吻了一下。这一吻顿时惊醒了女主人,女主人与柴扭打起来。柴逃离前,将女主人的头颈部等多处打成血肿。江山市人民法院以抢劫罪判处柴有期徒刑10年,并处罚金4000元，由于柴是在缓刑期间又犯新罪，法院同时对他撤销了缓刑，两罪并罚，决定执行有期徒刑11年，并处罚金4000元。①

试分析，法院是依据什么原则对本案进行的并罚。

二、缓刑制度

缓刑由英国法官首创，作为一种刑罚制度起源于1870年美国波士顿《缓刑法》。缓刑制度自创立至今，各国刑法规定的缓刑主要有刑罚暂缓宣告、刑罚暂缓执行和缓于起诉三种。我国刑法所规定的缓刑，属于刑罚暂缓执行，即对原判刑罚附条件不执行的一种刑罚制度。缓刑作为一种刑罚制度，其意义表现在：缓刑制度可以克服短期自由刑的不足，使罪行较轻的罪犯不受监狱中恶习的感染，这有利于实现刑罚的目的；缓刑制度可以使罪犯免遭关押，使其不脱离家庭和所从事的工作，从而避免了因执行刑罚而带来的诸如名誉和家庭生活方面的影响，这有利于社会的安定；缓刑制度使罪犯在不脱离社会的条件下进行改造，这一方面使罪犯体会到法律的宽容，从而较自觉地接受改造，另一方面又可以通过社会的力量改造罪犯，这有利于实现刑罚的社会化。

案例一

（一）简要案情

张某某，男，1986年6月21日出生于重庆市，汉族，初中文化，务农。2007年5月23日，彭家明、张久全（均已判刑）、曾德彬、胡超（均在逃）、刘强（已死亡）等人共谋盗窃后，由张久全出面以人民币300元雇请被告人张某某驾驶的渝AM9602号长安面包车。当晚22时许，张某某明知彭家明等人要实施盗窃活动，仍驾驶长安面包车将彭家明、张久全等五人从渝中区望龙门送到南岸区广阳镇沿江村。后彭家明、张久全等五人用塑料袋蒙住脸面，前往该村灌口一级提灌站，利用携带的尖

① 改编自徐忠培：《轻轻一个吻换来八年刑》，资料来源于 http://fashion.kpworld.com/xb/news/pn24392.html。

刀、编织袋等作案工具,盗窃提灌站内正在使用的铜芯电缆线。张某某将车停在不远处的公路上等候运赃,并用纸巾遮盖住汽车牌照。当晚23时许,当看护提灌站的村民周祖祥持手电筒走到提灌站时,被胡超、刘强等三人持刀捆绑。后周祖祥趁机挣脱捆绑,回家报警。张某某发现有警车追来时,慌忙驾车逃跑,途中将车开翻,被追赶的民警当场抓获。经鉴定,被盗的铜芯电缆线(型号 YC ×35 +1)189.2 米,价值人民币 11701 元。

2007 年 5 月 24 日张某某因涉嫌犯盗窃罪被刑事拘留,同年 6 月 28 日被取保候审。2008 年 2 月 20 日经重庆市南岸区人民法院决定逮捕。重庆市南岸区人民法院审理重庆市南岸区人民检察院起诉指控原审被告人张某某犯盗窃罪一案,于 2008 年 2 月 19 日作出(2008)南法刑初字第 77 号刑事判决:被告人张某某犯盗窃罪,判处有期徒刑 1 年,并处罚金 2000 元人民币。原审被告人张某某不服,以其认罪态度较好,自己是家中主要劳动力,请求对其宣告缓刑为由提出上诉。

重庆市第五中级人民法院审理后认为:上诉人张某某的行为已构成盗窃罪,依法应予以处罚。上诉人张某某在共同盗窃犯罪中起辅助和次要作用,系从犯,且在归案后认罪态度较好,并系初犯,依法可减轻处罚。原判认定事实清楚,适用法律正确,审判程序合法。但根据张某某在共同犯罪中的作用,及其归案后的认罪态度和悔罪表现,对其适用缓刑后,确实不致再危害社会,可对其适用缓刑。遂判决如下:(1) 维持重庆市南岸区人民法院(2008)南法刑初字第 77 号刑事判决对被告人张某某的定罪,撤销其量刑部分;(2) 上诉人(原审被告人)张某某犯盗窃罪,判处有期徒刑 1 年,宣告缓刑 1 年,并处罚金人民币 2000 元(缓刑考验期限,从判决确定之日起计算)。

(二) 思考方向

什么是缓刑?什么是一般缓刑?适用一般缓刑应具备哪些条件?本案被告人的行为是否适用缓刑?其缓刑考验期限应如何计算?

（三）法律规定

《中华人民共和国刑法》第25条 共同犯罪是指二人以上共同故意犯罪。

二人以上共同过失犯罪，不以共同犯罪论处；应当负刑事责任的，按照他们所犯的罪分别处罚。

《中华人民共和国刑法》第27条 在共同犯罪中起次要或者辅助作用的，是从犯。

对于从犯，应当从轻、减轻处罚或者免除处罚。

《中华人民共和国刑法》第52条 判处罚金，应当根据犯罪情节决定罚金数额。

《中华人民共和国刑法》第53条 罚金在判决指定的期限内一次或者分期缴纳。期满不缴纳的，强制缴纳。对于不能全部缴纳罚金的，人民法院在任何时候发现被执行人有可以执行的财产，应当随时追缴。如果由于遭遇不能抗拒的灾祸缴纳确实有困难的，可以酌情减少或者免除。

《中华人民共和国刑法》第63条 犯罪分子具有本法规定的减轻处罚情节的，应当在法定刑以下判处刑罚。

犯罪分子虽不具有本法规定的减轻处罚情节，但是根据案件的特殊情况，经最高人民法院核准，也可以在法定刑以下判处刑罚。

《中华人民共和国刑法》第72条 对于被判处拘役、3年以下有期徒刑的犯罪分子，根据犯罪分子的犯罪情节和悔罪表现，适用缓刑确实不致再危害社会的，可以宣告缓刑。

被宣告缓刑的犯罪分子，如果被判处附加刑，附加刑仍须执行。

《中华人民共和国刑法》第73条 拘役的缓刑考验期限为原判刑期以上1年以下，但是不能少于2个月。

有期徒刑的缓刑考验期限为原判刑期以上5年以下，但是不能少于1年。

缓刑考验期限，从判决确定之日起计算。

《中华人民共和国刑法》第74条 对于累犯，不适用缓刑。

《中华人民共和国刑法》第264条 盗窃公私财物，数额较大或者多次盗窃的，处3年以下有期徒刑、拘役或者管制，并处或者单处罚金；数额巨大或者有其他严重情节的,处3年以上10年以下有期徒刑,并处罚金;数额特别巨大或者有其他特别严重情节的,处10年以上有期徒刑或者无期徒刑,并处罚金或者没收财产;……

(四)学理分析

根据《刑法》第72条之规定,我国刑法中的缓刑,是指人民法院对于判处拘役、3年以下有期徒刑的犯罪分子,根据犯罪分子的犯罪情节和悔罪表现,认为暂缓执行原判刑罚,确实不致再危害社会的,规定一定的考验期,暂缓其刑罚的执行,若被判刑的犯罪分子在考验期内没有再犯新罪,也没有发现判决宣告前还有其他罪没有判决,也没有违反法律、行政法规或国务院公安部门有关缓刑的监督管理规定且情节严重的行为,缓刑考验期满,原判的刑罚就不再执行的制度。这就是我国刑法中的一般缓刑制度。在我国《刑法》第449条还规定了另外一种特殊的缓刑制度,即战时缓刑制度。

由于缓刑是对原判刑罚有条件地不执行的制度,故适用缓刑必须具备一定的条件。根据我国《刑法》第72条和第74条的规定,适用缓刑必须符合下列条件:

第一,缓刑只适用于被判处拘役或者3年以下有期徒刑的犯罪分子。这里所说的被判处拘役或者3年以下有期徒刑是指宣告刑而不是指法定刑。

第二,根据犯罪分子的犯罪情节和悔罪表现,认为适用缓刑确实不致再危害社会的。这是适用缓刑的根本条件。缓刑只适用于被判处拘役或者3年以下有期徒刑的犯罪分子,但这并不意味着对符合对象条件的罪犯都应当适用缓刑。是否适用缓刑,还应当根据犯罪分子的犯罪情节和悔罪表现予以确认。所谓犯罪情节,包括犯罪的动机、目的、手段,是否偶犯初犯等。悔罪表现包括是否真诚坦白悔改、认罪伏法,是否彻底揭发检举同案犯的罪行,主动消除或减轻危害后果的发生,以及赔偿损害、积极退赃等。是否适用缓刑,既要重视犯罪事实方面的情况,又要重视犯罪人在犯罪前后的表现,综合判断社会危害性及人身危险程度,以便作出决定。认定犯罪分子"确实不致再危害社会",要考虑多方面情况,综合分析判断。从审判实践上看,应着眼于以下几点:(1)犯罪性质是否严重;(2)主观恶性程度;(3)悔罪是否真诚,有无痛改前非的决心。分析主观恶性程度和悔罪是否真诚要把犯罪的动机、目的、手段和犯罪前的一贯表现联系起来,不可片面地看犯罪后的态度，不能唯态度论。根据以上观点，结合司法实践，对具有下列情况的轻刑犯，一般可以考虑适用缓刑：(1) 初犯或偶犯；(2) 青少年犯；(3) 过失犯；(4) 防卫过当或避险过当的犯罪人；(5) 预备犯、中止犯和未遂犯；(6) 犯罪后自首的犯罪分子；(7) 立功的犯罪分子。因为这些犯罪人不论其犯罪情节还是悔罪表现都有可以考虑从宽处理的一面，对这些犯罪人判处缓刑，一般来说，对社会不会造成危害。

第三，犯罪分子不是累犯。累犯屡教不改，说明其主观恶性较深，人身危险性较大，不易改造。因此，对于累犯，不论判处何种刑罚，均不得适用缓刑。

我国《刑法》第 73 条第 3 款规定："缓刑考验期限，从判决确定之日起计算。"但在实践中，如何理解"确定之日"有不同的看法。有人认为，所谓"确定之日"即宣判之日；还有人认为，所谓"确定之日"亦即以判决书的落款日期为缓刑的起算日期；第三种意见是应当从判决发生法律效力之日起计算。从词义上来考察，确定乃"明确地定下"之意。[①] 所谓判决确定之日，也就是判决明确地定下，没有任何异议之日。笔者认为第三种意见正确，即从判决发生法律效力并移送考察机关执行之日起计算。理由是：(1) 刑法之所以没有规定缓刑的考验期限从宣告缓刑之日起计算，是由于除最高人民法院作出的一审判决是生效判决外，其他一审判决在法定的上诉或抗诉期限内并未发生法律效力，很可能因为当事人上诉或检察机关抗诉导致改判甚至发回重审，也就是说此时判决并未发生法律效力，也就无法确定被告人缓刑的起算日期。所以只有待该判决发生了法律效力后方可确定被告人是否适用缓刑。如果提出上诉或者抗诉后，经二审维持原判的，则应从二审判决确定之日起计算。(2)《刑事诉讼法》第 208 条规定，判决和裁定在发生法律效力（即已过法定期限没有上诉、抗诉的判决和裁定，或终审的判决和裁定）后执行。从这个规定可以看出，移送执行的判决必须是生效判决。因此，应该把"确定之日"理解为"生效之日"，这样既合乎确定词义本身，又符合缓刑性质，于情于理于法都讲得通。

本案一审法院对被告人定盗窃罪，依据我国《刑法》第 264 条的规定，张某某以非法占有为目的，驾驶车辆伙同他人共同盗窃价值人民币 11701 元的

---

① 中国社会科学院语言研究所词典编辑室编：《现代汉语词典》（修订本），商务印书馆 1997 版，第 1053 页。

铜芯电缆线，数额巨大，其行为已构成盗窃罪，依法应予以处罚。应当判处3年以上10年以下有期徒刑。依据《刑法》第27条，张某某在共同盗窃犯罪中起辅助和次要作用，系从犯，且在归案后认罪态度较好，并系初犯，依法可减轻处罚。故原审法院判处张某某有期徒刑1年，原判认定事实清楚，适用法律正确，审判程序也是合法的。但根据张某某在共同犯罪中的作用，及其归案后的认罪态度和悔罪表现，对其适用缓刑后，确实不致再危害社会，可对其适用缓刑。上诉人张某某请求对其适用缓刑的意见，也符合实际情况，故二审法院改判缓刑是正确的。

综合我们所讲的缓刑的条件，针对本案张某某的情况如下：(1) 张某某被判处1年有期徒刑；(2) 张某某在共同犯罪中是从犯；(3) 表现一贯良好，属于初犯，犯罪的动机、目的单纯，手段、情节一般，主观恶性小，犯罪后如实供述自己的犯罪事实，认罪伏法，认罪态度较好，不论从其犯罪情节还是悔罪表现来看都有可以从宽的一面，不致再危害社会；(4) 张某某不是累犯；(5) 从实际情况出发，张某某无正式工作，在家务农，是家中主要劳动力。故二审法院改判其缓刑完全符合缓刑的条件。缓刑考验期限，从判决确定之日起计算。

（五）自测案例

1993年6月1日晚，同案犯黄小金、黄小云（已判刑）邀被告人郑金明、郑树明去打牌，还叫上郑光仁、毛清河、朱开泉、郑学水、郑礼安（均已判刑）等人。当行至村外，郑金明等人被告知是到隔壁乡抢劫。毛清河对如何抢劫作了具体的分工。到了目的地后，毛清河先踢开后门，和黄小金、朱开泉、郑学水、郑金明进入被害人毛清东家，黄小金持刀逼被害人毛清东夫妇坐在床上不许动，黄小金与郑金明从柜子中搜得装有黄金、银器和现金的塑料盒。此时，住在隔壁的毛清福听到呼救声，从自家爬至毛清东家的二楼，用锄头击中黄小金，五人遂往外逃跑。在前门持刀把守望风的郑光仁、黄小云、郑礼安和郑树明听到村民的敲锣声后也跟着逃跑。次日晚，除黄小金、毛清河外，其余6人来到郑学水家，叫郑学水交出赃款、赃物，共得现金1250元和金、银器等物品，后郑礼安、郑金明将金、银器卖掉得赃款1850元。被告人郑金明、郑树明各分得200元。

2008年9月16日，郑金明、郑树明来到公安机关投案，并供述了基本犯罪事实。

一审法院审理后认为，被告人郑金明、郑树明在他人邀集下，以非法占有为目的，持械入室劫取他人财物，情节严重，其行为已构成抢劫罪。在共同犯罪中，被告人郑金明起次要作用，被告人郑树明起辅助作用，均系从犯，依法应减轻处罚；被告人郑金明、郑树明犯罪后自首，依法可减轻处罚。被告人郑金明、郑树明在案发15年后并无新的犯罪记录，证明其具有悔罪表现，确实不致再危害社会，可以宣告缓刑。2009年2月16日，人民法院一审以抢劫罪判处被告人郑金明有期徒刑3年，缓刑5年，并处没收财产人民币3万元，判处被告人郑树明有期徒刑3年，缓刑3年，并处没收财产人民币2万元。

被告人郑金明、郑树明具有哪些犯罪情节和悔罪表现？是否可以适用缓刑？

案例二

（一）简要案情

王某系沾化县商业局下岗职工，与邻居张某关系不和，2001年8月20日因琐事与张某发生口角，用刀将张某刺伤，经法医鉴定属轻伤。9月30日王某被逮捕，2001年10月14日沾化县人民法院以故意伤害罪判处王某有期徒刑1年，缓刑2年。在缓刑考验期内，王不服从公安机关管理，多次违法乱纪。2002年5月19日，王酒后在其所开的“天天大酒店”因琐事与一村民发生口角，后与他人将该村民殴打致轻微伤。同年6月24日，王在沾化县城“韩都烧烤城”店外，酒后无故殴打路过此地的毛纺厂职工郭某，郭拨打“110”报警，在出警人员到达现场后，王不听劝阻，继续将郭某打致轻微伤。同年7月4日凌晨，王伙同他人，在沾化县城“温馨缘”酒吧内寻衅滋事，向店主索要“小姐”遭拒绝后，在店内摔酒瓶、砸窗户，并向店主索要钱财，后被“110”巡警人员强行带离现场。

7月8日，沾化县公安局根据法律规定，建议对王某撤销缓刑。法院经审理认为，被告人王某在缓刑考验期内，不服从公安机关的管理，多次违反法律法规，情节严重，遂依法作出判决：撤销王某缓刑，收监执行原判有期徒刑一年。

（二）思考方向

什么是缓刑考验期？其立法意义何在？缓刑考验期后的处理有哪几种情况？本案中王某是否属于撤销缓刑的情形？王某宣告缓刑前羁押的时间能否折抵刑期？

（三）法律规定

《中华人民共和国刑法》第75条　被宣告缓刑的犯罪分子，应当遵守下列规定：

（一）遵守法律、行政法规，服从监督；

（二）按照考察机关的规定报告自己的活动情况；

（三）遵守考察机关关于会客的规定；

（四）离开所居住的市、县或者迁居，应当报经考察机关批准。

《中华人民共和国刑法》第76条　被宣告缓刑的犯罪分子，在缓刑考验期限内，由公安机关考察，所在单位或者基层组织予以配合，如果没有本法第77条规定的情形，缓刑考验期满，原判的刑罚就不再执行，并公开予以宣告。

《中华人民共和国刑法》第77条　被宣告缓刑的犯罪分子，在缓刑考验期限内犯新罪或者发现判决宣告以前还有其他罪没有判决的，应当撤销缓刑，对新犯的罪或者新发现的罪作出判决，把前罪和后罪所判处的刑罚，依照本法第69条的规定，决定执行的刑罚。

被宣告缓刑的犯罪分子，在缓刑考验期限内，违反法律、行政法规或者国务院公安部门有关缓刑的监督管理规定，情节严重的，应当撤销缓刑，执行原判刑罚。

（四）学理分析

缓刑考验期，又称为缓刑期间，是指对被宣告缓刑的犯罪分子是否遵守一定条件进行考察的期限，是对受缓刑人进行考验所需要的时间，表明缓刑的开始和结束。从一定意义上讲，缓刑考验期是对被宣告缓刑人的一种保护，因为若无此规定，被告就处于无期限的考验之中，时时刻刻受到原判刑罚的威慑，这对受缓刑人来说，是不公平的，有悖于缓刑的旨意。

从总体上来看，世界各国关于缓刑考验期的规定，大致有三种立法例：（1）法定主义，即缓刑期间以法律明文规定为准，法官没有自由裁量的权利。例如《罗马尼亚刑法典》、《意大利刑法典》、《法国刑法典》等。（2）裁定主义，即法律不明文规定缓刑的期限，而由法官自由裁量决定。例如1887年的英国以及现在美国的一些州都采用此种立法方式。（3）折衷主义，即法律规定一定幅度的期限，再由法官在此种期限内决定缓刑的期限。如比利时刑法、日本刑法和葡萄牙刑法等。我国刑法对于缓刑考验期的规定，带有明显的折衷主义色彩，它以原判刑罚的轻重为基础，以等于或略高于原判刑期为原则，既体现了罪刑相适应的原则，又符合区别对待刑事政策的要求。根据我国刑法规定，拘役的期限为1个月以上6个月以下，其缓刑考验期规定为2个月以上1年以下，期限适度。这样既防止把考验期定得过轻，无法实现有效的改造，又防止定得过重，与拘役刑的特征不符，而且这样规定也与《刑法》第69条数罪并罚刑期确定原则相一致。我国刑法规定，有期徒刑的法定下限是6个月，其缓刑考验期为1年以上5年以下，两者较为协调，而且这种规定使法官在进行缓刑适用时，可以针对不同的情况进行选择裁量，使所确定的考验期间的长短更好地符合缓刑的目的。

犯罪分子被判决宣告缓刑就意味着缓刑考验期的开始，在缓刑考验期间因犯罪分子的表现不同会出现不同处理结果：不再执行原判刑罚；撤销缓刑。

缓刑考验期是缓刑运作的时间界限，当缓刑犯在缓刑考验期内没有再犯新罪，也没有违反应当遵守的条件以及为其他可能影响缓刑的行为，缓刑考验期届满缓刑即告结束。我国《刑法》第76条规定，“……缓刑考验期满，原判的刑罚就不再执行，并公开予以宣告”。如何来理解“原判刑罚就不再执行”呢？我国刑法界对之存在着争议。肯定者认为，不再执行原判刑罚，也就是执行完毕，是一种特殊形式的执行。缓刑只不过是刑罚执行方式的一种变更，即采取不予关押、由公安机关予以考察的方式执行刑罚，因此，缓刑考验期满不是原判刑罚的免予执行，而应该为原判刑罚的执行完毕。否定者认为，不再执行，就等于没有执行，更不存在执行完结的问题。[①] 肯定者和否定者的论述各有千秋，但是两者的争论都沉湎于对词义的分解和组合所传达出来的含义，而忽视了我国《刑法》第 76 条所规定的缓刑制度的本体以及有关的司法解释精神。我国的缓刑制度采取的是执行犹豫主义，这与世界上大多数国家的缓刑立法是一致的，因此，根据我国刑法的规定以及相关的司法解释，我国的缓刑制度中的"不再执行原判刑罚"可作如下理解[②]：(1) 在缓刑考验期内是有条件地不执行原判刑罚，即原判处的主刑暂缓执行，没有剥夺犯罪分子的自由。缓刑不是刑罚执行方式及场所的变更，它既不是由监内执行改为监外执行，也不是以较轻刑种替代较重刑种。缓刑考验是刑罚犹豫执行时期，不是免除刑罚，在考验期内仍然保持着执行原判刑罚的可能性，一旦撤销缓刑，缓刑期间不能抵折刑期。(2) 缓刑考验期内如果没有再犯新罪或者没有发现判决宣告以前还有其他罪没有判决的，缓刑期届满后的法律性质是原判刑罚不再执行，即免除原判刑罚的执行，但定罪与判刑的客观事实依然存在，因此，原判的刑罚就不再执行，仅意味着刑罚执行权的消灭，它是我国现行刑事立法当中着眼于一般预防的重要表现。

缓刑是有条件地不执行原判的刑罚，如果被宣告缓刑的犯罪分子违反了特定的条件，缓刑就可以被撤销。依据我国《刑法》第 77 条的规定，撤销缓刑的根据有以下三种：

(1) 在缓刑考验期内，被宣告缓刑的犯罪分子再犯新罪。这里所说的"新罪"，既不受犯罪性质的限制，也不受所犯之罪应判处的刑种、刑期的限制，这也就是说，"新罪"既包括故意犯罪，也包括过失犯罪；既包括同种罪，也包括异种罪；既包括较重的罪，也包含较轻的罪。只要是缓刑犯在缓刑考验期限内再犯新罪，就应当撤销缓刑，对新犯的罪作出判决，然后将对前罪和新罪所判处的刑罚，依照数罪并罚的原则，决定执行的刑罚。即使在缓刑考验期满后，才被发现该罪犯在缓刑考验期限内所犯的新罪，如未超出追诉

---

① 转引自喻伟主编：《刑法学专题研究》，武汉大学出版社 1992 年版，第 398 页。

② 参见马克昌主编：《刑罚通论》（第二版），武汉大学出版社 1999 年版，第 589 页。

时效期限的，也应按照《刑法》第 77 条的有关规定执行。

（2）在缓刑考验期内，发现缓刑犯在判决宣告以前，还有其他罪没有判决，即发现“漏罪”。当这种情形出现后，根据刑法和有关的司法解释[①]的规定，就应当撤销缓刑，对新发现的“漏罪”定罪判刑，再对前罪与“漏罪”实行数罪并罚，决定执行的刑罚。如果所决定执行的刑罚必须是实刑，则对于已经执行的缓刑考验期，不予折抵刑期，但判决执行以前先行羁押的时间应予折抵刑期。如果在确定所执行的刑罚之后，发现仍符合适用缓刑的条件，则可以对犯罪分子宣告缓刑，已经执行的缓刑考验期，应当计算在新决定的缓刑考验期以内。

（3）被宣告缓刑的犯罪分子，在缓刑考验期限内，违反法律、行政法规或国务院公安部门有关缓刑的监督管理规定，而且情节严重。我国刑法明确规定，对于严重违反有关监督管理规定的缓刑犯，应当撤销缓刑，收监执行原判刑罚。但是，这必须以情节严重但尚未构成犯罪为要件。如果对一般违反有关监督管理规定的缓刑犯，也撤销缓刑，则不利于缓刑犯的改造，影响缓刑作用的发挥。

本案被告人王某两年前因故意伤害罪被当地法院判处有期徒刑 1 年，缓刑 2 年，在缓刑考验期间，王某应当严格遵守《刑法》第 75 条的规定和有关的法律法规，痛改前非，认真悔过，努力改造。但王某却不思进取，选择了另一条道路，曾经三次寻衅滋事，违反《治安管理处罚条例》，两次打架致他人轻微伤，不服公安机关的管理，属于多次违法违纪、情节严重，故公安机关根据有关的监督管理规定，向人民法院提出撤销缓刑的建议，人民法院依据《刑法》第 77 条的规定，对王某作出撤销缓刑，执行原判刑罚的判决。

本案王某在 2001 年因伤害罪被判处有期徒刑 1 年，缓刑 2 年时，曾被公安机关先行羁押 15 天，由于缓刑制度是在一定条件下暂缓执行或不执行原判刑罚的一种制度，如果缓刑被撤销，执行原判刑罚，那么罪犯在宣告缓刑前羁押的时间能否折抵刑期呢？根据最新的司法解释[②]：“根据刑法第 77 条

① 1985 年 8 月 21 日最高人民法院《关于人民法院审判严重刑事犯罪案件中具体应用法律的若干问题的答复（三）》。

② 2002 年 4 月 10 日最高人民法院《关于撤销缓刑时罪犯在宣告缓刑前羁押的时间能否折抵刑期问题的批复》。

的规定,对被宣告缓刑的犯罪分子撤销缓刑执行原判刑罚的,对其在宣告缓刑前羁押的时间应当折抵刑期。”故本案王某被先行羁押的 15 天可以折抵刑期,其实际执行刑罚的时间应是 350 天。

（五）自测案例

2006 年 1 月,被告人姜某因犯聚众斗殴罪被高淳法院判处有期徒刑 3 年,缓刑 4 年。2007 年下半年,姜某多次与孔某等人进行赌博活动,共赢得孔某赌债本息共计 2.1 万元。由于孔某一直拖欠不还,2008 年 2 月,姜某与被告人张某、何某等人驾车强行将孔某带至安徽某镇山洞内,以殴打、砍刀砍手指威胁等方式要求孔某还钱,后在带孔某回高淳取钱时被民警抓获。

高淳法院经审理认为,被告人姜某、张某以索要赌债为目的,采取扣押方式非法剥夺他人人身自由,其行为已触犯刑律,构成非法拘禁罪。姜某在缓刑考验期间重新犯罪,依法应撤销缓刑数罪并罚,判决执行有期徒刑 3 年 6 个月,另一被告人张某则被判处拘役 5 个月。

问:被告人姜某的行为是否属于缓刑期间再犯新罪的情形?法院的判决是否正确?

第十七章　刑罚的执行

第一节　刑罚执行概述

刑罚执行，是指享有刑罚执行权的国家机关将人民法院已经发生法律效力的判决所确定的刑罚付诸实施的刑事司法活动。

案例

（一）简要案情

某县人民法院在审理李某、周某、吴某和孙某窝藏一案时，作出如下判决：李某系抢劫犯主犯，判处有期徒刑15年，剥夺政治权利3年，并处没收个人全部财产；周某亦为抢劫犯主犯，判处有期徒刑10年，剥夺政治权利2年，并处罚金2万元；吴某系抢劫犯从犯，罪行较轻，且能够主动投案自首，故减轻判处有期徒刑1年；孙某明知李某犯有抢劫罪，却为其提供隐匿场所，判处管制1年。

（二）思考方向

以上判决的执行机关有何不同？各被告人的刑罚应当如何执行？

（三）法律规定

《中华人民共和国刑法》第38条　管制的期限，为3个月以上2年以下。被判处管制的犯罪分子，由公安机关执行。

《中华人民共和国刑法》第39条　被判处管制的犯罪分子，在执行期间，应当遵守下列规定：

（一）遵守法律、行政法规，服从监督；

（二）未经执行机关批准，不得行使言论、出版、集会、结社、游行、示威自由的权利；

（三）按照执行机关规定报告自己的活动情况；

（四）遵守执行机关关于会客的规定；

（五）离开所居住的市、县或者迁居，应当报经执行机关批准。

对于被判处管制的犯罪分子，在劳动中应当同工同酬。

《中华人民共和国刑法》第46条　被判处有期徒刑、无期徒刑的犯罪分子，在监狱或者其他执行场所执行；凡有劳动能力的，都应当参加劳动，接受教育和改造。

《中华人民共和国刑法》第53条　罚金在判决指定的期限内一次或者分期缴纳。期满不缴纳的，强制缴纳。对于不能全部缴纳罚金的，人民法院在任何时候发现被执行人有可以执行的财产，应当随时追缴。如果由于遭遇不能抗拒的灾祸缴纳确实有困难的，可以酌情减少或者免除。

《中华人民共和国刑法》第58条　附加剥夺政治权利的刑期，从徒刑、拘役执行完毕之日或者从假释之日起计算；剥夺政治权利的效力当然施用于主刑执行期间。

《中华人民共和国刑法》第59条　没收财产是没收犯罪分子个人所有财产的一部或者全部。没收全部财产的，应当对犯罪分子个人及其扶养的家属保留必需的生活费用。

在判处没收财产的时候，不得没收属于犯罪分子家属所有或者应有的财产。

（四）学理分析

刑罚执行，是指享有刑罚执行权的国家机关将人民法院已经发生法律效力的判决所确定的刑罚付诸实施的刑事司法活动。刑罚的执行具有三个特点：主体的法定性；内容的确定性；刑事司法活动的终局性。

针对本案，根据我国《刑法》第38条、第46条规定，李某、吴某和周某的刑罚应当在监狱或其他执行场所执行；孙某的刑罚由公安机关执行。凡有劳动能力的，都应当参加劳动，接受教育和改造。

对李某没收全部财产、对周某并处罚金的附加刑的执行：应没收李某的全部个人财产。根据我国《刑法》第 59 条的规定，没收李某全部财产时，应为其扶养的家属保留所必需的生活费用。根据我国《刑法》第 53 条的规定，对周某判处的罚金应当在判决指定的期限内一次或者分期缴纳。对于不能全部缴纳罚金的，人民法院在任何时候发现被执行人有可以执行的财产，应当随时追缴。如果由于遭遇不能抗拒的灾祸缴纳确实有困难的，可以酌情减少或者免除。

对李某、周某判处剥夺政治权利的执行：根据我国《刑法》第 58 条，从有期徒刑执行完毕之日或假释之日起计算；剥夺政治权利的效力当然施用于主刑执行期间。被剥夺政治权利的犯罪分子，在执行期间，应当遵守法律、行政法规和国务院公安部门有关监督管理的规定，服从监督；不得行使《刑法》第 54 条规定的各项权利。

对孙某管制刑的执行：孙某在管制执行期间，应当遵守我国《刑法》第 39 条的规定，在劳动中应当同工同酬。其刑期从判决之日起计算，判决以前先行羁押的，羁押 1 日折抵刑期 2 日。

（五）自测案例

某企业财会科长金某因贪污罪被判处有期徒刑 10 年，没收其财产的一部分。当法警到其家执行时，金妻说，他贪污的钱和物早被检察院拿走了，家里的所有东西都没有他的，而拒绝执行。

金妻的说法对吗？

第二节 减　　刑

我国的减刑制度始于新民主主义时期各革命根据地人民政权制定的对监所犯人实行教育感化和奖励改恶迁善的行刑政策。中华人民共和国成立初期，减刑已成为狱政管理的一项重要措施，但在当时还没有公布全国的规范性减刑办法，全国各地的减刑工作，分别由各大行政区加强领导和提出政策性的指导意见。1954 年《中华人民共和国劳动改造条例》正式公布，其第 68 条将减刑、假释作为实施奖励制度的最高形式予以明确规定，从而在中华人民共和国的法律中，完成了创立减刑制度的历史使命。1980 年 1 月 1 日生效的《刑法》、《刑事诉讼法》专门就减刑制度作了规定。至此，减刑由创始时不是十分成熟的一种奖励措施，经过数十年经验教训的总结和提炼，终于发展至以国家重要的基本法律形式予以定型化，在我国刑事法典上实现了实体和程序并重的建制任务。我国 1994 年《监狱法》和 1997 年修订的《刑法》，又具体规定了应当减刑的"重大立功表现"情节，并且对审理减刑案件的程序、期限作了明确的规定，从而更进一步在实体和程序上补充和完善了减刑制度。

案例一

（一）简要案情

罪犯胡某，男，33 岁，1996 年 6 月因盗窃罪、诈骗罪数罪并罚，一审法院判决胡某有期徒刑 16 年，胡某不服，以认定盗窃数额不实为由提出上诉，二审法院认为认定事实清楚，证据充分，适用法律法规正确无误，量刑准确，维持原判。同年 8 月胡某被收监执行刑罚。在监执行期间，胡某认为对自己量刑不准确，属于重判，多次给监狱领导和法院、检察院写信，并提出重新审查的请求，法院、检察院依据有关法律法规进行审查后，认为原判决认定事实和适用法律正确，定罪量刑适当，驳回其申诉的请求。胡某在监期间，遵守监规，认真参加政治学习，劳动态度端正，积极肯干，保质保量地完成交给的各项任务。1998 年曾受到记功奖励。1999 年 3 月 11 日，劳改支队放电影，其他罪犯都在看电影，罪犯胡某却主动要求值班，巡查中，发现七八名罪犯正在用铁钩撬窗，企图集体逃跑。罪犯胡某一边急喊："抓逃犯"，一边立即上前阻止，其中一名罪犯掏出菜刀疯狂砍向胡某，胡某仍死不松手，紧紧抱住该犯的大腿不放，直至劳改支队的工作人员赶来，抓住该犯，其他几名逃跑的罪犯也很快被抓获。罪犯胡某后来虽经治疗，但左手的 4 个手指头却被齐齐砍断，不能恢复。该劳改管教支队认为，胡某阻止了监内的重大犯罪活动，属于有重大立功表现，向人民法院提出减刑建议书，人民法院经合议审理后裁定：对罪犯胡某减刑 3 年。

(二)思考方向

何为减刑?减刑的前提条件和实质条件是什么?对不断提出申诉的犯人是否适用减刑?

(三)法律规定

《中华人民共和国刑法》第78条 被判处管制、拘役、有期徒刑、无期徒刑的犯罪分子,在执行期间,如果认真遵守监规,接受教育改造,确有悔改表现的,或者有立功表现的,可以减刑;有下列重大立功表现之一的,应当减刑:

(一)阻止他人重大犯罪活动的;

(二)检举监狱内外重大犯罪活动,经查证属实的;

(三)有发明创造或者重大技术革新的;

(四)在日常生产、生活中舍己救人的;

(五)在抗御自然灾害或者排除重大事故中,有突出表现的;

(六)对国家和社会有其他重大贡献的。

减刑以后实际执行的刑期,判处管制、拘役、有期徒刑的,不能少于原判刑期的1/2;判处无期徒刑的,不能少于10年。

《中华人民共和国刑法》第79条 对于犯罪分子的减刑,由执行机关向中级以上人民法院提出减刑建议书。人民法院应当组成合议庭进行审理,对确有悔改或者立功事实的,裁定予以减刑。非经法定程序不得减刑。

(四)学理分析

所谓减刑,是指对被判处管制、拘役、有期徒刑、无期徒刑的犯罪分子,因其在刑罚执行期间确有悔改或者立功表现,而适当减轻其原判刑罚的制度。减刑是我国刑法特有的一项刑罚制度,是我国刑事立法的一个创举。简单地说,减刑就是将原判刑罚予以适当减轻。减刑包括两种情况:一种情况是,把原判较重的刑种减轻为较轻的刑种,即刑种的减轻;另一种情况是,把原判较长的刑期,减轻为较短的刑期,即刑期的减轻。

减刑的前提条件,亦即减刑的适用对象,应当是被判处管制、拘役、有期徒刑、无期徒刑的犯罪分子。也就是说,适用减刑只有刑罚种类的限制,没有犯罪性质、罪过形式和刑期长短的限制。对判处管制、拘役、有期徒刑、无期徒刑的犯罪分子,一般刑事犯可以适用减刑,危害国家安全犯也可以适用减刑;过失犯可以适用减刑,故意犯也可以适用减刑;重刑犯可以适用减刑,轻刑犯也可以适用减刑。

减刑的实质条件是犯罪分子在刑罚执行期间确有悔改或者立功表现,详细内容可参照配套教材。但是,在减刑制度的适用中,起决定作用的是悔改与立功两大基础要件,在实际工作中,行刑与审判机关对"悔改"、"立功"的内涵在认识上常有不一致的理解,何谓"突出",什么是"重大",更是容易发生歧义的问题。

为了补救这个不足,最高人民法院根据《监狱法》和《刑法》第 78 条规定的精神,于 1997 年 10 月 29 日发布司法解释明确规定①:(1)"确有悔改表现"是指同时具备以下四个方面的情形:认罪伏法;认真遵守监规,接受教育改造;积极参加政治、文化、科技学习;积极参加劳动,完成生产任务。未成年罪犯能认罪伏法,遵守监规,积极参加学习、劳动的,即可视为"确有悔改表现"。(2)"立功表现"是指具有下列情形之一的:检举、揭发监内外犯罪活动,或者提供重要的破案线索,经查证属实的;阻止他人犯罪活动的;在生产、科研中进行技术革新,成绩突出的;在抢险救灾或者排除重大事故中表现积极的;有其他有利于国家和社会的突出事迹的。(3)"重大立功表现"是指具有下列情形之一的:阻止他人重大犯罪活动的;检举监内外重大犯罪活动,经查证属实的;有发明创造或者重大技术革新的;在日常生产、生活中舍己救人的;在抵御自然灾害或者排除重大事故中,有突出表现的;对国家和社会有其他重大贡献的。

对不断提出申诉的犯人是否适用减刑?服刑中的犯人,有的由于感到人民法院对自己罪与刑的判决公平合理,实属罪有应得,因而能积极改造,不提出申诉;有的则认为人民法院对自己的罪与刑判决有失公正,因而在刑罚执行过程中不断提出申诉,也有的称之为缠诉。对坚持申诉的这些劳改犯是否可以适用减刑?理论上和实践中有否定论和肯定论之争。否定论认为,提出申诉是不认罪伏法的表现,因此,凡申诉的罪犯,不管其表现如何,一律不予减刑。肯定论认为,对服刑中的罪犯是否适用减刑,关键在于罪犯

---

① 最高人民法院《关于办理减刑、假释案件具体应用法律若干问题的规定》。

有无悔改或者立功表现。坚持申诉的罪犯积极改造,具有悔改或者立功表现,照样可以适用减刑。① 我们赞同肯定论的观点。对于罪犯在刑罚执行期间提出申诉或者坚持申诉的,要具体情况具体分析,不能一概认为是不认罪伏法,从而限制对其适用减刑。除了对那种无理缠诉,并且拒不接受改造的犯人,由于其不符合悔改或者立功表现的条件,不能适用减刑外,对于那些能接受改造,亦具有悔改或者立功表现的罪犯,不论其申诉的时间多长、申诉的次数多少,都可以适用减刑。对于申诉的罪犯来说,其申诉的原因是多种多样的,有的是由于认为自己根本无罪而申诉,有的是由于认为人民法院对自己判刑过重而申诉,还有的是由于其他原因而申诉。申诉并不意味着犯罪人不认罪伏法。否定论认为坚持申诉的罪犯不适用减刑,实际上是在刑法规定的适用减刑条件之外,又人为地增加了一个"未提出申诉"的条件,这显然是与刑法、监狱法的规定相违背的。同时,申诉也是宪法赋予每个公民的正当权利,即使是服刑中的罪犯,法律也应当保障他们依法申诉的权利。如果剥夺了服刑中罪犯的申诉权,不仅不利于罪犯的劳动改造,更不利于司法机关及时发现冤假错案,改进审判工作,提高审判质量。因此,实践中,司法工作人员一定要避免那种对犯人申诉一概反感的情绪,杜绝那种根据犯人是否申诉决定可否适用减刑的做法,严格依法适用减刑。

关于适用减刑制度的法定程序问题,我国《刑法》第 79 条明确规定了:(1) 减刑必须依法定的审判程序办理;(2) 减刑权归属中级以上人民法院。司法部于 2003 年 5 月 1 日颁布实施了《监狱提请减刑假释工作程序规定》(以下简称《规定》),这次颁布实施的《规定》有几个显著的特点:一是确立了集体评议、首长负责的工作制度。二是明确规定了审批程序。三是确立了提请减刑假释公示制度,以保证这项工作的公开、公正。

本案中罪犯胡某在监狱执行刑罚期间,认为对自己判刑过重,量刑不准确,不断提出申诉,可以说不是严格意义上认罪伏法的表现,但胡某能够严格遵守监规,没有出现违法违纪行为,能够积极参加各种政治学习,圆满地完成各项劳动任务,具有悔罪的实际行动,而且胡某关键时刻能够挺身而出,阻止了监狱内多名罪犯逃跑的行为,属于《刑法》第 78 条规定的重大立功表现(阻止他人重大犯罪活动)的情形。况且《刑法》第 78 条规定的是,确

① 见康润森:《论减刑》,载《政法论坛》1987 年第 5 期。

有悔改或立功表现的可以减刑，是二者选一；有重大立功表现的应当减刑。至此，我们认为，罪犯胡某被判处有期徒刑16年，符合减刑的前提条件；胡某在监期间，具有悔罪的实际行动，并有重大立功表现，符合减刑的实质条件。监狱执行机关依法向人民法院提出减刑建议书，人民法院组成合议庭进行审理，程序合法，故人民法院对其作出减刑3年的裁定有理有据，是正确无误的。

（五）自测案例

蔡某，男，1964年出生于湖南省永州市，因犯受贿罪被永州市芝山区人民法院判处有期徒刑5年，1997年12月交付执行。湖南省永州市中级人民法院于1998年9月24日裁定对罪犯蔡某减去有期徒刑1年。

执行机关湖南省永州监狱于1999年8月3日在提请对蔡某减刑意见书中认为：罪犯蔡某自获减刑后，改造信心足，能认罪伏法，自觉遵守监规，积极参加“三深”学习。在政治学习中，能联系实际，深挖犯罪根源，并决定痛改前非重新做人，在劳动改造中服从安排，积极肯干。担任生产调度员，能坚持原则，按章办事，从事基建施工和质量检查工作，加班加点，较好地完成了生产任务。并利用业余时间，刻苦钻研科技，发明实用型专利产品转轴挂历获国家专利并无偿转让国家，立大功一次。1998年被评为改造积极分子。综上所述，罪犯蔡某在服刑期间确有悔改和重大立功表现，符合法定减刑条件。根据《中华人民共和国刑法》第78条、第79条和《中华人民共和国刑事诉讼法》第221条第2款之规定，建议对罪犯蔡某减刑1年4个月。特报送湖南省永州市中级人民法院审核裁定。

问：（1）如果刑罚执行期间再犯新罪是否适用减刑？有何法律依据？

（2）本案中蔡某是否适用减刑？

案例二

（一）简要案情

刘某原系某机械加工厂副厂长，因违章施工造成重大伤亡责任事故，于1998年被依法判处有期徒刑3年，缓刑4年。1999年1月，刘某在缓刑考验期间,机械加工厂已连续亏损7个月,亏损总额达52.2万元,甚至连工资也发不出来,被迫停产关闭。目睹此状,刘心急如焚,决定尽己所能帮企业渡过难关,他经过一个多月的实地调查研究,会同有关人员起草了一份恢复加工厂生产和销售的请示报告,并自荐当厂长。上级领导对刘的报告十分重视,经征求政法部门的意见后,决定起用他当厂长,恢复加工厂的生产。刘当即提出保证,到年底不仅要还清债务,而且还要创出20万元的产值和5万元的利润。刘上任后,和新班子一道,制定了一系列改革方案,仅用了5个月,就使企业扭亏为盈,完成了全年20万元产值和5万元利润的保证计划。到1999年底,共完成产值88万元,利润20万元,职工年均奖金1500元,并为当地的下岗职工解决岗位100个。刘的锐意改革、将功赎罪的行动,受到群众的赞扬和有关部门的奖励。

当地公安机关根据刘某在缓刑期间的表现,根据有关法律法规依法向人民法院提请"对刘某予以减刑1年,缩减缓刑考验期2年"的建议。人民法院经审核后根据《刑法》第78条的规定,作出裁定:对罪犯刘某减刑1年,缩减缓刑考验期2年。

(二)思考方向

对于缓刑犯能否适用减刑?有何法律依据?

(三)法律规定

《中华人民共和国刑法》第78条 被判处管制、拘役、有期徒刑、无期徒刑的犯罪分子,在执行期间,如果认真遵守监规,接受教育改造,确有悔改表现的,或者有立功表现的,可以减刑;有下列重大立功表现之一的,应当减刑:

(一)阻止他人重大犯罪活动的;

(二)检举监狱内外重大犯罪活动,经查证属实的;

(三)有发明创造或者重大技术革新的;

(四)在日常生产、生活中舍己救人的;

（五）在抗御自然灾害或者排除重大事故中，有突出表现的；

（六）对国家和社会有其他重大贡献的。

减刑以后实际执行的刑期，判处管制、拘役、有期徒刑的，不能少于原判刑期的1/2；判处无期徒刑的，不能少于10年。

《中华人民共和国刑法》第79条　对于犯罪分子的减刑，由执行机关向中级以上人民法院提出减刑建议书。人民法院应当组成合议庭进行审理，对确有悔改或者立功事实的，裁定予以减刑。非经法定程序不得减刑。

（四）学理分析

缓刑犯的减刑是一个比较特殊的问题。缓刑的特点在于对犯罪人判处了刑罚，但又不执行，规定一定的考验期，以考验期限内是否犯新罪作为原判刑罚是否执行的根据。从这个特点来看，缓刑本身不是刑罚的执行，而是附条件的刑罚不执行。在刑法制定之前，有关的司法解释对此持否定态度："缓刑本身不是一种刑罚，而是对被判刑人的一种考验期限；如果被判刑人在缓刑期限内，未再犯罪，缓刑期满，原判的徒刑就不再执行，所以对缓刑不发生减刑或免刑的问题。"。[①] 1979年《刑法》制定过程中，有人提出："对缓刑犯，在考验期内表现良好的，可适当缩短考验期。"但多数人认为，缓刑只不过是考察被宣告缓刑的犯罪分子犯不犯新罪，考验期满，是否表现良好，还不能最后下结论，因此这个必要的考验期不能缩短。最后刑法采纳了多数人的意见，未规定缓刑犯的减刑问题。[②] 因此，在1979年《刑法》颁布实施后的相当长的一段时间里，缓刑犯被排除在适用减刑的范围之外。随着适用减刑制度经验的积累，愈来愈多的理论工作者和司法实务人员感到，为了充分发挥减刑制度鼓励犯罪人加速改造的作用，同时也使缓刑考验期限体现出一定的层次性，将减刑适用范围扩大到缓刑犯是有必要的。在此种情况下，最高人民法院1985年5月9日作出的《关于缓刑考验期内表现好的罪犯可否缩减其缓刑考验期限的批复》指出："被判处拘役或者3年以下有期徒刑、宣告缓刑的犯罪分子，如果在缓刑考验期间确有突出的悔改表现或者

---

① 1956年12月10日司法部《关于有期徒刑缓刑是否可以减刑等问题的复函》。

② 高铭暄：《中华人民共和国刑法的孕育与诞生》，法律出版社1981年版，第110页。

立功表现，可以参照刑法第71条的规定，对原判刑罚予以减刑，同时相应地缩短其缓刑考验期限。”（批复中行文所指《刑法》为1979年《刑法》）至此，减刑的适用范围扩大到了缓刑犯。1995年的一项司法解释规定，对于未成年犯的缓刑，减刑条件放宽为“认罪悔罪，并有真诚悔罪的实际行动”。[①]1997年《刑法》修订以后，在近期的司法解释中明文规定[②]：“对判处拘役或者3年以下有期徒刑，宣告缓刑的犯罪分子，一般不适用减刑，如果在缓刑考验期间有重大立功表现的，可以参照《刑法》第78条的规定，予以减刑，同时相应地缩减其缓刑考验期限。减刑后实际执行的刑期不能少于原判刑期的二分之一，相应缩减的缓刑考验期限不能低于减刑后实际执行的刑期。判处拘役的缓刑考验期限不能少于2个月，判处有期徒刑的缓刑考验期限不能少于1年。”这一规定明确体现了限制和慎用的精神。

显然，上述司法解释的精神实质是为了充分发挥减刑制度在罪犯改造中的作用，对于鼓励缓刑犯在缓刑考验期间积极改造、认罪伏法无疑具有一定的意义，最大限度地贯彻了我国惩办与宽大相结合的基本刑事政策和积极地改造罪犯、预防犯罪的刑罚目的，应当说出发点是好的。但是，缓刑制度并不是刑罚的执行制度，缓刑考验期也不是刑期，缓刑考验期中的犯罪分子并不是在刑罚执行期间的犯罪分子。而且，从《刑法》第78条规定的关于减刑适用的法定对象范围来看，缓刑考验期内的犯罪分子是不能包含在内的。因而可以认为，上述司法解释实际上是对刑法规定的减刑适用条件所作的修正，从某种意义上说，已经具备了立法的性质，且有司法权侵入立法权之嫌。当然，上述司法解释未被废止之前，仍然是司法实践中处理缓刑犯减刑问题的有效法律依据。

本案中刘某在缓刑考验期间，能认罪伏法，接受改造，遵守国家法律和有关对缓刑罪犯的监督管理规定，未出现任何违法违纪行为；当其看到原单位企业严重亏损，没有不管不问，而是能够树立高度的责任心，毛遂自荐担任厂长，并制定出一份切实可行的生产销售计划，大刀阔斧地进行企业改革

---

① 见1995年5月2日最高人民法院《关于办理未成年人刑事案件适用法律的若干问题的解释》。

② 1997年10月29日最高人民法院《关于办理减刑、假释案件具体应用法律若干问题的规定》第5条。

和生产，经过一年的时间不仅使企业扭亏为盈，而且上缴了可观的利润，为当地近百名下岗职工解决了就业问题，受到群众的赞扬和领导的奖励。可以说，刘某为当地经济的繁荣和社会的发展作出了巨大贡献，为政府解决了一大难题，为人民群众实实在在地办了一件好事、实事。依据《刑法》第 78 条的规定，刘某的行为属于对国家和社会有重大贡献的、有重大立功表现的行为，应当减刑。而且，依据最新的司法解释，刘某减刑后实际执行的刑期 2 年不少于原判刑期 3 年的 1/2，相应缩减的缓刑考验期限 2 年不低于减刑后实际执行的刑期 2 年，完全符合法律规定。故当地人民法院对刘某“减刑 1 年，缩减缓刑考验期 2 年”的裁定是有法律依据，正确无误的。

（五）自测案例

曹某，男，45 周岁。1995 年 5 月 11 日因犯受贿罪、贪污罪被数罪并罚决定执行无期徒刑，剥夺政治权利终身。

原判决发生法律效力后，罪犯曹某即被关押在某监狱服刑。1999 年 9 月 10 日，刑罚执行机关某监狱《提请减刑意见书》认为：罪犯曹某被判刑投入劳改后，经过教育，提高了思想认识，主动写认罪书，认识到其利用职务之便非法收受他人财物，侵吞国家财产，破坏了国家机关正常工作秩序，侵犯了公共财产的所有权，损害了国家机关工作人员的形象，严重污染了社会风气，认为人民法院的判决是正确的，表示要踏踏实实地改造自己，用汗水洗刷心灵的污垢，向人民认罪。因此，能服从管教，严格遵守罪犯改造行为规范，认真参加政治学习，积极肯干，经常放弃休息，加班加点，认真完成所交给的生产任务。同时，能积极发挥自己的技术特长，设计、制作了“自动升降晒衣竿”，并获得了国家专利，取得较大的经济效益。因此，曹犯投入改造后，曾获得季度一等奖 14 次，表扬 9 次，记功 2 次，两次被评为某市监狱劳改积极分子，一次被评为某市劳动改造积极分子，并获某市监狱科技开发三等奖。1997 年 9 月，曹某因病监外执行。在监外执行期间，曹犯不顾自己的病情，积极参加 1998 年的抗洪抢险，表现突出。至《提请减刑意见书》发出时，曹某尚处于监外执行期。

人民法院组成合议庭进行审理，人民法院依据我国《刑法》第 78 条规定，作出裁定：将罪犯曹某从无期徒刑减为有期徒刑 8 年，剥夺政治权利减为 5 年。

问:对监外执行的罪犯能否适用减刑?人民法院对罪犯曹某的减刑幅度是否适当?

第三节 假　释

假释又称假出狱,日本刑法还有称“假释放”和“假出场”,欧陆称“附条件之自由”或“附条件之出狱者”,英国称假释票(ticket of leave)之发给,学说上称“附条件释免”或“附条件之释放”。我国自《大清新刑律》(1910 年颁布)起以后的刑法典上,皆规定为假释。各国称呼不一,制度的内容也不尽相同,但现今世界各国莫不认为它是现代优良刑事政策的体现,是现代刑法的一项很重要的制度。我国刑法中的假释制度是在批判、借鉴国外假释制度规定的基础上制定的,既有世界刑法史中假释制度的共性,又具有自己的特色。我国刑法中的假释制度集中体现了我国“惩罚与教育相结合”、“惩办与宽大相结合”的刑事政策,对于鼓励犯人积极改造、争取早日出狱无疑具有十分重要的作用。

案例一

(一) 简要案情

王某,男,34 周岁,1989 年 8 月因盗窃罪(未遂)被判处无期徒刑,剥夺政治权利终身。原审判决生效后,罪犯王某因服刑期间的表现符合法定条件,多次被减刑:1995 年 12 月 4 日,被减为有期徒刑 14 年,剥夺政治权利 5 年;1996 年 1 月 19 日,被减为有期徒刑 13 年零 6 个月;1997 年 2 月 12 日,被减为有期徒刑 12 年零 6 个月;1998 年 1 月 25 日,被减为有期徒刑 10 年零 6 个月。刑罚执行机关《提请假释意见书》(1999 年 9 月 11 日)认为:1998 年以来,王某继续认真改造,发挥自己的技术特长修旧利废。在链条炉出现故障,全厂面临停产的情况下,他主动承担抢修任务,带领其他犯人穿上湿棉衣钻入几百度高温的炉膛内,在身上多处烫伤的情况下,很快排除了故障,保证了生产的正常进行,受到监狱领导的表扬,并给予重大立功一次的奖励。他还参加政治、文化、技术课的学习,每次考试均成绩优良,1997 年底还通过了南洋函授学院的考试,拿到了毕业证书。他利用业余时间查阅资料,设计图纸,自费从西安买了密封圈,设计制作了一套密封装置,用于锅炉房的引风机、鼓风机,每年可节约油近一吨,为国家节省了大笔开支。经过近 10 年的劳动改造,王某的思想有了很大的变化,对自己所犯罪行有了深刻的认识,确有悔改表现,不致再危害社会,符合假释条件。

人民法院组成合议庭审理后认为,罪犯王某符合假释条件,根据我国《刑法》第 81、82 条的规定作出裁定,对罪犯王某宣告假释。

(二) 思考方向

什么是假释?试分析假释与有关的制度和概念的区别。适用假释必须符合哪些条件?假释与减刑可否交相适用呢?本案人民法院对王某假释的裁决是否正确?

(三) 法律规定

《中华人民共和国刑法》第 81 条 被判处有期徒刑的犯罪分子,执行原判刑期 1/2 以上,被判处无期徒刑的犯罪分子,实际执行 10 年以上,如果认真遵守监规,接受教育改造,确有悔改表现,假释后不致再危害社会的,可以假释。如果有特殊情况,经最高人民法院核准,可以不受上述执行刑期的限制。

对累犯以及因杀人、爆炸、抢劫、强奸、绑架等暴力性犯罪被判处 10 年以上有期徒刑、无期徒刑的犯罪分子,不得假释。

《中华人民共和国刑法》第 82 条 对于犯罪分子的假释,依照本法第 79 条规定的程序进行。非经法定程序不得假释。

最高人民法院《关于办理减刑、假释案件具体应用法律若干问题的规定》第 17 条 罪犯减刑后又假释的时间间隔,一般为 1 年;对一次减 2 年或者 3 年有期徒刑后,又适用假释的,其间隔时间不得少于 2 年。

（四）学理分析

所谓假释，是指对于判处有期徒刑或者无期徒刑的犯罪分子，在执行一定的刑期以后，如果确有悔改表现，不致再危害社会，将其附条件地提前予以释放的一项刑罚执行制度。我国刑法中的假释权归属于人民法院，服刑中的罪犯是否可以获得假释，通过司法程序个别地进行审理裁决。但“附条件释放”仍然是“刑罚执行的一部分”，是既关系实体又涉及程序的行刑制度范畴。因此，讨论我国刑法中的假释制度，应当将假释和有关的制度或概念加以区别：

1. 假释与免除刑事处罚的开释。假释与开释都是释放罪犯，也都经过人民法院审理，但两者的主要区别是：(1) 前者针对正在服刑的受刑人，后者是审理中的有罪被告人；(2) 前者附有条件，为假释放，后者不附加任何条件，是真释放。

2. 假释与刑满释放、提前释放。假释与刑满释放都是释放出狱，两者的主要区别是：(1) 前者是刑期未届满的释放，仅享有附条件的自由；后者刑已执行完毕，自释放之日，完全恢复人身自由。(2) 前者须经法官裁定，后者由劳改机关发放释放证明直接释放。假释与提前释放都有提前释放的共同点，它们的主要区别是：(1) 前者是法定的一项制度，后者是有针对性的临时措施；(2) 前者如在考验期再犯罪，适用数罪并罚，后者出现又犯罪时，原刑期未过的，应并罚，如因原来判刑较重，或因立功表现提前释放的，应认为刑期执行期满，又犯罪的，不发生并罚问题。

3. 假释与减刑。详细内容参见配套教材。

4. 假释与缓刑。详细内容参见配套教材。

5. 假释与监外执行。详细内容参见配套教材。

6. 假释与“善时制度”。“善时制度”是西方国家推行的对在监行状良好的受刑人，予以缩短刑期的制度，又称善行制度。从功能和效果上，假释与善行制度相一致。主要区别是：(1) 前者为司法裁决（在我国）行为，后者为狱政上的奖励措施；(2) 在与假释有重合时，前者如发生假释撤销，假释期间不计入服刑期，后者遇有假释之撤销，因善行已缩短的刑期，不再回复执行。

假释制度对于鼓励犯人积极改造、争取早日出狱无疑具有十分重要的作用,实践证明,正确适用假释,把那些经过一定服刑期间,确有悔改表现,没有必要继续关押改造的罪犯置于社会改造,确是有利于化消极因素为积极因素,促进犯罪人的教育与改造。如果罪犯在服刑期间表现良好,认罪伏法,确有悔改表现,假释与减刑可否交相适用呢?

关于被假释的罪犯是否适用减刑,最高人民法院《关于办理减刑、假释案件具体应用法律若干问题的规定》第16条规定:被假释的罪犯,除有特殊情形,一般不得减刑,其假释考验期也不能缩短。可见,假释不同于减刑,适用减刑者,所减之刑即予免去不再执行;而对犯罪分子适用假释,在一定期限内仍然保持继续执行尚未执行的刑罚的可能性,因此,必须有一个适当的假释考验期限,以保证对罪犯的继续监督改造,而且,这个考验期限是法定的,是不容更改的。根据我国《刑法》第83条的规定,有期徒刑的考验期限为没有执行完毕的刑期;无期徒刑的假释考验期限为10年。假释的考验期限从假释之日计算。

罪犯减刑后是否可以适用假释?对服刑的罪犯适用假释,即意味着对其解除关押、放归社会,这是对原判刑罚执行的改变,当然必须是有条件的。根据我国《刑法》第81条的规定,适用假释应当具备下列条件:

(1) 适用对象。适用假释的对象只能是被判处有期徒刑或无期徒刑(包括由"死缓"减为无期徒刑或有期徒刑)的犯罪分子。《刑法》第81条第2款规定:"对累犯以及因杀人、爆炸、抢劫、强奸、绑架等暴力性犯罪被判处10年以上有期徒刑、无期徒刑的犯罪分子,不得假释。"1997年10月29日最高人民法院在《关于办理减刑、假释案件具体应用法律若干问题的规定》中明确解释,本条所述暴力性犯罪中的一罪,被判处10年以上有期徒刑,或者无期徒刑的犯罪分子,不得假释。据此规定,如果犯上列数罪,数罪并罚,被合并判处10年以上有期徒刑,而无个罪宣判为10年以上有期徒刑时,可以适用假释。1997年9月30日以前犯罪,1997年10月1日以后仍在服刑的累犯以及因杀人、爆炸、抢劫、强奸、绑架等暴力性犯罪被判处10年以上有期徒刑、无期徒刑的犯罪分子,适用修订前的《刑法》第73条的规定,可以假释。

(2) 假释的时间条件。详细内容参照配套教材。关于犯罪人要执行原判刑罚多长时间以后才能适用假释,各国规定不尽一致,可分为"酌定制"与"法定制"两种。酌定制,即指犯罪人经执行原判刑罚多长时间后才能假释,刑法不予明确规定，而由有关机关根据具体情况自由裁定，如日本。大多数国家采用法定制，即刑法明确规定被判处各种刑罚的罪犯，须分别执行一定的期限始得适用假释。法定制中，对原判刑罚必须执行的一定期限，有的规定为具体的年限，如巴西、丹麦；有的规定必须执行原判刑罚的几分之几后才能假释，如墨西哥、葡萄牙；还有的采用规定具体年限与规定一定的比例相结合的体制，如德国。我国在借鉴国外立法例的基础上，根据多年来劳动改造工作的经验，对关于罪犯要执行原判刑罚多长期限后才能适用假释的问题，作出了具有我国特色的规定。

（3）被判处有期徒刑或者无期徒刑的犯罪分子在经过一定的服刑期限之后，确有悔改表现，假释后不致再危害社会，这是适用假释的关键条件。详细内容参照配套教材。

只要同时具备以上条件，就可以适用假释，至于犯罪分子是否被减刑，对于假释的适用不产生影响。但是，对于罪犯减刑后又假释的，应特别注意有关问题：（1）罪犯减刑后可以适用假释的，其实际执行刑罚的期限不得违反刑法的规定。（2）减刑后又假释的时间间隔应符合最高人民法院《关于办理减刑、假释案件具体应用法律若干问题的规定》第 17 条的规定，即“罪犯减刑后又假释的时间间隔，一般为 1 年；对一次减 2 年或者 3 年有期徒刑后，又适用假释的，其间隔时间不得少于 2 年”。

本案罪犯王某是否适用假释呢？（1）王某因犯盗窃罪被判处无期徒刑，剥夺政治权利终身；（2）王某不是累犯，也不是因杀人、爆炸、抢劫、强奸、绑架等暴力性犯罪被判处徒刑的；（3）王某 1989 年 8 月被收监入狱执行刑罚，至刑罚执行机关提请假释之日即 1999 年 9 月 11 日已有 10 个年头了，符合我国《刑法》第 81 条关于执行刑期的规定。（4）王某入狱后通过管教干部的教育和自己的学习，深刻认识到自己的罪行给社会造成的危害，从而树立了悔过自新的决心。其在 10 年的劳动改造过程中，自觉遵守监狱的各项规章制度，刻苦钻研技术，拿到了南洋函授学院的毕业证。他在劳动改造中表现突出，先后 4 次被人民法院减刑；利用自己的技术，革新设备，修旧利废，为国家节省了大量开支；劳动中加班加点，不怕苦累，曾不顾生命危险排除故障，被记重大立功一次。对于这样一个虽然被判处重刑，但积极接受劳动改造、成绩突出的罪犯依法予以假释，不但于社会无害，而且也给其他的在押罪犯树立了榜样，促使他们走向老实改造、悔过自新的道路。王某的表现完全符合有关法律法规“确有悔改表现，不致再危害社会”的规定。所以，对罪犯王某应适用假释，但是，罪犯王某最后一次减刑的时间是 1998 年 1 月 25 日，减刑的幅度是 2 年有期徒刑，距刑罚执行机关提出假释的时间（1999 年 9 月 11 日）还不到 2 年，与最高人民法院《关于办理减刑、假释案件具体应用法律若干问题的规定》第 17 条要求的时间间隔（不少于 2 年）不符，因而人民法院对罪犯王某裁定适用假释是错误的，应当予以纠正，对罪犯王某暂不适用假释，待与最后一次减刑时间间隔 2 年以上时，若罪犯王某仍然符合假释适用的法定条件，再组成合议庭审理裁定。

（五）自测案例

罪犯和某，男，现年 45 岁，蒙古族，内蒙古自治区科左后旗人。捕前系内蒙古大学蒙古史研究所讲师，因犯强奸罪经内蒙古自治区呼和浩特市中级人民法院于 1985 年 10 月 31 日判处有期徒刑 15 年，剥夺政治权利 5 年，在内蒙古第二监狱服刑。和某服刑已经 6 年 8 个月，在服刑期间能认罪伏法，遵守监规，表现较好。在狱中担任犯人教员时，也认真负责，完成任务。

和某为我国首届女真语言文字专业研究生毕业，是我国首批文学硕士学位的获得者，被捕前发表过 10 余万字的学术论文，他本人被吸收为中国民族古文字研究会会员。该犯投入劳改后，除完成监所交给的各项任务之外，潜心研究我国女真语言文字、满文和女真史，几年来共撰写学术论文 100 余篇（110 余万字）。经送交中国社会科学院进行学术鉴定，以著名学者刘先生为首的中国社会科学院鉴定小组的鉴定评语为：“和某在女真语言文字学科的几个领域内取得了突破性的具有重大进展的研究成果，填补了我国 20 世纪 80 年代后期在这一学科的研究空白，代表了这一时期我国在这一学科的学术水平。”鉴定评语还介绍说：“我国女真文字专门研究者在世的仅有三人，即金先生和他的两个学生，其中一个学生是和某。现在金先生年事已高，且患有高血压、肺气肿等慢性病，近年他已不发表女真文字的文章了。一个学生已长期出国，和某又入狱。因而自 1984 年以来，我国一直没有关于女真文字的研究性文章发表。”

内蒙古第二监狱以罪犯和某在服刑期间确有悔改表现，并取得重大科研成果为理由，提出假释意见，于 1991 年 9 月 2 日报请呼和浩特市中级人民法院审核。

问:和某是否符合有关法律规定的假释条件?

案例二

(一) 简要案情

赵某于1995年以抢劫罪被法院判处有期徒刑8年,刑期自1995年9月2日起至2003年9月1日止。2002年10月14日,法院根据刑罚执行机关的建议对赵某予以假释,假释考验期从假释之日起至2003年9月1日止。在假释考验期内,赵某因吸毒触犯了全国人民代表大会常务委员会《关于禁毒的决定》的有关规定,公安机关于2003年2月10日对其处以行政拘留10日的处罚,并于2月13日向作出假释决定的法院提出撤销假释的建议书。法院组成合议庭审理认为:赵某在假释考验期内的行为违反了行政法规,但不构成新的犯罪,根据我国刑法的有关规定,应依法撤销假释,收监执行未执行完毕的刑罚。2月20日,法院对赵某作出撤销假释决定,收监执行未执行完毕的刑罚,日期自2003年2月20日至2003年9月1日。

(二) 思考方向

撤销假释的法定情形有哪些?应如何理解我国《刑法》第86条第3款规定的"收监执行未执行完毕的刑罚"的含义?本案当中法院对赵某的裁定是否正确?

(三) 法律规定

《中华人民共和国刑法》第82条 对于犯罪分子的假释,依照本法第79条规定的程序进行。非经法定程序不得假释。

《中华人民共和国刑法》第84条 被宣告假释的犯罪分子,应当遵守下列规定:

(一) 遵守法律、行政法规,服从监督;

(二) 按照监督机关的规定报告自己的活动情况;

（三）遵守监督机关关于会客的规定；

（四）离开所居住的市、县或者迁居，应当报经监督机关批准。

《中华人民共和国刑法》第85条　被假释的犯罪分子，在假释考验期限内，由公安机关予以监督，如果没有本法第86条规定的情形，假释考验期满，就认为原判刑罚已经执行完毕，并公开予以宣告。

《中华人民共和国刑法》第86条　被假释的犯罪分子，在假释考验期限内犯新罪，应当撤销假释，依照本法第71条的规定实行数罪并罚。

在假释考验期限内，发现被假释的犯罪分子在判决宣告以前还有其他罪没有判决的，应当撤销假释，依照本法第70条的规定实行数罪并罚。

被假释的犯罪分子，在假释考验期限内，有违反法律、行政法规或者国务院公安部门有关假释的监督管理规定的行为，尚未构成新的犯罪的，应当依照法定程序撤销假释，收监执行未执行完毕的刑罚。

《中华人民共和国监狱法》第33条　对于被假释的罪犯，在假释期间有违反法律、行政法规或者国务院公安部门有关假释的监督管理规定的行为，尚未构成犯罪的，公安机关可以向人民法院提出撤销假释的建议，人民法院应当自收到撤销假释建议书之日起1个月内予以审核裁定。人民法院裁定撤销假释的，由公安机关将罪犯送交监狱收监。

（四）学理分析

假释是将犯罪分子附条件地提前释放，这与刑满释放截然不同，因此被假释的犯罪分子必须遵守一定的条件，而且被假释的罪犯对这些条件的遵守是有期限的，在这个期限内保持着对假释的犯罪分子继续执行刑罚的可能性，这就是假释的考验期限。根据我国《刑法》第82条的规定，对于犯罪分子适用假释，必须依照法定的程序进行。详细内容参照配套教材。被假释的犯罪分子，在假释考验期内怎样对之进行监督、考察，《刑法》第84条作了专门的规定。法律规定，在假释考验期内的犯罪分子由公安机关予以监督，假释犯的情况各不相同，有的在农村，有的居于城市；有的已安排工作，有的尚未就业。因此，公安机关对假释犯的监督、考察应根据具体情况区别对待。假释犯居于农村的，公安机关可以交其所在的村委会具体进行监督、考察；假释犯已就业的，公安机关可以交其所在单位进行监督、考察；假释犯尚未工作的，公安机关可以交其所在的居委会进行监督、考察。应当指出，公安机关交有关单位对假释犯进行监督、考察,绝不意味着公安机关就可以放手不管了。公安机关应对各有关单位的监督、考察工作进行指导,并定期了解假释犯继续接受改造的情况,以便全面、准确地把握假释犯在假释考验期间的表现。交由有关单位进行监督考察的假释犯在考验期内应当遵纪守法,自觉接受所在单位和人民群众的监督,定期向所在单位汇报自己的改造情况。

依据假释的基本特点,假释是有条件地保持执行原判刑罚中尚未执行的部分。如果被宣告假释的犯罪分子在考验期限内,没有法定的情形,当假释考验期满后,就认为原判刑罚已经执行完毕,并公开予以宣告。但是,当被假释的犯罪分子在考验期限内,违反特定的条件,假释就可以被撤销。依据我国《刑法》第 86 条的规定,撤销假释的条件有以下三种:(1) 在假释考验期限内,被宣告假释的犯罪分子再犯新罪。(2) 在假释考验期限内,发现被假释的犯罪分子在判决宣告以前,还有其他罪没有判决,即发现“漏罪”。(3) 被假释的犯罪分子,在假释考验期限内,有违反法律、行政法规或者国务院公安部门有关假释的监督管理规定的行为,尚未构成新的犯罪。

那么,应如何理解“未执行完毕的刑罚”呢?

一种意见认为,根据我国刑法的有关规定,被宣告假释的犯罪分子,应当遵守法律、行政法规,服从公安机关监督,所以,假释考验期是犯罪分子从假释时起到完全恢复自由的过渡阶段。这一阶段仍是在执行刑罚,而不意味着刑罚已经执行完毕,只是执行的方式方法和场所不同。如果按照这种理解,本案中撤销假释后,对赵某收监执行的刑期即“未执行完毕的刑罚”应为撤销假释之日起至假释考验期届满之日止。按照这种理解,对赵某收监执行未执行完毕的刑罚应当自 2003 年 2 月 20 日至 2003 年 9 月 1 日。

另一种意见认为,假释是一种附条件的提前释放,是一种以保留对被假释者执行剩余刑期的可能性为手段,使其在社会上改恶向善的制度。假释考验期内,被考验者虽然要遵守法律、行政法规的有关规定,并接受公安机关的监督,但这毕竟与执行刑罚有着本质的区别,“考验期”不是“执行期”。如果按照这种理解,本案中撤销假释后的实际执行期间,即“未执行完毕的刑罚”应为假释之日起至原刑期截止之日间的期间,即从 2002 年 10 月 14 日计算至 2003 年 9 月 1 日,等同于假释考验期的长度。

笔者同意第二种意见。按照第二种意见,对赵某收监执行的刑期长出第一种意见认定的收监执行刑期约4个月。可见,两种意见的分歧对赵某人身自由的限制有着重要的影响。这两种意见冲突的焦点表面在于对何为"未执行完毕的刑罚"的理解不同,实质则是对假释考验期的性质在认识上存在分歧,即"假释考验期"是否属于"刑罚执行期"。

假释制度是我国一项重要的行刑制度,承载着我国惩办和宽大相结合的刑罚政策。我国《刑法》第81条规定,被判处有期徒刑的犯罪分子,执行原判刑期1/2以上,被判处无期徒刑的犯罪分子,实际执行10年以上,如果认真遵守监规,接受教育改造,确有悔改表现,假释后不致再危害社会的,可以假释。如果有特殊情况,经最高人民法院核准,可以不受上述执行刑期的限制。由此可知,适用假释的实质条件是"确有悔改",即犯罪分子通过一定时间的思想教育和劳动改造,对自身的罪行有了深刻的认识,并有认罪伏法、痛改前非、重新做人的态度和行为表现。从《刑法》第83条和第86条有关假释撤销的规定我们可以看出,假释是一种有条件的提前释放,只是在考验期内保留执行未执行完毕刑罚的可能性,考验期不是刑罚的执行期。设立它的目的就是为了对被假释罪犯继续进行教育改造,使其严格约束自己,改恶向善,重新做人。如果按照第一种意见处理,将考验期当做刑罚执行期,不计算在未执行完毕的刑罚之内,那么自假释之日起至撤销假释之日止的时间就成了一种"无条件的减刑"。这显然有违假释考验期制度设立的立法原意,不利于对被假释者的教育改造,使其有恃无恐,钻法律的空子。假释制度也会因此失去应有的价值。此外,假释裁定既已撤销,其所产生的法律效果就应溯及最初,使假释归于消灭,实际执行原判决。原判决实际应执行的刑期,不能因曾经历假释而缩短,但如果按第一种意见处理,实际上减少了原判决确定的刑期。

本案当中,罪犯赵某在假释考验期间,因吸毒触犯了全国人民代表大会常务委员会《关于禁毒的决定》的有关规定,根据《刑法》第86条的规定,公安机关依法向人民法院提出撤销赵某假释的建议,人民法院依法经合议庭审理后作出撤销假释的决定是正确的。但是,法院对赵某作出收监执行原判刑罚的期限(2003年2月20日至2003年9月1日)的决定是错误的,应当纠正为从2002年10月14日至2003年9月1日。同时,依据"一事不再罚"的原则,赵某在被法院撤销假释前被公安机关行政拘留的期间(10天)应在未执行完毕的刑罚中予以折抵。

（五）自测案例

1987 年 7 月，王某因实施暴力强奸而被人民法院依法以强奸罪判处有期徒刑 15 年。后其服刑表现不错，1999 年 7 月被假释。2001 年 3 月的一天，王某盗窃一辆汽车（价值 8 万多元）而未被发现。2003 年 4 月，王某因参与以传播“非典”相威胁敲诈某市多所高校钱财的行为而被逮捕，其后交代了自己在假释考验期限内盗窃汽车的行为。

问：（1）对王某适用假释是否合法？为什么？

（2）对王某是否还需要撤销假释？为什么？

第十八章　刑罚消灭

第一节　刑罚消灭概述

案例

（一）简要案情

被告人秦某，男，42岁。1977年3月15日，因犯盗窃罪被判处有期徒刑2年；1982年10月28日，因犯盗窃罪被判处有期徒刑4年。因涉嫌犯抢劫、流氓、诈骗、侵占罪，于1996年7月29日被逮捕。

江西省萍乡市人民检察院以被告人秦某犯抢劫、流氓、诈骗、侵占罪，向萍乡市中级人民法院提起公诉。萍乡市中级人民法院对被告人秦某抢劫、流氓、诈骗、侵占一案依法进行了公开审理，于1997年5月25日作出刑事附带民事判决，认定被告人秦某犯抢劫罪，判处死刑，剥夺政治权利终身，并处没收财产人民币8万元；犯流氓罪，判处死刑，剥夺政治权利终身；犯诈骗罪，判处有期徒刑6年；犯侵占罪，判处有期徒刑2年，决定执行死刑，剥夺政治权利终身，没收财产人民币8万元。追缴被告人秦某违法所得人民币165166.84元。秦某赔偿萍乡矿务局巨源煤矿人民币72216.6元，赔偿萍乡市湘东区煤炭工业公司人民币6113.06元。供犯罪用的铁锤一把，渔叉一把，刀三把，予以没收。

一审宣判后，被告人秦某对判处没收财产和民事赔偿不服，以一审认定的抢劫罪、流氓罪、诈骗罪事实大部分不成立为由，向江西省高级人民法院提出上诉。

江西省高级人民法院依法对本案进行了审理。在审理过程中，上诉人秦某于1997年6月23日在看守所自己服用苯巴比妥和安定导致中毒死亡。

（二）思考方向

被告人在二审期间死亡，是否属于刑罚消灭的事由？对被告人此种情况应如何处理？

（三）法律规定

《中华人民共和国刑法》第64条 犯罪分子违法所得的一切财物，应当予以追缴或者责令退赔；对被害人的合法财产，应当及时返还；违禁品和供犯罪所用的本人财物，应当予以没收。没收的财物和罚金，一律上缴国库，不得挪用和自行处理。

（四）学理分析

刑罚消灭包括刑罚请求权的消灭、刑罚裁量权的消灭和刑罚执行权的消灭。详细内容参照配套教材。但不论何种形式的消灭均包括刑事追究的对象（犯罪嫌疑人、被告人、被执行人）死亡这一事由。

从本案来看，在案件审理期间被告人死亡，刑事责任主体消灭，当然也就不能再追究被告人的刑事责任。而且根据我国《刑事诉讼法》第15条第（五）项的规定，被告人在案件审理期间死亡的，应当终止审理，不再追究其刑事责任。

对于终止审理后可否没收被告人的财产的问题，笔者认为，被告人在审理期间死亡的，依法终止审理后，不能再对其判处刑罚，包括主刑和附加刑。一审法院判决虽然认定被告人秦某的行为已构成犯罪，但由于被告人在法定期间提出了上诉，一审判决尚未发生法律效力，因此原判让其承担的刑事责任还不是现实的。在二审审理期间，由于被告人秦某服用苯巴比妥和安定而死亡，法院依法终止审理。法律预设的刑事责任主体归于消灭，刑罚因为缺少刑事责任主体及合法有效的判决而不能适用，故不能对秦某判处和执行刑罚。没收财产也是刑罚的一种，当然也不能对其判处和执行没收财产刑。

对于本案中被告人的违法所得应依法追缴。我国《刑法》第 64 条规定："犯罪分子违法所得的一切财物，应当予以追缴或者责令退赔"。违法所得是行为人通过实施违法犯罪行为，侵害国家、公共利益或其他公民的合法利益所获取的，这种违法所得不受国家法律保护，依照法律规定应当予以追缴。只要根据现有证据查明的事实能够确认该财物是违法所得，均应当依法予以追缴。应当明确，追缴违法所得与对被告人判处刑罚不同，我国《刑法》第 64 条的规定不以行为人构成犯罪、承担刑事责任为前提，违法所得不因行为人的死亡而消失，法律规定的对违法所得的剥夺也同样不因行为人的死亡而取消。任何人的违法所得除已灭失外，均应一律追缴。本案中被告人秦某虽在二审期间死亡，但根据一审查明的证据和事实只要足以确认其违法所得的性质和范围，就应在所确认的范围内予以追缴。

（五）自测案例

赖某因涉故意伤害罪（致人重伤），经岳池县公安局侦查，对被告人邹某、赖某刑事拘留，经岳池县人民检察院批准被执行逮捕。经侦查发现：2008 年 9 月的一天，被告人邹某和同学邓某在岳池一中学校内因口角发生抓打，罗某为邓某说话，被告人邹某与被告人赖某商量找人来打架报仇。二被告人找来了蒋某（另案处理）等人，且约定了时间，2008 年 10 月 5 日 22 时许，当罗某、蒋某某（均为被害人）和同学唐某下晚自习回家行至学校大门外银城南路 511 号街道处时，二被告人及蒋某等人已在此等候，双方因言语发生抓打，二被告人的同伙用匕首将罗某、蒋某某刺伤后逃离现场。学校保安即向公安机关报案，罗某、蒋某某二人被急送县医院抢救治疗。经岳池县公安局物证鉴定室法医鉴定：罗某、蒋某某的损害程度均为重伤。侦查终结后，经岳池县人民检察院起诉科审查，以岳检刑诉（2008）196 号起诉书向岳池县人民法院起诉，要求以故意伤害罪追究赖某的刑事责任，同时受害人也提起了刑事附带民事诉讼，赖某的父母对受害人积极进行了民事赔偿。

岳池县人民法院受理此案后，不公开审理此案。经法庭举证质证，人民法院认定的事实与岳池县人民检察院指控的事实基本一致，岳池县人民检察院指控被告人赖某犯故意伤害罪的罪名成立。同时认为，被告人赖某在本案中仅参与了商量，与被告人邹某找到蒋某帮忙，没有直接参与斗殴，更没有伤害二被害人，在此共同犯罪中起次要作用，是从犯。被告人赖某犯罪时已满14岁不满16周岁，且系从犯，依法应当从轻、减轻处罚或者免除处罚，犯罪后能坦白认罪，如实供述犯罪事实，其亲属积极赔偿了被害人的经济损失，取得了被害方的谅解，属有悔罪表现，且系偶犯，可酌定从轻处罚。根据被告人的犯罪事实、作用、情节和悔罪表现以及对未成年人犯罪贯彻"教育为主，惩罚为辅"的原则，人民法院决定对被告人赖某免除刑事处罚。

本案属于哪种形式的刑罚消灭？

第二节 时 效

时效制度起源于古罗马。早在公元前1世纪，古罗马的《儒里亚法》对奸非罪等犯罪就有追诉时效的规定。法国古代刑法沿袭罗马法的追诉时效制度，规定重罪追诉时效为28年，轻罪为5年，违警罪为1年，并创立了一种普遍适用的行刑时效制度，即任何犯罪经判决后30年内未执行刑罚的，刑罚不再执行。法国古代刑法所确立的时效制度后为一些国家所仿效，并被逐渐推广。在当代各国刑事法律中，均有关于时效的规定。关于时效是由刑事实体法还是由刑事程序法规定的问题，目前世界各国有三种做法：刑事实体法规定之，如德国、芬兰、墨西哥等；刑事程序法规定之，如埃及、土耳其等；刑事实体法和刑事程序法共同规定之，如日本、法国等。我国采用了由刑事实体法规定的做法，在刑法中对追诉时效作了规定。

案例一

（一）简要案情

被告人李某，男，某县农民。1977年6月23日晚上8时许，邻村的未婚女青年王某外出回家，路过李某的家门口，因口渴到李家找水喝。李某趁王某喝水不备之际，用木棒猛击王的头部，将其击昏倒地，然后对王某实施奸淫。在行奸过程中，王苏醒，刘某又用木棒连击王的头部数下，致王死亡。李某扒下王手上戴的一副手镯后，将尸体埋在院内的南墙根下。几天后，王某的父母兄弟等到处寻找王某的下落，均无消息。李某的爱人从娘家回来后，虽然嗅到院内有臭味，也未在意。过了一年，王家找人的劲头也就逐渐消失了。1980 年 9 月王某的胞妹王某某与李某同村的一个青年结婚。1990 年 4 月被告人李某的爱人因病去世，其小女儿也逐渐长大成人。1996 年 8 月李某的小女儿已满 18 岁，李某将王某的一副手镯拿出来，对小女儿说："这是你妈的遗物，你戴上吧！"1997 年 12 月王某的母亲来李某同村看望自己的女儿王某某，恰好与李某的女儿相遇。王某的母亲发现这位姑娘手上戴的镯子很像自己陪嫁的那副。她忽然想起二十年前，女儿王某就是戴着自己陪嫁的镯子外出的。她赶紧把这个情况报告公安局，经公安机关立案侦查，李某供出了全部情况，并在南墙根下挖出了王某的尸骨。

某县人民法院审理本案认为：对被告人李某可不再追究刑事责任。

（二）思考方向

什么是追诉时效？如何正确理解我国《刑法》第 87 条关于追诉时效期限的规定？应如何正确计算追诉期限？

（三）法律规定

《中华人民共和国刑法》第 87 条　犯罪经过下列期限不再追诉：

（一）法定最高刑为不满 5 年有期徒刑的，经过 5 年；

（二）法定最高刑为 5 年以上不满 10 年有期徒刑的，经过 10 年；

（三）法定最高刑为 10 年以上有期徒刑的，经过 15 年；

（四）法定最高刑为无期徒刑、死刑的，经过 20 年。如果 20 年以后认为必须追诉的，须报请最高人民检察院核准。

《中华人民共和国刑法》第 88 条　在人民检察院、公安机关、国家安全机关立案侦查或者在人民法院受理案件以后，逃避侦查或者审判的，不受追诉期限的限制。

被害人在追诉期限内提出控告，人民法院、人民检察院、公安机关应当立案而不予立案的，不受追诉期限的限制。

《中华人民共和国刑法》第89条 追诉期限从犯罪之日起计算；犯罪行为有连续或者继续状态的，从犯罪行为终了之日起计算。

在追诉期限以内又犯罪的，前罪追诉的期限从犯后罪之日起计算。

（四）学理分析

时效分为两种：追诉时效和行政时效。我国现行刑法总则规定的时效，仅是追诉时效，而不包括行政时效。我国刑法中的追诉时效，是指我国刑法规定的对犯罪分子追究刑事责任的有效期限。超过法定追诉期限的，不得再对犯罪人进行追诉，已经追诉的，应撤销案件，或不予起诉，或终止审判。

关于我国《刑法》第87条的规定，有两个问题需要明确：

第一，如何理解条文中所说的“法定最高刑”的含义。详细内容参照配套教材。

第二，法定最高刑为无期徒刑或者死刑的犯罪，有哪些情况属于经过20年以后必须追诉的。解决这一问题一般应从犯罪人所犯罪行的严重程度，犯罪人在20年以内没有再犯罪的原因，以及犯罪人20年以后是否再犯罪等方面的情况予以考虑。具体来讲，以下几类法定最高刑为无期徒刑或者死刑的犯罪案件，属于经过20年以后必须追诉的案件：（1）所犯罪行特别严重的。例如，故意杀害多人；放火、投毒、决水造成严重后果的等犯罪。这类犯罪案件如果20年以后不予追诉，就得不到广大人民群众的理解和支持，同时也不利于震慑社会上一些具有作大案危险性的危险分子，从而使时效制度引起消极的社会效果。（2）潜伏在社会上伺机再犯罪的。犯罪人在犯罪以后20年内没有再犯罪，并不是真正放弃了再犯罪的念头，而是因为时机不成熟，在等待有利时机后再行犯罪，对于这种犯罪人，20年以后也要予以追诉。因为时效制度确立的根据之一就是认为犯罪人已弃恶从善。（3）20年以后又犯罪的。犯罪人在实施了法定最高刑为无期徒刑或者死刑的犯罪后20年内没有再犯罪，但20年以后又犯罪，这说明犯罪人的恶念还没有放弃，具有很大的人身危险性，所以，应当予以追诉。①

根据我国《刑法》第89条的规定，追诉期限的计算分为如下几种情况：

---

① 参见马克昌主编：《刑罚通论》（第二版），武汉大学出版社1999年版，第675页。

第一，即成犯追诉期限的计算。我国《刑法》第89条规定的即成犯追诉期限的计算标准是“从犯罪之日起计算”。何谓“犯罪之日”？目前刑法界有多种不同的解释：认为“犯罪之日”即是犯罪行为实施之日；将“犯罪之日”解释为犯罪行为发生之日；认为“犯罪之日”是指犯罪成立之日；将“犯罪之日”释明为犯罪行为完成之日；将“犯罪之日”界定为犯罪行为停止之日。现多数认为应将“犯罪之日”理解为“犯罪成立之日”。因为其他几种见解都将解释“犯罪之日”的落脚点放在犯罪行为上，这使得他们难以运用于解决犯罪行为发生在我国境外而犯罪结果发生在我国境内的案件和结果犯案件的追诉期限起算问题。由于法律对不同类型和不同形态的犯罪所规定的构成要件不同，因而其犯罪成立之日的认定标准亦不相同：(1) 结果犯和犯罪行为发生在我国境外而犯罪结果发生在我国境内的犯罪，其成立之日为犯罪结果发生之日。(2) 行为犯以及以某种危害结果的发生为既遂构成所必需的犯罪，其成立之日为犯罪行为实施之日。(3) 危险犯的犯罪成立之日为所实施的危害行为已引起了法定的危险状态之日。(4) 预备犯的犯罪成立之日为预备犯罪行为被迫停止之日。(5) 中止犯的犯罪成立之日，如果在预备阶段中止犯罪，则犯罪中止成立之日为犯罪成立之日；如果是在着手实施犯罪以后中止犯罪，应以犯罪行为实施之日作为其犯罪成立之日。(6) 共同犯罪的犯罪成立之日为整体的共同犯罪行为得以实施之日。(7) 结果加重犯的犯罪成立之日为严重危害结果发生之日。

第二，连续犯的追诉期限计算。连续犯是指基于同一的或者概括的犯罪故意，连续数次实施的犯罪行为触犯同种罪名的情况。连续犯的犯罪成立之日应从最后一次犯罪之日起计算。如某甲基于连续的杀人故意于1998年8月5日、6日、7日分别杀害了乙、丙、丁三人，对某甲的追诉期限应从1998年8月7日开始计算。

第三，继续犯的追诉期限计算。继续犯又称为持续犯，是指犯罪行为在一定时间内处于继续状态的犯罪。继续犯的犯罪行为终了之日，即犯罪的持续状态结束之日为继续犯的追诉期限的起算点。例如，某人自1998年8月13日起将他人非法拘禁至1998年8月20日，1998年8月20日即为其追诉期限起算之日。

本案中被告人李某于1977年6月犯下了故意杀人罪和强奸罪，应数罪并罚，根据我国《刑法》第232条、第236条之规定，应被判处死刑。根据我国《刑法》第87条的规定，对法定最高刑为死刑的罪，其追诉期限是20年。李某的法定追诉期限应到1997年6月止。但当1997年12月王某的母亲发现线索报案，公安机关立案侦查、破案时，已经过去了20年又6个月。而且李某的行为表现又不属于20年后必须追诉的有关情节，因此，某县人民法院认为李某的犯罪行为已过了追诉期限，而且没有必要再追诉，故决定对被告人李某不再追诉，依法对本案中止审理，是完全正确的。

（五）自测案例

杨某于1994年8月至1995年1月在原籍河南省某市伙同他人盗窃3次，价值4700元，随后外逃。当地司法机关在办理其同伙盗窃案过程中，于1995年6月17日以盗窃罪对杨某作出批准逮捕决定（杨某依然外逃）。1995年11月至12月杨某在浙江省某市又实施盗窃。其隐瞒了在原籍的盗窃事实，1996年10月被当地人民法院以盗窃罪判处有期徒刑7年6个月。刑满释放后，杨某返回原籍，2002年10月24日被原籍公安机关依法执行逮捕。

问：（1）本案的追诉时效如何计算？

（2）本案是否属于无限期追诉案件？

（3）本案是否已经过了追诉时效？

案例二

（一）简要案情

王某，男，农民，与邻居李某因宅基地界限不清而产生纠纷。1997年11月1日，李某到王某家吵闹，王某一时性起，将李某打成轻伤，后经同村其他人说和，王某、李某决定“私了”，由王某赔偿李某医疗费等费用。王某认为此事已了，但李某认为王某赔偿的费用太少，故在11月5日，向公安机关报案。公安机关接到报案后，于11月6日作出立案决定，并于11月7日传唤王某到案，不料却得知王某于11月6日已到外地打工，公安机关遂将此案暂且“挂起”，待王某返家后再行处理。谁知王某因在外地打工顺利，收入颇丰，竟一去不返，直到2003年春节前才回到家乡。公安机关遂将王某抓获。

（二）思考方向

应如何理解我国《刑法》第 88 条第 1 款规定的追诉时效延长的情形？本案中是否应当追究王某的刑事责任？

（三）法律规定

《中华人民共和国刑法》第 87 条　犯罪经过下列期限不再追诉：

（一）法定最高刑为不满 5 年有期徒刑的，经过 5 年；

（二）法定最高刑为 5 年以上不满 10 年有期徒刑的，经过 10 年；

（三）法定最高刑为 10 年以上有期徒刑的，经过 15 年；

（四）法定最高刑为无期徒刑、死刑的，经过 20 年。如果 20 年以后认为必须追诉的，须报请最高人民检察院核准。

《中华人民共和国刑法》第 88 条　在人民检察院、公安机关、国家安全机关立案侦查或者在人民法院受理案件以后，逃避侦查或者审判的，不受追诉期限的限制。

被害人在追诉期限内提出控告，人民法院、人民检察院、公安机关应当立案而不予立案的，不受追诉期限的限制。

《中华人民共和国刑法》第 234 条第 1 款　故意伤害他人身体的，处 3 年以下有期徒刑、拘役或者管制。

（四）学理分析

追诉时效延长，是指由于发生了法律规定的事由，致使追诉期限无限伸延的制度。我国《刑法》第 88 条第 1 款和第 2 款分别规定了两种不同情形的追诉时效延长。

对于第一种情形的追诉时效延长，我国刑法界一般认为有两个成立条件：(1) 追诉时效延长的事由发生在检察机关、公安机关、国家安全机关立案侦查或者人民法院受理案件之后。那么，应如何理解“立案侦查”的含义呢？一种观点认为，所谓“立案侦查”应理解为“立案并且侦查”，如果只是立案但还没有开始侦查的，就不存在时效延长问题。① 在我们看来，将《刑法》第 88

① 参见陈兴良：《刑法疏义》，中国人民公安大学出版社 1997 年版，第 194 页。

条第1款中的“立案侦查”解释为“立案并侦查”是一种文理解释，而这种文理解释与立法精神是相违背的。立法者之所以将1979年《刑法》第77条中的“采取强制措施以后”修改为现行《刑法》第88条的“立案侦查”或者“受理案件”，就是为了使追诉犯罪的法网更加严密，对于那些在司法机关立案后但尚未开始侦查之前实施逃避侦查行为的犯罪人同样适用追诉时效延长。另一种观点认为，司法机关立案后行为人就可能逃避侦查或审判，而且由于立案后即开始侦查，所以“立案侦查”有时就是立案决定侦查之意，或者说就是“立案”的意思。① 而且，我国《刑事诉讼法》第二编第一章的“立案”的头条即第83条规定：“公安机关或者人民检察院发现犯罪事实或者犯罪嫌疑人，应当按照管辖范围，立案侦查。”此处的“立案侦查”就显然具有立案决定侦查的含义，但确实是立案。我们认为，在刑事诉讼法中，立案和侦查分属两个不同的程序，立案程序与侦查、起诉、审判等程序相并列，且具有相对独立性。从字面上讲，“立案侦查”与“立案”是有明显区别的，前者包括立案和侦查两方面的内容，而后者则单指立案这一刑事诉讼活动，所以，将“立案侦查”直接理解为立案未免显得牵强。《刑事诉讼法》第86条规定，人民法院、人民检察院或者公安机关认为有犯罪事实需要追究刑事责任的时候，应当立案；认为没有犯罪事实，或者犯罪事实显著轻微，不需要追究刑事责任的时候，不予立案。这就说明，立案必须同时具备两个条件：一是事实条件，即有犯罪事实；二是法律条件，即需要追究刑事责任。立案程序在经过立案材料的接收、对立案材料的审查之后，产生的后果是作出立案决定或者作出不立案决定。而在司法机关作出立案决定之后，就意味着侦查程序的开始。综上所述，《刑法》第88条第1款中的立案侦查既不是单纯的立案也不是单纯的侦查，而应理解为“司法机关作出立案决定，开始侦查活动”。(2) 追诉时效延长事由的内容是犯罪人有逃避侦查或者审判的行为。何谓逃避侦查或者审判的行为？《刑法》没有进行解释，仅仅从字面上理解，又会使时效制度名存实亡。对于犯罪人而言，除作案后立即自首外，没有不想逃避侦查和审判的。如果仅从字面上理解，只要 立案，就不存在追诉的时效问题了，这有违时效制度的原旨。有学者认为，犯罪人在实施犯罪行为后，在客观上实施了逃避侦查或者审判的行为，足以证明其主观上存在着逃避

① 参见张明楷：《刑法学》(上)，法律出版社1997年版，第505页。

侦查或者审判的意图的，即为逃避侦查或者审判。① 有学者认为，逃避侦查或者审判，应该以犯罪人的行为是否使人民检察院、公安机关、国家安全机关的侦查活动或者人民法院的审判活动无法进行为标准。此外，逃避侦查或者审判的行为也是主客观相统一的，即犯罪人的行为在客观上逃避了侦查或者审判，同时犯罪人在主观上具有逃避侦查或者审判的故意和目的。② "逃避"一词的含义十分明显地带有主观色彩，因此，我们认为，所谓逃避侦查或者审判，是指犯罪人主观上有逃避侦查或者审判的目的，客观上有逃避侦查或者审判的行为。一般来说，犯罪分子有以下行为可以认为是逃避侦查和审判：(1) 隐姓埋名。犯罪分子犯罪之后，正常地外出经商、打工，并不隐姓埋名，也未隐瞒打工地址的，不应以逃避侦查或者审判论处。假如犯罪分子犯罪之后，没有逃跑、隐藏，而是仍然在原居住地照常生活，虽然司法机关立案之后长时间内破不了案，直到追诉时效过了之后才侦破案件，也不能按逃避侦查和审判论处。(2) 在司法机关对之采取强制措施之后逃跑或者隐藏。(3) 在法院通知应诉之后逃跑、隐藏的。(4) 在被立案侦查或者案件受理后，使用虚假证明，证明患有精神病而致使案件被撤销的。但是我们认为，将犯罪人的行为是否使人民检察院、公安机关、国家安全机关的侦查活动或者人民法院的审判活动无法进行作为逃避侦查或者审判的标准，理解上似乎有些狭窄，操作起来有些模糊，有待于进一步斟酌。例如，共同犯罪案件，一共同犯罪人逃避侦查的，司法机关仍可对其他共同犯罪人进行侦查和审判。即使是单独犯罪，犯罪人在逃的，司法机关也可以一边搜集证据，一边采取通缉等措施继续进行侦查活动。③

在本案中，王某故意伤害他人的行为，已经构成故意伤害罪，但在李某报案之前，王某和李某曾协议医疗赔偿等有关问题，并达成了初步的一致，王某即认为此事已了，并不知道王某又对协议不满，并且于11月5日向公安机关报案。在公安机关决定立案之后并依法传唤王某之前，王某在不知情的情况下外出打工，主观上没有故意逃避侦查和审判的目的，而且在外出打工期间没有隐姓埋名，只是由于经济利益的原因一直未归，直至2003年春节

---

① 参见于志刚：《追诉时效制度研究》，中国方正出版社1999年版，第425页。
② 参见马克昌主编：《刑罚通论》（第二版），武汉大学出版社1999年版，第683页。
③ 参见黄京平：《刑法总则案例分析》，中国人民大学出版社2000年版，第261页。

才回到家乡。所以,王某的行为不属于我国《刑法》第 88 条第 1 款所规定的情形,不发生追诉时效延长的问题。王某的行为已构成故意伤害罪,根据我国《刑法》第 234 条第 1 款的规定,其法定最高刑为有期徒刑 3 年,根据我国《刑法》第 87 条的规定,对王某故意伤害罪的追诉时效期限为 5 年,但王某直到 2003 年才被抓获,已过追诉时效,所以不应当追究王某的刑事责任。

(五)自测案例

1996 年 10 月 25 日,沈某持 20 张每张面值为 500 元的外币,冒充港币,从朱某处骗取人民币 6000 元。2001 年 5 月 8 日,朱某拿港币向银行兑换,当被告知为假港币时,即向公安机关报案。公安机关于 5 月 14 日对沈刑事拘留,5 月 17 日将其取保候审,在此期间沈某没有违反取保候审的有关规定,也未实施妨碍侦查的行为。2002 年 4 月 29 日沈被解除取保候审,同日公安机关作出治安处罚,没收沈某非法所得 2000 元。

问:本案中的公安机关是否需要重新立案来追究沈某的刑事责任?

第三节 赦 免

赦免制度,源远流长。在我国现有资料中,最古的是《周礼·司刺》的三赦:"一赦曰幼弱,再赦曰老旄,三赦曰惷愚。"从制度成熟的程度看,绝非创始于周代,而是承自商代甚至夏代的。① 中国古代自夏商以后几千年都有赦免制度,欧洲国家也是如此。目前世界各国的法律,大都规定有赦免制度,只不过现代的赦免制度与古代的赦免制度有很大的差别。现代各国的赦免制度一般由宪法或行政法(如恩赦法)所规定,而不在刑法中规定。只是由于赦免的对象是犯罪人,赦免的结果总是追诉权或行政权的丧失,从而导致罪或刑的消失,而且赦免命令往往要由司法机关具体执行,因而各国都把赦免制度纳入刑法学中来研究。我国 1954 年《宪法》有大赦和特赦权限的规定,但我国却一直都没有实行过大赦。我国 1975 年《宪法》、1978 年《宪法》、1982 年《宪法》都只有特赦的规定,这表明我国已取消了大赦制度。因此,我国《刑法》第 65 条、第 66 条中所说的赦免实际上只限于特赦。

① 参见蔡枢衡著:《中国刑法史》,广西人民出版社 1983 年版,第 185 页。

案例

（一）简要案情

中华人民共和国成立以来，我国共实行过七次特赦。

第一次是在中华人民共和国成立10周年庆典前夕(1959年9月17日)，对在押的确已改恶从善的蒋介石集团和伪满洲国的战争罪犯、反革命罪犯和普通刑事犯实施的特赦。此次特赦规定：(1) 蒋介石集团和伪满洲国的战争罪犯，关押已满10年，确实改恶从善的，予以释放。(2) 反革命罪犯，判处徒刑5年以下(包括5年)、服刑时间已经达到刑期1/2以上，确实改恶从善的；判处徒刑5年以上，服刑时间已经达到刑期2/3以上，确实改恶从善的，予以释放。(3) 普通刑事犯罪，判处徒刑5年以下(包括5年)，服刑时间已经达到刑期1/3以上，确实改恶从善的；判处徒刑5年以上，服刑时间已经达到刑期1/2以上，确实改恶从善的，予以释放。(4) 判处死刑缓期2年执行的罪犯，缓刑时间已满1年，确实有改恶从善表现的，可以减为无期徒刑或者15年以上有期徒刑。(5) 判处无期徒刑的罪犯，服刑时间已满7年，确实有改恶从善表现的，可减为10年以上有期徒刑。第二次、第三次特赦分别于1960年11月19日和1961年12月16日实施。这三次特赦的对象和内容完全一致。第四次、第五次、第六次特赦分别于1963年3月30日、1964年12月12日和1966年3月29日实施。这三次特赦与前三次特赦相比，只是在特赦对象上增加了伪蒙疆自治政府的战争罪犯，其他内容完全相同。第七次特赦于1975年3月17日实施，此次特赦令规定，对全部在押战争罪犯，实行特赦释放，并予以公民权。此次共释放战争罪犯293名，其中国民党军官219名，党政人员21名，特务50名，伪满战争罪犯2名，伪蒙疆战争罪犯1名。

（二）思考方向

赦免有何意义？我国特赦制度的特点是什么？

（三）法律规定

《中华人民共和国刑法》第65条 被判处有期徒刑以上刑罚的犯罪分子，刑罚执行完毕或者赦免以后，在5年以内再犯应当判处有期徒刑以上刑罚之罪的，是累犯，应当从重处罚，但是过失犯罪除外。

《中华人民共和国刑法》第66条 危害国家安全的犯罪分子在刑罚执行完毕或者赦免以后，在任何时候再犯危害国家安全罪的，都以累犯论处。

（四）学理分析

赦免又称恩赦，是指国家免除或减轻犯罪人之罪责或刑罚的制度。赦免制度同其他法律制度相比，其政治色彩要更浓厚一些。纵观古今中外各国的赦免制度，虽然同其他政治法律制度一样，归根到底都具有调整社会关系，满足政治需要，维护统治秩序的作用，但是，其最突出或直接的作用，还是补充法律之不足。因为法律（特别是刑法）具有相对的稳定性，其适用条件比较严格。如刑法之中的假释、缓刑、减刑等减轻刑罚的制度，同赦免产生的客观效果相似。可是，这些制度对罪犯所判刑罚的轻重、服刑期限的长短、服刑中的表现等有严格规定，往往不能适应特殊形势下减免犯罪人罪责与刑罚的需要。而赦免制度在适用上比较灵活，正好可以作为补充手段以满足统治阶级的政治需要。例如，苏联反法西斯的卫国战争结束后，苏德之间战争状态停止，国际形势发生了很大变化，对在卫国战争期间由于胆怯或不觉悟而被引诱与占领者合作的苏联公民（除因杀害和残酷折磨苏联公民而被判刑的宪警特务人员外），已无长期监禁和以犯罪人对待的必要，而采用假释、减刑等刑法措施又不能很好地解决这一问题，于是，苏联最高苏维埃主席团于1955年发布命令，大赦了这些罪犯。

我国的特赦制度有以下特点：

第一，特赦是对于一部分特定的犯罪分子适用的，而不是对个别的犯罪分子。特赦的对象通常只限于战争罪犯。除第一次包括反革命罪犯和普通刑事罪犯外，其余历次所特赦的都是战争罪犯。

第二，特赦的范围包括全国各地犯某类罪、判某种刑的罪犯中的一部分人。特赦既不是仅限于对某个地区或某个事件的罪犯实施，也不是仅对某个特定罪犯实行，更不是对全国的所有罪犯或者是某类罪犯都一律实行。

第三,实施特赦的条件是以罪犯经过一定时间关押或服刑改造,确实改恶从善为标准的,也就是以犯罪分子在政治上、思想上和实际上是否确实改造好了为主要标准。这是特赦的前提条件。这充分说明我国的特赦仍然是以教育改造罪犯为宗旨的。

第四,特赦的内容是免除服刑中的犯罪分子原判刑罚的剩余部分,予以提前释放,或者减轻原判刑罚。对尚未宣告刑罚或者刑罚虽已宣告但尚未开始执行的罪犯,我国一律不予特赦。

第五,特赦的效力只及于刑不及于罪,并且只是使刑罚的执行权部分消失,而不是使之全部消失,更不是使宣告刑无效。至于罪犯所犯之罪,当然也不因特赦而消失。因此,特赦后如果再犯新罪,该特赦之罪可以成为累犯的条件。这样既有利于维护法院判决的稳定性和严肃性,也有利于鼓励受赦免者继续努力改造自己,促使其不再重新犯罪。

第六,特赦的程序是由中共中央或国务院提议,经全国人大常委会审议决定,由国家主席发布命令,并授权最高人民法院或高级人民法院执行。在我国,特赦不能因犯罪人及其亲属或社会团体的请求而实施,特赦不是国家元首或政府首脑的行政特权,特赦的决定权在立法机关,特赦令实质上是国家的法律。由此可见,我国对特赦的态度是极其严肃认真的,我国的特赦程序可以保证特赦的正确施行,避免滥用特赦的现象发生。

再版后记

《刑法学总论案例教程》是北京大学出版社出版的"21 世纪法学系列教材"之《刑法学总论》的配套教程。本教程自 2004 年 3 月出版以来,受到了读者的欢迎。本次再版具有以下特点:

(1) 保持了原教程的体例安排,即每个案例分为简要案情、思考方向、法律规定、学理分析和自测案例,突出了教程的分析特色。

(2) 教程章节安排与配套教材一致。我们调整了章节安排,使案例教程保持与配套教材的基本一致。

(3) 原理引用以配套教材为准。在案例分析中,我们以配套教材的原理为基础,协调了教材与教程的配套关系,保持了原理的一致性。

(4) 适当引入争议原理,增加了教程的知识含量,对配套教材的原理进行了适当的扩展。

(5) 密切关注司法实践变化,采用具有代表性和时效性的案例(如许霆案、杭州飙车案等),为读者提供最新信息。

(6) 组织了高水平的编写人员,严把教程质量。本次编写人员全部为教学一线的教师,有丰富的教学经验。

本书的具体编写分工如下:

黄伟明(烟台大学法学院教授):第一章至第八章;

毛海利(烟台大学法学院讲师):第九章、第十章;

李涛(烟台大学法学院讲师):第十一章、第十二章;

陆诗忠(烟台大学法学院副教授):第十三章至第十五章;

杨利军(烟台大学法学院讲师):第十六章至第十八章;

全书由主编黄伟明负责统稿。

由于教材编写人员水平所限,案例分析过程中难免有不足之处,敬请批评指正。

编　者

2010 年 5 月

自测案例答案申请表

尊敬的老师：

您好！感谢您一直以来对北大出版社图书的关爱。北京大学出版社以“教材优先、学术为本”为宗旨，主要为广大高等院校师生服务。为了更有针对性地为广大教师服务，满足教师的教学需要、提升教学质量，在您确认将本书作为教学用书后，请您填好以下表格，通过电子邮件发回，我们确认后，将向您提供自测案例答案。在您教学过程中，若有任何建议也都可以和我们联系。

书号/书名			
您的姓名			
系			
院校			
您所主授课程的名称			
每学期学生人数		学时	
您目前采用的教材	书名________ 作者____ 出版社________		
您的联系地址			
联系电话			
E-mail			
您对北大出版社及本书的建议：			

我们的联系方式：

北京大学出版社法律事业部

地　　址：北京市海淀区成府路 205 号　　联系人：李铎

电　　话：010-62757785　　传　真：010-62556201

电子邮件：bjdxcbs1979@163.com

网　　址：http://www.pup.cn

北大出版社市场营销中心网站：www.pupbook.com

本案例配套教材

刑法学总论（第二版）
刘艳红　主编
16开本　358页
2006出版　定价：29.00元
ISBN 7-301-06929-4/D·0833

【作者简介】 刘艳红，东南大学法学院教授，博士生导师，法学博士。

【本书特点】 本套教材根据高校刑法学教学的特性，将刑法学分为《刑法学总论》与《刑法学各论》两册。《刑法学总论》系统地介绍了刑法的基本概念、基本原则、犯罪构成理论、刑事责任等内容，并纠正了前版技术规范方面的疏漏。全书内容丰富、观点新颖、资料翔实、论述充分，既可以作为高等院校法律专业本科生、研究生的教材，也可以供刑法理论研究者及爱好者使用，同时还是实务工作者的理想读本。